新时代城市文化软实力跃升研究

以深圳城市文化软实力建设为中心

江 凌 著

Research on the Rise of
Urban Cultural Soft Power in the New Era

Centered on the Construction of
Shenzhen's Urban Cultural Soft Power

上海交通大学出版社
SHANGHAI JIAO TONG UNIVERSITY PRESS

内容提要

本书阐释新时代城市文化软实力的概念、内涵、特质、功能,从人民城市理念和人本主义视角探讨城市文化软实力建设的"人民性"与人民城市的文化软实力建设逻辑。以深圳为重点考察对象,分析新时代城市文化软实力的"本来—外来—未来"基本方位与逻辑构成,评估国内典型城市文化软实力,定性和定量比较分析典型城市文化软实力的建设态势,深入探讨新时代深圳城市文化软实力建设的历史优势、现实优势、发展优势与比较优势及其主要短板问题,提出新时代深圳城市文化软实力跃升路径;分析城市文化软实力的数字化叙事与传播实践。从空间维度考量新时代城市文化软实力建设,分析新时代城市文化软实力的空间转向、空间逻辑、空间建构,空间效应;高质量建设各类城市文化空间,赋能城市文化空间更多文化内涵和精神力量,使其更加"文化化""日常生活化",实现文化惠民、文化利民的价值追求。

本书适合城市文化、文化产业研究者及政府相关部门管理者参考阅读。

图书在版编目(CIP)数据

新时代城市文化软实力跃升研究 :以深圳城市文化
软实力建设为中心 / 江凌著. —上海 :上海交通大学
出版社,2024.8
 ISBN 978 - 7 - 313 - 29883 - 6

Ⅰ.①新… Ⅱ.①江… Ⅲ.①城市文化—文化事业—
研究—深圳 Ⅳ.①G127.653

中国国家版本馆 CIP 数据核字(2023) 第 228809 号

新时代城市文化软实力跃升研究——以深圳城市文化软实力建设为中心
XINSHIDAI CHENGSHI WENHUA RUANSHILI YUESHENG YANJIU——YI SHENZHEN CHENGSHI
WENHUA RUANSHILI JIANSHE WEI ZHONGXIN

著 者:江 凌
出版发行:上海交通大学出版社   地 址:上海市番禺路 951 号
邮政编码:200030   电 话:021-64071208
印 刷:江苏凤凰数码印务有限公司   经 销:全国新华书店
开 本:710mm×1000mm 1/16   印 张:18.25
字 数:344 千字
版 次:2024 年 8 月第 1 版   印 次:2024 年 8 月第 1 次印刷
书 号:ISBN 978 - 7 - 313 - 29883 - 6
定 价:78.00 元

前　言

党的二十大报告指出，要"以社会主义核心价值观为引领，发展社会主义先进文化，弘扬革命文化，传承中华优秀传统文化，满足人民日益增长的精神文化需求，巩固全党全国各族人民团结奋斗的共同思想基础，不断提升国家文化软实力和中华文化影响力"①。文化软实力建设是党和国家高度重视的战略任务，是中国式现代化建设的重要构成，日益受到各级党和政府、社会各界的重视，并落实于新时代中国特色社会主义现代化国家建设实践中。城市文化软实力是国家文化软实力的重要组成部分，也是一座城市实力地位、发展能力、治理能力和综合竞争力的重要体现。

党的十九大以来，北京、上海、杭州、深圳等知名城市提出了建设"首善之都""人民城市""文明城市""有温度的城市""阅读城市"等软实力建设目标，着力提升城市文化内涵、文化精神、文化品位、文明水平等城市文化软实力。新时代城市文化软实力有哪些构成要素？有哪些新内涵、新特质、新功能？如何提升城市文化软实力的"人民性"，建设有温度的人民城市？与北京、上海、广州、香港、澳门等城市相比，新时代深圳文化软实力的历史、现实、比较和发展优势在哪里？现存的主要短板问题在哪里？新时代深圳文化软实力建设需要哪些新理念、新举措？

为回答这些问题，本研究首先从人本主义视角阐释新时代城市文化软实力概念、内涵、特质、功能和人民性的根本属性。城市是人类文明活动的重要成果，是集聚资源的容器。城市文化软实力的主要表征和目标为集聚文化资源、文化符号和文化要素，提供文化产品和服务，创造物质和精神财富，提高城市居民的生活品质，促进居民享有更加美好的生活。本研究基于约瑟夫•奈的软实力概念，综合近二十年的国内外软实力研究成果，结合新时代以来城市文化软实力建设的实际情况，基于人本主义视角界定与阐释新时代软实力、文化软实力、城市文化软实力的概念、内涵、特质、功能；新时代城市文化软实力的人民性属性与建设理念。

其次，借鉴和创新"本来—外来—未来"的分析框架，从"不忘本来，吸收外来、

① 习近平. 高举中国特色社会主义伟大旗帜 为全面建设社会主义现代化国家而团结奋斗［EB/OL］.［2022-10-25］. https://www.163.com/money/article/HKID3MC900258105.html.

面向未来"的历史逻辑和辩证法、关系论的哲学视角,探讨深圳文化软实力的历史基础、现实方位和未来发展思路。习近平总书记曾多次强调要"不忘本来、吸收外来、面向未来",这既是新时代城市文化软实力建设的历史和现实逻辑,也为坚定文化自信、不断铸就城市文化新辉煌、提升城市文化软实力指明了前进方向。本研究基于"本来—外来—未来"三重维度,探讨深圳文化软实力建设的"本来"——深圳文化软实力的历史逻辑和现实方位,"外来"——深圳文化软实力建设的国际和国内外来因素,"未来"——深圳文化软实力建设的发展思路和未来展望。

再次,基于国内一线或二线城市软实力的可比性原则,从北京、上海、深圳、杭州、广州、香港、澳门等城市比较的视角,结合具体案例,分析深圳城市文化软实力建设的历史优势、现实优势、发展优势、比较优势,为新时代深圳文化软实力建设提供基本方位和发展思路。城市文化软实力具有人民性、独特性、持久性、情感性等特点。每个城市都有其特定的文化形象、文化精神、文化特色、文化气质,这种城市的精、气、神需要经过直接的接触、体验才能感知到,进而带来更持久的影响力,形成牢固的情感记忆。本研究将理论阐释和具体案例相结合,基于定量与实证分析法,构建新时代城市文化软实力指数指标体系。一是运用层次分析法,建构城市文化软实力指数指标体系及其权重赋值;二是按照三级指标因子搜集北京、上海、深圳、杭州、广州、香港、澳门等城市文化软实力参数数据,并计算三级指标数据;三是对数据进行标准化处理;四是计算变异系数,求得指标权重;五是用权重乘以标准化之后的数据,求得各级指标指数。运用量化分析评估国内一线和准一线主要城市文化软实力建设效果,并根据评估结果分析深圳文化软实力建设的历史优势、现实优势、发展优势、比较优势。

第四,尽管深圳城市文化软实力建设与北京、上海一样具有明显的先进性,处于国内城市第一方阵,但仍有一些短板问题。在新时代背景下,城市的人民性,城市文明程度,城市文化的温度,多元、包容、开放的城市文化品格,城市有吸引力的人才政策,城市时尚创意元素的集聚度和创意设计美感,城市的数字化治理能力,城市政府、企业和居民的诚信体系,城市良好的营商环境和法治环境,城市丰富多彩的高质量文化活动,城市的数字化转型和居民的数字化生活,以及城市居民对城市文化的认知、参与和认同度这12个方面最能体现和反映城市文化软实力的人民性和城市的文化温度,是新时代深圳文化软实力建设的重要着力点。本研究主要从这12个方面分析和评估新时代深圳文化软实力建设的现状、主要短板和提升路径。

　　第五,仅有城市文化软实力的面上论述,没有侧重点的专题论述是不够的。为此,本研究注重从城市文化软实力的"面上"论述深入到专题讨论。一方面,城市文化空间建设是城市文化软实力建设中可触摸、可感知、可体验、可衡量的重要维度;另一方面,近些年来,深圳市着力于城市图书馆、实体书店空间建设,是一座具有"阅读"特色的城市。因此,本研究分"城市公共图书馆的文化治理性和治理能力提升策略""城市阅读空间的场景革命和知识生产——以实体书店为中心""城市文化空间的场景共情与共情能力提升路径""城市商业文化空间正义——以城市实体书店文化空间为中心"四个专题,考察以深圳为主要参照的城市公共图书馆文化空间治理和建设、城市实体书店阅读空间的场景构筑和知识生产、城市实体书店空间的场景共情、城市实体书店等文化性和商业性兼具的文化空间正义问题,具有明显的理论意义和现实价值。

　　本书研究所用的主要方法有以下几点。

　　一是文献分析与理论阐释法相结合。界定和阐释新时代文化软实力和城市文化软实力的概念、内涵、特点、构成要素、功能,基于深圳城市文化软实力建设状况,借鉴和创新"本来—外来—未来"的分析框架,运用城市文化的人民性、文化共情等理论,研析城市文化软实力的构成要素和新时代深圳文化软实力的历史、现实、发展方位。

　　二是定量和定性分析法相结合。基于北京、上海、深圳、杭州、广州、香港、澳门城市比较的视角,运用网络大数据分析法、因子分析法、层次分析法等研究方法,构建城市文化软实力指数指标体系,分析深圳文化创新、文化活动、文化交流、文化消费、文化数字化等指标数据;定量和定性分析相结合,探讨深圳城市文化软实力建设的历史优势、现实优势、发展优势、比较优势,以及深圳文化软实力建设的短板问题和跃升路径。

　　三是比较分析和案例分析法相结合。在具体论述过程中,基于主要城市比较分析的视角,从深圳文化软实力建设的文化政策、文化产业、文化设施与活动、文化数字化、文化消费市场、居民文化生活等多个维度,结合具体案例,分析深圳文化软实力建设的优势、短板与提升策略。

　　本书在理论层面的主要贡献体现在:一是对新时代城市文化软实力建设的概念、内涵、特质和人民性进行学理阐释,以"人民性"统领新时代深圳文化软实力建设理念,具有明显的学术价值和现实意义。二是从"本来—外来—未来"三维度框架分析深圳文化软实力的历史、现实和发展方位。三是基于北京、上海、深圳、杭州、广州、香港、澳门等城市文化软实力比较的视角,分析深圳城市文化软实力建设的历史优势、现实优势、发展优势、比较优势和主要短板问题。四是侧重于城市的人民性、城市文明程度、城市文化的温度等12个方面重点阐释深圳文化软实力的现状、短板和提升路径,这与前人的研究视角和研究维度不同,具有理论创新和实践应用价值。

本书在应用层面的主要贡献体现在:一是从"本来—外来—未来"三维度分析深圳文化软实力的历史、现实和发展方位,为深圳城市文化软实力建设提供完整的分析框架与经验总结、发展展望。二是基于城市的人民性、城市的文明程度、城市文化的温度、城市居民的数字化生活,以及城市居民认知、参与和认同度等方面分析深圳城市文化软实力建设的短板和跃升路径。三是定量和定性分析相结合,与国内北京、上海、广州、杭州、香港、澳门等城市之间软实力建设现状和发展优势比较,分析深圳文化软实力的优势与短板、提升路径,为深圳文化软实力建设提供新思路、新方案。

目　录

第 1 章　新时代城市文化软实力：
概念、内涵、特质、功能

1.1　研究背景、问题与意义

1.1.1　研究背景与问题

如今，文化的重要性在政治、经济和社会领域都达到了前所未有的高度，在客观上推动经济增长的同时，也因其本身的意识形态特征，被赋予了国家战略发展的关键地位，在文化成为国家竞争战略的核心要素时，城市文化发展繁荣的意义更加凸显。

从另一角度来看，城市文化的发展繁荣是解决现代城市发展困局的必由之路。随着世界经济发展与全球城市化进程的同步推进，城市化带来高度物质文明的同时，也引发了深刻的精神、信仰和文化危机，出现了马克思所说的"人的异化现象"，雅斯贝斯将这场危机定义为"市场经济发达所生的精神文化病症"①。而中国在经历世界速度最快、规模最大的城市化进程时，也遭遇了相同的困境。在克服诸多城市问题中，城市文化的重要性愈发彰显。城市发展乏力、城市人口增长动力缺欠、城市精神危机等困境，需要通过复兴城市文化来平衡物质文明与精神文明的关系。

诚如美国著名社会学家刘易斯·芒福德在《城市文化》中所言，"城市是文化的容器。"②文化在城市发展过程中形成、沉淀、变迁，成为城市经济社会可持续发展的精神动力来源。习近平总书记指出："一个城市的历史遗迹、文化古迹、人文底蕴，是城市生命的一部分。文化底蕴毁掉了，城市建得再新再好，也是缺乏生命力的。"③这一论述明确了文化在影响城市经济社会健康发展方面所发挥的核心支撑作用。

1.1.2　研究意义

自 20 世纪 90 年代初约瑟夫·奈(Joseph S. Nye. Jr)提出软实力概念后，软实力这一话题在西方学术界引发了广泛的研究和讨论，并在全球化浪潮的推动下迅速风靡全球。在西方软实力理论被引入中国后，我国学者结合中国国情实际进行

---

① ［德］卡尔·雅斯贝斯. 时代的精神状况[M]. 王德峰，译. 上海：上海译文出版社，2005.
② ［美］刘易斯·芒福德. 城市文化[M]. 宋俊岭，等译. 北京：中国建筑工业出版社，2009.
③ 习近平春节前夕在北京看望慰问基层干部群众[N]. 人民日报，2019 - 02 - 02(001).

改造,产生了中国语境下的"文化软实力"概念,并得到学界高度重视。近年来,作为国家综合实力的重要组成部分,文化软实力建设日益受到重视。我国"十四五"规划将发展社会主义先进文化、提升国家文化软实力列为重要章节,并明确提出要站在全新的时间点上进一步规划城市文化软实力建设,打造更高层次的中国城市品质①。随着城市化进程的渐趋深入,城市文化软实力成为国家文化软实力的重要构成和重要体现。本书在阐释新时代城市文化软实力概念、内涵、特质、功能的基础上,以深圳城市文化软实力建设为中心,分析新时代城市文化软实力的优势、短板与提升路径,为提升城市文化品质、促进城市文化高质量发展建言献策。

1.2　研究文献综述

1.2.1　国外研究文献综述

"城市文化软实力"是一个具有鲜明中国特色的概念,在进行文献资料的阅读与整理时,基本没有看到国外学者确切使用"城市文化软实力"这一概念,绝大多数的研究是围绕"软实力"或"文化软实力"展开讨论的。文化软实力的相关研究起源于 20 世纪 90 年代,最早提出软实力(soft power)的概念是美国新自由主义学派学者约瑟夫·奈,他指出:"软实力是为了获得想要的结果,通过引发正面的吸引力等同化的方式来影响他人的能力。"②继而,一些国外学者开始对软实力展开有针对性的研究。英国学者 Louie Klarevas 在研究中发现软实力的几个特征,分别是规范性、实践性、权威性。在他看来,规范性特征的基础是软实力的价值观念、行为标准,思想的推广、软实力的内涵及意义表达分别代表了软实力实践性、权威性③。亚太安全研究中心的 Alexander Vuving 对软实力和硬实力作了区分,在他看来,软实力是指通过影响他人的偏好来影响其行为的能力,而硬实力是通过改变他人的环境来影响其行为的能力。同时,他提出了构成软实力的"3B"要素(3B:Benignity 仁慈、Brilliance 光辉、Beauty 靓丽)④。美国学者 Giulio M. Gallarotti 论述了软实力的重要性及其提升措施。他指出,全球化发展、核大国之间使用武力成本的急剧上升和民主在世界体系中的增长,使得软实力的重要性日益凸显,提升

---

① 中共中央关于制定国民经济和社会发展第十四个五年规划和二〇三五年远景目标的建议[EB/OL].[2020-11-03].https://news.cctv.com/2020/11/03/ARTIRoFCqOSQAK1XfsFKE8Y6201103.shtml.

② [美]约瑟夫·奈,俞平.软实力:一个概念的演进[J].国外社会科学前沿,2022(06):78-87.

③ Klarevas Louis. Greeks Bearing Consensus:Suggestions for Increasing Greece's Soft Power in the West[J]. Mediterranean Quarterly(Duke University Press),2005,Vol.16,No.3,pp. 142-159.

④ Vuving,Alexander. How Soft Power Works(September 1,2009)[OL]. http://dx.doi.org/10.2139/ssrn.1466220.

软实力要做到保持对世界政治中不断变化的权力格局高度敏感,决策者要考虑多方面后果,从净值而非名义权力的角度考虑问题①。

国外关于"文化软实力"概念的研究重点在于强调一个国家优势的文化资源是宣传推广国家形象、价值观的重要途径,通过提升本国文化软实力,在推进本国发展的同时,也可以向他国输出本国价值观,从而提高外界对于本国文化、经济等方面的认可,推进全球化发展。加拿大学者马修·弗雷泽指出,美国依赖自己的快餐文化、好莱坞电影、CNN 有线电视业、流行音乐等流行文化的渗透,达到向全球推广美国生活方式和美国价值观的目的。这些流行文化也对美国的外交事务发挥了重要作用②。日本学者驮田井正进一步提出了文化软实力的幸福公式,即"文化力"乘以"经济力",延展了文化软实力的内涵③。

1.2.2　国内研究文献综述

城市文化软实力是国内学者普遍关注的议题。就研究对象来说,主要集中于特定城市文化软实力的针对性研究与多个城市文化软实力的整体性评述。眼下,文化软实力建设逐渐成为城市文化现代化建设进程中不可或缺的方面。马志强教授的《论软实力在城市发展中的地位和作用》一文较早关注城市软实力的相关研究。此后,国内学者对此话题的关注度指数从 2007 年开始呈现上升趋势,2011 年后有所下降,但从 2021 年开始又重返高峰。陈汉忠提出,"城市文化软实力是一个城市的文化资源在价值理念、精神力量等方面的反映和展现。"余阿荣认为,城市文化软实力是指城市以物质文化和精神文化的方式,生成强大的文化与意识形态吸引力,以及这种吸引力所体现出来的综合力量④。张怀民等学者认为,城市文化软实力是城市在历史发展过程中形成的具有自身显著特色的城市外界形象、城市人文精神、城市文化产品供给、城市公共管理、人口素质和人文居住环境等多方面统一的文化综合体⑤。崔世娟、付汀汀建立了一套测评城市文化软实力的多指标综合评价体系,通过对我国多个主要城市文化软实力进行测度和比较分析,认为城市文化软实力的构成要素主要包括文化生产力、文化保障力、文化影响力和文化创新力,提出了提升城市文化软实力的主要路径,分别是建立完善的城市发展评价体

① Giulio M. Gallarotti. Soft power: what it is, why it's important, and the conditions for its effective use [J]. Journal of Political Power, 2011, Vol.4, No.1, pp.25－47.
② [加拿大]马修·弗雷泽. 软实力——美国电影、流行乐、电视盒快餐的全球统治[M]. 刘满贵, 等译. 北京: 新华出版社, 2006.
③ [日]驮田井正, 浦川康弘. 文化时代的经济学[M]. 尹秀艳, 王彦风, 译. 北京: 经济科学出版社, 2013.
④ 余阿荣. 大型体育赛事对城市文化软实力影响研究[J]. 体育文化导刊, 2017(12): 8－12.
⑤ 张怀民, 杨丹. 城市文化软实力提升路径选择: 武汉文化软实力发展研究[J]. 科技进步与对策, 2013 (05): 47－52.

系、改善公共服务、坚持创新驱动,遵循因地制宜的文化产业发展策略①。解萧语、褚婷婷认为,城市文化软实力可以分为精神力量与物质力量两个层面。精神力量层面为代表城市文化资源的文化基础力、体现城市辐射能力的文化吸引力和彰显城市文化生机的文化创新力;物质力量层面为体现城市文化软实力潜力的文化消费力、显示城市经济动能的文化生产力和体现城市影响力的文化流通力②。

当前,学界研究主要集中于具体城市的文化软实力发展现状,对于如何在新时代语境下,切实有效提升城市文化软实力,稳步推进城市文化软实力高质量发展,还未能全面破解。面临一些亟待解决的基础性研究问题,如新时代城市文化软实力的内涵和特征是什么? 它具有怎样的功能? 因此,城市文化软实力的研究亟须突破常规研究定式,结合新时代特征提出新见解,确保研究成果的时代性、整体性和科学性。

1.3　城市文化软实力的概念溯源与本土化修正

1.3.1　文化软实力概念溯源与本土化修正

在 20 世纪八九十年代以来的文化研究热潮下,软实力概念的衍生,文化软实力、城市文化软实力的概念和内涵诠释,受到了日益广泛的关注。宏观的国家文化软实力战略研究被进一步具化到了城市层面,并以城市文化软实力为主要研究对象,展开分析论述。

"文化软实力"是在中国语境下诞生的概念,是西方"软实力"概念进入中国后,结合国情调整改造后产生的,两种概念之间存在着继承与发展的关系,也有一定的交叉与重合③。软实力概念最初是由约瑟夫·奈于 1990 年提出的。他认为,与国家的军事、科技和经济力量等有形的"硬实力"(hard power)不同,软实力主要表现为文化与意识形态,是一种以吸引取代强制利诱手段的能力。同时,约瑟夫·奈还提出了软实力的三个来源,即文化、政治价值观及外交政策④。该概念传入中国后,我国学者根据本国国情需要,更多地把软实力理解为"文化软实力"⑤。主要原因是为了瓦解西方学者软实力概念中根深蒂固的权力理论根源,转变根本目标,从

---

① 崔世娟,付汀汀.城市文化软实力测度与提升——基于多地的比较研究[J].特区经济,2016(08):59 - 63.
② 解萧语,褚婷婷.城市文化软实力综合评价研究——基于北京市文化软实力发展分析[J].价格理论与实践,2019(10):149 - 152.
③ 刘德定.国家文化软实力[M].北京:经济科学出版社,2019.
④ [美]约瑟夫·奈.软力量:世界政坛成功之道[M].吴晓辉,钱程,译.北京:东方出版社,2005.
⑤ 董绍锋.新时代中国文化软实力建设研究[M].北京:中国商业出版社,2021.

谋求霸权的目标切换成以人民为中心，迎合人民的需要，保证人民基本权益，更有力地承担国际责任，促进全球正义。这体现出与西方语境中软实力概念的根本区别，是对原始定义过于浓重的政治实用主义和明显工具性的一种矫正①。

但在我国学术语境中，"文化软实力"这一概念的内涵也有诸多不同视角的理解，其中比较有代表性的是霍桂桓的观点。他认为，"文化软实力"从本质上来说，是在传统与现代文化的交融发展下，生成了体现一个民族国家特点的民族精神特质，并且在发展过程中会对其他国家人民产生精神吸引力和魅力②。

从具体应用层面来看，文化软实力又可以划分为两大类，即国家文化软实力和区域、城市文化软实力。前者从国家战略层面出发，更注重意识形态、文化价值观、文化认同等，对提升一个国家的国际竞争力具有关键作用。城市文化软实力则是一座城市形成独特优势的基础和城市可持续发展的核心驱动力，融合了"城市文化"与"软实力"两大概念，是基于城市文化资源所产生的文化软实力，具体表现形式为城市精神、城市形象、物质文化载体和居民娱乐生活等多个方面。秦红岭在《城魅》一书中将城市文化软实力概括为具有文化特色的吸引力、能够创造有影响力产品的生产力、营造文化氛围和文化凝聚力，以及打造文化城市的能力③。

1.3.2　城市文化与文化软实力之间的关系

1.3.2.1　城市文化的生成因素与主要特点

有学者认为，城市的基本构成要素是人、场所和文化精神，地域文化是人为了适应具体的自然环境和社会环境而创造的，是人与自然、社会的协调统一体。土著居民、移民、传统、地域特色、工商业等产业和外来时尚是城市文化的六大源流，通过城市居民的一代代传承发展，并结合具体的生活实践进行加工整合和进一步协调创新，生成新型城市文化形态。这六大文化源流在具体城市文化中的权重存在差异性，它与城市的历史、规模和功能等相关。文化源流的不同组合带来了城市文化各异、风格多样、各具特色与独特魅力的城市文化特色。

从城市文化管理和建设的角度出发，参考美国城市学家凯文·林奇对城市质量设计的七个指标，即活力、适宜、可及性、管理、公平、效率、感受，以及现存的专家学者对城市文化特点的概括与归纳，本书将城市文化的特点概括为：丰富多元性、变化复杂性、公共参与性、需求差异性、和谐必要性和综合创新性。和谐必要性与综合创新性体现了城市文化建设的重要性与关键影响力，需求差异性与变化复杂性是我们在制定城市文化规划和具体发展策略时应当重点考虑的方向。

①　刘德定. 国家文化软实力[M]. 北京：经济科学出版社，2019.
②　霍桂桓. 文化软实力的哲学反思[J]. 学术研究，2011(3)：13-18.
③　秦红岭. 城魅——北京提升城市文化软实力的人文路径[M]. 武汉：华中科技大学出版社，2014.

1.3.2.2　城市文化软实力的运作机制

综合现有研究进行调整和修正,可以得到图1-1的城市文化软实力运作流程,主要分为创、传、效三个环节。三个环节相互促进,循环往复,构成可持续运作的机制。具体来说,"创造"环节涵盖了创新、创造和创业三个方面。首先是文化内涵和理念的创新,再落实到内容产品方面的创造和生产,最后推动文化创意产业和公共文化事业建设。创新始终是文化软实力的源发动力与核心内蕴。"传播"环节主要包括传承与传播两个方面。传承指的是对历史文化资源的继承和发扬,无论是对文化遗产的保护还是对非遗的传承,都是传承的重要形式;传播则主要依靠文化事业和文化产业的发展,将城市文化进一步向外传播,提高其辐射力和影响力,伴随着经济全球化趋势,这一传播形式的地位日益提高,无论是国内还是国际,均发挥着重要效用。城市文化软实力运作所带来的效果是文化软实力效能的实现,主要包括内在效果和外在效果两方面。内在效果主要指的是凝聚效应和提升效应,在增强城市居民的归属感和凝聚力的同时,全方位提升市民的生活质量、文化素质水平,以及城市文化发展的创新能力、生产力水平和发展水平。外在效果则更多体现在认同效应、投资效应和旅游效应等方面。通过城市文化的对外辐射,增强城市的认可度和吸引力,从而吸引外资进入,吸引更多国内外游客前来参观旅游。

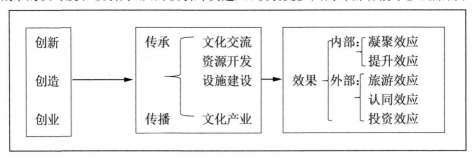

图1-1　城市文化软实力主要"创—传—效"运作机制图

1.3.3　城市文化软实力构成要素

1.3.3.1　凝聚力:城市文化精神

城市凝聚力指的是一个城市"集民心、聚民意"的感召力与向心力,它在很大程度上反映了一座城市的居民对于城市文化与精神的认同度。城市凝聚力的核心是城市精神,城市文化潜移默化地塑造并弘扬城市精神,城市精神体现着城市共同的价值观念和行为准则,又反映了城市物质与精神文明水平,映射着民族和时代精神,以及在城市内外部民众中产生的感召和归化能力①,是驱动城市前进发展的精神力量。城市文化精神涵括了一座城市所具有的全部文化,并将这些多元的文化进行凝练及升华,是一座城市区别于其他城市的明显特征。如作为美国西海岸文化堡垒的城市旧金山,拥有享誉世界的旧金山湾区、金门大桥和渔人码头。来到这里,人们既可以观看令人热血沸腾的体育赛事,欣赏新奇大胆的街头艺术,也能够探索高新科技的无穷魅力,品尝独具特色的风味美食。多元、前卫、创新恰如其分地诠释了这座城市的文化精神。

综上可以得出,城市的文化气质和精神风尚通过一种无形的方式对这座城市的内涵进行富有诗意的表达,以直截了当的方式向外界展示城市的文化特色以及城市文化软实力的亮点,城市文化精神也是影响城市居民生活的精神要素,从某种意义上来说,城市文化精神影响并决定了城市文化软实力的其他构成要素。

1.3.3.2　驱动力:城市文化创新

城市文化创新的驱动力,也是驱动城市文化实现高质量发展的动能。城市文化创新的基础是城市各类文化资源,城市管理决策者通过制定相关方案与发展规划,推进创新举措的实施,从而塑造出富有生命力、富有新意的城市文化景象,将城市的生机与活力展现得淋漓尽致②。城市文化创新的首要任务是形成创新发展的文化环境,在形成良好的文化创新环境后,通过新型手段以及创新渠道,打造具有创新特征的城市文化品牌、城市文化形象,并对城市公共文化设施、场所和文化服务进行优化与改善。众所周知,深圳有着创新、包容的文化生态,并且高新科技产业启动较早,城市创新环境凸出,文化与科技相辅相成,极大地推动了城市创新文化理念和文化发展模式的形成,同时也催生了城市文化创意产业和文化科技创新两大支撑。故而,城市文化创新能直接形成强大的城市文化软实力,在城市高质量发展中起到关键作用。

1.3.3.3　感染力:城市文化氛围

城市文化氛围的感染力突出表现为城市培育文化、促进文化创新、推进文化高质量发展的总体文化环境与氛围。绝大多数情况下,当城市文化环境呈现出"自由""开放""包容""和谐"的特征时,城市中各类文化能更好地融合发展,发挥1+1＞2的作用与功效;而当城市文化氛围呈现出"刻薄""保守""封闭""混乱"特征的情况下,城市文化发展会变得举步维艰,寸步难行。一座城市的文化氛围既由城市千百年来形成的历史文化来造就,也由新时代不同文化之间互相交流融合来助力。当然,仅仅着眼于过去和当下还不够,塑造良好的城市文化氛围,还要用发

①　晏晨.城市·文化·软实力——围绕城市话语的探讨[J].理论月刊,2015(04):77-81.
②　晏晨.首都城市文化软实力关键问题研究[M].北京:人民出版社,2020.

展的眼光展望未来,要牢牢把握城市文化在新时代背景下的未来走向,并在此基础上创造出符合城市未来发展的文化环境氛围。以上海为例,漫步上海繁华的商业街,耳畔能响起雄浑的交响乐;在浦东机场候机,转角就能欣赏到非遗精品展,在川流不息的地铁站中,总能被某种文艺气息环绕左右,无论是中共一大会址,还是街头巷尾的咖啡厅、书店,文化氛围已经弥漫在上海城市的各个空间和角落,城市文化氛围的感染力在滋养市民和游客心灵的同时,进一步提升了上海城市文化软实力,为上海建设现代化国际大都市助力。

1.3.3.4　吸引力:城市文化特性

城市文化吸引力是指在新时代背景下,一座城市所具有的文化特色对该城市居民、全世界各地人才、旅游者以及市场资本、科技技术等所展现出来的独特魅力和吸引力[①]。横向来看,在全球市场竞争中占据明显优势的城市,都有一个共同特征,那就是它们都具有独树一帜的城市文化特色[②];纵向来看,名闻遐迩的城市,都有着独特的文化禀赋和鲜明的文化特色。城市文化特性成为城市文化软实力的重要构成要素和独特标识。在《全球城市实力指数报告》根据城市对全球创造性人才的吸引力排名中,伦敦因其强大的城市文化软实力,从2012年至今稳居全球第一。由此可见,文化软实力在构建城市吸引力中扮演着十分关键的角色。

1.3.3.5　影响力:城市文化传播

城市影响力的构成要素较为复杂,包含了城市生态环境、城市形象、城市品牌、经济发展水平等多个方面,集中展现了内外部民众对于城市文化的认知,也是城市文化软实力的重要特质之一。城市文化传播的影响力集中展现了城市文化在内外部民众心目中的文化实力[③]。一座城市的文化软实力和文化中心性主要通过城市文化影响力来呈现,而城市文化在全球范围的影响力依凭的是城市文化符号的凝练,现代化的传播手段与传播方式,向全球范围传播与推广城市的文化特色、城市包容开放精神、城市别具一格的魅力与形象,从而达到提升城市知名度和美誉度的传播效果。例如,纽约作为全美第二大媒体制作中心,发展有广播电视、有线电视、电影、出版、新媒体、广告机构在内的多类媒体产业,其产品年复一年地塑造和影响着美国人的思想,并通过文化贸易对外输出美国价值观念和生活方式,促使纽约成为全球中心城市,且拥有强大的国际话语权。可见,当一座城市把握好了自己具有竞争力的文化内容和文化产品、文化服务,选择好了高效贯通的文化传播渠道,就

---

① 李楠.马克思主义空间理论对我国韧性城市建设的启示[J].开发研究,2022(02):47-58.
② 魏伟,等.城市文化空间塑造的国际经验与启示——以伦敦、纽约、巴黎、东京为例[J].国际城市规划,2020(03):77-86,118.
③ 徐剑.构筑城市形象的全球识别系统[J].探索与争鸣,2021(07):49-51.

可以将城市的特色文化顺水推舟向全世界传播推广,从而进一步扩大城市的知名度和城市文化的影响力。

1.3.3.6　识别力:城市文化形象

一座城市的文化形象识别力是其文化最明显的映现。城市文化形象可以经由一些物质性的或者肉眼可见、触手可及的文化要素得以具象化,如城市的建筑风格、城市公共文化设施、城市居民行为素质等。这种以直观、清晰、富有感染力的方式所展现的城市文化风貌能更好地呈现这座城市的文化形象与文化审美,成为城市文化的标识,并在人们心中留下深刻的影响。如伦敦的大英博物馆、维也纳的音乐厅、悉尼的歌剧院、上海的东方明珠电视塔等,不仅展现了这些城市的文化形象,还让社会民众感受到了独具特色的审美体验、由商业属性所推动的经济价值和文化价值,进而成为城市居民引以为豪的靓丽名片。

1.3.3.7　辐射力:城市文化认同

城市文化辐射力指城市之外的其他居民对该城市文化的接受并产生认同感的能力。文化辐射力的核心在于文化输出与传递的能力。当下,城市间的交流互动日益频繁,不同城市文化之间经常交汇与碰撞,城市文化辐射力的要求不断提高。面对多元城市文化交汇的冲击与相互融合,如何做到保持自身的文化特性与文化观念不受侵蚀,把握好城市文化的话语权,是城市提高自身地位、立足于激烈竞争中创新发展的关键。

1.3.3.8　生产力:城市文化产品

文化生产力是一座城市生产和供给文化产品、文化服务的能力,包括产业规模与生产能力两个维度的衡量标准。文化生产力从文化产品流通和文化价值观念的传播两个维度对一座城市的文化软实力产生巨大影响力,它在带来经济效益的同时,也潜移默化地影响了人们的生活方式与价值观念。随着我国产业结构的不断调整和完善,服务业已成为整个国民经济的支柱性产业,在激发国民经济活力方面表现强劲,尤其是文化、体育和娱乐业供给了一批优秀的文化产品和服务,不断推动社会生产、流通和消费持续发展。丰富的文化产品与服务不仅有助于提高城市经济实力,支撑城市经济社会发展,同时能够满足城市居民的精神文化追求,保障城市居民的美好生活质量。

1.3.3.9　传承力:城市文化传统

城市的文化传承力指城市文化所具有的能够继承和吸纳一切有益文明成果、祛除文化糟粕的能力。城市文化传承力是延续和发展城市文化的前提条件,提升城市文化传承力是城市文化现代化建设的内在要求。保护、传承、发展城市文化应把握好创新与传统的关系,将城市传统文化进行选择、加工和传承,使其可持续发展,进而在不同时代焕发出新的活力。

1.4　新时代城市文化软实力的内涵、特质、功能

1.4.1　新时代城市文化软实力的内涵

1.4.1.1　注入新时代精神

在新时代背景下,发展繁荣城市公共文化事业和文化产业需要融入改革创新、爱国主义、团结统一、爱好和平、勤劳勇敢、自强不息和艰苦奋斗等新时代精神,并与敢于创造、追求进步和锐意进取的理念相吻合,具体可以分为以下四个方面。第一,在精神文明建设过程中,始终贯彻落实社会主义核心价值观,引导社会思潮向上向善,抵制不良文化风气,维护城市文化安全;第二,建设和谐的社会文化风尚,大力弘扬爱国主义、集体主义和社会主义思想,传承发展中华传统美德;第三,弘扬中华文化,对文化遗产保护传承和非物质文化遗产的传承发展保持高度重视,对内做好文化资源的保护性开发,对外做好宣传推广工作;第四,强化文化创新,结合新时代特征,顺应人民群众的精神文化需求,推动文化的内容、形态、传播方式创新发展。

1.4.1.2　强化人民性理念

在马克思时代,马克思主义理论已然揭示出商品拜物教思想导致了人与人的关系受到物的关系主导的规律。到了当代,商品经济社会以消费文化的方式对现代人的精神生活产生重要影响,本该体现人类自身生命意义和价值的精神生活在某种程度上受到过度的消费文化的挤压。按照齐美尔关于大城市精神生活的理论,城市是货币经济的中心,在城市空间中进行经济交流较其他空间而言,更为频繁且具有多样化和集中化的特点,故而作为经济交流媒介的货币对于城市居民而言,影响是十分巨大的。在此情况之下,城市居民将长期处于一种"纯客观地衡量劳动和报酬的和美气氛中"。这种看似"和美"的气氛背后其实是人们面对城市的快速变化及不断地进行知识生产时产生的不安全感,从而在精神生活中建立起一种似乎具有理性主义特征的心理防卫机制。对于我国而言,尽管一直不懈努力地追求物质文明和精神文明全面发展目标,但是在快速发展过程中,尤其是在大规模、高速度进行的城市化进程中,城市居民的精神生活需求难以得到满足,而这关乎人的自由、全面发展问题。

新时代城市文化软实力的重要议题,一方面在于通过提升城市文化竞争力,促使城市文化可持续发展;另一方面在于,使城市真正成为人民生活的美好家园,避免资本主义社会中出现的种种问题,体现出社会主义城市的优越性。因此,在构建

与提升城市文化软实力的过程中,需要更加注重人民性理念,将人民群众的精神文化需求摆在软实力建设的核心位置。

新时代城市文化软实力的人民性理念,还体现在注重城市传统历史社区、建筑、文物的保护传承中。在以往的城市现代化建设中,忽视且破坏城市具有独特文化价值的事物,导致一座城市逐渐丧失文化独特性,造成千城一面的现象,城市居民原本习以为常的生存环境也遭到破坏。故而,提升新时代城市文化软实力应注意保护与延续一座城市的"社区文化价值"。

一座城市的可感性是新时代城市文化软实力凸显人民性特征的重要体现。无论是城市的景观还是城市的生活,对于行走在城市中的人来说,都具有人所能感受到的价值与意义。因此,应当注重打造一座城市独特的"人格魅力",使其成为城市居民可见、可感的情感载体。

在新时代城市文化软实力的人民性理念中,尤其不能忽视中国城乡社会的传统与差异。在中国,城市经济社会的形成过程很大程度上脱胎于农业社会和乡村经济,这是中国城市化进程有别于其他国家之处。当下,正在或即将出现一大批从乡村转化而来的城市形态,其中会出现乡村文化在城市化转型过程中的文化适应问题。在新时代城市文化软实力建设过程中,应当对乡村文化予以保护传承与创造性转化,为中国城市居民保留一份乡土情怀。

1.4.1.3　增强文化产业化需求

考虑到新时代文化在我国文化发展战略中占据着日益重要的地位,文化产业无疑是新时代新阶段城市经济发展的重要战略产业。文化产业不仅体现了文化与经济的融合发展,而且实现了文化与科技、政治的紧密结合。作为新一轮产业结构优化升级的突破口,文化产业的发展关系到城市转变发展方式这一重要任务,城市文化产业建设是满足人民群众日益增长的多样化文化需求、促进城市文化发展繁荣的不可或缺的一部分。此外,城市文化产业的发展也与全球经济一体化、全球文化贸易繁荣发展的整体趋势相契合,文化产业无疑是增进城市对外文化交流、捍卫城市文化主权的重要阵地。相较于文化产业发达的国家,我国城市文化企业产品的原创性和内容附加值仍然有明显的不足,因此,城市作为我国文化产业发展的主力军,必须考虑到日益增强的文化产业化需求,承担繁荣城市文化、促进城市经济社会发展的时代责任。

1.4.1.4　促进文化数字化发展

随着信息技术革命的深入发展,信息技术所具备的高效便捷、智能智联、广泛覆盖等优势,促使文化事业和文化产业发展发生了颠覆式变革,不仅影响了文化产品与服务生产的内容与形式,也进一步影响了其传播与发展。由此催生了文化产业新业态,推动了网络文化产业发展和文化产品的数字化传播。从城市文化软实力的运作流程考虑,在新时代背景下,无论是文化生产能力、文化创新能力还是文化吸引力的提升,均需要数字技术的赋能与合理应用。因此,新时代城市文化软实力建设需要强化文化数字化转型发展。

如今,数字技术在文化领域的应用日益凸显。2012 年 7 月,文化部、科技部联合项目"文化资源数字化关键技术及应用示范"列入国家"十二五"科技支撑计划,该项目的成功申报意味着文化资源数字化正式进入国家层面[①]。此后,全国各地城市纷纷掀起文化资源数字化建设的浪潮,每座城市都希望在数字化建设领域勇争浪潮,在文化数字化建设中抢占先机,以此增强城市文化软实力,在未来的城市竞争中占得先机。城市文化资源涵盖范围十分广泛,包括城市博物馆、艺术藏馆、图书馆中的历史文化遗迹等都属于文化资源内容,而文化数字化建设是基于数字化技术,将这些文化资源的实物、图片、遗迹等用数字化方式构建成可以获取的网络信息资源,主要形式一般有网站、视频纪录片、三维空间技术,等等。

此外,在数字化成为一种潮流时,城市文化空间景观也越来越具有数字化的味道。在这方面,一个重要的窗口是城市数字化声音景观的构筑,城市声音景观的设计与数字化相结合,展现出一种焕然一新的艺术景观。数字技术可以将城市文化声景通过互联网端口,直接将艺术品传送到观众面前,让观众对于城市文化景观的视听感受不再受时间与空间的限制,在文化资源数字化浪潮下,城市文化声景的构筑将迈向一个全新的阶段。

1.4.2　新时代城市文化软实力的特质

1.4.2.1　总体性特质

当今,我国城市现代化建设步入高质量发展阶段,城市文化软实力建设的重要性更加凸显,需要城市管理者和城市居民高度重视。当代城市竞争力,主要包括经济实力、发展环境、服务功能、管理水平、创新能力、市民素质六个方面。前三个归属为物质性能力,称为硬实力;后三个归属为精神性能力,称为软实力。硬实力呈现出城市发展的物质基础,软实力则体现出城市的精神内核与文化灵魂,两者表里相依。当前,文化软实力作为城市竞争的关键要素,与城市其他竞争力互相渗透,是城市经济社会可持续发展的深层动力。

城市文化软实力是一座城市的内在灵魂,由政府公共服务、城市形象、城市文化、人口素质、对外传播力等多种要素共同构建,具体呈现为城市的环境舒适保障力、社会文化感召力、城市社会凝聚力、区域影响力、科技创新力、协调配合力等多种无形的力量。尽管城市文化软实力是无形的,却能够彰显每一座城市所特有的

---

① 李国庆,张泊平.河南省文化资源数字化传播研究[J].产业与科技论坛,2014(2):118-119.

内在魅力、潜力价值和凝聚力。与此同时，城市文化软实力还影响着城市居民的思想道德、精神品格、审美趣味与行为准则。城市文化软实力已经成为助推新时代城市高质量发展的关键要素。

新时代城市文化软实力的影响因素较多，涉及文化政策、城市空间、城市文脉、城市精神、居民文化生活水平、公共文化服务设施等多个方面，具有系统性特征。

1.4.2.2　具体特质

1）人民性

习近平总书记曾说："城市是人民的，城市建设要贯彻以人民为中心的发展思想，让人民群众生活更幸福。"[①]城市文化本质上是人民的文化。城市文化软实力的人民性是指人民群众作为城市文化主体在城市文化软实力发展进程中起主导性作用的特性。"人民"既包括普通百姓，也包括各级政府官员；不仅包括外来游客，更包括本地居民及其子女。城市文化软实力带有鲜明的人民性色彩。城市文化是人民群众在长期工作、生活和社会发展过程中所创造出来的，不能脱离人民群众空谈城市文化软实力。

城市文化软实力的人民性包括两个方面：一是从社会结构看，广大人民群众特别是普通百姓对于提升自身文化素质、参与国家和城市经济建设有着强烈愿望，在长期的城市生活实践中形成了统一的城市精神。在这种城市精神的指导下，人民性及其所派生的保护性、传承性、创造性与城市历史、城市文化共生共荣，即人民创造了城市的历史，也创造了城市的文化。城市文化反映着城市人民的价值观、意识形态、精神内涵和生活方式，是城市和谐发展的灵魂。二是从政治制度上讲，"以人为本"理念深入贯彻到各项城市工作之中并成为共识，这种认同感使得广大人民群众能够积极投身其中，形成了推动城市文化事业和文化产业繁荣发展不可或缺的人力因素，并与城市文化的人民性相呼应。正如习近平总书记所强调，"要把满足人民精神文化需求作为文艺和文艺工作的出发点和落脚点。"[②]我国城市文化现代化建设必须坚持以人为本，将"植根于人民群众，服务于人民群众"作为提升城市文化软实力建设的根本路线和着力点。那些欣欣向荣、富有生命力的文化，都是人民群众喜爱并热衷的，而那些在城市发展进程中已经被淘汰抑或是被抵制的文化，归根结底都是与人民群众的需求与热爱相违背的。人们热爱依山傍水的自然生活，虽然在城市现代化建设中难以实现每家每户都做到"枯藤老树昏鸦，小桥流水人家"，但是许多城市致力于园林绿化建设，推行植树造林活动，大力推进城市公园、滨江步道的建造，打造出以人为本、舒适恬静、适宜居住和生活的绿色城市；人

---

①　中国共产党第十九届中央委员会第六次全体会议. 中共中央关于党的百年奋斗重大成就和历史经验的决议[N]. 人民日报，2021 - 11 - 17(001).

②　牢记嘱托，勇担新时代文艺工作者使命(一)[N]. 中国美术报，2021 - 12 - 20(004).

民群众关注健康,城市就推进体育场馆、健身广场建设;对于老年人、残障人士等弱势群体,设有专门的活动中心,商场有专门的残疾人通道、残疾人洗手间,种种细节都体现出城市对人民群众的关怀与呵护。

2)共生性

城市文化软实力不是孤立存在的,而是与城市环境、城市文化、城市空间以及城市居民生活息息相关。城市文化软实力指标体系中的文化基因、价值理念、意识形态等要素并非独立存在,而是互通互融的。城市文化软实力是城市时代精神、文化传统、价值理念等多种要素彼此契合、互动交融的结果;城市文化软实力的提升并非纯粹依凭文化自身的发展,还需要城市经济实力的助推、城市空间的赋能以及城市人民的支持。如欧美国家的城市文化与体育赛事之间的相生相伴关系就很好地佐证了城市文化软实力的共生性特征。以英国最著名的体育品牌赛事温布尔登网球公开赛为例,该体育赛事已经具有一百多年的历史,无论是从历史底蕴,还是从文化内涵而言,都足以成为伦敦的重要文化符号和城市品牌,该赛事对于伦敦的经济社会发展也有着重要的推动作用。鉴于城市文化软实力所具有的共生性特征,需以系统且全面的视角展开相关研究,以避免孤立片面地看待和理解城市文化软实力相关议题。

3)持久性

城市文化软实力的持久性是指城市文化作为精神形态,其生命力强,延续时间长,作用力持久。文化软实力作用的发挥不是一蹴而就的,城市文化需要不断的积累与传承,城市文化软实力的形成过程具有持续累积性。它有别于能够借助经济、政治手段迅速获取实际效果的硬实力,而是通过对一座城市及其居民的日常生活习惯、社会核心价值以及理想信念等经年累月的渗透而循序渐进地发挥效用。由文化软实力的渗透而改变的价值认知,一经发挥作用,就能够生成持久的影响力。

城市文化软实力的强弱,并非是对原有文化原封不动的传承,而是取决于城市的文化特色与文化底蕴,应根据社会发展的趋势与未来发展的需要,对原有文化进行筛选与一定程度的优化,取其精华,去其糟粕,有选择性地对原有文化进行扬弃与继承。对一座城市来说,它的历史文化与现当代文化都是一笔宝贵的财富,也是城市知名度和吸引力的体现。在城市文化发展过程中,不能一味地追求"新",而抛弃那些千百年来积淀下来的历史文化。只有协调好"旧"与"新"之间的关系,在选择优质文化资源的基础上,做到兼容并蓄,才能实现城市文化的可持续发展。比如,就文化底蕴的长期性而言,西安作为具有悠久文化传承的城市,有着明显的历史资源优势,传说中盘古开天辟地、女娲补天等故事都发生在这里,它是十三朝古都,也是丝绸之路的起点;无论是半坡遗址还是秦始皇兵马俑,举手投足间彰显出这座城市雄壮、磅礴、古朴、厚重的历史文化底色。近几年,西安作为西北地区发展比较好的城市，足以表明它悠久的历史文化资源对城市经济社会的发展仍具有长期性影响。正因如此，我国各城市愈发重视文化软实力建设。

4）动态性

动态性是指城市文化软实力随着时代发展演进而不断发生变化、与时俱进的一种特性。城市在漫长的历史演变中，慢慢积累起了自己的文化软实力，城市文化软实力虽然有着一定的稳定性并在某些层面保持着持续不变的输出，但是总体而言它依然会随着时代的进步以及环境的改变发生相应的变化①。以改革开放以来城市居民文化娱乐方式变化为例，在经济、科技等力量的推动下，大众的休闲娱乐方式也在不断变化、不断丰富与扩充，从以前只能接收到一个频道的黑白电视机发展到随时随地通过手机和网络电视收看自己感兴趣的内容；从购买磁带躲在家里听流行歌曲发展到约上两三个朋友去 KTV 一展歌喉；从跳皮筋、踢毽子、捉迷藏的休闲活动发展到电脑、手机、VR 体验游戏的娱乐……这些都说明我国城市文化发展是随着时代发展而与时俱进的，没有因循守旧、止步不前。因此，城市要紧跟时代潮流，在每一个关键节点，及时总结自己的文化发展经验，并对未来发展趋势做出准确的判断，及时更新适合自己市情的文化发展规划，保持源源不断的创新动能，提高动态调整与随机应变的能力，确保在动态发展中实现文化软实力的稳步提升。

5）渗透性

城市文化软实力的渗透性是指城市文化渗透到城市生态、经济、政治、社会中，与它们有机融合并影响文化软实力发展的特性。城市文化软实力的渗透性决定了城市文化的坚韧性，文化软实力将文化缩小到分子单位，具化到细胞组织，渗透到城市的政治、经济、科技、教育等领域，弥漫于城市各个角落和城市发展的方方面面，起着潜移默化的作用。城市文化软实力通常不具有可直接量化的指标，但是可以从文化对经济、政治、社会等层面的渗透状况进行考量②。城市文化软实力渗透到经济中，既能加快经济增长方式转变与经济发展进程，为城市经济注入新的活力，还能成为城市经济的重要支柱产业和新的经济增长点，促进经济更加协调、健康和可持续发展。再加上知识、文化和经济紧密融合，迈入知识经济时代，商品的知识价值和文化价值已成为企业在市场竞争中的优势。

城市文化软实力渗透到政治中，可以改变政治意识形态的性质和内容，并通过制定有效的文化发展战略，将影响力进一步扩大到城市文化现代化建设中，聚合城市居民的凝聚力和向心力。随着民主法治建设的进步，城市文化可以为政治运行提供良好的舆论环境，为城市居民参与政治文明建设提供价值观引导，反映作为上

---

① 任致远.探讨城市文化特性 走向文化城市[J].城市，2012(12)：3-8.
② 李宏宇.文化软实力的特征和外在形态[J].学习与探索，2011(02)：38-40.

层建筑的城市政治文明要义。

城市文化软实力渗透到社会领域，即可以通过城市居民的精神面貌、文化素质、行为规范、道德修养等表征感知城市文化软实力的整体风貌。文化是一种独特的意识形态，它映射着一个社会的阶级关系和历史发展脉络，反映着人们的信仰、情感、伦理等深层次的心理状态和价值取向。文化渗透到社会领域中，就成为一种无形的约束力量，引导城市居民行为，浸润城市居民的日常生活。如广州作为改革开放四十年中国当代城市的典型代表，在加强城市经济、科技等"硬实力"建设的同时，通过增强城市文化软实力，着力推动城市文化现代化建设。多年来，广州在各类城市文化软实力排行榜单中名列前茅，即使广州的文化源自商业贸易，但商贸文化的影响所及已经远远超越了商业贸易的范围。近几年，广州的文化软实力已经渗透到了城市的经济、社会、生活等各个领域，渗透到每一个社会成员的思维意识和一言一行中。

6）辐射性

城市文化软实力的辐射性是指它能够通过独特的文化传统和价值观，对周围地区产生深远影响的特性。辐射性是城市文化软实力的一种天然属性，它伴随着城市经济社会的发展，在空间和时间双重维度上对城市及周边的各类主体产生正向的影响，从而使城市以及城市周边区域形成同质性的文化氛围，进而形成积极正向的文化环境。城市的内在素质、发展水平和文明水平也可以在辐射性上得到充分体现。

在数字媒体飞速发展的今天，城市文化的影响力主要是通过城市与城市之间的交流、冲突和调整来实现的，在区域文化和外来文化相互融合的同时，能够对外产生强烈的辐射力。这种辐射力不仅可以促进地方经济的对外扩张，而且可以吸引外部生产要素往城市内部流入。根据近年研究的经验，城市辐射的强度主要取决于两个因素：一是城市经济的总体发展。要依托深厚的文化基础和独特的文化特性，通过文化产业促进城市经济发展，努力建设经济实力雄厚的城市，为提高城市辐射性能提供强大的物质支持。二是城市文化形象建设。在正确定位城市形象的基础上，要把城市形象建设融入城市经济社会发展的总体战略部署，利用各种媒体资源促进城市形象的宣传和提升。城市文化软实力虽然不是一种物质性名词，但是它体现的力量是可以被感受到并进行传播的，也就是辐射性的具体体现方式。如电影、电视、互联网、书籍、杂志、报纸等有形载体，在满足城市百姓的文化需求的同时，还能作为一种特殊的传播渠道将城市的精神、城市的价值观念、人们的思想辐射到其他地区，从而在区域外获得广泛认可，增强城市的吸引力与竞争力。

近几年，浙江的文化发展充分利用了辐射性这一特征，浙江作为中国区位优势明显的城市，通过深挖浙江丰富的人文历史资源，精心创作了的"东西南北中"（《东向大海》《西泠印社》《南宋》《艺术:北纬 30 度》《中国村落》)系列人文精品工程①,以浙江纪录片独特的人文视角讲述浙江的故事,建构出了"从浙江到中国"的文化辐射路径,不仅增强了浙江的城市竞争力,带动了周边区域的发展,同时也为中国文化的国际传播打开了一扇窗。

1.4.3　新时代城市文化软实力的主要功能

1.4.3.1　助力城市经济社会蓬勃发展

文化软实力具有较为特殊的运行方式,相比于硬实力通常采取的强制和施压的作用方式,文化软实力往往以柔性和间接的方式,以"感化"为主要手段,对受众产生潜移默化的影响,其作用方式可以让受众不自觉地受到直觉、情感和想象力的感染,从而服膺于心。但其影响并不局限于思想层面,而会以更为具体的经济与社会的行为表现出来,包括消费、投资、产业等。

进一步探究城市文化软实力在经济层面的作用机制,可以从心理角度与产业发展角度进行阐释。首先,城市文化通过渗透感染、改变认知,间接作用于城市经济社会活动中。诚如斯特斯·林赛就文化与城市发展关系所总结的论断:"因为文化影响到个人对风险、报偿和机会的看法……(文化)形成人们组织经济活动所遵循的原则,而没有经济活动,就不可能有社会进步。"文化改变人们的主观心理状态,并将这一关乎工作和日常生活的态度转变落实到具体的行为活动中,最终影响到客观现实。其次,城市文化作为城市发展的重要资源,借助文化景观建设和文化创意产业的发展,发挥其社会与经济效益,具体实现形式包括文化旅游、主题公园、节庆展会、创意产品等。社会效益是文化资源的事业属性与产业属性共同作用的结果,通过增加就业、提升个体收入与政府财税收入,文化资源的开发在满足城市居民文化需求的同时,提升城市形象,进而推动文化资源保护与价值增长,实现可持续发展的良性循环,发挥长期效益②。

综上所述,城市文化软实力对经济社会的作用路径主要为两大层面,即内在精神文化与外在物质文化层面,前者主要影响城市文化凝聚力和价值取向,后者则表现为城市文化的吸引力和生产、消费行为,二者相辅相成,共同助力经济社会发展③。以纽约为例,纽约是世界上最大的文化中心之一,拥有众多著名的博物馆、画廊、剧院、演唱会场地等文化设施,每年都有数百万人次的游客光顾。纽约是一座充满文化气息的城市,它拥有众多文化机构,如艺术家工作室、表演团体、俱乐部

① 王欣.建构"文化强台"新格局 熔铸"文化之美"新气韵——浙江卫视探索建立"人文工作室"[J].新闻战线,2022(10):50-52.
② 任玉平.文化资源开发效益评价的指标体系研究[J].太原大学学报,2008(2):5-13.
③ 方志.文化软实力呼唤"硬指标"[J].出版参考,2008(15):1.

以及各类学校。丰富的文化资源和健全的文化设施促进了纽约文化产业的繁荣与发展。强大的文化吸引力使得文化产业成为纽约的支柱产业,城市文化软实力成为纽约经济强劲增长的巨大拉动力。在国内城市经济发展中,文化创意产业已成为一个重要的经济增长点,特别是对于发达城市如北京、上海、广州、深圳等,文化创意产业对城市经济发展做出了巨大贡献,它不仅可以促进城市就业、增加税收,而且还能够提高城市竞争力,吸引投资并推动经济增长。加强文化软实力建设对于促进城市经济持续健康发展具有重要作用。

1.4.3.2　增强文化自信的关键着力点

文化自信主要指一个国家、民族、地区、城市的居民对自身文化的充分肯定和对自身文化生命力的坚定信赖。党的十八大报告中提出"三个自信"后,习近平总书记又多次提到了"文化自信"的命题,并突出强调了"增强文化自信和价值观自信"的重要性和必要性。从国家层面而言,文化自信的构成要素包括中华优秀传统文化、近现代革命文化和社会主义先进文化,这些文化落实到具体实践层面,就成为城市文化的内在组成部分,尤其在进行城市文化现代化建设、发展城市文化产业、开发和维护城市文化资源的过程中,实现了优秀传统文化的创新与发展、革命精神的继承与发扬,这些都是重塑和增强文化自信的重要途径。因此,城市文化软实力是增强文化自信的关键着力点。

1.4.3.3　塑造城市形象,丰富城市文化内涵

文化软实力通过国民的精神意志、内在品质得以体现,以人们对核心价值观的认同为基础,影响到人民群众的内在凝聚力,进一步成为整个民族特有的文化向心力和亲和力,成为中华民族的精神支柱。从国家层面来说,提高文化软实力能够提升民族文化认同感,从而形成共同的价值理念、心理结构、思维习惯和行为方式,这些因素将成为推动民族发展的强大力量[1]。从城市层面来说,当"文化力"充分积淀,城市居民对城市精神的广泛认同能够驱动他们对城市的归属与热爱,并且密切关注城市经济社会发展、经营城市的良好形象,从而齐心协力共建美好家园。

一座城市的精神发轫于它的历史文化背景和地域文化环境,通过融合城市的特色文化,共同塑造了这座城市的核心价值观,并落实到行为准则、社会观念和行为规范中。城市精神不仅可以成为城市居民强大凝聚力的来源,帮助人们达成共识,积极主动地投身到城市现代化建设中去,而且助推城市经济社会发展,其影响力辐射至城市经济社会的各个方面。从外在影响力来说,城市文化中蕴含的核心理念、价值追求和内在气质,都会成为塑造城市形象的关键力量。通过展示独具特色的城市形象,可以提升城市的知名度与吸引力,最具代表性的典型案例,如上海

---

① 董绍锋. 新时代中国文化软实力建设研究[M]. 北京:中国商业出版社,2021.

提出的"海纳百川，追求卓越"的城市精神，引领上海积极开放、主动创新，发展成为开放包容的国际化大都市，这无疑是城市文化包蕴的强大精神动力的有力证据。

1.4.3.4　提高城市发展质量

城市空间是一个复杂的系统，由理性、情感、现实和想象等元素组成，它们相互交织，形成了一个完整而丰富的世界。为了推动城市高质量发展，我们必须建立一个强大的、可持续的现代化经济体系，并在其中融入独特的、充满活力的文化元素。这样，我们才能打造出一个高质量的城市发展环境。在世界各地，城市已不再被认为是一个孤立的经济单元。城市文化的重要性日益凸显，它已经成为推动城市经济繁荣的关键因素和驱动城市发展的核心动能。

现如今，上海全面发力城市文化软实力建设，已成为全国展会数量最多、展览效益最好的城市之一。该城市"推出了 100 个'演艺新空间'和'家门口的好去处'，建成 6 249 个馆外延伸服务点及创新服务空间"[①]；7 000 余家影视企业落户上海；上海各类博物馆数量达 140 余家，与纽约持平。这些新举措为上海城市文化软实力的持续提升奠定了坚实基础，也为城市经济社会发展注入了强大动能。当今，中国的城市化进程正在迅速发展，这主要归功于中国改革开放政策的实施、市场经济体制的完善和文化软实力的增长；得益于这些因素的共同作用，中国的城市经济正在持续增长。然而，物质的丰富并不能带来真正的幸福感，城市发展不应该只依赖于经济，更重要的是人们的心灵需求和文化的获得感。因此，提高城市发展质量，实现城市文化软实力的显著增强至关重要。

1.4.3.5　增强城市核心竞争力

城市文化软实力的竞争是城市之间竞争的一个重要方面，尤其在比较看重综合实力竞争的当下，文化是不可或缺的一部分，重视城市文化软实力的建设也已经成为当代城市发展的主旋律。可以说，文化软实力的高低直接影响城市的核心竞争力，一座拥有强大文化软实力的城市才是具备核心竞争力的城市，才能够提高城市发展质量，在全球城市体系中提升自己的位置，抢占竞争制高点，受到更多的关注。在城市发展战略中，世界级城市通常会将文化因素放在重要位置，并认为它对于提升城市综合竞争力至关重要。为了在竞争中占据优势，这些城市会竭尽全力提升自己的文化软实力。

纽约是一个很好的案例，它在当今世界城市竞争中表现出色，成为全球化时代的城市典范。它在当今全球城市竞争中扮演着重要的角色，为其他城市树立了榜样。纽约在经济全球化的浪潮中保持着敏锐的嗅觉，并将文化作为其发展的核心

---

① 上海市政协调研报告. 建设国际文化大都市，助力增强城市软实力[EB/OL].［2023－02－07］. https://www.163.com/dy/article/HT05677F05507R46.html.

力量。通过增强文化软实力,纽约在全球城市竞争中取得了领先地位。纽约是一座充满活力的城市,它拥有世界顶尖的文化俱乐部和丰富多彩的文化活动。政府对于文化艺术的支持非常重视,每年的投入都非常可观。这样的文化生态环境吸引了许多全球顶尖的人才来到纽约定居,为纽约的经济和文化发展注入了新鲜血液。纽约城市核心竞争力因此得到提升。可以看出,文化在城市竞争中的重要性已在全世界得到共识。一座城市必须拥有强大的文化软实力,才能在日益激烈的城市竞争中保持领先地位,并在全球城市体系中占据一席之地。这样,它才能在国际竞争环境中获得更多的游客、投资者、资本,以及消费者的关注和尊重。

1.4.3.6　提升城市向心力与凝聚力

健康向上的城市文化可以增强城市各阶层、各群体的归属感和认同感,为城市现代化建设提供强大的精神动力。文化凝聚力分为自然文化凝聚力(包含亲缘原因、血缘原因、地域原因)和经济社会凝聚力(包含经济原因、政治原因、文化精神原因)。文化因素对经济社会发展所带来的影响,主要是通过它的聚合性来反映。文化凝聚力可分为自然聚合性(包含亲缘影响、血缘影响、地域影响)和社区聚合性(包含经济、政治和精神因素)两方面。文化活动对经济社会发展所带来的影响,主要是通过凝聚力来反映。城市文化凝聚力可以产生积极向上的合力,感召和引导同一座城市的居民遵从城市精神,唤起城市居民奋发拼搏的斗志,增强城市文化软实力。

1.4.3.7　提高居民文化素质,改善居民生活质量

居民文化素质很大程度上反映了城市社会的文明程度,着力提升城市文化软实力有助于居民在潜移默化中受到城市文化的熏陶,培养文化观念与文化意识,强化个体行为观念、价值观念与城市文化之间的联系,提高居民对城市文化的认同感与归属感,居民文化素质不断提升的同时,城市凝聚力与感召力也得以增强。此外,城市文化让城市的生态更加多姿多彩、富有活力,也能够激发城市居民的生活热情。作为城市文化软实力的重要功能,高质量、理想化的城市发展环境与良好的城市社会环境的营造均需注重城市文化现代化建设。随着城市居民物质生活的丰裕富足,对于精神文化的需求便日益增加,城市文化软实力的提升能够满足城市居民的文化追求,进一步提高城市居民的生活质量。

1.4.4　新时代城市文化软实力建设的短板问题

1.4.4.1　文化基础设施建设有待完善

文化基础设施包括一切可以反映城市历史、城市文化和城市精神的设施,它不仅是城市文化的重要载体,更表达了城市的文化形象,集中体现着城市精神。在过去的城市化进程中,城市文化基础设施建设在很大程度上遭到忽视,城市经济飞速

发展,但文化基础设施却处于滞后状态,造成了城市公共文化服务缺失、城市文化体验和获得感不够等严重问题。近年来,尽管我们对于城市文化基础设施建设有所强调,但仍存在一些短板问题。首先,对于相关公共文化设施的维护与运营缺乏合理的措施,许多文化场馆在建成初期广受好评,但运营一段时间后出现设备老旧、损坏、内容没有及时更新等现象,导致场馆设施日渐破败;其次,城市文化基础设施在空间分布上大多集中在一二线城市以及城市的中心城区,存在分布不平衡现象;与此同时,现有的城市文化基础设施类型较为单一、缺乏创意,相互之间较为割裂,不能很好地满足城市居民的精神文化需求。

1.4.4.2　文化观念与文化意识薄弱

当前,城市居民的文化观念与文化意识薄弱的现象普遍存在。对于城市建设者和治理者来说,城市文化所具有的价值未得到充分重视,对于城市文化内容的构建与推广普及停留在浅尝辄止的阶段,每座城市独一无二的文化特色未能被充分挖掘。而从社会民众的角度来说,城市文化于城市居民的日常生活仍是一个"遥远"的概念,城市文化精神和文化活动并没有很好地相互融合,社会民众往往不能意识到城市文化对自己的价值判断、行为准则等方面的影响,进而很难对城市文化产生共情。因此,城市居民文化观念与意识的培养,应在正确理解城市文化内涵、特质的基础上,明确培养目标,提升城市文化宣传、推广与普及力度。

1.4.4.3　文化产业人才储备不足

整体来看,文化产业在我国起步较晚,仍处于不够成熟的状态。各类文化产业为就业市场带来了诸多新岗位,也对人才提出了新要求。在具体的工作领域中,由于文化产业刚刚兴起,大部分从业人员并非相关背景出身,缺少统一的行业规范标准和实际的工作经验。而在高等教育培养方面,尽管近年来一些高校陆续开设了与文化、文化产业相关的专业,力求培养文化行业后备人才,但这些新诞生的专业缺少完备的教学体系,大多冠名以"文化产业"或"文化"而没有加以细分,所学内容杂乱,涵盖面广但不够深入。教师水平参差不齐,缺少实践教学经验,学校教育没有与就业市场有机结合起来,理论和实践存在断裂现象,人才培养机制不够完善,导致行业中的专业化人才稀缺。

1.4.4.4　城市之间发展不均衡

不同城市之间在文化基础设施、文化内容生产、文化人才培育等方面存在着严重的不均衡现象。以文化场馆为例,一二线城市拥有相对成熟的场馆设施和管理运营经验,而三四线城市专业场馆数量相对不足,相关行业的人才、资金、专业设备不充足,承接优质文化内容的场地有限。同时,一二线城市院校师资力量更强,学生实践资源更广,社会民众参与文化活动的意愿也更强烈,如此一来,城市间的不平衡现象将愈演愈烈,这对于城市文化事业和文化产业发展是十分不利的。

1.4.4.5　城市文化同质化现象严重

当下,城市文化现代化建设存在严重的同质化现象,随着城市化进程的加速,城市文化面临着趋同现象,城市整体景观也较为一致,尽管身处不同城市,迎入眼帘的却是大同小异的大厦与商业区。不同城市在历史、文化、生态等方面大相径庭,倘若在城市文化现代化建设时不追求本土的特色文化景观而一味地"求同",对于城市文化高质量发展将产生负面影响。

1.4.5　新时代城市文化软实力提升路径

1.4.5.1　完善创新驱动发展的文化保障体系

城市文化软实力建设不可能一步登天,在短时间内取得很大成效。城市文化软实力建设要求地方政府要从根本上改变对文化的轻视态度,以习近平新时代中国特色社会主义思想和习近平文化思想为指导,制定完整的文化软实力发展战略,根据城市文化发展水平,推进文化体制改革,完善创新驱动发展的文化保障体系。

首先,城市政府应该因地制宜制定文化发展规划。城市文化软实力建设需要长期的规划,不能朝令夕改。它要求政府把握新时代背景下能引起城市居民共鸣的城市文化内涵和特点,结合城市的实际情况,协调各方面的利益需求,并在短期目标和长远发展之间找到平衡点;根据城市文化资源优势、时间段、发展水平,明确每一个阶段的文化发展任务和部署安排,为城市文化现代化建设提供指导、规范、协调和服务,并制定不同的短期、中期和长期战略目标,以满足城市文化发展的需要。

其次,推进文化体制改革,加强文化立法。要让文化走向市场,我们必须牢牢把握文化体制改革的中心工作,准确定位改革的重点和切入点。为了推动文化创新,我们应积极推动文化机构改革,并在适当的时候调整其职能。这意味着,我们要从过去的高度集权行政管理模式,转变为依法行政、多元主体参与的文化治理模式。为了保护文化市场的正常运行,应该加快制定和完善相关法律法规,尤其要注意保护知识产权,促进文化创新。

1.4.5.2　因地制宜发展城市特色文化

当前,我国城市文化基础设施建设仍然存在不均衡现象,其原因与城市的经济社会发展水平和文化差异性密不可分。对于一座城市而言,通常都有其独具特色的文化内涵、文化精神,这与城市的政治制度、经济发展水平、历史文化背景和文化生态环境等均有相关性,具体表现形式可以是"有形"的物质遗产、历史建筑、文物古迹、自然风光,也可以是"无形"的非物质文化遗产、文化风气和城市价值理念,各方面因素合力共筑一座城市特有的文化风貌，并成为增强城市文化软实力的关键切入点。

城市文化特色进一步强化城市文化资源的个体差异性。例如，以北京和杭州为代表的历史文化名城，其文化优势主要体现在传统博物馆、艺术馆等基础设施建设，丰富的历史文化资源给这类城市发展文化软实力提供了得天独厚的条件，所以应当继续强化历史文化资源的保护传承，保留优秀传统文化，在此基础上考虑新时代城市居民的精神文化需求，融入流行和时尚元素，创造特色文化的新增长点。具体举措包括：继续完善国家级重点文化设施建设，包括地方博物馆、美术馆、各类传统表演场馆等；完善城乡公共文化服务网络，通过建设文化馆、图书馆、美术馆、电台、电视台等公共文化设施，满足城乡居民日益增长的精神文化需求；加强文化遗产的保护传承，除博物馆之外，还要强化名胜风景区和文化遗产的保护和合理化开发。

新兴的深圳城市以现代文明为突出特色。深圳的传统历史文化资源较为欠缺。因此，文博展览、阅读空间、艺术表演场馆与相关投入成为其强化文化基础设施的重要支撑。深圳在改革开放风潮的带动下，秉持着改革创新、包容开放、走向世界的理念，迅速成长为现代化大都市，而上海则依靠其特殊的地理优势以及近现代国际文化交流背景，形成了独具特色的"海派文化"。中外交融、包容开放、文化多元是这两座城市的共有特征，也成为两座城市发展文化软实力的精神动力。因此，这类城市应当积极发挥自己的优势，密切关注公共文化基础设施和公共文化服务建设，积极学习文化领先城市的成功经验，打造健全的文化产业孵化和世界文化交流平台。与此同时，做好特色文化提炼与传播，在打造自身良好文化形象的同时，努力引领区域、全国甚至全球城市的文化发展潮流。

1.4.5.3　加大文化软实力建设投入力度，形成多元支撑体系

推进城市文化软实力建设，离不开强有力的资金支持。当前我国大部分城市的文化投入仍存在不足现象，无疑阻碍了公益性文化事业的发展，也不利于文化产业市场的繁荣和文化创意人才发挥作用。因此，从文化基础设施和文化生产力的角度出发，加大政府对城市文化现代化建设的投入力度，形成政企合作、民间投资者积极参与的多元文化投资体系。

具体而言，应当在加大政府投入力度的同时，调动社会力量积极参与投资，有针对性地解决现有问题，形成多元化的投资支撑体系。目前，我国城市文化现代化建设存在的主要问题包括：公共文化总体规模过小，与财政对基建的投资规模不匹配；文化投入存在城乡和区域间不平衡现象，公共文化服务均等化任务艰巨；文化基础设施建设投入与事业性经费投入不匹配，有限的事业经费影响设施建成后继续发挥其功能，场馆空间难以真正开展文化活动，文化馆、图书馆等面临生存困境；

扶持文化事业的优惠政策不连贯,缺乏稳定性支持,相关部门无法获取实际的支持与补贴,等等。针对此类问题,政府应当高度重视完善文化基础设施生产力,通过加大公益性文化事业单位的投入以及对城市郊区和周边地区的资金扶持,鼓励设立更多用于文化产业发展的专项资金与基金项目,提供稳定可持续的资金支撑力度。

与此同时,应当积极接纳民间资本,鼓励社会各界人士以捐赠和基金等形式发展公益项目,从只依靠政府公共财政拨付的单一体系转化为多元化的资金支撑体系。成功的案例如北京在北京音乐厅和中山音乐堂的管理运营中,在坚持培育高雅艺术的基础上,引进社会资本,鼓励民间企业家承包、参与经营,从而实现了"三百六十五天,天天有音乐"的良好运营状态,在节省国有成本的同时,吸引了更多社会力量投资,也顺应了广大人民群众的审美生活需求。在基金与专项资金的组织与实施方面,较为典型的案例有宝钢集团投资数千万元设立的宝钢高雅艺术基金,每两年一次向各类优秀艺术家颁发奖金,助力城市高雅艺术发展繁荣。

1.4.5.4　培育战略性文化产业,打造特色文化品牌

新时代城市文化软实力发展具有明显的产业化特征,文化产业在文化软实力建设中占据日益关键的地位,但根据代表性城市的数据分析结果,当前城市对于文化产业生产力的关注度不足、文化消费力发展不均衡等问题仍然存在。为解决消费者需求与市场供给不匹配、文化产业发展规模不足、内在结构不合理等问题,应当重点培育战略性文化产业,打造特色文化 IP,供给高质量文化产品与服务,进一步提升城市文化软实力。具体措施包括以下三个方面。

第一,由于文化产业化的典型特征是以市场利益为导向,注重文化市场法则。伴随着文化市场在整体市场中地位的显著提升,必须加强文化企业的经营管理,健全文化法治体系,让市场充分发挥文化资源配置的职能,提高市场效率。此外,还需要相关政府部门积极协调和服务文化企业,在优先保证文化产品的意识形态属性、追求社会效益的基础上,顺应市场潮流,丰富文化产品的内容和形式,最终达到文化价值追求与市场利益追求的双重满足。

第二,必须始终以文化消费导向,服从文化市场规律。当前,城市文化软实力建设进程中,文化消费力呈现出城市之间差异较大、发展不均衡的特征。因此,有必要从供给和需求两方面入手,解决消费者需求与市场供给错配现象,平衡现有矛盾。针对供给端,应当进一步促进文化产业的蓬勃发展,生产出更多形式多样、内容丰富、具有个性化特色的文化产品,丰富市场供给;针对消费端,通过创新文化产品内容,改变文化产品营销形式,对消费者的需求进行合理引导,进一步提高消费质量,不断增强文化消费力,在推动文化市场进一步发展的同时,实现城市文化软实力的提质增效。

第三，当前城市文化产业的发展整体还处于探索阶段，呈现出发展不充分、总量和规模较小的特征，如何将文化产业进一步做大做强是必须考虑的问题。广泛吸收和充分利用民间资本，加大资金投入，助推文化产业发展，是发展文化产业的重要抓手之一。具体措施包括：在一定限制范围内降低市场准入门槛，鼓励外资和民间资本进入文化产业，除了部分行使政府职责的文化机构和意识形态特征较强的领域外，尽可能地放宽资本进入限制。

1.4.5.5　整合人才资源，全方位促进文化创新

文化创新力始终是驱使文化软实力提质增效、高质量发展的动能，理应被持久关注。从前文对四座代表性城市的比较分析中可以发现，近年来深圳实现城市文化软实力的巨大飞跃，离不开文化创新力的助推作用。

增强文化创新，需要创新精神的支持与创新能力的推动，归根结底需要文化创新型人才的支撑。因此，提高文化创新力，首先应当加大文化创新人才培养与开发的力度，具体分为文化理论创新人才和文化实践创新人才两方面。文化理论是文化实践的先导，需要我们在文化艺术领域中，积极营造创新的环境，培养更多具备扎实的理论基础、拥有马克思主义理论素养、密切联系当下实际需要的文化创新人才，夯实理论创新人才基础，为城市文化现代化建设提供导向性、针对性、应用性较强的理论支撑。在健全理论体系、做好先导性工作之后，更重要的是对应用型实践人才的培养和开发，尤其是致力于培育文化创意产业的经营和管理人才，这是当前提升城市文化产业核心竞争力和从根本上提升城市文化软实力的重中之重。

此外，还需要加强文化精品创作人才和文化创意策划人才的培育。只有打造出内容丰富、富含文化价值的高质量文化产品与服务，才能从根本上提高文化竞争力，更好地服务于城市文化现代化建设。在具备了高素质的文化理论人才与优质的文化产品和服务创新人才后，文化传播人才的培养和开发也不可或缺。约瑟夫·奈指出："在信息时代，软实力不仅依赖于文化和理念的普适性，还依赖于一国拥有的传播渠道。"这对于城市文化软实力的高质量发展同样适用。只有掌握了先进的传播工具、传播技术、传播手段，具备强大的传播能力，才能更好地提升城市文化的影响力与辐射力，推动文化交流与文化消费，全面提升城市文化软实力。故而，应当进一步加大现代高科技文化传媒人才的培养，重视出版、广播、影视、对外演出、民间文化传播等领域的高质量人才队伍建设。

除了人才队伍培养以外，结合新时代特征，采取多样化形式，全方位加强文化创新也是提升城市文化软实力的有力手段。第一，结合信息化、数字化时代特征，顺应文化及其产业发展新态势，将文化与科技的融合作为文化创新的重要手段。当前，文化产业创新已经初步发展出了推动型和嵌入型两大模式，并衍生出了一系列数字出版、互联网教育、电子游戏、数字音乐、沉浸式视听、互动式展览、文化科技

装备制造、新媒体等新业态，这些都是城市文化软实力建设可以深耕的领域。第二，将跨界融合与联动作为拓展空间，结合《中国制造2025》所提出的战略构想，促进文化创意产业与数字内容产业、城市建筑、交通、制造业、现代农业、旅游业等产业充分融合，以跨界合作的形式助推城市文化软实力建设迈向新台阶。

刘易斯·芒福德说："城市是人类之爱的一个器官，因而最优化的城市经济模式应是关怀人、陶冶人。"[①]这一认识充分凸显了城市的人文特征与文化情怀，指出了城市文化软实力以人为本的特性。城市文化现代化的本质是人的现代化，城市文化软实力的本质是"人"的软实力，人本性、人文性、人民性是城市文化软实力的根本属性。近年来，人本性、人文性、人民性在城市文化软实力的相关研究与评估中得到了更多关注。较为典型的案例是三联人文城市光谱盛典与光谱计划，光谱计划沿用了2020人文城市奖的价值维度，即"公共、创新、美学、人文"，并且从场所、建筑、社区、自然、城市活力维度探究了人与城市之间的互动关系，并构建了指标体系进行评估，坚持以人为本的视角，建立了可感知的城市评价体系，其评价结果从侧面印证了本书对于北京、上海、杭州、深圳等代表性城市文化软实力的分析结果。如上海被评为"创新之光"榜首城市，依靠其突出的文化创新力和高科技、多元化的解决方案；深圳荣获"公共之光"榜首城市，依靠其在美术馆、博物馆等公共建筑上的投入设计与运营，深圳针对大型文化设施和"十分钟文化圈"建筑，营造新型特色文化空间，形成城市文化建筑群落。

未来的城市发展离不开城市文化软实力建设。本章在分析城市文化软实力构成要素的基础上，着重探究文化生产力、创新力、消费力与辐射力等方面的提升策略，为提升城市文化软实力和城市综合竞争力、促进城市经济社会高质量发展提供参考。

---

① ［美］刘易斯·芒福德.城市发展史——起源、演变和前景.中文第一版译者序言［M］.宋俊岭，倪文彦，译.北京：中国建筑工业出版社，2005：9.

第 2 章　城市文化软实力建设的"人民性"与人民城市视角下的城市文化软实力建设逻辑

2.1　研究文献回顾

2015 年 12 月,习近平总书记在中央城市工作会议上指出,"做好城市工作,要顺应城市工作新形势、改革发展新要求、人民群众新期待,坚持以人民为中心的发展思想,坚持人民城市为人民。"① 2019 年 11 月,习近平总书记在上海考察时提出了"城市是人民的城市,人民城市为人民"的思想。他指出,"无论是城市规划还是城市建设,无论是新城区建设还是老城区改造,都要坚持以人民为中心,聚焦人民群众的需求,合理安排生产、生活、生态空间……努力创造宜业、宜居、宜乐、宜游的良好环境,让人民有更多获得感,为人民创造更加幸福的美好生活。"② 总书记提出的"人民城市"理念,概括而言即"人民城市人民建,人民城市为人民"。建设以人民为中心的美好城市、打造有人性温度的宜居城市,既符合中国特色社会主义核心价值体系的要求,也给社会主义城市更新实践指明了价值方向,还融合了人民群众对美好生活的新期待,引导城市治理实践朝着打造令人向往的现代化创新之城、人文之城、智慧之城、幸福之城和生态之城前进。

城市文化软实力是通过城市文化现代化建设对城市整体发展所产生的无形力量总和,具体表现为城市内部的凝聚力、居民文化素养、文化生产力、人文居住氛围和城市外部的文化传播力和文化吸引力。在推动城市更新建设的现代化实践中,城市发展对经济增长给予了更多关注,但在此发展过程中,城市现代化建设涌现出一系列问题,如"千城一面"的盲目模仿模式、忽视可持续发展、破坏生态环境、发展不均衡、居民文化权益不均衡、缺乏文化价值表达等,这些发展中的问题成为城市现代化转型和可持续发展道路上面临的重大挑战。为助力城市在激烈竞争中占据优势,部分城市对文化软实力建设进行了规划,其中上海和深圳的表现尤为突出。2021 年 1 月,深圳市委宣传部部长王强表示,未来五年,深圳将全面实施"文化软实力跃升行动",计划推进新思想传播、文明典范城市创建、新时代文艺发展、媒体融合发展等十大工程,促进深圳实现社会主义现代化。习近平总书记曾概括了上

---

① 中央城市工作会议在北京举行[EB/OL].[2015-12-22]. http://www.xinhuanet.com//politics/2015-12/22/c_1117545528.htm.

② 谢坚钢,李琪. 以人民为中心推进城市建设[N]. 郑州日报,2020-06-19(008).

海城市精神与品格,为上海建设社会主义现代化国际大都市指明了方向。由此可见,城市文化软实力建设是城市现代化发展的必然趋势。

综合来看,人民城市建设理念在追求城市文化软实力建设的总体性目标过程中,提出了更具人民性和人文关怀色彩的城市价值追求,两者在城市转型发展过程中相互融合、相互促成、共生发展,人民城市建设指明了社会主义现代化城市建设的价值目标,而城市文化软实力则包含了人民城市建设的基本要求。不过,当前从城市文化软实力角度探讨人民城市建设的研究还存在较多空白,需要进一步探讨。

2.1.1　城市文化软实力

目前,学界对城市文化软实力的研究主要集中在四方面:一是城市文化软实力的概念及其来源。约瑟夫·奈指出,软实力与命令他者按其意志行动的硬实力形成对照[①],认为软实力是一种通过吸引别人而非强制他们来达成目标的能力,一个国家的软实力有三个来源:文化、政治价值和对外政策[②]。随着文化对经济建设发挥着越来越重要的作用及全球化城市竞争愈发激烈,软实力研究呈现出"文化化"和"城市化"转向,"城市文化软实力"由此而生。不同学者在对城市文化软实力下定义时各有侧重。比如,谭志云将城市文化软实力看做城市经济实力与其他要素间的函数,认为城市文化软实力=经济实力×(文化凝聚力+文化创新力+文化辐射力+文化传承力+文化保障力)[③];李正治和张凤莲认为,城市文化软实力是城市通过诉诸物质、制度和精神文化的方式激发吸引城市内外的积极因素自愿参与城市建设,以达到城市经济社会发展目标的能力[④]。二是城市文化软实力的基本要素及评价指标体系。晏晨认为,城市文化软实力的要素包括城市精神的凝聚力、城市文化创新的驱动力、城市文化氛围的感染力、城市文化特性的吸引力、城市文化传播的影响力、城市文化形象的识别力[⑤];龚娜和罗芳洲认为,城市文化软实力的构成要素主要从城市文化、政府管理、开放程度、人力素质和城市形象来考察[⑥];张月花等学者从文化基础力、文化保障力、文化生产力、文化吸引力和文化创新力五方面设置了"5个维度—12个层面—35个指标"的城市文化软实力指标体系[⑦]。

---

① [美]约瑟夫·奈.硬权力与软权力[M].门洪华,译.北京:北京大学出版社,2005:106-107.
② 李正治,张凤莲.试析城市文化软实力的内涵及其构成要素[J].人民论坛,2013(26):34-35.
③ 谭志云.城市文化软实力的理论构架及其战略选择——以南京为例[J].学海,2009(02):175-180.
④ 李正治,张凤莲.试析城市文化软实力的内涵及其构成要素[J].人民论坛,2013(26):34-35.
⑤ 晏晨.城市·文化·软实力——围绕城市话语的探讨[J].理论月刊,2015(04):77-81.
⑥ 龚娜,罗芳洲."城市软实力"综合评价指标体系的构建及其评价方法[J].沈阳教育学院学报,2008(06):28-31.
⑦ 张月花,薛平智,储有捷.创新型城市建设视角下西安文化软实力实证评价与分析[J].科技进步与对策,2013(14):48-52.

三是城市文化软实力建设的机遇、挑战及对策建议。张怀民和杨丹以武汉为例,分析城市文化软实力建设的优势、劣势及面临的机遇挑战,并从四个方面提出对策建议[1]。四是体育、旅游、文化遗产等对提升城市文化软实力的积极影响与建构路径。余阿荣运用文献分析法,分析大型体育赛事对提升城市文化软实力的积极影响[2];付业勤认为,文化底蕴、文化发展成果、文化影响、文化交往与旅游活动是推动城市旅游文化软实力发展的关键要素[3]。

2.1.2　人民城市

2015年12月,中央城市工作会议提出,要坚持以人民为中心的发展思想,坚持人民城市为人民的建设思路,这是"人民城市"首次出现在国家正式文件中[4]。2019年11月,习近平总书记在上海调研时做出了"人民城市人民建,人民城市为人民"的重要指示。"人民城市"概念回答了城市的本质属性问题,强调城市发展依靠谁、为了谁——依靠人民、为了人民和人民所有、人民所治、人民所享的问题。人民城市概念的提出与城市研究领域中城市发展的人文主义理念存在互通之处,人文主义城市发展理念强调市井烟火气[5],倡导城市现代化发展中的人文关怀。但由于人民城市的概念提出时间较晚,当前国内有关人民城市的研究成果较少,目前研究内容主要集中在人民城市的治理方面。如钱坤指出,城市治理走向人民城市与日常生活[6];宋道雷认为,人民城市治理必须坚持党的领导、人民至上、社会主义方向和共建共治共享的治理格局[7]。其他相关研究集中在以下两方面:一是以城市发展繁荣、城市数字化转型为主要研究对象,探讨城市发展的"人民化"转向与城市建设的关系。如龚晓莺分析了城市资本逻辑与人民性的缺失问题[8];董慧分析了城市繁荣的人民性这一价值内涵,认为城市繁荣的实践策略是贯彻人民性的价值原则[9]。二是人民城市的理论溯源与发展脉络。如学者刘士林研究了人民城市理论的来源、人民城市建设的主要理念等。

①　张怀民,杨丹.城市文化软实力提升路径选择:武汉文化软实力发展研究[J].科技进步与对策,2013 (05):47-52.

②　余阿荣.大型体育赛事对城市文化软实力影响研究[J].体育文化导刊,2017(12):8-12.

③　付业勤.文旅融合背景下城市旅游地文化软实力评价与发展策略研究[J].四川轻化工大学学报(社会科学版),2020(03):27-43.

④　刘士林.人民城市:理论渊源和当代发展[J].南京社会科学,2020(08):66-72.

⑤　徐锦江.全球背景下的"人民城市"发展理念与上海实践[J].上海文化,2021(12):5-14,36.

⑥　钱坤."日常生活"治理:城市治理的转型方向与实践机制[J].当代经济管理,2022(03):1-9.

⑦　宋道雷.人民城市理念及其治理策略[J].南京社会科学,2021(06):78-85,96.

⑧　龚晓莺,严宇珺.从资本逻辑到人民逻辑:谱写新时代人民城市新篇章[J].城市问题,2021(09):5-12,27.

⑨　董慧.城市繁荣:基于人民性的思考[J].西南民族大学学报(人文社会科学版),2021(04):80-87.

综上所述,城市文化软实力和人民城市的相关研究均取得了一些成果,这些研究以质性研究为主,量化研究较少,而且将城市文化软实力与人民城市放在一起进行研究的成果寥寥无几,在中国知网期刊检索系统中,仅有一篇以上海为例、分析人民城市与城市文化软实力的关系,并提出了上海文化软实力的提升路径①。在此背景下,本章以人民城市和"人本主义"理论为基础,以城市文化软实力建设为研究对象,探析人民城市视角下城市文化软实力的建设逻辑、面临的主要挑战与建设路径。

2.2　城市文化软实力的表征与内涵

虽然约瑟夫·奈较早提出了"软实力"概念,但他并没有对文化软实力的概念和内涵做出清晰的解释与界定。他将软实力视为一种"非强制"的力量,是源自文化、政治价值观以及外交政策的影响力与吸引力②。苏珊·诺赛尔则在约瑟夫·奈的软实力概念基础上提出了"巧实力"的概念,强调硬实力与软实力的相互配合运用③。自复旦大学王沪宁教授于1993年将"软实力"概念引进中国后,出现了"软实力"与"文化软实力"两个概念混用的现象,文化软实力相关概念、本质和构成要素尚未在国内达成较为一致的观点。在城市文化软实力的相关研究中,有一种理论强调人本主义和人性论,认为"人本主义从人类的文化活动与成果出发,将人定义为文化的人,所表现的是人在文化世界中多样而同一的存在方式"④。范周等学者基于卡希尔的人性论,提出了城市文化竞争力的"跑道模型",该模型既包含文化的内部要素,又兼顾文化的内部结构和意义形式(详见图2-1)。

"文化禀赋要素"的内禀是城市发展过程中所蓄积的基本文化内容的统合。可细化为城市精神品格、历史建筑遗产、其他物质和非物质文化遗产等。"文化经济要素"由文化生产要素、文化消费要素以及文化企业要素构成。"文化管理要素"是指一座城市为推进文化发展所提供的政策和制度保障,以及文化设施、文化基础性投入等,包括公共文化政策和服务效率、文化数字化平台等。"文化潜力要素"可细化为高素质人才储备、营商环境、城市创新指数、文化产业集聚和城市更新效应等。"文化交流要素"指城市进行文化互动、共享文化成果的过程⑤,包括对外文化产品和服务的交流、人才的流动性和稳定性等。"文化的蓬勃生命力来源于流动,任何

① 郑崇选.提升上海城市文化软实力的价值追求与基本路径[J].上海文化,2021(08):5-11.
② 姜绍华.提升新时代城市文化软实力[N].经济日报,2018-06-27(013).
③ 陈海燕.上海提升城市文化软实力的对策建议[J].科学发展,2011(06):60-65.
④ 蔡晓璐.城市文化竞争力评价指标体系理论综述[J].北京城市学院学报,2015(04):37-41.
⑤ 萧盈盈,宋文君.文化特性:城市竞争力的基石[N].中国社会科学报,2016-02-04(008).

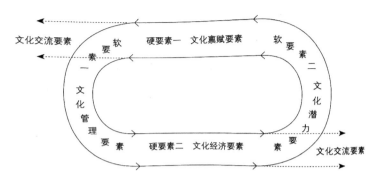

图 2-1　城市文化竞争力"跑道模型"

兴旺发达的城市和地区一定是流动文化最活跃、最激烈碰撞的地区"[①],这也体现了一座城市对其他城市的开放性和包容性。

城市文化软实力是国家文化软实力的重要组成部分,从属于国家文化软实力[②],与后者注重意识形态不同,城市文化软实力更看重价值取向[③],它是在城市竞争愈发激烈的全球化背景中孕育而生的。其中,因大都市面临更多的国际竞争,相较于中小城市,它们的城市文化软实力与国家文化软实力有着更为紧密的关系。陈然和张鸿雁提出,城市文化软实力要素指标的建构模式与维度应当涵盖城市文化内容、城市人力资本、城市文化科技、城市文化资本、城市形象营销和城市文化消费六维度[④]。总体上看,城市文化软实力是在城市综合竞争背景下,城市文化现代化建设在城市内外形成良好形象,从而积极推动城市精神传承、经济社会发展、文化传承与创新、人民生活幸福的能力,它主要体现在对内和对外两个层面,对内层面主要包括社会凝聚力、居民文化素养、文化生产力,以及人文居住环境;对外层面主要包括文化传播力和文化吸引力。

2.2.1　城市文化软实力的内在层面

2.2.1.1　城市的社会凝聚力

城市的社会凝聚力集中表现在城市居民对城市精神、价值观念、道德理想和精神气度的认同感及城市居民的团结协作力量。社会凝聚力是城市居民在长期的共

① 王京生.文化是流动的[EB/OL].[2014-08-13].http://opinion.haiwainet.cn/n/2014/0813/c232627-20961098.html.
② 张怀民,杨丹.城市文化软实力提升路径选择:武汉文化软实力发展研究[J].科技进步与对策,2013(05):47-52.
③ 陈德金,李本乾.文化建设与上海城市文化软实力研究[J].科技管理研究,2011(24):225-228.
④ 陈然,张鸿雁.特色文化视角下的城市软实力建构——以沪宁杭为例[J].城市问题,2014(12):17-24.

同生活中形成的对城市人群的亲切感、对城市文化的依恋感、对城市治理的信任感,以及对城市精神的认同感,它们共同奠定了城市内部稳定繁荣的基础。

2.2.1.2 城市居民文化素养

城市居民文化素养反映城市居民的人口素质状况,表现为文化知识水平、文化价值观念、文化参与程度、文化创新能力等。城市居民可以划分为创意阶层和普通居民,创意阶层代表当今城市从生产型转向消费型背景下的新兴力量,也被认为是知识经济背景下城市制胜的关键资源①;而作为个体的普通居民,他们的知识素养和文化技能则代表着城市整体文化形象,是城市整体文明程度的重要反映。

2.2.1.3 城市的文化生产力

文化生产力反映了城市文化的生产、流通、消费转化为经济增长的能力。在一定时间和空间条件下积淀下来的、由城市居民共同创造的物质、制度和精神文化成为城市文化生产力的重要源泉。文化价值创造和传承创新体现了一座城市的文化生产力,它们可以借助一定的科技手段和表现形式优化城市文化表达。当今,城市的文化生产力体现为城市文化产业与文化事业的生产与再生产,在文化生产与再生产过程中,劳动者的科学文化素质、文化与科技的融合程度、文化要素的优化组合度等因素起着关键作用。

2.2.1.4 城市人文居住环境

以特里·尼科尔斯·克拉克和丹尼尔·亚伦·西尔等学者为代表的新芝加哥学派将"场景"融入城市空间研究中,认为场景空间塑造是城市经济社会发展的动力,衡量场景的关键因素——舒适物——使用或享受场景所提供的物质产品及其服务时的愉悦感②,依托舒适物所形成的居住氛围对促进人们在场景中感知文化价值表达、文化身份认同、生活风格、精神内涵等,具有积极作用。故而,文化基础设施的供给和公共文化服务的可获得性是影响城市文化空间场景和人文居住环境的重要因素。

2.2.2 城市文化软实力的外在层面

2.2.2.1 文化传播力

媒介是人们沟通信息、交流文化的介质,城市文化的媒介信息传递通过呈现一座城市的文化生态环境、居民生活状态、文化发展面貌等场景,表达城市形象与文

---

① 吴军,[美]特里·N.克拉克,等.文化动力——一种城市发展新思维[M].北京:人民出版社,2016:10-16.

② [加拿大]丹尼尔·亚伦·西尔,[美]特里·尼科尔斯·克拉克.场景:空间品质如何塑造社会生活[M].祁述裕,吴军,等译.北京:社会科学文献出版社,2019:1-2.

化面相,实现城市之间的文化输出与文化引入,也使不同城市的文化及其价值观念拥有交流互动的信息流通渠道。影响文化传播力的因素有城市文化发展水平、先进的传播工具、灵活的传播方式、优质的传播内容、丰富多样的传播形态等。

2.2.2.2　文化吸引力

软实力区别于硬实力的重要体现在于其吸引力。城市文化的吸引力意味着它在城市综合竞争中占有一定的优势,城市文化发展质量高,就会对其他城市的人们具有感召力,对他者具有模仿、借鉴和学习的意义。一般而言,自由、开放、平等、包容的城市文化氛围能够为多元文化交流互鉴提供良好的环境。

2.3　新时代城市文化软实力建设的人民性理念

人本主义思想发轫于古希腊时期的理性主义传统。到了文艺复兴时期,西方资产阶级革命的先驱提出了"天赋人权、平等、自由、博爱"等人本主义口号,人本主义思想得到了进一步的发展,形成了一套比较全面系统的思想体系[①]。人本主义强调人的至上性,认为人是自然界的唯一主体,明确了以人为本思想的重要地位,也就是一切以人的利益与权利为根本出发点。各个历史阶段的人本主义虽然表现形式不同,但都围绕人的理性和非理性展开,倡导一种人本精神。在城市的人文价值理念演变进程中,从来没有脱离过人本主义理念。"以人为本"的城市发展思想,指的是城市发展过程中充分满足人的物质和精神文化需求、积极推动人的身心健康发展,所有居民都可以享受民主、自由、平等的权利以及安全、轻松的工作和生活环境。

人民是推动城市发展的核心力量,为人民提供生产、生活、休闲场所是一座城市最基础的功能。这在新时代城市现代化建设中体现得尤为明显。首先,人民是城市的主体,城市为人民群众的生产、生活实践提供空间,城市的兴衰与人民群众的积极参与和建设息息相关。城市现代化建设逻辑以人民群众为根本出发点和落脚点,以人民性为根本属性。其次,城市空间本质上由社会关系所构成,是城市政治、经济、文化以及社会关系在空间中的整体反映。城市作为一个空间载体,需要维持它本身的正义性与公平性,从而实现稳定与繁荣。城市现代化应当实现人与社会的全面发展,满足大多数人的利益,关注人本身的全面、自由发展[②]。

从简·雅各布斯的人本主义城市理论来看,城市的建设和治理是为了人的生

---

① Nye Joseph S. Soft power: the evolution of a concept[J]. Journal of Political Power, 2021, Vol.14, No. 1, pp.196 - 208.

② 夏厚力. 空间开放及其实现——兼论简·雅各布斯人本主义城市理论的基本判断[J]. 铜陵学院学报, 2017(05): 68 - 72.

存而生存,但是人并不是为了城市而生存①。是以,城市治理应该考量人的生产、生活与安全需求,城市建设应当保证和强化人本主义属性。正如雅各布斯所言:"在城市公共区域的安宁,不是由警察来维持的,而是由一个互相关联的、非正式的网络来维持,在城市里文明与野蛮的行为斗争中,人行道和其周边的地方以及它们的使用者都是积极的参与者,维护城市居民的安全是一个城市的街道和人行道的根本任务。"②

在城市化进程中,城市成为越来越多的人们赖以生存的空间,是一个区域历史与当代文化的汇聚场所。刘易斯·芒福德认为,文化与城市是一种双向互动的关系,一方面城市是文化的容器,承载着文化;另一方面,文化为城市提供源源不断的生命活力。城市文化创造的主体是居住其中的人,不同个体的价值观念和生活方式最终凝结成承载人类社会与生活意义的文化。因此,在新时代城市文化软实力建设实践中,应当注重文化在城市居民的价值观念和日常生活中的功能,使文化真正发挥滋养一方居民的作用。

人民性是新时代城市文化软实力建设最为突出的特性。2019 年,习近平总书记在考察上海时提出的"人民城市人民建,人民城市为人民"的理念不仅生动诠释了人在城市建设实践中实现自我价值,也在城市建设实践中满足自我需要,更显示出马克思主义理论在新时代背景下关于"人"与"物"思想的新发展。城市在人的自由而全面发展过程中既使城市居民个体满足自身的需求及价值实现,又让广大居民汇聚美好生活的向往,形成城市居民共建、共有、共享的"共同体"。在新时代城市文化软实力理论中,人民性理念是对马克思主义关于人民性理论逻辑的遵循,顺应了新时代中国城市现代化发展的客观要求。

在马克思时代,马克思已然揭示资本主义社会的商品拜物教思想导致了人与人的关系受到物的关系主导的内在规律。到了当代,由商品经济构成的消费社会,以文化消费的形式对现代人的精神生活产生影响,本该体现人类自身生命意义和价值的精神生活在某种程度上受到人们过度的文化消费生活的挤占。按照齐美尔关于大城市精神生活的理论,城市是货币经济的中心,城市经济交流较其他空间而言更为频繁,且具有多样化和集中化的特点,作为经济交流媒介的货币对于城市居民而言,影响是十分巨大的。在此种情况下,城市居民将长期处于一种"纯客观地衡量劳动和报酬的和美气氛中"。这种看似"和美"的气氛背后其实是人们面对城市经济社会的快速发展及不断生产新的信息知识时产生的不安全感,从而在精神生活中建立起一种似乎具有理性主义特征的心理防卫机制。对我国而言,在城市

---

① [加拿大]简·雅各布斯.美国大城市的死与生[M].金衡山,译.南京:译林出版社,2006:29.
② [英]艾伦·哈丁,泰尔加·布劳克兰德.城市理论[M].王岩,译.北京:社会科学文献出版社,2016:171.

化快速发展过程中,城市居民的精神生活会遇到一些需求难以得到满足的情况,而这关乎城市居民的全面发展问题。

新时代城市文化软实力的重要议题,一方面在于通过提升城市文化竞争力,使城市经济社会健康可持续发展;另一方面在于让城市成为人民生活的美好家园,避免资本主义社会中出现的种种问题,体现出社会主义城市的优越性。因此,在构建与提升新时代城市文化软实力的过程中,需要更加注重人民性的理念,将人民的精神文化需求摆在核心位置。

新时代城市文化软实力的人民性理念,还体现在注重城市传统文化社区、建筑、文物和其他物质文化遗产、非物质文化遗产的保护传承中。在以往的城市治理实践中,忽视且破坏城市具有独特文化价值的事物,导致一座城市逐渐丧失其文化独特性,造成千城一面的现象,也使城市居民原本习惯的生存环境遭到破坏。故而,提升新时代城市文化软实力应注意保护与延续一座城市的"社区价值"与"遗产价值"。

一座城市的可感性也是新时代城市文化软实力的人民性体现。尽管城市只是一个空间概念,但无论是城市的景观还是城市的日常生活,对于行走在城市中的人来说,都具有所能感受到的意义或价值。因此,应当注重打造一座城市独特的"人格魅力",使其成为城市居民可见、可触、可感的情感载体。

在新时代城市文化软实力的人民性理念中,尤其不能忽视我国城乡社会的传统与差异。在中国,城市经济社会的形成过程很大程度上是由乡村经济和农业社会生发的,这是中国城市发展过程中有别于其他国家之处。当下,正在或即将有一大批从乡村转化而来的城市形态,其中会出现乡村文化在城市化转型过程中的文化适应问题。在新时代城市文化软实力建设过程中,应当对乡村文化进行保护与创造性转化,为城市居民保留一份乡土情怀。

新时代城市文化软实力的人民性理念同样影响并指导着文化软实力的建设实践,而城市人民性理念的实现也有其特殊要求。人民性理念在城市文化软实力建设实践中的一个突出表现是保障城市居民的基本权益,将人民性贯彻落实于城市现代化建设全过程中,推动城市文化现代化。发育充分的城市公共文化空间可以保障城市居民实现基本的文化权益,而"享有城市权利正是公民实现空间权益的具体表现,每个人都有着轻松进入开放空间的权利,保障人们在城市中的空间权、参与权、生活权,特别是实践权和创造权,是激发城市活力,实现城市可持续繁荣发展的根本选择"[①]。实现城市的人民性理念,最终要落实到城市居民个体/群体层面,把具体的个体/群体居民当作基本的城市治理单元,实现面向居民个体/群体的精

---

① 姜绍华.提升新时代城市文化软实力[N].经济日报,2018-06-27(013).

准治理①,如各地城市政府推出的城市管理 App,鼓励城市居民参与城市治理,提高城市治理的社会效能②。

2.4　人民城市视角下城市文化软实力建设面临的挑战

以前,城市在赓续发展中秉承着"城市是经济增长的机器"的观念,往往导致城市主体——人民在城市经济过度膨胀中出现精神迷失现象。学者们对城市文化软实力建设的研究多是基于城市经济竞争加剧的背景而提出来的,对城市发展中经济属性的重视度较高,而"人民城市"理念的提出则反映了城市现代化建设过程中对文化属性的呼唤,文化不再是作为经济的附庸而存在,而是作为城市的气质、品格和精神面相而存在的,同时也明确了城市现代化建设中的人文关怀。然而,就目前城市发展进程而言,人民城市视角下的城市文化软实力建设还存在着一些现实挑战,具体表现在城市经济发展过度资本化、城市空间建设非正义、城市治理能力较弱和城市文化同质化四方面。

2.4.1　城市经济过度资本化

城市综合竞争力包括硬实力和软实力两方面,硬实力指向经济发展、科技进步等,软实力指向公共文化服务、文化产业、思想价值观念等③。硬实力是软实力的有形载体,软实力则是硬实力的无形延伸。在城市生态、政治、经济、文化、社会"五位一体"发展过程中,硬实力与软实力本应协调一致,共同发展。然而,一些城市在经济建设中过度看重商业和资本逻辑,城市空间主要围绕资本投入进行布局,城市经济的商品化和消费主义盛行,交换价值甚至超过了使用价值。比如,一些城市在打造网红景区时以"丑"为美,利用游客的猎奇心理吸引他们前来打卡消费。如重庆武隆白马山旅游度假区的"飞天之吻"曾入选 2020 年十大丑陋建筑,该建筑以白马王子与青衣仙女的爱情故事为原型设计,但色彩艳俗,造型奇异,雕塑生硬,割裂了与当地自然和人文环境的协调性。同时,在城市现代化建设进程中,生态环境往往要为城市经济发展让步,如唐山市依托重工业支撑,经济发展迅速,但代价是空气污染加剧,削弱了城市的宜居性品质。城市历史文化资源也未能得到很好的保护传承与合理化开发利用,一些具有城市内在肌理、蕴含城市文脉的传统建筑、历

---

① Bae Yooil,Yong Wook Lee. Socialized soft power:recasting analytical path and public diplomacy[J]. Journal of International Relations and Development,2020,Vol. 23,No. 4,pp. 871 – 898.

② Yooil Bae,Yong Wook Lee. Socialized soft power:recasting analytical path and public diplomacy[J]. Journal of International Relations and Development,2019,Vol.23(prepublish),pp.1 – 28.

③ 陈宗章,王建润.历史文化遗产与城市文化软实力的提升——以江苏省常熟市为例[J].苏州大学学报(哲学社会科学版),2011(04):173 – 177.

史文化街区等破坏严重。现代化、科技化使得一些城市盲目建造网红景区、现代商场等,不仅导致商业空间挤压文化空间,也淹没了城市的特色文化和人间烟火气,而且过度重视城市经济增速和规模化增长方式,最终会导向短暂的经济繁荣,无法可持续发展。同时,忽略城市人群的感受,淡化城市的人文氛围,交通拥挤、环境污染、生活便利性不佳和公共文化服务不足等问题降低了城市对外来人员尤其是优质人才的吸引力。长此以往,城市会陷入空心化陷阱中。

2.4.2 城市空间非正义

城市空间非正义主要是指城市在吸纳人群、扩张空间中所产生的种种伦理问题,主要体现在三方面:其一,城市物理空间分割,公共文化服务分配不均衡。空间资源集聚效应推动发达的城市中心空间产生增值,并不断与城市边缘空间拉开差距[①],城市中心与城市边缘的公共文化服务资源分配也呈现出较大差距。在不同城市中,大城市比中小城市拥有的资源更丰富,从而产生城市文化资源分配不均现象。其二,城市不同人群应对数字化转型的能力不均衡。城市数字化转型升级是城市经济社会发展的必然趋势,然而城市数字化转型的成果却在人群分配中出现了不均衡现象,社会弱势群体如老年人、残疾人、低收入者等在应对数字化转型中遇到的阻碍更大[②],不适感更强烈。在此情况下,城市不同人群的数字鸿沟会逐渐拉大。而且,在城市数字化进程中,数字技术的掌控者相较于使用者拥有更大的话语权,在数字化应用中可能出现更多的伦理问题,如个人隐私保护、个人信息收集、个人著作权保护等问题。比如,在杭州的人脸识别事件中,杭州野生动物世界园区要求用户必须注册人脸识别系统,否则无法正常入园,法院判决园区侵犯消费者权益,因为园区没有充分尽到告知用途义务或因消费者不满意采集个人信息而拒绝入园。同时,不同城市的数字化转型升级也不是同步进行的,部分城市存在滞后情形。其三,城市人群的自由时间被挤压。城市"时间金钱化"现象普遍存在,人们常常用金钱来衡量时间的价值[③]。而对金钱的追逐则挤压了人们的闲暇时间,人们逐渐丧失了自由时间的支配权,而对自由时间的过度挤压却加大了人们的精神压力,放大了人们的时间焦虑,削弱了人们的幸福感与满足感。

2.4.3 城市治理能力较弱

随着城市化进程日益加速,传统粗放式的城市管理手段已滞后于当今城市治

---

① 龚晓莺,严宇珺.从资本逻辑到人民逻辑:谱写新时代人民城市新篇章[J].城市问题,2021(09):5-12,27.
② 郑磊.城市数字化转型的内容、路径与方向[J].探索与争鸣,2021(04):147-152,180.
③ 孟瑞霞.论人民城市建设的时间正义[J].伦理学研究,2021(03):119-125.

理实践,国家制度体系内的传统管理模式存在管理主体单一和"去生活化"的特征,缺乏城市居民的参与式治理,人们的主观能动性未能得到很好的发挥,在人民城市建设理念下,城市治理的"日常生活转向"①被提上日程。作为城市治理的基本单元,城市社区治理也出现了一些新问题,如城市居民的治理主体意识不强,社区共同体意识淡薄,主体自觉性、责任感和义务感不强等②。城市治理中常见的问题还有过度治理现象,这往往是受行政压力、政绩期望和基层主体参与性不足三者影响的结果③,但过度治理最重要的原因还是对保障人民幸福生活和基本需求的价值偏离,管理手段僵硬,不贴近城市居民的实际生活。以城市在面对突发性公共卫生事件时的应急管理为例,2022年初,西安暴发较为严重的疫情,引发大众关注的,除了疫情本身的严重程度外,还有西安疫情防控中出现的多起"拒诊事件"。虽然事后政府对相关事件进行了调查澄清,对负有责任的管理人员进行了惩处,但此次西安疫情治理中出现的问题仍引发了社会民众对其城市治理水平的质疑,特别是经过网络舆情发酵后,一座城市是否善治也会影响其他城市人民对它的整体印象,同时也给城市应急管理敲响了警钟。疫情防控不能"一刀切",需要灵活应变,优先保障广大人民的生命健康权,如此方能达到"善治"。这样看来,城市治理中常见的弊端便是忽视城市居民的基本生活诉求,未能将"人民"放在城市治理的核心价值追求上,没有积极调动城市居民参与治理,导致城市治理效果不佳。

2.4.4　城市文化同质化

当前,城市文化软实力建设最突出的困境便是文化同质化问题,以经济增长为导向的城市规划不自觉地模仿其他城市成熟的发展方式,而公共文化与艺术介入城市生活空间、商业空间、文化空间的程度却较低。没有充分重视自身文化资源的发掘、保护和传承,忽视城市文化自身的独特性,从而使城市的商业空间、交通设施、文化基础设施等趋向同质化,埋没了不同城市在长期发展演化中所形成的地方文化特色,削弱了城市的地方感、历史感、怀旧感和文化感。城市居民变成失落的个体,人们的日常生活也因城市空间的"去特色化"而掉入同质化陷阱。更进一步,被同质化的城市丢失了自身的城市精神和文化品格,使城市居民具有独创性的价值表达和思想内涵模糊化,平庸的城市发展模式难以对其他城市产生吸引力、影响力,哪怕通过各种媒介将自身正面形象传播出去,也会因同质化问题而造成"审美疲劳",很快成为"过眼云烟",传播效果不佳。比如,对于各地兴起的影视旅游开

---

① 钱坤."日常生活"治理:城市治理的转型方向与实践机制[J].当代经济管理,2022(03):1-9.
② 俞祖成,黄佳陈.城市社区治理的困境:居民权利与义务的失衡——基于上海社区田野调查的思考[J].上海大学学报(社会科学版),2021(05):56-67.
③ 何雪松,侯秋宇.人民城市的价值关怀与治理的限度[J].南京社会科学,2021(01):57-64.

发,如果不能合理开发优质影视资源,影视作品热度褪去后,会带来影视旅游产业的衰退。同样地,"整容脸"的城市更容易患上"城市病",不仅加剧了城市文化同质化现象,还阻碍城市文化"造血",难以对创意阶层产生吸引力。

2.5　人民城市视角下的城市文化软实力建设逻辑

城市是人类文明活动的重要成果。城市通过集聚文化资源、符号和要素,提供文化产品和服务,创造丰富的物质和精神文化财富。城市化进入新发展阶段,人民城市理念成为新时代中国特色社会主义城市发展道路的价值引领,城市文化软实力建设也在城市竞争大潮中被提上日程。在新时代背景下,人民城市视角下的城市文化软实力建设就显得格外重要。新时代城市文化软实力建设要明确以人民为中心的核心价值理念,关注城市与人民的共生性,从人本主义的视角出发,坚持人民城市人民建,发展成果人民享,建设效果人民评,满足人民群众对美好生活的新期待、新向往。为此,本节从城市文化软实力建设的角度切入,分析人民城市视角下的城市文化软实力建设逻辑。

2.5.1　坚持人民中心论

人民城市建设的首要问题是坚持正确的价值导向,即以人民为城市建设的中心,这与新时代中国特色社会主义道路的前进目标、中国共产党的初心使命是一脉相承的。人民城市视角下的城市文化软实力建设应当围绕着"宜居、宜业、宜游、宜行、宜学、宜养"的总体目标,以人民的幸福感、满足感、安全感和获得感为出发点和落脚点,坚持人民群众的主体性地位,聚焦人民群众的精神文化和日常生活需求,如衣食住行、休闲娱乐等,丰富和完善文化基础设施,保障人民群众平等享有公共文化服务、迎接城市数字化转型、平等参与文化活动等方面的权利,特别是关注城市中弱势群体的精神文化诉求,强化城市文化共情,让城市更具有"人间烟火味";促进社会公平正义,强化人民群众的文化和社会主体意识、文化自豪感与社会责任感,营造舒适幸福的人文居住氛围,吸引优质人才。同时,要依靠人民的力量让城市发展"活"起来,让城市治理逻辑从政府管理为主转向人民群众共建、共治、共享的治理模式,发挥人民群众参与城市文化活动、文化事件的主观能动性;积极培育良好的社会风气,提升人民群众的文明素养,让人民群众成为城市形象的靓丽名片。比如,上海提出了建设人民城市的战略目标,2020 年上海市委全体会议上指明了人民城市的建设方向——打造"五个人人"城市,即人人都有人生出彩机会、人人都能有序参与治理、人人都能享有品质生活、人人都能切实感受城市温度、人人都能拥有归属认同①。此外,建设人民城市还应当让城市的发展成果真正地由人民共享,由人民评价,以及让大都市在自我发展的同时积极发挥引领和辐射作用,带动区域城市群的发展,努力缩小区域内不同城市文化发展落差。

2.5.2　激活城市文化创新力

城市的文化生产力、文化创新力和文化吸引力是城市文化软实力的重要组成部分。在人民城市建设实践中,应当加强城市历史文化资源的发掘和保护传承力度,将其作为城市文化现代化建设的资源基础,留存城市的物质、制度和精神文化财富。可以借助科技手段,对档案馆、博物馆、图书馆等文化建筑与内容资源进行数字化处理,推动国家文化大数据体系建设,丰富它们与人民群众互动的展现形式,让人民群众参与到城市文化的保护、传承与发展中去。善于利用文化空间、文化场景、文化事件、文化活动促进城市文化营销与文化传播。比如,2022 年北京冬奥运动会上,北京冬奥组委会将从全国各地征集到的、由青少年创作的冬奥画作放进运动员的冬奥大礼包中。北京作为中国的代表城市,不仅借助冬奥会盛事的举办传达了城市形象,更发挥了冬奥会的国际影响力,凝聚了全国诸多城市人民的参与力量,也传递了中国人温暖、团结、友爱的形象,对推动我国文化软实力建设大有裨益。除了发掘、保护、传承、发展外,城市文化资源和文化遗产还需要活化,要借助文化产业的力量,在城市不断更新过程中创新城市文化价值、丰富城市文化内容、活化城市文化表达。比如,重庆充分利用自身百折千回的地形地势,积极推动影视产业与当地旅游产业的融合,《从你的全世界路过》《少年的你》等电影在取得良好票房成绩的同时,也对重庆当地的人文风情、旅游场景等做了宣传推介,为后续城市影视旅游、影视基地建造等创造了有利条件。文化创新力和吸引力也是非常值得关注的。比如,上海连续多年举办的上海城市空间艺术展就是在重视城市空间的人文、经济、社会、生态的载体作用下开展的,将空间艺术展览与城市更新有机结合起来,对城市文化空间进行创造性的价值表达②。当不同城市拥有的文化资源相似性较高或城市文化积淀较少,则需要通过人为手段积极创造条件,注重发挥比较优势,促进城市各类文化要素的整合,如一些红色旅游城市推出"红+绿"模式,推动红色旅游与生态旅游融合发展。又如,新加坡政府通过"10 年浚河计划"和"城市花园行动",将新加坡打造成现代花园城市。

① 中国共产党上海市第十一届委员会第九次全体会议举行,李强讲话[EB/OL].[2020 - 06 - 24]. http://cpc.people.com.cn/n1/2020/0624/c64094-31758231.html.
② 徐毅松,DONG Wanting. 空间赋能,艺术兴城——以空间艺术季推动人民城市建设的上海城市更新实践[J].建筑实践,2020(S1):22 - 27.

2.5.3　增强城市文化传播力

城市文化传播力是城市媒介体系的渗透力、传播力和影响力的总和。网络媒介影响力是城市在网络媒介,尤其是社会化媒体平台空间中进行文化表达、提升城市文化传播力的重要体现。要提振人民城市的对外传播力和吸引力,活化文化传播形态,充分利用各种媒介资源是至关重要的。不同城市在文化交流互鉴中不断吸收他者智慧,并将城市文化的形象、内涵、精神气质进行跨城、跨区域、跨国传播。要讲好一座城市的故事,就要展现真实、立体和全面的城市文化形象、文化内涵、文化精神价值。如城市人文纪录片《奇妙之城》邀请明星为家乡文化代言,参与城市文化纪录片拍摄,借助明星流量展现城市文化魅力。城市文化还可以通过文化产品与服务进行传播,特别是利用贴近人们生活的文化产品生产或消费实践。比如,在各类文化节目疯狂"内卷"的背景下,河南卫视凭借独具一格的匠心打造,成功让节目频频出圈。《唐宫夜宴》让博物馆中静态陈列的乐舞俑活起来,以鲜活生动、娇俏可人的形象完成了传统舞蹈的美妙展示。在文艺作品创作和表达中注入城市文化底蕴与精神内核,体现出河南卫视的文化创造力与传播活力。又如,螺蛳粉在全国范围内的火热,促进了人民群众对螺蛳粉产地广西柳州的探寻热情,许多人甚至千里迢迢赶往柳州,只为吃上正宗的柳州螺蛳粉。柳州以特色美食文化为媒,传播城市文化形象。长沙的茶颜悦色奶茶也对当地文化的传播起到一定的推进作用。

城市文化软实力是从软实力、国家软实力、文化软实力的话语语境中拓展而来的,是应对全球城市竞争愈发激烈的形势而提出的,是城市生态、政治、经济、社会、文化高质量发展的建设目标,它主张对内加强城市文化凝聚力、提高城市居民文化素养、增强文化生产力,改善人文居住环境;对外强化城市的文化吸引力、文化传播力、文化影响力,是在城市现代化建设一味追逐经济增长和商业利益的背景下回归文化属性的真切呼唤。在社会主义城市建设进程中,人民城市的建设目标锚定了城市现代化建设的核心价值追求,强调了人民在城市发展中的主体性地位,具有浓厚的人文主义色彩。当前,人民城市视角下的城市文化软实力建设主要存在人民性不足、发展不均衡、治理手段单一、文化同质化的发展困境。为此,建议从坚持人民主体性地位、激活城市文化创新力、活化城市文化表达和强化城市文化传播力等方面着力,营造让人民拥有较高体验感、获得感、满足感、安全感、幸福感的现代人文之城。

第3章 本来—外来—未来：新时代深圳城市文化软实力的基本方位与逻辑构成

3.1 研究背景、目的及意义

3.1.1 研究背景

党的十八大报告指出："文化是民族的血脉，是人民的精神家园。全面建成小康社会，实现中华民族伟大复兴，必须推动社会主义文化大发展大繁荣，兴起社会主义文化建设新高潮，提高国家文化软实力。"党的十九大报告进一步指出，"文化是一个国家、一个民族的灵魂。文化兴国运兴，文化强民族强。"党的二十大报告强调："以社会主义核心价值观为引领，发展社会主义先进文化，弘扬革命文化，传承中华优秀传统文化，满足人民日益增长的精神文化需求，巩固全党全国各族人民团结奋斗的共同思想基础，不断提升国家文化软实力和中华文化影响力。"[1]软实力是一座城市的核心竞争力之一，尤其是城市"软环境"的建设，关乎城市能否招引更多的人就业创业，关乎人才能否长久安心地留下来，这是软实力的重要内涵[2]。国家软实力主要源自三种资源：文化、政治价值观及外交政策。相较于政治价值观和外交政策，文化作为国家软实力具有更为重要的意义[3]。当今世界，国家的竞争，区域的竞争，城市的竞争，不仅要靠经济、科技等硬实力，更要靠文化软实力。文化软实力是城市发展战略的重要组成部分。

在城市文化发展战略上，深圳市不忘本来、吸收外来、面向未来，通过"文化立市"战略，以一座城市的文化攀升，展示着中国改革开放前沿城市的文化软实力。2021年1月29日，深圳召开全市宣传思想文化工作会议，明确了未来五年将全面实施"文化软实力跃升行动"，力争到2025年实现城市文化软实力大幅提升，为此将出台一个行动纲要、推进十大战略工程。深圳市第七次党代会报告展望了未来五年的深圳文化软实力图景："深圳文化软实力将大幅提升，开放多元、兼容并蓄、

---

① 习近平.高举中国特色社会主义伟大旗帜 为全面建设社会主义现代化国家而团结奋斗——在中国共产党第二十次全国代表大会上的讲话[EB/OL].[2022 - 10 - 26].https://www.sohu.com/a/595418323_100082135.

② 顾杰.软实力，上海"圈层突破"的关键一着[N].解放日报，2021 - 06 - 29(003).

③ 周国富，吴丹丹.各省区文化软实力的比较研究[J].统计研究，2010(02)：7 - 14.

创新创意、现代时尚的城市文化特质更加鲜明，社会主义核心价值观深入人心，城市文明程度、公共文化服务水准、文化产业发展质量显著提高，建成一批标志性文化基础设施，形成更具国际影响力的文化品牌和城市品牌。"①

2016 年 5 月，习近平总书记在全国哲学社会科学工作座谈会上的讲话中提出，"要按照立足中国、借鉴国外、挖掘历史、把握当代，关怀人类、面向未来的思路，着力构建中国特色哲学社会科学，在指导思想、学科体系、话语体系等方面充分体现中国特色、中国风格、中国气派。"②该思路的精神主旨构成了"不忘本来、吸收外来、面向未来"这一具有中国哲学底蕴的中国话语。关于"本来、外来、未来"之间的关系，有着丰富的哲学意蕴。它既是中华民族面临西方文明挑战背景下对"古今中西"争辩的时代追问，以及中华民族现代化历史逻辑的文化自觉，又是中国改革开放创新实践的现实表征；既是中华民族在经济崛起后对于中国经验的理性反思，也是面对全球第四次工业革命机遇和挑战，迅速实现现代化之路。

3.1.2　研究目的及意义

城市文化软实力是城市文化现代化建设对城市整体发展所产生的无形力量的总和，具体表现为城市内部的凝聚力、居民文化素养、文化生产力、人文居住氛围和城市外部的文化传播力和文化吸引力。在推动城市现代化建设实践中，城市管理者对经济增长给予了更多关注，但在经济增长过程中，城市建设涌现出一系列问题，如"千城一面"的盲目模仿、忽视可持续发展、破坏生态环境、经济发展不均衡、居民文化权利不平等、缺乏文化价值表达等，这些发展中的问题阻碍了城市现代化转型和可持续发展。为助力城市在激烈竞争中把握成长优势，国家对城市文化软实力建设进行了规划，其中深圳的表现尤为突出。2021 年 1 月，深圳市委宣传部部长王强表示，未来五年，深圳将全面实施"文化软实力跃升行动"，计划推进新思想传播、文明典范城市创建、新时代文艺发展、媒体融合发展等十大工程，促进深圳早日实现社会主义文化现代化目标。

一座城市仅有经济、军事、科技等硬实力，难以实现高质量发展。城市生态环境、制度文化、居民生活品质等软实力需要与硬实力协调发展，共生共荣，共同构筑城市综合竞争力。当今世界，国际国内环境发生了深刻而复杂的变化，中华民族伟大复兴也进入到"两个一百年"交汇的关键节点，对国家、地区和城市文化软实力建设提出了更高要求。这实际上体现了城市文化软实力建设从自发自在到自觉自为

① 王伟中. 牢记嘱托，勇担使命，奋力建设好中国特色社会主义先行示范区——在中国共产党深圳市第七次代表大会上的报告[EB/OL]. [2021-04-27]. https://m.sohu.com/a/465984954_121106875/.
② 习近平. 在哲学社会科学工作座谈会上的讲话[EB/OL]. [2016-05-19]. http://www.npopss-cn.gov.cn/n1/2016/0519/c219468-28361739-7.html.

的转变,是城市发展思路的一次重要跃升①。仓廪实而知礼节。在经济高速发展的同时,深圳在精神文化领域走出了一条鲜明的特区之路。从"本来、外来、未来"的哲学逻辑出发,既能从纵向梳理深圳文化软实力的历史逻辑,还能从横向分析深圳文化软实力的现实方位和发展逻辑,对于探讨深圳文化软实力的未来发展具有明显的方法论价值。

3.1.3　研究方法

本章主要运用文献分析法、比较分析法、案例分析法展开论述。文献分析法一般是指搜集、鉴别、整理文献的一种方法,在这个过程中逐渐形成对所研究对象的科学认识。在本章研究中,文献研究法主要是对已有关于城市文化软实力的论文、书籍和其他网络文献进行阅读,了解文化软实力研究的主要方向、议题等,厘清文献基础。然后,根据已有文献进行分析总结,并思考前人研究存在哪些不足、应当如何创新。本章研究立足于"本来—外来—未来"的分析框架,综合运用比较分析法、案例分析法,从多重维度分析新时代深圳城市文化软实力的基本方位与逻辑构成。基于世界艺术名城芝加哥和国内大都市上海的成功案例,探讨深圳文化软实力建设可资借鉴的成功经验。

3.2　研究文献回顾

3.2.1　"创意之都"的创新文化研究

3.2.1.1　关于创意或创新文化研究

在探究深圳文化软实力的重要构成要素——城市创意文化之前,需要提及"创意或创新文化"在国外的研究历程。国外学者关于创意文化或创新文化的研究文献比较丰富,有不少学者专门研究创新文化。比如,德国社会学家马克斯·韦伯(Max Weber)创新性地探讨了文化与社会发展之间的相互关系。在《新教伦理与资本主义精神》一书中,他指出,任何一项人类社会生产出来的伟大事业背后都有一种能够影响其成败与否的精神文化气质,资本主义的精神文化气质从根源上说就是欧洲宗教改革之后的新教伦理;日本学者森岛通夫(Michio Morishima)指出,一种既定的意识形态不仅在历史的转折关头起到关键的作用,而且还具有把日常经济生活中可能发生的事情限制在这种意识形态所特有的结构中的作用。美国学者丹尼尔·贝尔指出:"最终为经济提供方向的并不是价格体系,而是生存于其中

---

① 王珍.城市发展思路的一次重要跃升[N].解放日报,2021-06-24(002).

的文化价值体系。"①

在我国国家层面出台的《国家中长期科学和技术发展规划纲要（2006—2020）》中，首次将创新文化建设作为国家科技发展的主要任务。目前，我国学者关于创意或创新文化的研究主要集中在三个方面：强调文化创新的重要性；集中于文化创新、文化创意的中外比较研究；探究文化创新或创意对企业、产业和经济社会发展的影响。

3.2.1.2　深圳城市创意或创新文化研究

改革开放以来，深圳经过 40 多年的快速发展，从"文化沙漠"逐步向"文化创意绿洲"进军。有关深圳城市创新发展的研究文献较多，围绕深圳近年来文化创新政策解读和文化产业研究的著述也不少。比如，从 2002 年起，深圳每年出版的《深圳文化蓝皮书》和相关著述研究，如王为理的《从边缘走向中心——深圳文化产业发展研究》、吴忠的《城市文化与文明》，等等。这些著述大多聚焦于"文化立市""文化强市""文化创造力"和"文化产业发展"等问题，但对于深圳于 2003 年提出"文化立市"以来的城市文化软实力分析相对较少。

国内外学者关于城市创新文化的研究各有侧重，多集中于概念、内涵、特征、促进作用和建构路径方面，能够帮助我们强化对城市创新文化的了解和认识。目前，国内学者关于深圳城市创新文化的论述，以及对深圳建设"创新之都"的研究缺少系统和历史的视角，没有解释为什么是这些创新要素，没有说明这些创新要素是如何形成的，以及这些创新要素体系的形成过程。从系统论的观点看，世界是联系的、整体的，我们要尝试超越仅对某几种因素的分析，采取系统发生和演化的观点分析，从而有助于深入认识深圳城市"创意"系统，助力深圳城市文化软实力系统理论的丰富和发展。

3.2.2　深圳文化软实力的外来因素研究

关于深圳文化软实力外来因素的分析，前人研究主要围绕上海、成都等文化软实力建设较好的城市展开论述，缺少对深圳文化软实力外来因素的深度分析。

由于深圳城市文化与国内其他发达城市（北京、上海、广州、香港等）和国外发达国家的城市（纽约、伦敦、巴黎、东京等）相比，起步较晚，文化发展较为落后，国内外发达城市文化软实力的建设经验对深圳文化软实力建设有着较大的影响力，如何走出深圳独特的文化软实力建设之路，需要借鉴、融合和创新"外来"城市文化软实力的先进经验。当前，关于深圳与国内其他一线城市或国外发达城市之间的文

---

① ［美］丹尼尔·贝尔，［美］欧文·克里斯托尔.经济理论的危机［M］.曹蓬，等译.上海：上海译文出版社，1985.

化交流互鉴的研究主要集中在三个方面：一是聚焦于粤港澳大湾区城市，强调粤港澳大湾区城市之间的文化联系；二是基于新的世界移民城市，强调深圳城市的设计创新能力；三是在全球范围内强调和传播深圳的创新文化。尽管深圳城市文化发展迅猛，有很多自己独特的成功经验，但作为起步较晚的国际化城市，深圳应该借鉴其他城市的成功经验，而这方面的比较研究成果较少。

3.2.3　深圳文化软实力的未来发展研究

关于深圳文化软实力未来发展方面的相关论著，宏观层面多聚焦于深圳文化产业的发展与国家总体文化战略、国家文化产业发展规划之间的联系，由此促进深圳文化软实力的繁荣发展。当前，从宏观层面系统论述深圳文化软实力整体发展思路的论著较少。中微观层面的相关论著主要围绕科技、人才、品牌等方面进行论述，缺少文化旅游、艺术赋能等方面的论述；即便有论著对艺术和文化旅游进行专题论述，研究点也主要聚焦于某个特定方面。

3.3　本来——深圳城市文化软实力的历史逻辑和现实方位

3.3.1　深圳文化软实力发展历史阶段：从"文化沙漠"到"文化绿洲"的华丽转身

党的十九届五中全会为"社会主义文化强国"建设作出战略部署，再次强调要"繁荣发展文化事业和文化产业，提高国家文化软实力"[①]。2020 年 10 月，习近平总书记在深圳经济特区建立 40 周年庆祝大会讲话中明确指出，"经济特区要坚持'两手抓、两手都要硬'，在物质文明建设和精神文明建设上都要交出优异答卷"[②]，对深圳新发展阶段的文化建设提出了更高要求。改革开放四十多年来，深圳文化发展大致可分为以下三个阶段。

3.3.1.1　"创"深圳阶段（1980—2002 年）

1980—2002 年期间，深圳城市文化发展经历了一个新芽破土的阵痛期，这个阶段可分为两个小阶段。

第一个小阶段为 1980 年到 1992 年的初创起步阶段。此阶段，深圳文化从零启行，夯基垒台。深圳建城起初就十分重视文化建设，深圳市委、市政府于 1983 年在全市年度财政收入不足 2 亿元的情况下，毅然决定拨款 231 万元用于文化建设

---

①　《中共中央关于制定国民经济和社会发展第十四个五年规划和二〇三五年远景目标的建议》辅导读本[M].北京：人民出版社，2020：41.

②　习近平.在深圳经济特区建立 40 周年庆祝大会上的讲话（单行本）[M].北京：人民出版社，2020：15.

投资,超过了深圳 1949 年后 30 年间文化建设投资的总和①。同一时期还发布了《深圳经济特区经济社会发展规划大纲》等纲领性文件②。值得一提的是,该阶段深圳最突出的创新举措是制定了全国第一个关于社会主义精神文明建设的总体规划文件,为探索社会主义精神文明建设和文化建设开辟了一条新的途径,为 1986 年 9 月中央制定《关于社会主义精神文明建设指导方针的决议》提供了重要参考。不过,限于当时的客观条件和社会文化氛围,考虑维护特区的政治形象较多,考虑发挥特区文化的作用较少;谈精神文明建设较多,谈城市文化建设较少,故而未能清晰地阐明特区文化建设对特区经济社会发展的促进作用。

　　第二个小阶段为 1992 到 2002 年的增创优势阶段。该阶段是深圳特区文化渐成特色、渐成体系的时期。此时,深圳步入发展新阶段。1992 年,邓小平同志第二次视察深圳时发表了重要的"南方讲话",肯定了特区姓"社"不姓"资",总结并肯定了深圳的重要经验"就是敢闯",明确指示"要坚持两手抓""两只手都要硬"③;江泽民同志先后两次来到深圳,阐明中央关于经济特区的"三个不变",明确指出"在新的历史条件下,经济特区要认真总结成功经验,抓紧解决存在的问题,努力形成和发展经济特区的中国特色、中国风格、中国气派";要求深圳特区"增创新优势,更上一层楼"。深圳也明确提出"二次创业",强调增创精神文明建设新优势等"十大优势",规划了《深圳市文化事业发展(1998—2000)三年规划及 2010 年远景目标》等文化发展战略目标④。

3.3.1.2　"文化立市"阶段(2003—2012 年)

　　2003 年,深圳为促进文化事业和文化产业快速发展,实施"文化立市"战略。这一阶段,深圳荣获联合国教科文组织"设计之都""全球全民阅读典范城市"等荣誉称号,深圳"文博会"持续举办,在全国乃至全球形成具有影响力的文博会品牌;同时,深圳文化产业园区渐成规模,文化传播力和影响力持续提升。

　　21 世纪以来,深圳进入了一个全新的发展阶段。自 21 世纪初至党的十八大之前的这一阶段,以贯彻落实科学发展观为主要内容。在改革开放东风吹满全国的新形势下,深圳出于"前有标兵、后有追兵"的困难境地,不仅有来自民间的"深圳被谁抛弃"的忧虑,还有来自学界的"特区还要不要'特'"的质疑。同时,深圳经济社会发展也面临土地、能源与资源、人口、生态环境这"四个难以为继"的条件制约。在此阶段,胡锦涛总书记视察了深圳,考察了南岭村等精神文明建设单位,并对深圳提出了进一步增强创新优势、做出新贡献的希望。温家宝总理在深圳特区

---

①　"勒紧裤带也要搞文化建设",深圳从"文化沙漠"变身"文化绿洲"[N].南方日报,2020-06-29.
②　吴俊忠,党凯.深圳文化发展理念的历史沿革[J].深圳大学学报(人文科学版),2008(01):20-22.
③　深圳市史志办公室编.中国经济特区的精神文明建设(深圳卷)[M].北京:中共党史出版社,2003:128.
④　吴俊忠,党凯.深圳文化发展理念的历史沿革[J].深圳大学学报(人文科学版),2008(01):20-22.

建立 25 周年之际视察了深圳,并在经济特区工作座谈会上的讲话中明确指出:"经济特区不仅要继续办下去,而且要办得更好""毫无疑问,特区还要'特'""经济特区要在率先基本实现现代化过程中,积极探索发挥自己功能和作用的新形式、新举措,进一步扩大特区的功能空间"①。

3.3.1.3　创新发展阶段(2012 年以来)

2012 年,深圳全面推进"文化强市"建设,开启了城市文化现代化建设的新篇章。党的十八大以来,深圳认真学习贯彻习近平新时代中国特色社会主义思想和习近平文化思想,坚持"举旗帜、聚民心、育新人、兴文化、展形象",制定了《深圳文化创新发展 2020(实施方案)》,明确了深圳文化产业的发展目标和路径——走"质量型内涵式"发展之路,构建现代文化产业体系②。该阶段,深圳文明程度显著提高,文化事业迈上新台阶,文化产业实现新跨越。

3.3.2　文化软实力建设的现实方位:耀眼的经济光环难掩灿烂夺目的文化

据 1980 年 6 月赴深圳担任副市长的罗昌仁回忆说:"火车驶入深圳时,看见沿途的景观要么是荒山野岭,要么是乡村的零落炊烟";出站后,"从东门到市委只有泥巴路,两边都是稻田。"③1980 年 8 月 26 日,全国人大常委会批准成立广东省深圳经济特区后,一幢幢现代化建筑拔地而起,迅速改变了"乡村、稻田、炊烟"的落后局面,但与深圳城市面貌日新月异的变化相比,它的文化形象、文化内涵、文化精神却在相当长的时期内没有得到相应的改善。于是,"文化沙漠"便成为 20 世纪 80 年代初期深圳早期移民对深圳城市文化发展落后现象的自嘲。为改变这一现状,改革开放四十年来,深圳通过持续的投入和不懈的努力,城市文化得到了快速发展,取得了明显的建设成果。城市文化软实力实现了质的飞跃,按照城市文化软实力的构成要素,可以大致从以下几点进行分析。

3.3.2.1　文化生产力

深圳不仅在经济建设方面是创新型城市中的佼佼者,更是在文化建设方面实现了新的突破。这主要体现在深圳城市的文化价值观、文化政策和文化产业发展等方面。比如,"十三五"时期,深圳文化及相关产业增加值从 2016 年的 1 100.91 亿元增至 2020 年的 1 849.05 亿元,五年增长 61.3%,占 GDP 比重为 6.9%④,成为

① 《中共中央关于制定国民经济和社会发展第十四个五年规划和二○三五年远景目标的建议》辅导读本[M].北京:人民出版社,2020:41.
② "深圳文化创新发展 2020"结硕果[N].深圳特区报,2020 - 07 - 23(A01).
③ 汪顺安.深圳将是个永不落幕的书城[M].深圳:海天出版社,2015.
④ 深圳市统计局.深圳市 2020 年国民经济和社会发展统计公报[EB/OL].[2020 - 04 - 23].http://www.sz.gov.cn/cn/xxgk/zfxxgj/tjsj/tjgb/content/post_7801447.html.

全市"四大支柱产业"之一。深圳始终坚持"两手都要抓、两手都要硬"，文化及相关产业占 GDP 比重稳步上升，文化事业发展也实现了历史性跨越。原先被戏称为"文化沙漠"的城市变身为"全国文明城市""设计之都"与"创意之都"。

3.3.2.2　文化创新力

深圳作为提出"创"城市口号的排头兵，城市文化创新力可圈可点。创新是驱动企业发展的引擎，企业则是地区经济发展的内生动力。文化创新力也是企业成功的重要因素。由浙江大学管理学院与深新传播智库联合发布的《2021 中国上市公司创新指数报告》显示，81 家广东企业位列创新指数 500 强，其中有 39 家深圳企业，数量仅次于上海、北京，充分彰显了深圳企业的创新能力和深圳作为创意之都的实力。该报告负责人表示："深圳在创新方面的表现非常突出，部分公司在细分行业中具有很强的全球竞争力。"[1]

3.3.2.3　文化凝聚力

文化流动理论认为，"文化是流动的观念，流动的人群是文化流动的承载者。"[2]深圳作为我国改革开放的窗口，以包容开放的城市精神面向世界、面向未来，既是资金、信息、商品、产业的交汇流通之地，更是国内外移民迁移汇聚之地。这种开放包容型文化逐渐演化为深圳城市的包容、开放、创新、自由精神，潜移默化地影响着城市的文化性格和城市居民的日常生活风格，激发出城市文化创新发展的强大活力，彰显了深圳炽热的文化吸引力和强大的文化凝聚力。

3.3.2.4　文化辐射力

深圳的文化辐射力不仅体现在改革开放文化的强大吸引力，更体现在各种领先于中国乃至世界的文化和人才政策。深圳用制度手段增强其文化吸引力和辐射范围。2020 年 11 月 1 日，深圳设立了 13 个"国际人才街区创建点"，出台和实施各种人性化的人才服务措施，吸引国际人才来深圳干事创业。同时，深圳提出"文化引领、服务贴心、社群融合、事业成就、国际代言"的引才举措，于 2022 年发布了《国际人才街区评价指南》，构建国际人才街区建设分类分层评价指标体系[3]，为吸引国际化人才尽心尽力。与此同时，深圳将包容、创新、开放、自由的城市文化品格辐射到全球各地。

①　陈燕青. 深圳创新表现非常突出[N]. 深圳商报，2021－08－09(A03).
②　吴俊忠. 读懂深圳——四十年四十个视点[M]. 广州：中山大学出版社，2020：145，71.
③　深圳发布《国际人才街区评价指南》地方标准[J]. 大众标准化，2021(23)：261.

3.4　外来——深圳城市文化软实力建设的外来因素

文化作为一种软实力,是国家竞争的重要力量。城市文化软实力不同于国家文化软实力更加注重文化的意识形态属性,它更强调从文化层面提升城市文化的吸引力、影响力、辐射力。如何将深圳打造成国际名城和国内强城,不仅需要从内部发力,更要"知己知彼",在借鉴国内外其他发达城市的基础上,走出一条适合深圳特色的文化软实力建设之路。

3.4.1　借鉴国际名城经验——以美国芝加哥为例

深圳近些年提及较多的是"借鉴芝加哥发展经验,促进深圳国际化先进城市建设",主要借鉴芝加哥作为建筑艺术名城所具备的历史与现实经验,为创建国际化城市提供参照。

3.4.1.1　尊重自然,充分利用城市资源禀赋

像芝加哥、东京等国际城市,充分尊重和运用自然环境和资源,在不同年代、不同发展阶段,均注重协调城市中心和周边区域的环境与资源,做到人与自然、人与环境共生共荣。这一经验被深圳借鉴。其一,集约化改造建设。深圳依托城市自然环境和资源,以集约化方式进行一系列旧城改造;其二,充分利用城市特色资源。依托岭南文化、改革开放文化,合理活化和利用特色文化资源;其三,注重调和自然环境与城市共生发展。借鉴芝加哥、东京等国际城市动态和谐、弹性平衡的经验,调和自然环境与城市经济社会发展的矛盾,促进自然与环境、人与文化的协调发展。

3.4.1.2　匠心营造,提升城市创意空间品质

芝加哥大学特里·克拉克教授提出的"场景理论"认为,具体的、微小的城市空间恰恰是构成"城市气质"的重要元素[①]。近年来,深圳积极构筑城市创意空间,营造城市文化气质。首先,塑造具有自由、开放、包容、创新等城市文化特质的城市场所精神;其次,提升城市空间的公共服务能力。拓展公共空间服务的深度和广度,重视城市居民求知、审美、社交、互助等实际需求;再次,注重城市空间的创意品质,以完善的文化设施物、数字技术加持的物质符号和文化表征,构筑场景空间氛围,营造城市创意空间。

3.4.1.3　以人为本,突出开放包容的文化特色

开放、包容、创新、时尚是深圳城市文化的底色。其一,营造兼容并蓄的文化氛

---

① 参见杨莉.借鉴芝加哥发展经验,促进深圳国际化先进城市建设[J].广东经济,2017(02):52-57.

围。国际化城市的鲜明特征之一是文化多元化。深圳致力于营造百花齐放的文化氛围,创造足够的文化承载空间、表达空间,尤其注重培育文化艺术人才和消费群体,参照芝加哥保护传承爵士乐的经验,着力于营造开放、包容、创新氛围,培育艺术人才,壮大文化消费群体。其二,夯实深圳文化根基。尊重城市历史文脉,铭记历史人物和事件,讲好深圳故事;立足新时代,创新青春和时尚品质。

3.4.2　借鉴国内一线城市经验——以上海为参照

上海坐落于长江入海口,是我国的经济、贸易、航运、金融、科技创新中心,也是我国改革开放的前沿阵地。2020 年,上海的国民生产总值达 38 700 亿元人民币。经济是基础,政治制度是保障,文化是经济和政治的反映,文化反作用于政治和经济,经济的蓬勃发展离不开文化的繁荣。为了形成一个效果良好的"文化—经济"互动模式,2007 年,习近平同志在上海工作期间概括了"海纳百川、追求卓越、开明睿智、大气谦和"的上海城市精神。2018 年,在首届中国国际进口博览会开幕式主旨演讲中,习近平总书记指出"开放、创新、包容已成为上海最鲜明的品格",强调"这种品格是新时代中国发展进步的生动写照"。习近平总书记提炼概括的上海城市精神和城市品格,是民族精神与城市个性、历史传承与时代进步、内在价值与外在形象的有机统一,是上海城市经济社会发展的生生不息的力量源泉,已深深融入这座城市砥砺奋进的发展史、奋斗史中。

如今,上海形成了独特的开放、创新、包容、时尚文化,适合深圳学习借鉴的主要特点是时尚、融合。这里的时尚不单单体现于城市居民的衣着穿戴方面,还体现于家具装饰、工艺美术、运动健康、美容保健等方面。海派文化的包容性很强,体现于上海城市居民文化生活的方方面面,形成了上海人口来自四海、上海文化兼收并蓄的态势。根据约瑟夫·奈起初对软实力的论述——"通过吸引而非强迫或收买手段达到自己所愿的能力",上海的地理区位优势、得天独厚的自然条件和开放、包容、创新的文化环境,有着吸引人才聚集的强大能力。有人才聚集,才会有后续经济、社会和文化等方面的进一步发展。同样地,正是因为许多外来人口移民到上海,上海话与苏南、宁波一带的方言有许多相似之处,由此也体现出上海的人口聚集能力。除此之外,从上海的饮食文化中,也能看出其人口来自中国乃至世界各地,如锅贴、生煎、阳春面、汤包等,与江苏等地的传统美食高度重合。

除了上海中心城区的各种外国建筑外,特斯拉中国超级工厂也是一种城市软实力的体现。上海市政府对外国企业的友好政策,不仅促进了国内电动汽车改革,还增强了上海城市国际影响力,吸引外企开拓上海乃至中国市场。除此之外,近年来上海夜间经济日益繁荣,外来投资者、创业者和本市居民的夜生活越来越丰富多彩。2019 年,在"知城·夜生活指数"排名中,上海仅次于深圳,在全国 337 个地级及以上城市中名列第二。2019 年,上海夜间经济已然成为全力打响"上海购物"品牌、拉动消费增长的强大内生动力[①]。在城市夜间生活日益多彩的背景下,放开外国投资者开设娱乐场所政策,有力促进了上海夜间经济的繁荣发展。如今,夜间经济已经占到上海城市消费额的六成,而且年轻人居多。可见,上海是一个富有活力且适宜生活的城市。这无疑也是一种软实力的体现。上海商学院有学者表示,上海夜间经济发展应该对标伦敦,打造具有国际影响力的夜生活地标。

深圳是中共中央、国务院设立的第一个经济特区,是中国对外开放的第一个窗口,经济的开放包容性在很大程度上决定了社会和文化的开放包容性,所以在深圳的同一条街上,咖啡屋和茶馆相得益彰,麦当劳与面馆和谐共生,中西文化在这里交汇互动,使深圳成了中西方文化汇集的万花筒和多种文化展示的大舞台。深圳文化具有多元性、开放性和包容性。深圳人口九成以上为外来移民,以广东人居多,其次是湖南、江西、湖北等地移民。移民来自四面八方,避免了某一地域移民文化占据控制和支配地位,使得各种移民文化在维持原有地域独特性的同时,又与其他地域文化"无偏激、零歧视"地共存共生;各移民文化成员能在维持自身的生活方式和价值观念的同时,与深圳城市和谐共生。

3.5　未来——深圳城市文化软实力的发展方向和未来展望

3.5.1　科技赋能,数字建城

2007 年,欧盟率先提出了建立智慧城市的设想。2009 年,IBM 发布了《智慧的城市在中国》报告,认为有效利用信息技术提升城市管理水平,推动中国城市化进程,已成为城市管理者的当务之急,建设智慧城市将是城市信息化、数字化的终极目标和战略方向。创建智慧城市,需要倾注较多精力和资源,重点关注信息化和智能化"数字围城"构造,助力深圳城市智能化、数字化发展。如今,深圳依托文化创意资源集聚与数字技术的优势,培育了腾讯、华强等一批数字创意领军企业,数字创意产业规模和发展水平全国领先。然而,目前依然存在游戏产业发展环境有待改善、产业结构不尽合理等问题。

3.5.2　空间赋能,艺术兴城

如今,城市社区的同质化及场所精神的缺失是城市现代化建设所面临的主要问题。当前,城市空间建设已步入都市美学时代,城市空间价值的提升愈发需要都市美学实践,艺术介入城市空间在此背景下应运而生。政府需要注重以点带面,以

---

① 余红心. 点亮新"夜上海"的灯是哪一盏[J]. 决策,2020(08):48-50.

空间艺术、空间美学有效激活空间改造更新的活力；在实施机制上注重众筹共治，通过统筹协调政府、社会和市场等多元主体之间的关系，共建、共治、共享城市美好空间。

3.5.3　旅游赋能，红色亮城

深圳是改革开放先锋模范城市，挖掘改革开放中的红色文化资源，能够有效提升城市文化软实力。从现实意义来看，深圳有着丰富的、以改革开放为特色的红色旅游资源，但仍旧存在红色旅游资源认识程度不够、红色旅游教育效果不佳、红色旅游产品开发不力、红色旅游服务不足等突出问题。深圳要站在中国改革开放先驱城市、"一带一路"倡议的枢纽城市与建设中国特色社会主义先行示范区的高度，传承和弘扬东江纵队革命精神、改革开放精神，借助红色旅游品牌主题化、开发过程联动化、市场营销精准化、产品设计体验化、品牌培育规范化、展示效果智慧化、发展视野国际化等策略，促进红色旅游持续发展。

3.5.4　人才赋能，知识富城

根据人才集聚效应理论，积极构筑人才洼地，吸引全球高质量人才加盟。强调创新型人才的重要性，促进创新型人才集聚，进而形成规模效应，为创新型人才发展提供量的积累和质的保障。这不只是创新型人才成长和发展的内在需求，更是城市经济社会发展的迫切需求。此外，深圳还需要努力打造新时代学术之都，吸引更多高校和科研机构的专家学者来深圳干事创业，壮大科研事业，形成"高校—产业—政府"互促共进效应，助力深圳城市文化软实力繁荣发展。

3.5.5　理念赋能，品牌铸城

由于深圳拥有的文化资源相对较少，城市文化事业和文化产业发展的时间较短，因此对于"旧"文化再现的难度大于建构新的城市文化。一个城市的理念与价值是文化建构的结果。比如，"酷"日本就是日本国民建构出来的国家文化形象。我们同样可以建构新的理念与价值作为深圳的城市文化内容与精神要义。

据中国城市文化创意指数排行榜显示，深圳位列国内第二最具文化创意的城市。当前，深圳城市创意指数位居全国第三，创意产业竞争力跻身全球第五名。故而，深圳可以用"创"作为城市文化理念与价值，注入创新、创意、创造、创业等文化元素。

3.5.6　治理赋能，人民护城

城市社区营造由社区居民共同参与，致力于提升共同的社区生活品质，复兴社区的文化、产业与经济,重塑共同的精神家园。社区营造并非仅仅是传统的物质空间改造,也区别于一般的社区环境改造。社区文化营造由基层政府、社区组织和社区居民共建、共治、共享。在新时代深圳文化软实力建设过程中,社区居民在城市文化尤其是社区文化建设方面也应做出更大的贡献。

本来、外来和未来的具体内涵并非固定,而是随着历史的变迁而变化。对于深圳来说,"本来""外来""未来"是基于深圳城市文化软实力发展的历史逻辑和现实方位,基于深圳建设文化之都的伟大实践场域。"软实力"这一概念从1990年由美国学者较早提出后,中国学者紧跟其后,并进行了拓展性研究。关于软实力和城市软实力的研究并未明显落后于西方国家。而且,近些年中国经济社会发展突飞猛进,城市文化软实力建设也乘上国家高速发展的顺风车。本章顺着"本来—外来—未来"的哲学逻辑展开,具体分析了深圳作为"创意之都",其文化软实力发展的历史逻辑和现实方位,并对深圳文化软实力的外来因素、深圳文化软实力的未来发展做了分析,提出了一些建设性建议。

第4章 国内典型城市文化软实力比较
——以北京、上海、深圳、杭州为中心的考察

4.1 城市文化软实力的双层评价体系与四座城市文化软实力评价

随着城市现代化建设经验的不断积累和城市文化现代化进程的日益加快,我国的城市竞争逐步进入到以文化软实力为标志的新阶段,城市文化软实力愈发在城市发展战略布局中占据关键位置。"文化软实力的高低直接影响着城市核心竞争力的强弱,并最终决定城市竞争的成败。"①提升城市文化软实力,有助于增强城市核心竞争力,提升城市经济社会发展水平和居民生活质量,扩大城市影响力。文化在城市竞争中的重要性已在全球范围内得到共识,提升城市文化软实力在当下的重要性愈发突出。国内重要城市的文化软实力发展水平如何,本章构建了定性与定量相结合的城市文化软实力评价指标体系,对北京、上海、深圳、杭州城市文化软实力进行综合评估和比较分析。

4.1.1 文化软实力双层评价指标体系构建

城市文化软实力的强弱与城市经济社会和城市文化发展水平密切相关,它不仅包蕴城市文化、价值、品牌、形象等精神内涵,也受到城市物质形态与相关文化基础设施建设的影响。考虑文化软实力的理论价值与现实意义,基于城市文化软实力对经济社会与城市居民生活的影响,并遵循系统性、可行性、科学性、动态性、相对独立性原则,参考城市文化软实力发展实际和主要影响因素,本章从以下六个方面阐释文化软实力的两级指标构成,并构建了13个指标项的双层评价体系。见表4-1。

表4-1 城市文化软实力指标体系结构

目标层	准则层	指标层
A 文化基础力	传统文化 A1	博物馆个数(个)
	文化服务 A2	艺术表演场馆(个)
	文化投入 A3	一般公共预算支出:文化体育与传媒(万元)

---

① 吴忠. 提升城市文化软实力的意义与路径选择[J]. 学术界,2011(05): 28-36.

（续表）

目标层	准则层	指标层
B 文化生产力	产业规模 B1	规模以上服务业企业：资产总计：文化、体育和娱乐业（亿元）
	产业质量 B2	规模以上服务业企业：单位数：文化、体育和娱乐业（个）
C 文化消费力	消费规模 C1	全体居民人均消费支出：教育文化娱乐（元）
	消费结构 C2	全市居民教育文化娱乐消费支出占总人均消费比重（%）
D 文化流通力	文化国内贸易 D1	规模以上服务业企业：营业收入：文化、体育和娱乐业（亿元）
	文化对外贸易 D2	教育、文化、体育与娱乐业外商直接投资（万美元）
E 文化吸引力	国内文化交流 E1	国内旅游收入（亿元）
	国际文化交流 E2	旅游外汇收入（亿美元）
F 文化创新力	创新投入 F1	R&D 经费投入（亿元）
	创新成果 F2	专利授权数（件）

（1）文化基础力。文化基础力强调文化资源的发掘、保存、维护和传承发展，是文化软实力发展的基础，其中包括文化相关基础设施建设以及相应的文化投入，具体可以分为传统文化、服务文化和文化投入三个方向。公共文化服务设施是广大人民群众接触文化的最主要途径。因此，公共文化基础力的建设直接关系到能否有效供给公共文化、解决文化发展不平衡的问题，满足城市居民对于公共文化服务的需求。

（2）文化生产力。文化生产力是一座城市的公共文化事业和文化产业所提供的文化产品和服务的能力，主要包括产业规模与生产能力两个维度的衡量标准。文化生产力从商品流通和文化观念传播两个方面对一座城市的文化软实力产生巨大影响力。它在带来经济效益的同时，也潜移默化地影响了人们的生活方式与价值观念。

（3）文化消费力。文化消费力反映一座城市文化软实力的发展潜力，包括文化消费的规模和结构两个方面，只有当文化市场供需匹配、达到动态平衡时，才能形成良性循环，推动文化市场繁荣。

（4）文化流通力。在全球文化深度融合的时代，无论是城市之间的文化交流，还是国际贸易往来，都能发挥城市文化的对外辐射作用，实现双向互动、共同发展。就我国城市而言，积极参与城市间、地区间和国家间的文化竞争，通过蕴含文化价值和城市魅力的文化产品与服务，推动本市特色文化的传播，将其扩大至全国乃至世界范围，全面提升城市文化软实力。

（5）文化吸引力。该指标反映了一座城市的文化辐射力和影响力，是除文化产品与服务输出以外，通过线上线下互动形式进行文化交流的能力。不同城市之间的文化在扩散和传播过程中发生交汇，产生碰撞，互相融合。文化吸引力较强的城市具有更高的知名度和美誉度，其文化价值理念往往得以广为流传，在竞争过程中也更具有话语权和竞争力，是城市文化软实力的重要组成部分。

（6）文化创新力。"创新是一个民族进步的灵魂，是一个国家兴旺发达的不竭动力。"[①]创新是文化迸发活力的源泉，也是城市文化不断发展的根本动力。当前城市文化现代化快速推进所带来的一系列问题，与文化创新力匮乏密切相关。包括大拆大建后所衍生出的"千城一面"现象——资本主导、缺乏创意的建设逻辑带来了同质化、脸谱化的城市文化景观，千篇一律的建筑风格带来了人们的审美疲劳。由此可见，城市文化在有序传承的同时，持续的创新性发展不可或缺。唯有不断推进文化创新，才能赋予城市个性鲜明的文化景观，创造出大批形式多样、内容新颖、感染力强的作品，丰富城市居民的精神文化世界。

4.1.2　指标权重设定

目前关于文化软实力的常见评估方法大多采用模糊综合评价法、因子分析法、主成分分析法等，并遵循文化软实力的内部特征和组成要素构建具体的评价指标体系，再通过建立模型和数据计算流程，最终得到综合评价结果。在现有研究基础上，本章结合所选取的研究对象城市，综合考虑城市文化软实力发展的基本情况，选择变异系数法进行权重计算，为各个细化指标赋权，并采用标准差系数测度指标的变异程度，计算城市文化软实力综合评价指数，尽可能避免人为因素带来的干扰。

用于计算各项指标变异系数的公式如下：

$$V_i = \frac{\sigma_i}{\chi_i}(i=1,2,\cdots,n)$$

其中 V_i 是第 i 项指标的变异系数，即标准差系数，在公式中表示为第 i 项指标的标准差与平均数的比值。

4.1.3　数据选取

通过搜集和计算代表性城市的文化软实力指标数据，进行横向和纵向的比较分析，可以得出所选取城市的文化软实力建设的客观真实效果，并分析其优势、短

---

① 江泽民.全面建设小康社会，开创中国特色社会主义事业新局面——在中国共产党第十六次全国代表大会上的报告[EB/OL].[2002-11-17]. http://news.xinhuanet.com/newscenter/2002-11/17/content_632254.htm.

板和提升路径,给出具体参考建议。考虑到城市的代表性和数据的可获得性,本章选取了上海、杭州、深圳和北京作为测度样本,以时间序列为基础进行实证分析。数据来源于 2016—2020 年四城市统计年鉴、区域统计年鉴、城市政府网站公开数据,以及《中国统计年鉴》《中国文化文物统计年鉴》,等等。

4.1.4 文化软实力指数计算

在对所选取的四座城市进行文化软实力综合评价过程中,考虑到指标量级差异较大,为了消除观测变量因为数据量级不同给比较分析带来的困难,本章对模型变量进行统一的标准化处理,目的是将其转化为方差为 1、均值为 0 的标准化数据,消除量级差异。

现有的处理原始数据的方法很多,本章采取 Z Scores 标准化方法,对数据进行初步处理,具体公式如下:

$$Z(\chi) = \frac{\chi - \overline{\chi}}{s(\chi)} = \frac{\chi - \overline{\chi}}{\sqrt{\dfrac{(\chi - \overline{\chi})^2}{n}}}$$

其中,χ 是样本数据,$\overline{\chi}$ 是样本平均后的计算结果,n 是样本数据的个数。经过初步处理后,进一步使用变异系数法赋值,可以计算出各项数据所对应的目标权重:

$$W_i = \frac{V_i}{\sum\limits_{i=1}^{n} V}$$

通过该公式计算,可以得出城市文化软实力评价指标体系中各个指标所对应的具体权重。进一步根据各年度指标权重,可以得到四座城市的文化软实力 6 个要素的水平值,如表 4-2 所示。

表 4-2 北京、上海、深圳、杭州四座城市文化软实力六要素水平值
（1）文化基础力与文化流通力要素水平值

城市	文化基础力				
	2016	2017	2018	2019	2020
杭州	0.04328808	0.037650532	0.043223253	0.047426784	0.03891401
上海	−0.063062661	−0.077852822	−0.082908521	−0.080475755	−0.074319049
北京	0.111269857	0.142472559	0.140449516	0.137916712	0.110320031
深圳	−0.091495276	−0.102270269	−0.100764248	−0.10486774	−0.074914992

（续表）

城市	文化流通力				
	2016	2017	2018	2019	2020
杭州	−0.142125249	−0.149514827	−0.143430601	−0.143601165	−0.151476215
上海	−0.042582036	0.109902392	0.077990856	0.246875228	−0.097114006
北京	0.327030316	0.189393566	0.208985823	0.040739929	0.097089341
深圳	−0.142323031	−0.14978113	−0.143546077	−0.144013993	−0.005884218

（2）文化生产力与文化吸引力要素水平值

城市	文化生产力				
	2016	2017	2018	2019	2020
杭州	−0.134782955	−0.141199911	−0.133465487	−0.131867991	−0.143285447
上海	0.238255753	0.284405707	0.282846836	0.284956152	0.269821199
北京	0.033109483	−0.001718112	−0.086002717	−0.023680769	0.01364478
深圳	−0.136582281	−0.141487685	−0.135226499	−0.129407393	−0.140180532
城市	文化吸引力				
	2016	2017	2018	2019	2020
杭州	−0.142136459	−0.149560855	−0.143535844	−0.144020068	−0.156966547
上海	−0.142039271	−0.149453632	−0.143468613	−0.144163102	−0.157290656
北京	−0.139487593	−0.146481787	−0.14153734	−0.141472774	−0.154594874
深圳	0.423663323	0.445496275	0.428541797	0.357550257	0.311466978

（3）文化消费力与文化创新力要素水平值

城市	文化消费力				
	2016	2017	2018	2019	2020
杭州	−0.009266845	0.005192591	−0.016978917	−0.023599506	−0.002861618
上海	0.023887176	0.020751379	0.029173604	0.03105481	0.013881212
北京	0.00931177	−0.001429728	−0.000354199	−0.002257072	−0.022156237
深圳	−0.023932101	−0.024514242	−0.011840488	−0.005198233	0.011136643
城市	文化创新力				
	2016	2017	2018	2019	2020
杭州	−0.075518533	−0.084925043	−0.081481211	−0.080295398	−0.089663551
上海	−0.034477251	−0.03517828	−0.040808716	−0.046575968	−0.04691836

（续表）

城市	文化创新力				
	2016	2017	2018	2019	2020
北京	0.099002269	0.094643201	0.084177962	0.08505639	0.082978122
深圳	0.010993514	0.025460122	0.038111965	0.041814976	0.053603789

　　对计算结果进行分类整理和比较，可以得出四座城市的综合实力排名，如表4-3所示。

表4-3　北京、上海、深圳、杭州四座城市软实力综合排名

城市	2016		2017		2018		2019		2020	
杭州	−0.46	4	−0.48	4	−0.48	4	−0.48	4	−0.51	4
上海	−0.02	3	0.15	2	0.12	2	0.29	1	−0.09	3
北京	0.44	1	0.28	1	0.21	1	0.10	2	0.13	2
深圳	0.04	2	0.05	3	0.08	3	0.02	3	0.16	1

　　对以上数值进行可视化图表展示，见图4-1。

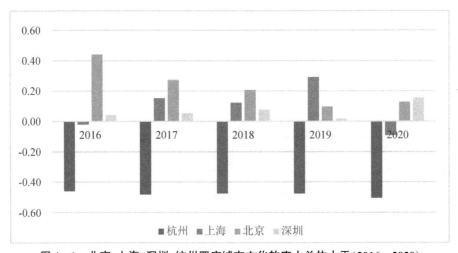

图4-1　北京、上海、深圳、杭州四座城市文化软实力总体水平（2016—2020）

4.1.5　北京、上海、深圳、杭州四座城市文化软实力指数评价

4.1.5.1　权重分析

根据变异系数法计算得出四座城市2016—2020年度文化软实力各项指标，如

表4-4所示。可以看出,尽管不同年度各项指标的权重有小幅波动,但整体较为稳定。在城市文化软实力的各项指标中,文化基础力、文化生产力、文化流通力和文化吸引力起到重要影响作用,文化创新力的影响次之,文化消费力的影响最小。初步分析可以推断,未来各城市提升文化软实力的主要突破口是文化创新领域,应当予以重点考虑。

表4-4　四座城市2016—2020年度文化软实力一级指标权重

目标层	权重				
	2016	2017	2018	2019	2020
A 文化基础力	0.209750367	0.212493162	0.205859394	0.208567728	0.205222127
B 文化生产力	0.185754288	0.201544951	0.219955117	0.197903653	0.19474282
C 文化消费力	0.02160441	0.020086447	0.020744343	0.022855594	0.01727955
D 文化流通力	0.223214191	0.190319759	0.189280165	0.221001076	0.223548026
E 文化吸引力	0.282447573	0.297004428	0.285697554	0.266545838	0.269743596
F 文化创新力	0.077229171	0.078551253	0.078463427	0.083126112	0.089463881

表4-5　四座城市2016—2020年度文化软实力各项指标权重

目标层	准则层	权重				
		2016	2017	2018	2019	2020
A 文化基础力	传统文化 A1	0.029600358	0.02207551	0.019303899	0.017693839	0.020759936
	文化服务 A2	0.075924873	0.080069064	0.079701762	0.080785631	0.081529913
	文化投入 A3	0.104225137	0.110348588	0.106853732	0.110088258	0.102932278

（续表）

目标层	准则层	权重				
		2016	2017	2018	2019	2020
B 文化生产力	产业规模 B1	0.083176069	0.100113618	0.124349872	0.118450202	0.112475155
	产业质量 B2	0.102578219	0.101431333	0.095605246	0.079453451	0.082267666
C 文化消费力	消费规模 C1	0.013015532	0.011015845	0.01345242	0.014150346	0.009435327
	消费结构 C2	0.008588879	0.009070602	0.007291924	0.008705248	0.007844223
D 文化流通力	文化国内贸易 D1	0.107380173	0.101503649	0.105654316	0.086163019	0.120581613
	文化对外贸易 D2	0.115834018	0.08881611	0.083625848	0.134838056	0.102966413
E 文化吸引力	国内文化交流 E1	0.140182692	0.147283618	0.142064397	0.122389417	0.133527162
	国际文化交流 E2	0.142264881	0.14972081	0.143633157	0.144156421	0.136216433
F 文化创新力	创新投入 F1	0.063085581	0.064750369	0.06440315	0.066995643	0.071521446
	创新成果 F2	0.014143591	0.013800884	0.014060276	0.016130469	0.017942435

4.1.5.2　四座城市文化软实力指数评价

1）文化软实力六要素的细化指标分析

表 4 - 6　四座城市文化软实力六要素细化指标指数（一）

指标内涵	杭州					上海				
	2016	2017	2018	2019	2020	2016	2017	2018	2019	2020
传统文化 A1	100.00	100.00	111.76	116.18	117.65	100.00	98.99	101.01	98.99	108.08

（续表）

指标内涵	杭州					上海				
	2016	2017	2018	2019	2020	2016	2017	2018	2019	2020
文化服务 A2	100.00	100.00	100.00	99.07	97.67	100.00	104.26	95.74	106.38	129.79
文化投入 A3	100.00	114.57	134.04	153.14	167.11	100.00	168.84	164.61	158.78	138.04
产业规模 B1	100.00	126.35	132.13	142.06	126.35	100.00	195.43	163.46	878.05	504.85
产业质量 B2	100.00	110.56	127.46	157.04	161.97	100.00	97.37	89.34	78.53	73.58
消费规模 C1	100.00	127.98	111.81	115.21	101.85	100.00	112.20	121.11	131.58	87.41
消费结构 C2	100.00	119.58	95.46	91.85	84.99	100.00	105.71	104.90	108.65	77.69
文化国内贸易 D1	100.00	107.02	117.13	125.42	119.84	100.00	213.07	163.47	584.83	426.45
文化对外贸易 D2	100.00	287.78	164.94	416.23	107.56	100.00	664.18	356.41	540.84	0.00
国内文化交流 E1	100.00	118.60	141.18	167.35	141.00	100.00	116.88	130.00	0.00	0.00
国际文化交流 E2	100.00	112.51	121.66	23.40	1.87	100.00	104.29	112.88	128.27	57.79
创新投入 F1	100.00	91.64	80.21	68.56	59.84	100.00	110.19	113.22	120.52	129.57
创新成果 F2	100.00	102.94	133.79	154.41	195.68	100.00	113.35	143.95	156.60	217.62

表 4-7　四座城市文化软实力六要素细化指标指数（二）

指标内涵	北京					深圳				
	2016	2017	2018	2019	2020	2016	2017	2018	2019	2020
传统文化 A1	100.00	173.17	200.00	197.56	195.12	100.00	102.17	108.70	113.04	119.57
文化服务 A2	100.00	95.65	88.41	75.36	79.71	100.00	100.00	100.00	100.00	125.00
文化投入 A3	100.00	106.95	128.40	146.60	116.85	100.00	104.25	120.29	122.26	183.24
产业规模 B1	100.00	102.11	0.00	183.17	202.83	100.00	124.26	112.05	127.45	120.12
产业质量 B2	100.00	118.24	109.55	154.18	166.09	100.00	141.51	139.62	251.89	264.15
消费规模 C1	100.00	106.66	108.56	116.84	74.50	100.00	115.12	127.24	144.70	120.06
消费结构 C2	100.00	101.13	96.75	96.42	68.31	100.00	109.59	114.51	122.44	107.93
文化国内贸易 D1	100.00	137.23	146.13	217.37	456.44	100.00	139.52	132.26	143.55	104.03
文化对外贸易 D2	100.00	82.06	50.53	4.64	0.00	100.00	1300.00	83200.0	96200.0	1862200.00
国内文化交流 E1	100.00	115.92	130.18	145.34	56.58	100.00	104.54	173.83	114.17	47.08
国际文化交流 E2	100.00	101.18	108.88	102.37	0.00	100.00	104.47	107.27	104.86	19.77
创新投入 F1	100.00	106.40	126.01	150.45	156.72	100.00	115.89	138.03	157.57	179.22
创新成果 F2	100.00	106.33	122.79	130.96	161.89	100.00	125.59	186.83	222.02	296.38

就文化基础力指标而言,北京占据绝对领先地位,且呈现出小幅波动、整体稳定的变化特征,杭州的文化基础力次之,但相对于上海和深圳而言,具有领先优势。说明在文化基础力方面,北京与杭州继续保持良好的发展态势,上海和深圳则需要重视城市文化基础力建设。此外,在文化投入逐年上升的情况下,城市文化资源、文化设施维护不足是当前文化基础力发展的主要问题,尤其是民间文化馆、文化站和群众艺术馆的重视程度不够。

从文化生产力角度来看,上海呈现出小幅上升趋势,主要原因是文化产业规模指数从 100 增长至 504.85,增长 4 倍;但与此同时,文化产业发展质量呈现出小幅下滑的趋势,说明该市的文化生产力需要进一步优化组合,提质增效。北京的文化生产力相关指标均有小幅上升,但由于其他三座城市的产业规模和发展质量指数增速更高,因此在文化生产力指标中呈现出轻微下跌的趋势,说明北京的文化生产力增长不足,处于相对劣势地位。杭州与深圳的文化产业规模和发展质量都在稳步提升,在横向对比中排名变化较小。

从文化消费力指标来看,上海城市文化消费力始终处于领先地位,尽管因为疫情的冲击经历了短期的下滑趋势,但相对其他三座城市而言,仍然具有明显的比较优势。而北京的文化消费力不稳定,波动较大,说明北京城市居民文化供需不平衡,且最近三年的文化消费规模和文化消费结构都呈现出逐渐下跌趋势。深圳的文化消费力指标具有增长潜力,2016—2020 年间以绝对的优势逆势上扬,反超北京和杭州,一跃从文化消费力较弱的城市转变为以微弱的劣势仅次于上海,位居第二位。

从文化流通力来看,杭州的文化流通力最为稳定,而上海和北京均有小幅下降;深圳整体稳定,2020 年则呈现出了较为明显的增长趋势,赶超上海,排名仅次于北京;从具体指标来看,主要原因是文化对外贸易增长幅度较大。

从文化吸引力来看,在整个数据选取区间内,深圳始终具有压倒性优势,尽管四座城市均受到了疫情影响,但相对来说,深圳的旅游收入与外汇收入仍然维持在较高水平。

最后,从文化创新力的角度分析,北京和深圳对文化创新投入最为重视,上海次之,杭州最弱,且在 2016—2020 年间基本保持稳定,波动不明显。

2)四座城市文化软实力综合评价

根据表 4-6、表 4-7 所呈现的计算结果,对四座城市的文化软实力综合得分进行评价分析。从计算结果可以看出,北京城市文化软实力指数整体较为稳定,虽然受到疫情影响略有下降,但在统计数据选取的时间区间末期有所回升;而杭州城市文化软实力排名始终处于四座城市的末位,变化较小,没有明显的跃升趋势;上海和深圳的变化情况较为接近,仅次于北京,在统计时间区间内产生了一些小范围波动,深圳在 2020 年一举跃升至第一。根据前文分析,深圳城市文化软实力的提升离不开极具增长潜力的文化消费力、具有压倒性优势的文化吸引力,以及明显高于其他城市的文化创新投入,这与深圳包容、开放、极具创新活力的城市文化品格密切相关,是其他城市应当重点借鉴的地方。

整体而言,四座城市文化软实力或呈现出波动增长态势,或处于底部的停滞状态。城市文化软实力的内涵关乎文化基础力、文化生产力、文化流通力、文化消费力、文化吸引力和文化创新力六个方面,我国城市文化生产力发展仍有不少欠缺之处,各领域都存在不同程度的发展不足或不均衡问题,这和我国近几年城市文化软实力建设过程中,文化基础资源保护传承和合理化开发力度不足且效率较低、文化创新投入较少、消费驱动力不足和文化生产的广度和深度不够等现实情况相符合。

4.1.6　四座城市文化软实力指数比较

进一步瞄准 2020 年,对北京、上海、深圳、杭州四座城市文化软实力综合指数及其中各项细化指标进行比较分析(见表 4-8)。首先,从综合指数来看,深圳以微弱的优势领先于北京,位居四座城市首位,上海稍微落后于北京,而杭州城市文化软实力指数则与另外三座城市形成了较大的落差,劣势较为明显。探究原因,存在较大差异的主要原因是在创新投入方面,杭州存在明显的不足。

表 4-8　四座城市文化软实力指数

指标内涵	杭州	上海	北京	深圳
传统文化 A1	117.65	108.08	195.12	119.57
文化服务 A2	97.67	129.79	79.71	125.00
文化投入 A3	167.11	138.04	116.85	183.24
产业规模 B1	126.35	504.85	202.83	120.12
产业质量 B2	161.97	73.58	166.09	264.15
消费规模 C1	101.85	87.41	74.50	120.06
消费结构 C2	84.99	77.69	68.31	107.93
文化国内贸易 D1	119.84	426.45	456.44	104.03
文化对外贸易 D2	107.56	0.00	0.00	1862200.00
国内文化交流 E1	141.00	0.00	56.58	47.08
国际文化交流 E2	1.87	57.79	0.00	19.77
创新投入 F1	59.84	129.57	156.72	179.22

指标内涵	杭州	上海	北京	深圳
创新成果 F2	195.68	217.62	161.89	296.38
综合文化软实力	−0.51	−0.09	0.13	0.16

分析深圳城市文化软实力跃升的主要原因,可以发现,最主要的原因来源于文化生产力要素,即文化产业发展质量、文化流通力和文化创新力要素,这几个要素所包含的文化对外贸易、文化创新投入、文化创新成果等指标均以显著优势高于其他三座城市。

4.1.7　四座城市文化软实力建设总体情况分析

本章以构建城市文化软实力综合评价指标体系为基础,以北京、上海、深圳、杭州为代表性城市进行分析,分别从纵向时间序列维度和城市之间横向比较维度切入,发现当前我国城市文化软实力整体上仍处于不平衡增长阶段,文化基础能力和消费流通能力都存在较大的地区差异。此外,文化生产力、文化流通力和文化创新力对城市文化软实力的整体推动作用较为明显,为城市文化软实力发展提供了动力引擎。下面进一步分析四座城市文化软实力总体特征。

4.1.7.1　文化基础力差异较大,新兴城市劣势明显

在文化基础力方面,北京和杭州、深圳和上海存在明显的差异,探究其原因,与城市的历史文脉与文化底蕴密切相关。北京和杭州都属于我国历史文化名城,相对于新兴城市而言,本身具备大量的历史文化资源可以合理化开发利用,文化资源优势明显。同时,基于历史文化景点(区)所开发的文旅产业也较为发达,这也是此类城市的经济增长点和重点发展领域,文化与经济融合业态蓬勃发展,相互增益,彼此促进。此外,出于对城市物质文化遗产的保护和发展、对非物质文化遗产的传承和推广,此类城市重视博物馆、文化馆、艺术表演场馆等文化空间建设,积极营造或改造升级城市文化空间,有力提升了文化基础力。

相比之下,大部分城市尤其是新兴城市,由于缺乏历史和文化积淀,在文化资源上存在天然劣势,所以文化基础设施的建设和维护意识、文化资源的保护性开发意识都较为薄弱。因此,无论是具有历史文化底蕴的古都,还是蓬勃发展的新城,都应该根据自身文化特点,利用现有条件,扬长避短,寻找自己的文化基础力发展路径。

4.1.7.2　文化消费力不均衡,居民消费积极性有待提升

一个较为显著的特征是四座城市的文化消费力存在严重的不均衡问题。四座

城市中,上海城市文化消费力始终处于领先地位,而北京的文化消费力不太稳定,整体呈现出较大的波动性,反映出城市居民文化供需不平衡的问题,且近三年的文化消费规模和文化消费结构出现了不同程度的下跌,进一步反映出北京城市居民文化消费动力不足,文化需求有所收缩。相反,深圳城市文化消费力具有较大的发展潜力,在 2016—2020 年间逆势反超,摆脱了原来的弱势地位。

根据四座代表性城市的文化消费力发展态势,可以初步得出当前四座城市文化消费力发展不均衡、文化产业与文化市场关注度不够、居民参与文化相关活动的积极性存在欠缺的结论。

4.1.7.3　文化创新力是动力引擎,助推城市文化繁荣发展

从文化创新角度可以看出,2016—2020 年间上海和深圳的文化创新投入与相应成果产出具有显著优势,而投入较少、重视程度较低的杭州,在城市文化软实力指数方面呈现出明显的弱势。这呼应了前文所提到的,文化创新力是城市文化建设的核心力量,是激活城市发展活力的动力引擎。唯有始终以原创力为重点,全力推进文化创新,才能生产出具有鲜明特色的个性化文化产品,迎合居民文化消费需求,助推城市文化及文化产业发展。反之,城市文化将缺乏创新力、吸引力,城市生态、经济、文化和社会也难以实现可持续发展。

4.2　城市文化软实力钻石模型分析

4.2.1　城市文化软实力综合评估指标体系设计

在诸多研究中,北京、上海、杭州、深圳等一、二线城市经常被放在与新加坡、马来西亚等国家级经济体量的各类产业做比较。本节参考了国家级和城市级文化产业竞争报告的相关指标体系,尤其是祁述裕所著的《中国文化产业竞争报告》中应用的钻石模型。其次,北京、上海、杭州、深圳等一、二线城市的人口、土地面积、经济发展水平和文化资源都与借助该模型研究过的国家,如新加坡和韩国等,有一定的可比性。结合"双钻石"模型指标体系分析比较目标城市的文化软实力,具有一定的科学性。本节根据生产要素、政府要素、市场要素、相关产业要素和企业要素以及文化禀赋要素、文化经济要素、文化管理要素、文化潜力要素、文化交流要素等城市文化产业要素,设计城市文化软实力综合评估指标体系。

4.2.1.1　生产要素

根据钻石竞争力理论,生产要素是所有产业发展的基础条件,可以分为初级和高级生产要素。初级生产要素是一个国家、地区、城市自身拥有的要素资源,如自然景观、世界文化和自然遗产项数(个)等。高级生产要素是较为缺乏的资源,涵盖

科技、人力等非自然资源,其优势日益凸显,两者都是城市文化软实力中重要的度量单元。其中,文化禀赋用世界文化和自然遗产项数(个)、国家 5A 级旅游景区和A 级旅游景区个数来衡量;城市综合实力要素参考《2022 年中国城市竞争力指数》和"2022 数字城市百强榜单"的指标构成,鉴于两个榜单是权威研究机构测算的结果,经过对各城市竞争力较为科学的评价,直接作为城市文化软实力的评价指标也具有一定的科学性;其次,鉴于城市文化软实力离不开教育因素的影响,我们运用城市人口中大专以上高等学历人口占比(%)作为城市文化潜力要素的指标;最后,城市文化软实力建设离不开城市的文化设施要素,本节将博物馆公共文化设施(个数)和规模以上创意园区个数,以及文化服务机构个数、表演团体个数和各城市举办展览个数等作为度量指标。

4.2.1.2　政府行为要素

政府行为在文化产业发展中起到重要的引导、协调和监管作用。在测度城市文化软实力过程中,有必要将这一因素考虑其中。国内各级政府财政收入占 GDP比重,其政策和相关产业的资金扶持力度尤为重要;对文化及其相关产业而言,如研发、教育和旅游的政策扶持和投资力度,影响其占 GDP% 比值,城市文化产业增加值的 GDP 占比,是城市文化、生产和创新要素的体现,也是衡量城市文化软实力的发展潜力和城市政府扶持力度的评估指标。

4.2.1.3　市场需求要素

城市文化软实力的测度包括国内市场和国外市场需求的量化分析。在市场需求要素的考量中,主要涉及文化消费要素的衡量,包括国内文化市场需求和国际市场"走出去"的相关数据。在城市文化产业内需方面,如居民消费(文化潜力要素)、文娱消费占比,还有文化经济要素如人均 GDP 和人均 GDP 增长的测量、城市文化软实力的市场(需求)潜力等;而国际市场方面则要考虑外需,即目标城市的文化贸易出口总额和文化及相关产业的出口额度。其次,在国际市场的贸易往来中,评估知识产权、高科技产品与服务的出口情况,是衡量文化创新要素是否受到国际认可的一个重要尺度。

4.2.1.4　产业集群/相关产业要素

在城市文化软实力的测量中,城市文化产业的发展离不开其他相关产业如交通、教育和旅游等行业支撑,教育助力城市文化产业的发展和城市软实力的不断进步,因为城市文化产业的发展离不开人才的培育和支撑,尤其是文化软实力的国际影响力更需要高素质人才的支撑。同时,旅游产业和文化产业息息相关,一个城市的文化软实力指标中,其中一个直观的显性指标便是该城市的旅游产业发展情况。前几年,各城市受疫情影响,境外旅游数据无法做客观分析。因此,对境外旅游入境人数和旅游收入的衡量采用 2019 年的数据作为量化分析数据。其次,产业间的彼此合作,有助于推动城市文化软实力发展壮大,达到"1+1>2"的效果。该评估指标体系中,高等教育包括各城市 985/211 高校个数和大专以上人口数量占比,其中 985 计 2,211 计 1,将各城市高等院校资源量化,以衡量城市文化软实力在教育方面的潜力指标。本节的相关产业要素主要包括教育和旅游(实际旅游人数和营收),这也是对目标城市文化产业、文化交流和文化开放要素的预测值。

4.2.1.5　企业要素

企业向市场提供文化产品和服务,是文化及其产业软实力衡量中十分重要的要素。在城市文化软实力竞争中,国际企业的影响力不容忽视。文化及相关企业的运营给目标城市带来的经济效益和贸易进出口额度,是衡量城市文化软实力的重要指标。文化企业要素和文化创新要素的测量都能在对企业的评估中得到很好的体现。首先,针对文化企业要素,文化企业营收、文化产业从业人员占比、文化企业的资产和具有品牌影响力的文化企业个数是测量的重点。同时,在互联网时代,各城市文化企业的科技创新能力,对文化软实力的发展潜力有不可估量的作用,本节把企业研发人员[每千人/外商直接投资实际利用额(亿美元)、每万人/研究与试验发展(R&D)]和上市企业个数作为企业的文化创新要素,以考量城市文化软实力的发展潜力和国际"认可度"。

4.2.2　城市文化软实力指标体系

根据以上要素分析,构建以北京、上海、杭州、深圳为中心的城市文化软实力评估指标体系,包括 5 大要素(一级指标)、10 个二级指标和 36 个三级指标,见表 4-9。

表 4-9　城市文化软实力指标体系

一级指标	二级指标	三级指标
生产要素	文化禀赋要素	世界文化和自然遗产项数(个)
		国家 5A 级旅游景区
	城市综合能力	国家 A 级旅游景区
		2022 中国城市竞争力指数
		2022 数字城市百强榜单
		文化产业增加值(亿元)
		文化产业增加值速度(%)
	文化设施要素	博物馆等公共文化设施个数
		文化创意园区个数

一级指标	二级指标	三级指标
生产要素	文化组织要素	文化服务机构个数
		举办展览个数
政府要素	政府行为要素	公共教育经费支出占 GDP 比重（%）
		研发支出占 GDP 比重（%）
		文化和旅游、体育、传媒支出（万元）
		文化产业增加值占 GDP 比重（%）
市场要素	文化消费要素	人均消费支出（万元）
		人均 GDP（万元）
		人均 GDP 增长率（%）
		休闲、文化及教育消费支出（RMB）
		文化产品出口额（亿美元）
		城市贸易出口额（亿美元）
相关产业要素	旅游	旅游收入（人民币/亿元）
		旅游人数（万元）
		疫情前境外旅游人数（万人）（2019）
		疫情前境外旅游收入（亿美元）
		疫情后境外旅游人数（万人）
		境外旅游收入（亿美元）
	教育	大专及以上学历入学率（每 10 万人）
		985/211 高校个数
企业要素	文化企业要素	文化企业营收（亿元）
		文化产业从业人员比重（%）
		文化企业个数（2021）
		上市文化企业个数
	文化创新要素	专利发明授权量（万件）
		研究与试验发展（R&D）（亿元/万人）
		实际利用外商直接投资（亿美元）

　　根据以上评估指标体系，衡量北京、上海、杭州和深圳城市文化软实力在生产要素、政府要素、市场要素和相关支持性产业、企业要素方面的实力表现。本节借鉴 Moon 等学者计算与北京、上海、杭州和深圳"相似"的小国（如韩国和新加坡等）

经济体产业竞争力指数的方法①,将目标城市竞争力测度变量的描述性统计转换成各级指标数值。在计算城市文化软实力的生产、政府、市场、相关产业和企业要素指数时,每个测度值中的最大值为100,另一个城市文化软实力指数用同等比率方法算出。举例来说,一个要素用2个测度值表示,则每个测度值各占50%。以此类推,如果一个要素用4个测度值表示,每个测度值的比重各占25%。任何测度值出现负数,则该因素的竞争力指数为0。根据以上计算方式,本节将测度北京、上海、杭州和深圳等国内头部城市文化软实力发展水平。而后,再等比例赋值另外一座城市。同时,结合五个一级指标数值,利用修正模型绘制相应五边形网图面积,对各城市文化软实力进行综合分析比较。

4.2.3 四座城市文化软实力指标数据分析

4.2.3.1 四座城市文化软实力指标数据采集

根据前述城市文化软实力指标体系中的五大产业要素,针对四座城市采集的数据统计结果,如表4-10。

表4-10 四座城市三级指标采集数据统计

三级指标	北京	上海	杭州	深圳
世界文化和自然遗产项数(个)	7	0	3	0
国家5A级旅游景区(个)	8	3	4	2
国家A级旅游景区(个)	252	130	70	16
2022中国城市竞争力指数	0.896	1	0.688	0.975
2022数字城市百强榜单	100	99	94	98
文化产业增加值(亿元)	3 770.2	3 798.69	2 586	2 566
文化产业增加值增长速度(%)	10.5	11.1	8.7	8.37
博物馆等公共文化设施个数	80	158	86	59
文化创意园区个数	160	149	43	71
文化服务机构个数	26 925	686	435	733
举办展览个数	124	542	172	105
公共教育经费支出占GDP比重(%)	0.0375	0.0241	0.02769	0.0333

---

① MOON H C, RUGMAN A M, VERBEKE A. A generalized double diamond approach to the global competitiveness of Korea and Singapore[J]. International Business Review, 1998, Vol. 7, No.2, pp. 135-150.

（续表）

三级指标	北京	上海	杭州	深圳
研发支出占 GDP 总额（%）	6.53	4.21	3.68	5.46
文化和旅游、体育、传媒支出（万元）	127 157	2 377	28 815	154 347
文化产业增加值占 GDP 比重（%）	10.5	13	14.3	15
人均消费支出（万元）	4.36	4.89	4.46	4.63
人均 GDP（万元）	18.4	17.38	14.99	17.46
人均 GDP 增长率（%）	0.12075	0.10842	0.085981	0.09010
休闲、文化及教育消费支出（元/人）	3 348	3 663	4 414	3 242
文化产品出口额（亿美元）	44.5	100.4	37.5	259.68
城市贸易出口额（亿美元）	886.91	1981.07	719.28	2982.2
旅游收入（人民币/亿元）	4 138.5	2 809.5	1 518.3	1 860
旅游人数（万人）	25 488.3	11 834.6	8 934	4 878.8
疫情前境外旅游人数（万人）（2019）	376.9	897.23	113.31	1216.95
疫情前境外旅游收入（亿美元）	51.9	83.76	7.37	50.03
疫情后境外旅游人数（万人）	24.5	128.62	18.16	120.06
境外旅游收入（亿美元）	4.3	37.74	0.85	9.4
大专及以上学历入学率（每 10 万人）	41 980	33 872	29 317	28 849
985/211 高校个数	42	18	3	11
文化企业营收（亿元）	17 628.6	11 001	8 212	9 488.4
文化产业从业人员比重（%）	0.02924	0.02934	0.008694	0.05825
文化企业个数（2021）	5 309	3 049	1 288	10 200
上市文化企业个数	170	160	54	42
专利发明授权量（万件）	19.88	17.93	12.25	27.92
研究与试验发展（R&D）（亿元/万人）	216.22	229.5	199.66	243.06
实际利用外商直接投资（亿美元）	155.6	225.51	81.7	109.25
城市/三级指标	北京	上海	杭州	深圳

4.2.3.2　四座城市文化软实力指标计算结果

根据穆恩等学者的计算方式，生产要素有 11 个指标，各指标最大值为 9.09（100/11）；政府要素指标的最大数值为 25（100/4）；市场（需求）要素最大指标数值为 16.67（100/6）；相关产业要素最大指标数值为 12.5；企业要素最大指标值为 14.29，参考该计算方式，四座城市文化及其产业软实力指标计算结果如表 4-11。

表 4-11 四座城市文化及其产业软实力指标计算结果

三级指标	北京	上海	杭州	深圳
世界文化和自然遗产项数(个)	9.09	0.00	3.90	0.00
国家 5A 级旅游景区(个)	9.09	3.41	4.55	2.27
国家 A 级旅游景区(个)	9.09	4.69	2.53	0.58
2022 中国城市竞争力指数	8.15	9.09	6.25	8.86
2022 数字城市百强榜单	9.09	9.00	8.55	9.00
文化产业增加值(亿元)	9.02	9.09	6.19	6.14
文化产业增加值增长速度(%)	8.60	9.09	7.13	6.86
博物馆等公共文化设施个数	4.60	9.09	4.95	3.39
文化创意园区个数	9.09	8.47	2.44	4.03
文化服务机构个数	9.09	0.23	0.00	0.00
举办展览个数	2.08	9.09	2.88	1.76
生产要素指标(11 个指标)	87.00	71.25	49.36	42.90
公共教育经费支出占 GDP 比重(%)	25.00	16.05	18.48	22.25
研发支出占 GDP 总额(%)	25.00	16.12	14.09	20.90
文化和旅游、体育、传媒支出(万元)	20.60	0.38	4.67	25.00
文化产业增加值占 GDP 比重(%)	17.50	21.67	23.83	25.00
政府要素指标(4 个指标)	88.10	54.22	61.07	93.16
人均消费支出(万元)	15.69	17.60	16.05	16.67
人均 GDP(万元)	16.67	15.74	13.58	15.82
人均 GDP 增长率(%)	16.67	14.96	11.87	12.44
休闲、文化及教育消费支出(元/人)	12.64	13.83	16.67	12.24
文化产品出口额(亿美元)	2.86	6.44	2.41	16.67
城市贸易出口额(亿美元)	4.96	11.07	4.02	16.67
市场要素指标(6 个指标)	69.48	79.66	64.59	90.49
旅游收入(人民币/亿元)	12.50	8.49	4.59	5.62
旅游人数(万人)	12.50	5.80	4.38	2.39
疫情前境外旅游人数(万人)(2019)	3.87	9.22	1.16	12.50
疫情前境外旅游收入(亿美金)	7.75	12.50	1.10	7.47
疫情后境外旅游人数(万人)	2.38	12.50	1.76	11.67

（续表）

三级指标	北京	上海	杭州	深圳
境外旅游收入（亿美元）	1.42	12.50	0.28	3.11
大专及以上学历入学率（每 10 万人）	12.50	10.09	8.73	8.59
985/211 高校个数	12.50	5.36	0.89	3.27
相关产业要素（8 个指标）	65.42	76.45	22.90	54.62
文化企业营收（亿元）	14.29	8.91	6.65	7.69
文化产业从业人员比重（%）	7.17	7.19	2.13	14.29
文化企业个数（2021）	0.74	0.43	0.18	14.29
上市文化企业个数	14.29	13.45	4.54	3.53
专利发明授权量（万件）	10.17	9.17	6.27	14.29
研究与试验发展（R&D）（亿元/万人）	12.71	13.49	11.73	14.29
实际利用外商直接投资（亿美元）	9.86	14.29	5.18	6.92
企业要素（7 个指标）	69.22	66.93	36.68	75.28

4.2.4　城市文化软实力中各产业要素分析

4.2.4.1　生产要素分析

从城市文化软实力的生产要素来看，北京综合指标指数最高（北京＞上海＞杭州＞深圳）。北京城市文化资源优势碾压其他城市。我国的世界文化遗产共有 56 处，北京便占了 7 处。同时，北京也是拥有国家 5A 级和 A 级旅游景区最多的城市，有着独特的旅游资源优势、产业优势和浓厚的文化氛围。作为首都，北京的文化号召力和影响力不言而喻，而真正让北京在文化生产要素中取得突出成绩的是其文化设施和文化组织机构基数庞大，远超其他城市。北京的文化创意园区个数（160 个，杭州和深圳各有 43 个和 71 个）远超其他城市；而高达 26 925 个文化机构，是其他城市（杭州仅 435 个）的几倍。虽然各城市文化机构数量的计算和每个机构的影响力大小还有待考量，但北京对文化相关机构建设和文化产业发展的重视程度远超其他城市。北京城市文化软实力中的生产要素优势还体现在文化产业的经济效益方面，北京的文化产业增加值达 3 770.2 亿元，除了上海以 3 798.69 亿元能与其一较高下外，远超其他城市（深圳 2 566 亿元，杭州 2 568 亿元）。

上海城市文化软实力中的生产要素优势也体现得淋漓尽致。除了文化产业经济效益位居第一外，文化设施（包括博物馆数量）和国际展览的举办数（542 个，深圳只有 102 个；杭州 172 个，排第二）都不负上海作为国际大都市的盛名，相较于其他城市,具有显著的优势。

深圳和杭州作为一线或准一线城市,两座城市文化软实力的生产要素与北京、上海相比,还有一定的差距。杭州的城市竞争力指数仅为 0.688,明显落后于北京、上海和深圳。相较于上海和深圳,杭州有一定的文化资源优势,拥有 3 个世界文化和自然遗产与浓厚的文化氛围,在国际展览和文化创意园区个数上的数值和文化产业发展增速方面位居全国前列,以微弱优势在 11 项指标中"险胜"深圳。

总的来说,各城市文化软实力的考量离不开文化生产要素这一重要指标,尤其是城市文化资源和文化产业的经济效益,以及图书馆、博物馆等文化设施的建设和具有国际影响力的大型展览举办,对营造城市文化氛围、塑造城市文化形象、促进城市文化"走出去",具有不可替代的作用。深圳和杭州在文化生产要素方面的各项指标相较于北京和上海而言,还有很长的一段路程追赶。

4.2.4.2 政府要素分析

政府行为对城市文化现代化建设、文化产业发展和文化软实力的增强有着直接的影响。在公共教育经费支出占 GDP 比重,研发支出占 GDP 总额,文化和旅游、体育、传媒支出,以及文化产业增加值占 GDP 比重这四项与政府行为直接相关的文化软实力显性指标中,深圳以 90.49 的综合指数后发制人(北京 88.1,上海 79.66,杭州 64.59),其优势主要体现在对公共教育的投入、对文化和旅游、体育、传媒的支出以 154 347.13 万元远远领先于其他城市,尤其是领先于上海 2 376.86 万元,足见深圳市政府对文化软实力建设的重视程度,两项指标都为深圳城市文化软实力的发展提供了源源不断的财力支撑。得益于此,深圳文化产业增加值已占 GDP 总量的 15%,远超其他城市。

北京市政府对公共教育、文化和旅游、体育、传媒的支出,与深圳相比有微弱的差距,但远高于上海和杭州,足见其重视程度。同时,北京在研发方面的支出占 6.53%,在四座城市中排名第一。在文化数字化发展趋势下,北京城市文化软实力发展未来可期。

杭州和上海在四项指标中的成绩稍逊风骚,尤其是上海在文化和旅游、体育、传媒支出中,官方公布的数据远小于深圳。而杭州在研发方面的投资占比最低,仅占 3.68%。在城市文化软实力五大指标要素中,政府要素指标是四座城市指标数据较接近一致的指标,而在其他几项指标中,杭州和其他三个城市的差距较大。

4.2.4.3 需求要素分析

衡量城市文化软实力发展水平,除了生产要素外,另一个具有决定性影响的要素便是市场(需求)要素,而它受到本市(本地)居民和游客的文化消费能力和消费需求的影响。深圳在该项要素指标的 7 个指标综合指数中独占鳌头(深圳 90.49＞上海 79.66＞北京 69.48＞杭州 64.59),上海在该项要素指标中名列前茅。该项要素指标是城市文化软实力五大要素中四座城市指标数值最为接近的,各城市的居民消费支出相当,都在4.36~4.89万元之间。北京城市居民的人均GDP最高,达18.4万元;深圳和上海以17.46万元和17.38万元紧随其后。有趣的是,杭州人均GDP虽然仅有14.99万元,位居末位,但居民的休闲、文化及教育消费支出却达4 414元,高于北京(3 348元)、上海(3 663元)和深圳(3 242元)。可见,杭州居民对文化市场的消费需求较大。

从国际文化市场看,深圳显然因其地理区位优势(位于粤港澳大湾区)和政府扶持等因素,彰显出不俗的对外文化软实力。这直接体现在其贸易出口额和文化产品出口贸易额中。深圳的文化产品出口额达259.68亿元,超上海约2.5倍、北京和杭州约6倍;而贸易出口额更是接近3 000亿元,超上海约1.5倍、北京和杭州约4倍。

4.2.4.4　相关产业要素分析

上海在相关产业要素指标值中一骑绝尘,以76.45的指数值超过北京的65.42、深圳的56.62和杭州的22.90。上海作为国际大都市,其文化软实力对旅游业的辐射影响较大。上海城市文化和旅游融合发展,共生共荣。早在20世纪70年代就有国外学者提出,旅游业是研究文化生产本质的理想场所。衡量文化软实力的辐射程度,一个重要的参照指标是城市旅游业的经济效益。尽管深圳在疫情前入境人员占比较高,但入境人员的住宿过夜情况和经济效益与上海相比,没有明显优势。2019年,上海仅有897.23万境外人员入境旅游,却带来了83.76亿美元的外汇收入,而深圳有1 216.95万境外人员入境旅游,却仅带来50.03亿美元收入,人均外汇收入(美元)更是在四个城市中排名最低(北京1 377.02>上海933.53>杭州650.42>深圳411.10)。当然,由于临近香港,深圳入境隔夜人员较少,影响了人均外汇收入,但其外汇总收入也不及北京的51.9亿美元(376万人次入境)。而上海即使在疫情后,外汇收入仍达37.74亿美元,可与北京和深圳疫情前的外汇收入比肩。而在境内,北京的旅游软实力可以说独占鳌头,即便是在疫情期间,营收也是上海的2.15倍、杭州的2.85倍、深圳的5.22倍。

在相关产业要素中,教育是城市文化软实力的重要衡量指标,北京不论在大专及以上学历入学率还是985/211高校数量上,都占绝对优势:北京城市大专及以上入学率有41 980人(每10万人),领先上海8 108人、杭州12 663人、深圳13 131人。北京的985/211大学数量远超其他城市,其城市文化及文化产业的教育资源可见一斑。尽管杭州系全国旅游城市,但在境外旅游业的影响力方面远不如其他一线城市,即使在疫情前,杭州城市旅游业的外汇收入也仅有7.37亿美元,远落后于深圳的50.3亿美元。总体上,杭州市相关产业要素的综合指数远落后于其他三座一线城市。

4.2.4.5 企业要素分析

在文化企业要素 7 项指标中,深圳和北京仍然是四座城市中的优等生(深圳 75.28＞北京 69.22＞上海 66.93＞杭州 36.68)。虽然深圳的文化企业基数大,但就文化企业在经济效益方面的表现来说,综合实力较强的仍是北京,北京的文化企业数量虽然仅有深圳的一半(北京 5 309 个,深圳 10 200 个),但企业营收却是深圳的 0.8 倍、上海的 1.6 倍、杭州的 1.3 倍,且具有影响力的文化企业(上市文化企业)个数亦位居前列,达到 170 个,领先于上海(160 个)、杭州(54 个)、深圳(42 个)。

在专利发明授权、研究与试验发展(每万人)和市级利用外商直接投资方面,深圳的优势较大。据国际 CITI(2022)报告中新增的"城市群专题"研究显示,长三角、粤港澳大湾区和京津冀城市群的创新人才发展水平较高。其中,上海、深圳、北京在所属城市群中以第一梯队的优势脱颖而出,形成了创新人才辐射圈,带动自己所在的城市群在全国领跑。文化产业创新发展和文化软实力的不断增强,可归因于文化人才的竞争优势。就企业运营效率来说,虽然杭州的从业人员占人口比重较低,但人均营收却较高,达 6.73 亿元/万人,北京达 8.05 亿元/万人,深圳 5.36 亿元/万人,上海 4.42 亿元/万人。可见,杭州文化企业软实力虽然得分较低,但也具备一定的竞争力。

4.2.5 四座城市文化软实力总体比较

4.2.5.1 四座城市文化软实力中各产业要素指标量化比较

根据前文采集的数据,我们分析了四座城市文化软实力中各产业要素的相关指标数据,某种程度上反映了四座城市的文化软实力面相。首先,从相关数据中不难看出,北京城市文化软实力的五大要素指标都名列前茅,尤其是生产要素指标表现亮眼。深圳厚积薄发,在政府要素、市场要素和企业要素指标方面不容小觑;上海城市文化软实力与北京、深圳十分接近,在相关产业要素和生产要素中表现尤为突出。相关数据总体情况如表 4-12。诚然,该数据的整理和排名是根据五大要素指标、10 个二级指标和 36 个三级指标体系得出的,尽管各城市文化软实力难以进行方方面面的量化分析,但本节的文化软实力量化方式和对官方数据资料的整理与分析,确实在某种程度上反映了一座城市文化软实力发展水平,具有一定的参考价值。

表 4-12 四座城市文化软实力各要素指标和总体情况量化比较

三级指标/排名	北京	上海	杭州	深圳	一	二	三	四
生产要素指标	87.00	71.25	49.36	42.90	北京	上海	杭州	深圳
政府要素指标	88.10	54.22	61.07	93.16	深圳	北京	杭州	上海

（续表）

三级指标/排名	北京	上海	杭州	深圳	一	二	三	四
市场要素指标	69.48	79.66	64.59	90.49	深圳	上海	北京	杭州
相关产业要素指标	65.42	76.45	22.90	54.62	上海	北京	深圳	杭州
企业要素指标	69.22	66.93	36.68	75.28	深圳	北京	上海	杭州
文化产业软实力	379.22	348.51	234.61	356.4	北京	深圳	上海	杭州

4.2.5.2 四座城市文化软实力中各要素总体情况分析

根据前文提出的 36 个对城市文化软实力具有显著影响的三级指标,对标文化软实力的生产要素、政府要素、相关产业要素、市场需求要素和企业要素进行量化分析而得出的相应数据,绘制成四座城市文化软实力比较图,如图 4 - 2。

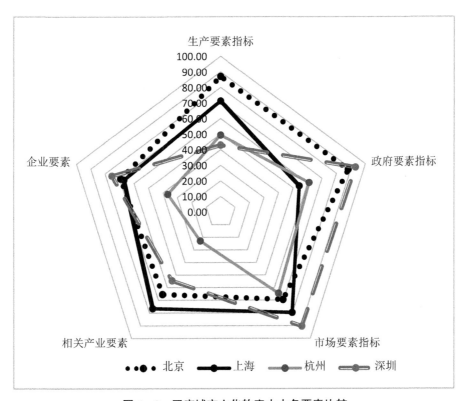

图 4 - 2　四座城市文化软实力中各要素比较

综上所述,北京城市文化软实力最强,且各文化软实力要素——生产、政府、市场、文化企业和相关产业软实力都十分强,其文化软实力量化图呈均匀的五角星状。可见,北京城市文化软实力中各要素实力均衡,很好地发挥了波特模型的产业要素之间的正向循环作用,使其城市文化软实力的辐射效用相较于其他城市而言,具有更明显的优势。

深圳城市经济发展迅猛,在大湾区地理区位优势加持下,其市场要素包括国际和国内市场,在城市 GDP、城市贸易出口额、文化产品贸易等方面都具有较强的文化辐射优势。其国际市场不断扩宽,城市贸易出口和文化产品出口额远超北京和上海,以绝对实力领先于其他城市;相较于其他城市,深圳城市文化软实力建设和文化"走出去"过程中的政府支撑要素扮演了重要的角色,但其生产要素和相关产业要素仍是薄弱环节,还应该克服文化及相关产业要素短板,增强城市文化软实力。

上海与深圳在城市文化软实力各指标数据比较中不分伯仲,除了政府在相关产业要素的扶持力度外,如在教育、文化和旅游、体育与传媒支出等方面,该市文化企业研发的投资落后于其他城市,但其总体实力和各产业要素实力都较深圳有更均衡和稳定的支撑,呈现出较为稳定的五角形结构。但与北京相比,深圳有赶超之势,尤其是在相关产业要素中,深圳的国际知名度和影响力对旅游业的正面影响和积极推动作用体现得尤为明显。

杭州城市文化软实力居全国前列,但与北京、上海和深圳等城市相比,其文化软实力相关指标数据处于弱势地位,尤其是在生产要素、相关产业要素(旅游业和教育),以及文化企业的营收能力和影响力等方面,都难以和北京、上海和深圳等一线城市一较高下,杭州城市文化软实力水平相较于北京、上海和深圳,仍有一定的差距。

4.3　北京、上海、广州、深圳、香港、澳门城市文化软实力的描述性分析

4.3.1　北京文化软实力——"爱国,创新,包容,厚德"

4.3.1.1　文化资源丰富,文化凝聚力强

北京作为历史名城,历史悠远,文化资源丰富,不仅拥有丰富的物质文化遗产,还有许多民间艺术、民间文化作为非物质文化遗产流传至今。北京市第一批非物质文化遗产就有 48 项之多,其中包括民间音乐、舞蹈、戏剧、曲艺、杂技与民间美术、手工技艺、中医、民俗等诸多方面。拥有相声、象棋、京剧、全聚德挂炉烤鸭等耳熟能详的民间文化,也有许多亟须保护推广的民间艺术,如智华寺京音乐、白纸坊太狮、通州运河龙灯等。比如,四大传统音乐之一的智华寺京音乐,20 世纪 30 年

代在京城 20 余个寺院中均有留布,名称中一个"京"字,也体现了它当时的地位及影响力。然而,现在却面临着难学易忘、鲜为人知和"学生易找,传承难求"的困境。在这样的背景下,政府和市民群众都时刻关注着保护传统文化资源,愿意去了解并参与到保护非物质文化遗产工作之中。北京特有的物质和非物质文化遗产既成了北京市民的责任担当,也是他们的文化身份象征,彰显出较强的城市文化凝聚力。

4.3.1.2　文创产品火爆,文化生产力强

以博物馆为例,近年来,博物馆供给的文创产品在网上掀起风潮。其中,以北京故宫博物院的文创产品最受欢迎。故宫文创产品深度挖掘丰富的明清皇家文化资源,努力将故宫博物院的建筑特色、文物符号、艺术形象、历史故事,用时尚消费品的形式传递出来。故宫博物院的常见文创产品种类丰富,包括学习用品、生活用品、装饰品等。据统计,故宫文创产品中最热卖的是"故宫·小确幸"笔记本,该笔记本用笔绘的方式将故宫的建筑绘于手账本上,既体现了中国特色的建筑和配色风格,又用手账本的形式巧妙而自然地融入当代青年的日常生活方式中。故宫博物院文创产品的成功不仅是传统文化内涵的挖掘与民族文化自信的觉醒,也体现了我国广大人民群众对于北京文化作为中华民族文化典型代表的肯定。"爱国""国潮"是当代北京文化精神中至关重要的组成部分。

4.3.2　上海文化软实力——"海纳百川,追求卓越,开明睿智,大气谦和"

4.3.2.1　新兴企业集聚,文化创新力强

上海作为我国的经济、金融和贸易中心,资本充足,吸引了大量海内外人才与新兴文化企业聚集,文化产业发展迅猛。以动漫产业为例,上海市文化和旅游局公布的数据显示,上海动漫产业稳步发展,在 2020 年达到了 200 亿元,占据了全国相关产业总产值的 10%。国际动漫游戏博览会、Bilibili 会展都选择在上海举办,吸引了大批观众与游客来访。动漫产业已成为上海文化产业供给侧改革和消费升级的新亮点。

目前,上海已集中了全国 80% 的电竞企业、俱乐部、战队和直播平台,超过 40% 的电竞赛事在上海举办。上海电竞产业规模超过 190 亿元,远远超过其他城市,并于 2021 年荣登"电竞城市发展指数"综合排名第一的宝座。2020 年,《英雄联盟》S10 全球总决赛在上海举办,吸引了 91.2 亿人次观看,也获得了有"游戏界奥斯卡"美誉的腾讯电竞运动会(TGA)认可,被评选为"2020 年度最佳电竞活动"。动漫、电竞等新兴产业与上海开新、时尚、开放、包容的文化精神相融合,产业与文化互相赋能,体现了上海"海纳百川,追求卓越"的城市文化品格。

4.3.2.2　多元文化辉映,文化辐射力强

上海因其历史文化背景和地理区位优势,拥有较多的江南文化、海派文化和海

外文化资源。自 1843 年上海开埠后,我国对外贸易中心逐渐从广州向上海转移,外国商品和资本从黄浦江进入中国内陆腹地。从江南小镇到"十里洋场",上海把握住了历次经济转型发展的机遇,在中外交汇中创新发展。不论是 20 世纪,还是现当代,都能看见上海"中外交融"的城市文化特色。上海老建筑"石库门"融汇了西方建筑特色与中国民居特点,石库门建筑既呈现出西方建筑简约、平顶、洋房装饰等特点,又具有中式建筑围合、对称、紧凑的江南民居特色。

20 世纪至今流行的上海"旗袍",便是清代旗装与西方西服的完美融合。旗袍虽然诞生于北方,但真正盛行却来自近代上海,并由此风行全国,勾画出"摩登"时代的一袭华美。它既有盘扣等华美繁复的东方设计特点,又有开叉、包臀等凸显女性曼妙身材的开放思想。到了近现代,外滩两岸的建筑、时尚、穿搭,更是传统与摩登、中西交融的完美诠释。

外滩是上海的城市名片,一边是十里洋场、南京路步行街的繁华,一边是东方明珠、环球金融中心等摩天大楼的时尚,彰显着当代上海的繁荣与梦想。上海文化与西方文化的链接最为紧密,海派文化是我国辐射力较强的城市文化。

4.3.3　广州文化软实力——"敢为人先、开放包容、务实创新"

4.3.3.1　科技创新投入大,文化创新力强

广州充分发挥"敢为人先"的城市精神,不断在新事物、新产业到来时,勇于尝试,抢跑在第一梯队。比如,近年来直播电商领域十分火爆,广州在该领域呈现出领先态势。由中国市场学会、阿里研究院联合淘宝直播地图发布的《直播电商区域发展指数研究报告》显示,2020 年全国直播电商百强地区榜单中,广州独自占了九席,排名全国第一。广州作为国内曾经首屈一指的汽车城,也把握住了新能源汽车的发展趋势,本土汽车行业巨头广汽集团扩产新能源汽车生产线,广汽丰田则扩建项目二期。政府大量的科研投入,促进了企业创新、产业创新与科技进步。广州科创领域的基础研究投入强度(13.89%)接近于全球科技创新中心城市的平均水平,位列全国第二名。

4.3.3.2　创新反哺本土文化,文化凝聚力强

广州作为一座历史文化名城,通过创新反哺本土文化的保护与传承,找到了一条将开放与包容精神巧妙融合于创新发展中的道路。广州一直在探索如何利用数字技术,推广、带动本土老企业发展,保护传承本土文化。"文化+科技"领军企业不断涌现,与老字号企业联袂,通过挖掘粤剧、西关文化等历史文化资源,以音乐、网络游戏、电子游戏等方式打造文化 IP 作品。在保护老字号企业的同时,广州历史城区的保存与改造工作也位居我国前列。政府引导商户进入历史城区,保持其原本的市井热闹氛围,使历史城区与历史建筑变成名副其实的旅游景点和阅读、体

验场所,而不仅仅是将其变成只可远观的工艺品。

4.3.4　深圳文化软实力——"敢闯敢试、开放包容、务实尚法、追求卓越"

4.3.4.1　打造人文艺术名片,文化影响力强

深圳不仅重视数字科技城市建设,还注重将资本投入人文城市建设方面。深圳注重人文社会科学的重要研究基地、重点专业平台建设,并积极扶持南方科技大学强化文科院系建设;塑造公共文化服务品牌,比如,深圳图书馆数量超过600多家,规模稳居国内前列。深圳坚持建设高水准的"图书馆之城",每年持续举办全民阅读活动。深圳充分运用都市人文空间,形成城市特有的人文风貌。近些年来,深圳每年举办文博会、读书月等文化活动,形成城市文化品牌;培育新型文艺院团,努力形成"深圳文艺经典"。深圳以实际行动构筑了一个充满人文关怀、人情味浓郁的城市文艺名片,引来了大量的外地人才。当前,深圳城市的人文内涵处于进一步挖掘中,进一步把都市的文化魅力彰显出来,提升城市文化软实力。

4.3.4.2　注重文化空间建设,文化凝聚力强

近年来,深圳积极推动创建"十大特色文化街区",注重营造和利用城市文化空间,提升文化凝聚力,增强城市文化软实力。历史建筑、街区空间成为深圳城市经济、社会与文化发展的重要筋骨,直接彰显城市文化软实力。从大鹏所城到华侨城创意人文社区,从大浪时尚艺术小镇到华强北科技时尚人文社区等,旧民居、旧厂房被改造为各类高品质的文化创意空间,展示出现代文明之城的鲜活文化表征。深圳将坪山的"大万世居""城市书房"等历史文化遗产保留和活化利用,形成城市文化新名片,重建了都市记忆,让古城人民留下了乡愁。改造升级后的城市文化空间改善了居民的生活体验,拓展了城市文化符号内涵,彰显了城市居民的文化素养。在增强城市宜居性的同时,提升了城市居民的身份归属感和文化凝聚力。

4.3.4.3　侧重时尚产业发展,文化创新力强

深圳时尚产业在经过了几次改造升级后,正不断地向科技高端化、品牌多样化、产品时尚化、形象现代化的方向推进,现已形成了产品品类齐全、原创产品集中、生产配套设备完善、规模集聚效应显著的时尚产业基地。同时,政府持续帮助中小企业构建以研发机构为核心的创新体制,动员中小企业积极申报高新科技项目,打造创新试验室、研究服务中心、专业工程技术服务中心、设计研究所等创新平台。引导时尚产业和高等院校、科研院所进行理论与技术创新,在制约产业高质量增长的关键技术、核心零部件等方面实现重大突破。当前,深圳品牌设计产业发展迅速,最近火爆全网的"完美日记"国货美妆品牌便是深圳本土品牌,它的设计与洞察力扣动了消费者的心弦,结束了国货美妆的百年阵痛。

　　时尚文化产业的蓬勃发展彰显了深圳把务实精神进行到底，一步一个脚印前进的城市品格，避免"一口气吃撑"的现象。深圳选定时尚产业作为城市文化产业发展的重点方向，力争让时尚文化产业走向全球价值链的前端。

4.3.5　香港文化软实力

4.3.5.1　打造中外文化交流中心，文化辐射力强

　　香港因其特殊的地理区位、历史条件与社会背景，城市文化具有典型的东西方融合的特点。最直接的表现是街道的命名，一些主要街道往往以英国殖民统治时期的历任总督或者警司官员的名字命名，如轩尼诗道、弥敦道等。部分街道英文名被翻译成中文后也变得毫无违和感，如麦连街等。目前，香港的文化新定位是打造中外文化艺术交流中心。2022年，香港西九文化区推出首个大型艺术科技节"艺创明天"，创作出逾500场融合科技含量的戏曲、戏剧、音乐、舞蹈项目，场景涉及不同的户内户外装置。其中，戏曲中心茶馆剧场的粤剧《开心穿粤》更是全港首创，引入仿真机器人演出的节目，让现代科技与艺术对话，助推香港故宫文化博物馆重演看不见的历史，复现触不到的惊艳，为香港文化传承带来新的展演形象和意义。现代数字技术与中国传统文化的创新融合，既吸引了对中国文化感兴趣的外国旅客，也为中国人的日常生活方式提供了别样的选择，提升了城市文化辐射力。

4.3.5.2　传承内地传统文化，文化凝聚力强

　　香港虽与内地相隔，但却积极传承内地的非遗文化。在香港荃湾的闹市中，保留着原有客家围村建筑特色的三栋屋博物馆——香港非物质文化遗产中心。香港特区政府鼓励和支持市民主动参与具有传统文化意蕴的文化活动，让市民深入认识和推广香港非遗项目。2019年，香港非遗办事处推出"非物质文化遗产资助计划"，其中的"社区主导项目"开放给没有非遗经验的社会人士和团体申请，让他们策划出具有教育意义和文化价值的非遗相关活动，再由特区政府选出优秀项目拨款资助。同时，香港致力于营造多元的文化创意空间，并通过活化的历史和古旧建筑作为独特的文化载体，让文创气息渗透各区，营造社区文创氛围，让市民有更多机会接触传统和现代文化艺术。香港与内地"同根、同源、同心"，香港致力于让中华优秀传统文化焕发勃勃生机，丰富城市文化内涵，提升城市文化软实力。

4.3.6　澳门文化软实力

4.3.6.1　保护传承文化遗产，文化影响力强

　　澳门是一座名副其实的中西文化交汇城市。自回归以来，澳门在党中央、国务院和当地政府的大力支持下，文化事业得到了长足发展：一方面，增强公共文化服

务,向社会民众普及传统文化;另一方面,通过打造澳门特色文化品牌,提升澳门城市文化软实力,彰显澳门"东方之珠"的魅力。这期间涌现出了一批又一批优秀的案例。在文化基础项目方面,"澳门哪吒信俗项目""澳门神像雕刻""凉茶制作技艺""南音说唱""澳门道教科仪音乐""澳门妈祖信俗项目"和"鱼行醉龙节"等非物质文化遗产接连入选国家级名录。同时,为了保护传承这些珍贵的文化遗产,澳门还出台了《文化遗产保护法》,提供文化遗产保护传承的法律保障;在文化艺术方面,巴洛克式建筑玫瑰圣母堂成为全城举办音乐会次数最多的教堂,大三巴牌坊是摇滚音乐会的绝佳舞台;在文化交流方面,澳门举办了一系列成功的展览和活动,如"澳门艺术节""澳门国际幻彩大巡游"等,为国际文化交流搭建了很好的平台。

4.3.6.2　轻工业与加工业发达,文化生产力强

澳门的轻工业和加工业起步早,发展充分而迅速。1978—1987 年是澳门经济腾飞的黄金十年。这十年间,澳门的制衣、毛纺织、电子、皮革等轻工业发展水平达到了一个高峰。澳门工业发展模式与香港相同,同为劳动密集型出口加工业。轻工业和加工业的兴盛,是澳门经济长盛不衰的重要原因。澳门的文化生产能力强,文化产品供给充足,文化产品的国内外贸易繁盛。需要警惕的是,改革开放以来,澳门及大部分内地城市的加工业都有明显的进步,但生产内容局限于代加工或低端产品,不生产本土高端品牌产品。这样的文化生产力虽然也能提升城市文化软实力,但长此以往,可能会失去本土城市文化特色,造成文化产品的同质性和文化精神异化现象。

从以上六座城市的文化软实力建设实践来看,深圳属于起步较晚、发展仍不充分的城市。北京、上海在国内属于第一梯队,发展较为充分,城市文化各有特色且博采众长。香港、澳门依靠中外交汇的地理区位、历史条件与社会背景,具有独特的文化资源和发展机遇,文化软实力稳步增长。而深圳作为新兴城市,凭借敏锐的洞察力,明确城市的文化资源优势,把握时代发展的潮流,在时尚文化产业、城市文化空间营造与改造升级,以及互联网数字技术创新等方面强化城市文化凝聚力与文化创新力。以自己的长板带动其他产业发展,形成良性循环。相较于广州,从深圳的文化政策文本、典型案例可以看出,深圳文化软实力具有更强的目标性,更清晰的自我认知,更快速的发展,以及更稳健的提升举措。

第5章 深圳城市文化软实力建设的主要优势

5.1 深圳城市文化软实力的历史优势

深圳作为我国最早设立的经济特区之一,在四十年改革开放进程中不断发展成为我国对外开放的世界之窗,它不仅是国内对外的窗口,也是国外向内的窗口。在文化软实力方面,深圳有其独特的历史优势、现实优势、比较优势和发展优势,其历史优势主要体现在以下方面。

5.1.1 岭南文化的深厚历史渊源

深圳城市文化传承来自岭南文化的历史势能,岭南文化在经历了秦汉、唐宋、明清时期的历史积淀后,已由非主流转变为主流的区域文化,深圳则充分汲取了岭南文化的重商性、兼容性、多元性、直观性、适用性等特征[①],并在新时代背景下传承创新。独特的岭南文化,造就了深圳人不同的性格与思维方式。目前,深圳依旧保留有南头古城历史文化遗迹。它是深圳岭南文化的根脉所在,彰显了深圳城市文化软实力的历史底蕴。

深圳最初一直被视为中国大陆与港澳地区交流的窗口,主要原因在于深圳城市文化根脉和港澳地区的城市文化根脉相通,南头古城便是最好的例证。南头古城是前宝安县政府所在地,自东晋咸和六年(331年)设置东官郡起,已有近1 700年的历史。南头古城对于深圳城市文化发展有着不言而喻的历史价值,它见证了自东晋以来深圳地区的历史变迁。在清朝被划为宝安县管辖范围的香港、澳门,在南头古城文化保护传承和创新发展的时代背景下,能够引起内地和港澳同胞更多的文化共情。它作为"深港历史文化之根",获取了更多的文化认同。此外,南头古城文化也体现出了独特的岭南文化特征,如对海洋的探索、对民族的保卫、对外界的宽容,以及对文化多元性的追求。在南头古城,信国公文天祥祠和海防公署都被完好地保留下来,这两座为了纪念民族英雄文天祥而建的祠堂和标志着中国人民反抗西方殖民侵略的指挥中心,代表着岭南文化历史发展中不可磨灭的爱国主义精神。

---

① 陈永林,郑军. 传承与融合——深圳文化创新[M]. 北京:中央编译出版社,2017:12.

深圳作为岭南文化的发源地之一,一直保存着岭南文化的记忆和基因。除了南头古城之外,深圳还挖掘出更多的历史文化遗迹,如"咸头岭文化"也是深圳重要的历史文化资源。改革开放以来,深圳积极推动岭南文化建设,如各区(县)建设的龙狮文化馆,为岭南文化留下记忆。岭南文化的文化内涵和气质蕴含于深圳城市文化之中,并且保留了较多的文化遗产,为深圳城市文化软实力建设提供了丰富的内容资源。

5.1.2　改革开放以来的城市文化积淀

5.1.2.1　文化政策演变脉络

深圳深受国家改革开放政策的影响,较早被设立为经济特区,作为中国改革开放后的新兴城市,深圳可谓是乘着改革开放的春风一路跃进成为国际化大都市。与中国其他一线城市相比,深圳成为国际大都市的历史虽然短暂,但因其承载着改革开放以来更多的发展梦想与希望,相较于其他城市有着更为特殊的历史优势。自深圳成为经济特区以来,中央在政策、财政、税收、金融等方面均大力支持,推动了深圳经济、社会、文化等各领域快速发展。国家鼓励深圳在文化软实力建设中发挥地方特色,有利于深圳以文化制度优势发掘文化软实力潜力。例如,中共中央、国务院于 2019 年出台了《关于支持深圳建设中国特色社会主义先行示范区的意见》,在战略定位中寄望深圳成为"文明典范"城市。

5.1.2.2　"文化立市"发展变迁

深圳市政府于 1999 年首次提出"文化立市"的城市发展战略,2004 年正式确定实施,明确了建设中国特色、中国风格、中国气派的国际化城市和高品位文化城市的宏伟目标。深圳"文化立市"战略将文化作为城市发展的基本要义与中心任务,以先进、明确而坚定的文化软实力建设思维,率先开展城市文化现代化建设系列工程,为深圳文化软实力的可持续发展破除了思想阻力,提供了较为完善的物质基础。深圳在城市现代化建设过程中积累了较多的文化发展思路。2001 年颁布的《中共深圳市委、深圳市人民政府关于进一步加强社会主义精神文明建设的决定》便是深圳前期发展阶段的重要纲领性文件。该《决定》从政治观念、思想道德、城市规划、社会治安、法律制度、基层建设、文化事业等方面出发,将精神文明建设摆到战略发展的重要位置,并作为系统工程进行建设,为深圳城市文化软实力的飞速发展奠定了基础。

2003 年,深圳在全国范围内率先确立了"文化立市"战略,大力发展文化事业和文化产业,使文化产业成为新兴的支柱性产业;深圳积极举办各类文化盛事和其他文化活动,所举办的文博会极大促进了文化产品和服务出口,所举办的文化公益活动以及"读书月"阅读活动也受到了市民的喜爱;深圳重视文艺精品创作,先后启动了"音乐工程""影视工程""文学创作工程""美术创作工程"等文化工程,获得了诸多国家级文化奖项以及全国"五个一工程"奖。2011年,深圳又推出了"文化强市"战略,强调文化体制机制改革的重要作用,在文化发展过程中保持文化的多样性,在走向国际化的同时注重本土化特色,最终达到社会效益和经济效益相统一的目标。相较于"文化立市"而言,"文化强市"战略是在深圳文化软实力基础夯实之后,持续推动文化软实力快速发展,让城市文化更为宽容、开放、多样和国际化。

自20世纪90年代开始,深圳不断加快文化立法进程,逐步将文化建设纳入法治化轨道,已经建立起较为全面系统的、兼顾文化发展规律与社会主义市场经济规律的政策法规体系。就宏观战略层面而言,深圳市采用了超前规划与分步实施相结合、长期远景目标与短期规划相结合的策略,于20世纪末即出台了《深圳市文化事业发展1998—2000三年规划及2010年远景目标》。进入21世纪以来,深圳在"文化立市"战略的统领下,每五年出台一部《深圳市文化发展规划》。就细分领域政策而言,深圳市在部门与部门之间、行业与行业之间进行战略协调与资源整合,针对不同行业的特色及其在城市文化软实力建设中的定位出台了具体的政策,在文化事业与文化产业两个方面均实现了依法、科学、有序的引导与管理,为城市文化软实力的整体提升创造了有利的政策环境。例如,在体育产业领域,深圳市既出台了较为宏观的《深圳体育产业发展规划》,也出台了针对扩大体育消费、全民健身运动、足球振兴等专项规划和体育俱乐部、体育赛事、体育产业园区等相关的具体政策。

早在1988年,深圳已将文化体制改革作为政府工作的重要任务,力图将"小文化"管理改为"大文化"治理。1996年,党的十四届六中全会指出,"改革文化体制是文化事业繁荣发展的根本出路";2003年,中共中央召开全国文化体制改革试点工作会议,将深圳市确定为全国文化体制改革综合试点城市之一,推动《深圳市文化体制改革综合试点工作方案》的出台。宏观层面,深圳市充分考虑到文化发展的文化属性与市场经济规律,因地制宜地构建了合理的管理体制框架,既保证了党对文化意识形态工作的领导,又按市场经济的原则推进文化体制改革工作。中观层面,深圳市文化行政管理立足"小政府、大社会"理念和"精简、统一、效能"的原则,逐步实现了政府职能转变,并基于"大文化"管理框架设计综合执法体制,将文化机构进行了系统整合与业务调整,对深圳市文化稽查队这支全国最早的文化市场行政综合执法队伍进行了持续优化,不断提高文化管理与服务水平。微观层面,深圳市坚持市场导向,注重培养文化市场主体与激发文化市场活力,制定"一团一策"方案,有效推动了文艺院团改革,并通过建构多元化的文化投融资机制,完善文化产业经济政策,促进文化企业发展壮大,最大限度地解放和发展文化生产力,有力促进了文化软实力的持续快速发展。

5.1.2.3　文化人才培养进程

深圳特区建立之初,由于政府的大力推动,城市发展潜力大,城市文化开放包容,加之推动《深圳市实行劳动合同制暂行办法》等劳动合同制度的改革,以及薪资激励、按劳分配等收入分配制度的加持,吸引了许多颇有抱负的人才纷至沓来。1992 年,邓小平南方谈话提出了社会主义市场经济体制之后,深圳于 1993 年率先推行企业劳动合同制度,并随着腾讯、中兴、华为等企业的崛起,外地科技人才纷纷入驻深圳。此外,改革开放以来,深圳尤为重视高等教育发展,建立深圳大学、南方科技大学、深圳职业技术学院等高等院校和其他人才培养平台,为城市文化软实力建设不断提供人力资源保障。

5.1.2.4　城市精神文化变迁

习近平总书记指出:"一个民族需要有民族精神,一个城市同样需要有城市精神,城市精神彰显着一个城市的特色风貌。""深圳精神"作为深圳城市文化的凝炼,直接来源于改革开放以来经济特区建设的创造性实践。深圳经济特区坚持改革开放和以经济发展为中心,用四十年时间创造了中国乃至世界城市现代化史上的奇迹。"深圳精神"从深圳特区成立之初开始,一直不断发展演变,主要分为三个阶段:第一个阶段是在"拓荒牛"精神基础上提炼的"特区精神"。1990 年,深圳市召开第一届党代会,将"特区精神"概括为"开拓、创新、团结、奉献"八个字。第二个阶段是从"特区精神"到"深圳精神"。我国于 2002 年加入 WTO 后,深圳致力于打造富有现代城市特色、反映深圳城市居民价值观念的时代精神。2002 年,由深圳市委、市文明办组织的城市精神大讨论中,将深圳精神概括为"开拓创新、诚信守法、务实高效、团结奉献"16 个字。第三个阶段则是新时代背景下的"深圳精神"。2020 年正值深圳经济特区建立 40 周年,深圳市提炼出更为具体的城市精神内涵,即"敢闯敢试、开放包容、务实尚法、追求卓越"。新时代"深圳精神"包含了深圳城市居民和外来移民对深圳城市文化理念和精神价值的认同,为城市现代化发展提供了精神指南。

2019 年出台的《中共中央国务院关于支持深圳建设中国特色社会主义先行示范区的意见》提出,要将深圳建成具有全球影响力的创新创业创意之都,成为我国建设社会主义现代化强国的典型城市。"深圳精神"蕴含着应对各种困难和风险挑战的智慧和魄力,成为深圳文化软实力建设的精神坐标,且该精神内涵也在不断的发展变化中。

改革开放四十年来,深圳市积极发展城市文化软实力,从"文化荒漠"到"文化绿洲",从"图书馆之城"到"阅读之城",从"设计之都"到"创新创意城市",文化已成为新时代深圳城市的发展着力点,文化产业已经成为深圳市的支柱型产业,整个城市充满着活跃、开放、包容、创新的文化氛围。

5.2　深圳城市文化软实力的现实优势

5.2.1　文化软实力的物质设施与技术优势

改革开放以来,深圳以经济和科技建设为中心,经济、科技等硬实力持续增强,为城市文化软实力建设奠定了坚实的物质基础。改革开放以来,深圳文化事业和文化产业"双轮驱动",进入快速发展期,持续提升城市文化软实力。特别是党的十八大以来,深圳在供给侧改革、产业结构调整方面发力,在保持经济平稳较快增长的同时,居民收入实现了快速增长,体现在文化产业方面,如图 5-1 所示,2012—2018 年深圳文化产业增加值连续上涨。经济的快速发展让深圳市政府有更多资金扶持文化及其相关产业发展。比如,实施贷款贴息、"百强"奖励、房租补贴等专项资金扶持计划,安排 1.52 亿元资助 451 个项目,助力文化产业创新发展。截至2019 年底,深圳认定了 61 个市级文化产业园区,认定 100 家企业为深圳市文化创意产业"百强企业"。除经济硬实力外,科技创新也是深圳城市文化软实力的突出特色。深圳科技创新没有遵循"基础研发—科技成果转化—科技成果产业化"的线性创新模式,而是以产业创新牵引科技创新,以科技创新推动产业创新,形成了具有深圳特色的自主创新发展之路[①]。截至 2019 年底,深圳的专利合作协定(PCT)国际专利申请量达 1.9 万件,连续 15 年居全国大中城市第一。2020 年,深圳战略性新型产业增加值达 10 272.72 亿元,同比增长 3.1%;战略性新兴产业占地区生产总值比重为 37.1%[②]。

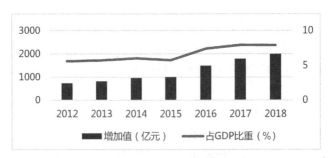

图 5-1　2012—2018 年深圳市文化产业增加值及占 GDP 比重[③]

①　汪云兴,何渊源.深圳科技创新:经验、短板与路径选择[J].开放导报,2021(05):86-94.
②　深圳市统计局.2020 年深圳经济运行情况[EB/OL].[2021-02-02].http://tjj.sz.gov.cn/zwgk/zfxxgkml/tjsj/tjfx/content/post_8533118.html.
③　胡鹏林,等.深圳市文化产业统计分析报告——基于全国第四次经济普查深圳市文化及相关产业数据[A].载王为理,陈长治主编.深圳文化发展报告(2021)[M].北京:社会科学文献出版社,2021:56-73.

5.2.2　深圳城市文化软实力的制度优势

一方面,中国特色社会主义的制度优势是支撑深圳文化软实力建设的根本保障。"经国序民,正其制度",制度稳则国家稳,制度好则国家强、人民好。中国特色社会主义制度和法律制度是在长期实践探索中形成的,是人类制度史上的伟大创造。党的十八大以来,我国积极推进全面深化改革,健全党的领导体制,加强人民当家作主制度建设,完成宪法部分内容的修改,推动社会主义协商民主广泛化、多层次、制度化发展,中国特色社会主义制度日趋成熟定型,中国特色社会主义法治体系不断完善,为推动党和国家各项事业取得历史性成就、发生历史性变革发挥了重大作用[①]。

另一方面,深圳"文化强市"战略及相关配套政策的出台为提升城市文化软实力提供了政策支撑。2005 年,深圳市委、市政府明确了"文化立市"的战略定位,提出将文化产业打造为深圳第四大支柱产业的发展思路。2012 年,深圳颁布了《中共深圳市委、深圳市人民政府关于深入实施文化立市战略、建设文化强市的决定》,明确文化建设的战略地位从"文化立市"到"文化强市"。"文化强市"的主要目标是"努力实现城市精神凝聚力更强、文艺精品创造力更强、公共文化服务力更强、文化产业竞争力更强、改革创新引领力更强、国际文化影响力更强,为当好推动科学发展、促进社会和谐的排头兵提供强大的精神力量和文化支撑。"2016 年,深圳出台的《深圳文化创新发展 2020 实施方案》提出,要将深圳打造成为精神气质鲜明突出、文化创新引领潮流、文艺创作精品迭出、文化活动丰富多彩、文化设施功能完备、文化服务普惠优质、文化传媒融合发展、文化产业充满活力、文化形象开放时尚、文化人才群英荟萃的国际文化创意先锋城市,努力建设成为与现代化、国际化、创新型城市和国际科技创新中心、产业创新中心相匹配的文化强市。

在文化发展战略的引导和保障下,深圳市文化产业得到了蓬勃发展。2020 年 1 月 18 日,深圳市委、市政府办公厅联合出台的《关于加快文化产业创新发展的实施意见》提出,"深圳应抢抓粤港澳大湾区和中国特色社会主义先行示范区'双区驱动'重大历史机遇,发展更具竞争力的文化产业,加快建设区域文化中心城市和彰显国家文化软实力的现代文明之城。"为此,深圳市政府配套出台了《深圳市文化产业发展专项资金资助办法》,规范完善了文化产业的资助、奖励等扶持和引导措施。因此可见,政策优势是深圳市文化软实力提升的重要保障。

5.2.3　城市先进的价值理念赋能城市文化软实力建设

一方面,中华优秀传统文化价值观、社会主义核心价值观和粤港澳大湾区人文

---

① 习近平. 坚持、完善和发展中国特色社会主义国家制度与法律制度[J]. 求知,2020(01):4-6.

精神为深圳、广州等大湾区城市奠定了城市文化的精神基础,厘清了价值理念,是深圳增强文化软实力的精神动力和基本遵循。社会主义核心价值观不仅决定了深圳文化软实力建设的本质属性,更在深圳城市文化现代化建设中作为"最大公约数"有效平衡与协调了经济效益与社会效益之间、不同利益群体之间、具体行动过程之中的暂时性矛盾。海纳百川、兼顾创新与务实的粤港澳人文精神不仅促进了深圳城市文化现代化建设蓬勃发展,亦使深圳与广府文化城市群通过共享的价值理念与精神传承,提升城市文化软实力。

另一方面,作为已经深深融入广大深圳市民思想深处的价值观念与行为规范,"特区精神""深圳精神""深圳十大观念"正是深圳经济与科技走在全国前列的精神密码,也是深圳文化软实力建设先人一步的观念优势。自成为经济特区以来,深圳始终站在改革开放最前沿,与兄弟特区共同形成了"敢闯敢试、敢为人先、埋头苦干"的特区精神,并将其注入提升城市文化软实力的创新实践之中。随着城市现代化建设的深入推进,深圳城市精神不断迭代更新,最后凝练为"敢闯敢试、开放包容、务实尚法、追求卓越"16 个字,这种精神非常具有新时代特质和价值意蕴,成为深圳建设"文化强市"的精神支撑和提升文化软实力的独特优势。

5.2.4　深圳的城市文明程度与文化品位较高

自 2005 年开始,深圳获评首届"全国文明城市"称号,至今已连续六次荣膺"全国文明城市"的称号。深圳市政府深入基层,利民惠民,增强民生福祉,包括垃圾分类、改善人居环境、立体覆盖、集中整顿社会治安环境、强化交通管控、整治路网环境,巩固治水成效、夯实根基。2012 年以来,深圳市持续深化文明城市创建水准,着力突出崇德向善的道德内涵;提升城市精细化管理水平,提高宜居指数;满足城市居民精神文化生活需求,解决群众关注的热点问题;文明为表,制度为里,完善常态长效工作机制,让城市文明建设可持续发展。以"先行示范区"的标准全面推动创建全国文明城市工作。

"文化深圳,从阅读开始",创建"阅读之城"成为深圳提升城市文化品位的集中体现。深圳市政府从 2000 年开始将每年的 11 月定为"深圳读书月",在读书月期间举办各类阅读活动,形成"阅读"品牌。为此,深圳市曾获联合国教科文组织"全球全民阅读典范城市"荣誉称号。2012 年以来,深圳持续深化城市"阅读"品牌建设。2016 年在国内首次以人大立法的形式出台了《深圳市经济特区全民阅读促进条例》;2020 年围绕经济特区建立 40 周年,深圳精心策划了丰富多彩的全民阅读活动,举办第二届深圳书展,掀起"深圳阅读"新热潮,实现"一区一书城,一街道一书吧"的建设目标,进一步优化了城市阅读空间,为城市文化软实力发展提供了较好的文化氛围。

5.2.5 城际协同与合作步伐走在全国前列

5.2.5.1 以大湾区为核心的区域辐射

2019年2月18日,中共中央、国务院印发的《粤港澳大湾区发展规划纲要》提出,粤港澳大湾区不仅要建成充满活力的世界级城市群、国际科技创新中心、"一带一路"建设的重要支撑、内地与港澳深度合作示范区,还要打造成宜居宜业宜游的优质生活圈,成为高质量发展的典范[①]。依托香港、澳门、广州、深圳打造区域城市发展新引擎,建设粤港澳大湾区,使其成为与美国纽约湾区、旧金山湾区、日本东京湾区并称的世界四大湾区。在湾区经济理论支撑下,深圳与大湾区其他城市是合作中有竞争、竞争中有合作的关系,竞争以合作为基础,合作以竞争为手段。此前,深圳的战略定位是创业创新之都、金融创新中心、承接香港高端服务业的中心、港口物流中心。《粤港澳大湾区发展规划纲要》中提出,深圳要发挥作为经济特区、全面性经济中心城市和国家创新型城市的引领作用,加快建成现代化、国际化城市,努力成为具有世界影响力的创新创意之都。战略定位的升级有效加快大湾区城市重大合作平台建设,吸引更多港澳青少年来内地学习、就业和生活。

5.2.5.2 以广东省为中心的省内辐射

阿根廷经济学家普莱维什提出了"中心-外围"理论,主张"中心"与"外围"是两个相互联系、互相依存的概念。该理论认为,先发技术进步的国家将成为世界经济体系的"中心",随后,创新发展会快速地将新技术传播到整个世界经济体系中,辐射带动"外围"国家一起发展。多位学者将该理论作为城市辐射力的理论来源,他们以学术研究为基础,从经济综合辐射能力、产业辐射能力、科教辐射能力、开放辐射能力、基础设施辐射能力等方面界定城市辐射力。广东省虽然是我国第一大经济省份,但省域内经济发展差距非常大,为实现均衡发展,广东省规划建设了5个都市圈,希望通过中心城市的辐射引领作用及城市之间的分工协调发展实现省域整体发展。2009年4月,国务院批准深莞惠经济圈和珠三角经济一体化建设;2012年以来持续扩容提速;2020年4月,深圳市发展和改革委员会在《深圳市2019年工作总结和2020年工作计划》中明确指出,将河源、汕尾加入深莞惠经济圈,共建深圳都市圈。在深圳都市圈建设中,以高端电子信息产业建设为抓手带动周边城市发展,发挥深圳城市的核心引擎功能,同时强化东莞的战略支撑作用,加快推进深莞惠一体化发展;推动汕尾、河源主动接受深莞惠的产业资源和社会公共资源,加快两市融入深圳都市圈的步伐,共同打造具有全球影响力的国际化、现代化

① 广东5大都市圈,广州圈带动粤北,深圳影响粤东,珠中江辐射粤西[EB/OL].[2021-12-25].https://new.qq.com/omn/20211225/20211225A02A8500.html.

和创新型都市圈。同时,推动深圳都市圈之间的跨圈合作,加强深圳都市圈对粤东地区的影响和辐射带动作用。

5.2.6　深圳城市文化创新发展的活力强劲

深圳从小渔村一跃而发展成为大都市,书写了中外城市发展史上的奇迹。习近平总书记说,深圳是改革开放后党和人民一手缔造的崭新城市,是中国特色社会主义在发展进程中设计的浓墨重彩的一笔,总设计师是邓小平同志。改革开放四十年来,深圳走过了一些国际化大都市上百年甚至几百年的发展历程。"深圳设计"贯穿于深圳城市创新发展的方方面面,经济、科技、产业、产品等都彰显出深圳设计的文化基因,也由此孕育了改革开放以来最早的一批设计师和设计品牌。2018 年,联合国教科文组织授予深圳"设计之都"称号。"深圳设计"特色与深圳的城市精神特质在基因上是一脉相承的,作为一座极具创意创新的城市,"深圳设计"成为城市文化创新力的重要体现。

2019 年,深圳印发了《关于推动深圳创意设计高质量发展的若干意见》,《意见》要求进一步促进创意设计与实体经济深度融合,切实提高深圳创意设计的整体质量水平和核心竞争力。2020 年,有 253 件深圳设计师的作品获得德国红点奖,177 件作品获德国 iF 奖,43 件作品获得日本 G-Mark 好设计奖,32 件作品获得意大利 A' Award 奖,12 件作品获美国优秀工业设计奖。已经举办了六届的"深圳设计周",强化了深圳与全球设计界的交流与合作,提升了深圳设计产业发展质量,扩大了深圳城市的国际影响力,有力提升了深圳城市文化软实力。

5.2.7　智慧城市建设与城市数字化转型升级步伐加快

2018 年 7 月,《深圳市新型智慧城市建设总体方案》正式出台。该方案旨在以大数据、人工智能等先进技术为支撑,以统一的城市大数据运行和管理中心为平台,以公共服务、公共安全、城市治理和智慧产业为应用领域,形成新型智慧城市一体化格局。根据该方案,深圳坚持全市一体化原则,提出"一图全面感知、一号走遍深圳、一键可知全局、一体运行联动、一站创新创业、一屏智享生活"的"六个一"建设目标,大力推进新型智慧城市建设。除此之外,深圳还是国家首批 5G 试点城市之一,全球第一个完成 5G 独立规模组网和 5G 基站全覆盖的城市。先进的 5G 技术为深圳智慧城市建设赋能,有助于开拓更多智慧城市应用场景。深圳市政府不仅积极打造数字政府,实现政务数字化,还将智慧城市建设作为城市提质升级方案,努力推进城市智慧化①建设。

---

① 深圳全面发展数字产业、数字市场和数字政府 构建城市数字生态系统[EB/OL].[2020-07-22]. http://echinagov.com/news/284480.htm.

近些年来,深圳市政府一直积极推进政务数字化建设,进一步强化政务信息公开力度,提升政府部门办事效率。深圳市系全国首个"国家电子政务试点城市",政府网站建设全国领先,成为全国政务信息公开的第一平台。自 2012 年"互联网＋"概念被提出后,深圳城市金融、物流等传统优势服务业率先与互联网技术平台相结合,产生"互联网＋"效应。未来,城市文化产业发展离不开数字化技术的加持,数字化转型升级是文化产业发展的必然趋势。深圳有着良好的智慧城市建设基础,为城市文化产业和文化软实力的数字化发展提供了坚实而广阔的平台。

5.3　深圳城市文化软实力的发展优势

5.3.1　开放、包容、友善的城市精神

对一座城市而言,城市形象是文化软实力的重要组成部分,关乎城市文化软实力的直观表象。城市形象也是当下城市文化软实力竞争最为直观的方式。就城市人群组成而言,人类是社会环境的主体,开放性强、包容度高、自由化、多元化的城市形象更容易吸引文化创意人才,开放、包容、亲和的城市形象具有较强的软实力。深圳作为新兴城市与移民城市,在实现从落后小渔村到国际化大都市的历史性跨越中,以"来了,就是深圳人"的胸怀吸纳有志之士成为深圳的创业者、建设者,并致力于为深圳居民打造身份归属感。深圳在四十余年的城市文化建设过程中成功打造了开放、包容、友善的城市形象并使之深入人心,加上较多的经济发展机遇,更容易使深圳被追求个体自由发展、精神独立与多元文化的新时代创意人才所接受、认可和信服,同时为文化创意产业的发展提供了适宜的整体环境氛围,不仅直接为深圳在当前城市综合竞争中提供了相对优势,而且有利于实现深圳文化软实力的长远发展。

5.3.2　创意人才吸纳力与文化创新力

创业、创意、创新是充分发挥城市和人的创新性,从精神层面激发城市创新潜能、开发城市智慧资本的重要手段,也是推动城市实现从物质文化向精神文化升华、从经济功能向文化属性转变的关键所在。同时,高质量人才作为创新主体,是激发城市文化活力的关键要素,必须纳入城市文化软实力评估体系中。深圳作为我国改革开放的先驱城市,现代化建设过程中不断展现出蓬勃的生命力,对于勇于拼搏、敢于尝试、锐意创新的年轻人有着更强的吸引力。先进的人才制度和政策不断地吸引年轻人加盟,年轻人在自我发展过程中不断创新,深圳在"创新—人才—创新"的良性循环中储备了丰厚的人才资源,激发了城市创新主体的活力,同时也为自身不断进步、建设智慧型城市打下坚实的人才基础。

文化竞争同经济竞争一样,最终取决于人才的竞争[1]。人才是城市文化发展的主体力量,吸纳、优化、用好人才资源关乎城市文化创新与文化软实力的可持续发展。深圳由于经济发展速度较快,加上宽松自由的人才政策和平等包容的人文环境,对全国乃至世界各地人才具有天然的吸引力。深圳市政府将人才资源作为"文化立市"的第一资源,较早地把握住了"国内人才竞争国际化,国际人才竞争国内化"的人才竞争趋势,积极实施人才强市战略,以优厚的人才待遇、灵活的引进方式和市场化的机制从国内外引进了一批高质量人才,并通过优化基础设施、打造宜居宜业的城市环境,巩固了所吸纳的人才的长居意愿,建设成一支结构合理、门类齐全的人才队伍,不断为深圳文化发展注入活力、为城市文化现代化建设提供人才保障。就全国范围而言,根据《中国城市人才吸引力排名 2021》的数据显示,深圳位居 2020 年最具人才吸引力城市第四位,仅次于北京、杭州、上海。深圳 2017 年至 2020 年的人才净流入占比分别为 0.1%、0.4%、0.2%、1.3%,人才吸纳总量持续上涨[2]。就世界范围而言,根据《全球城市人才黏性指数报告(2021)》的数据显示,深圳在城市人才黏性排名中位居全球第十九位、全国第三位,这表明深圳已形成人才的内部吸附力和外部磁吸力[3]。

5.3.3　居民文化素质较高,阅读成为城市风景

深圳在城市文化现代化建设过程中比较重视文化治理,在文化治理过程中对于社会民众的声音有着较高的关注度。其中,持续供给高质量公共文化服务、提升城市居民的文化自信是重要内容。在文化自觉意识的培养过程中,深圳市以"城市阅读"为主要抓手,积极打造"图书馆之城",提升居民文化素质。

在"图书馆之城"的建设过程中,深圳尤其重视城市公共图书馆建设,并且通过组织全民阅读活动,提升深圳居民的文化素养。社区图书馆是深圳打造图书馆之城的重要基础设施。以福田区为例,2000 年福田区委、区政府提出了"大经济、大文化、大服务"的战略目标,极力推动"打造一公里文化圈"的工作任务,其中最主要的办法就是通过建设图书馆、完善阅读服务设施,拉近文化与社区百姓生活的距离。福田区政府在每一个社区图书馆设立的时候投入 15 万元资金以及 10 万元左右的后续经费。2003—2006 年,福田区政府累计投入 2 755 万元用于社区图书馆的建立和维护,共建立了 80 个社区图书馆与 89 个公共图书馆,为居民群众提升文

① 王京生. 文化立市论[M]. 深圳:海天出版社,2005:23.
② 任泽平. 中国城市人才吸引力排名(2021)[EB/OL].[2021 - 11 - 12]. https://www.yicai.com/news/101227934.html.
③ 北京人才发展战略研究院. 全球城市人才黏性指数报告(2021)[EB/OL].[2021 - 10 - 21].https://www.sohu.com/a/496456040_121106842.

化素质奠定了物质基础。

　　除了阅读基础设施建设之外,深圳通过举办各类读书活动营造全民阅读的氛围。在确立"图书馆之城"的文化发展战略之后,深圳提出了"让城市因热爱读书而受人尊重"的理念。从 2000 年开始,深圳市每年 11 月举办"读书月"活动,由政府推动城市阅读活动全面展开,打造深圳读书论坛、经典诗文朗诵会、年度十大好书、领导荐书等阅读品牌活动。2013 年 10 月,深圳被联合国教科文组织授予"全球全民阅读典范城市"的光荣称号。

　　"图书馆之城"的品牌营造以及全民阅读活动的举办,让深圳城市文化软实力的建设从国家和企业层面进一步下沉至居民群众层面。居民文化素质的提高以及文化氛围的营造,为深圳城市文化软实力的持续发展提供了源源不竭的动力。

5.3.4　教育资源积累与新生代人才培养

　　教育在城市文化现代化建设中占有十分重要的地位,具有文化传承、文化选择、文化交流和文化创新等功能,在城市文化软实力发展中起基础性、先导性作用[1]。深圳市以促进人的全面发展为基本宗旨,始终将教育作为文化现代化建设的基础性工作。早在 1983 年深圳便明确提出了"教育必须与特区经济同步发展"的思想,以五年至十年的间隔,持续制定《深圳市教育发展规划》,并对教育行业保持较高的财政投入,推动深圳教育事业迅猛发展,成为广东省首个教育强市,实现了"教育普及化水平全国领先,基础教育总体发展水平全省领先,高等教育实现新跨越,职业教育领跑全国"[2]的目标。中国加入世贸组织后,深圳的人才培养与国际更加接轨,不仅自己培养了一批高质量人才,而且对海内外人才的引进也十分重视。从 2007 年起,深圳开始举办首届中国国际人才交流大会,通过人才之间的交流沟通,国际与地区间的交流,企业和高校之间的联动,不断拓展深圳创新型人才引进渠道。此外,从 2010 年起,深圳实施引进海外高层次人才的"孔雀计划",每年投入超 10 亿元引进海外留学人才,让国外优秀人才为深圳经济、社会和文化发展持续赋能。

　　深圳依托提振教育质量,直接促进了市民文化素质的提高和新生代人才的培养,为城市文化软实力的持续发展提供了教育和人才优势。

　　在基础教育方面,深圳作为教育部基础教育综合改革实验区和智慧教育示范区,不断推进义务教育优质均衡发展。在中小学校发展方面,深圳市已形成"名校＋新校""名校＋弱校"等多形式的办学模式,促进了全市中小学教育均衡发展;在

---

① 王京生.文化立市论[M].深圳:海天出版社,2005:285.
② 深圳市教育发展"十四五"规划[EB/OL].[2022 - 01 - 27]. http://szeb.sz.gov.cn/attachment/0/945/945306/9544199.pdf.

入学政策方面,深圳不断进行学区制改革,探索实施"多校划片"并严格执行免试就近入学政策,在中小学生入学方面实现了基本公平;在师资力量方面,深圳致力于招录国内外名校硕博生作为中小学教师。比如,2019 年招聘的应届毕业生教师中,研究生学历占 84%,"双一流"高校毕业生超过三成。自 2018 年开始,深圳市实施中小学教师"区管校聘"管理改革,破除了教师交流轮岗管理体制障碍,推动了全市教学水平的普遍提高①。由此,深圳市通过供给高质量的基础教育,为新生代深圳居民提供了优渥且公平的教育环境。从孩童开始,深圳便注重城市居民的全面均衡发展,预先为未来数十年的城市现代化建设提供了人才储备。

在高等教育方面,深圳构建了以高水平大学为载体的城市高等教育体系,在中国创造了城市高等教育跨越式发展的典范②。在名校建设方面,深圳不仅鼓励深圳大学、南方科技大学等自有大学的创立、改革与发展,也与清华大学、北京大学、上海交通大学、南开大学、香港中文大学等国际知名高校先后签署了合作办学协议,实施"本地优势产业＋本地优势学科＋世界一流学科"计划,开展高水平中外合作办学实践。在高等教育师资力量方面,深圳通过引进与培养双管齐下的方式建设了高素质、专业化、创新型教师队伍,仅全职院士人数便达 72 人之多。深圳市通过推进高等教育事业发展,为城市现代化建设提供了以名校为基础的高素质人才智库、创造了浓郁的学术研究氛围;通过产学研相结合的方式,将学科优势转化为现实的产业优势;通过自我办学和合作办学,源源不断地为深圳从全国、全球招揽高质量师资队伍,持续培养更多高质量人才,有利于深圳各领域的可持续发展。

5.3.5　发达的城市传媒与对外文化传播能力

文化传播是城市的外在文化形象与内在精神价值的推广展示,能够潜移默化地改善城市与社会民众、城市与城市之间的关系,进而形成较强的文化认同感与文化感召力。因此,城市文化对外传播能力影响着城市文化软实力与城市竞争力的强弱。

城市传媒产业的发展质量在一定程度上决定了城市的对外文化传播能力,影响着城市文化形象和文化软实力建设。21 世纪初,深圳市先后成立了三大传媒产业集团——深圳报业集团、深圳广播电影电视集团、深圳出版发行集团。深圳市政府于 2005 年明确提出"支持报业、广电、发行三大国有文化集团发展",以头部传媒企业带动媒体行业做大做强,并通过强化传统主流媒体的社会责任来提高民众的媒体信任度,进而充分发挥传统主流媒体在舆论引导中的主导作用。此外,深圳市

---

① 深圳将推进校长教师轮岗机制!深圳史上最大规模建校首战成绩:130 所学校"上新",新增 12 万座学位[EB/OL].[2021 - 12 - 31].https://www.sohu.com/a/513620376_675420.

② 李均,吴秋怡.深圳特区高等教育史略—40 年的嬗变与求索[J].高教探索,2021(07):109 - 115.

立足强大的互联网技术基础和腾讯、华为等头部企业的声量,不断加快传统媒体和新兴媒体的融合发展,推动传统媒体向数字媒体转型升级,并依托经济和金融优势,优化传媒产业的投融资环境。例如,深圳三大传媒集团与腾讯签署战略合作协议,联手打造跨媒体平台,以实现优势互补,取得新突破;政府支持深圳报业集团成立传媒融合基金,强化对媒体融合项目的股权投资,从技术与资金两个方面促进深圳传媒产业做大做强,为深圳城市文化对外传播构建了全媒体矩阵,为增强深圳城市声量提供了坚实的物质基础。

政府与居民的对外文化传播意识和行动决定了城市的文化传播力量能否得到有效发挥。在政府层面,深圳市政府较早形成了主动增强深圳文化辐射力的意识,始终善待媒体、善用媒体、善管媒体,在鼓励传媒业自主发展的同时,坚持巩固党的舆论阵地,不断完善舆情监测、研判和突发事件报道的快速反应制度,提高舆论引导的及时性、权威性和公信力、影响力。例如,深圳市政府积极推进重大主题宣传报道的策划与组织实施,近十年来,仅官方城市形象宣传片便达 15 部之多,将深圳在大众眼中的形象不断丰富与完善。深圳市民亦从个人视角捕捉深圳城市生活中小而美的画面,通过微博、抖音等自媒体平台进行分享,实现了深圳城市文化在人民群众内部的传播,以更具真实感和亲和力的方式提升了城市形象,促进了城市文化的有效传播。

5.3.6　大湾区文化协同创新发展优势

城市的地理位置与区域合作对于城市经济社会发展与文化软实力建设具有重要影响,良好的区位与对外合作优势能够形成城市集群效应,并带动地方经济社会发展。深圳在地理位置上毗邻港澳,在大湾区各城市协同建设、共生共荣思路的不断推进下,深圳文化产业发展具有得天独厚的区位优势。这种优势有利于文化创意阶层的形成与扩散,有利于文化创意产业的发展壮大,有利于深圳城市文化软实力的长远发展。

首先,深圳城市文化产品与服务供给具有极佳的地理区位和政策优势,中国大陆与港澳台地区、国内与国外不同层次的市场,为深圳文化产业发展创造了良好的市场机遇。一方面,深圳与粤港澳大湾区其他城市同属珠江三角洲文化体系,在文化产品的生产、流通与消费中存在着相似的文化烙印,在受众文化心理上具有较强的亲近感、较小的文化距离与市场阻力;另一方面,深圳经济特区作为改革开放的窗口,相较于广东省内其他城市而言,与国际文化接轨较早,更容易进入中西融合程度更高的香港、澳门市场,也更容易依托香港、澳门市场走向国际,在大湾区内部具有较为明显的国际化优势。

其次,作为邻近城市与改革开放综合试点城市,深圳能够直面和接受香港、澳门的观念、体制、人才、金融、信息等优势的辐射,在城市文化软实力建设方面领跑广东乃至全国。城市文化软实力建设需要在坚守本市文化底色的基础上,对其他城市的文化进行选择性借鉴与吸收。深圳借鉴香港与澳门城市经验,在文化现代化观念与文化体制改革方面取得了明显的进展。同时,深圳通过对港澳地区人才和资金的引进,促进了文化产业的快速发展,利用信息与知识共享,提升了城市文化现代化建设的国际化水平。

再次,推动并深度参与大湾区城际合作共建。深圳作为广东省乃至全国的代表性城市,与港澳地区在文化产业领域开展深层次合作,同大湾区兄弟城市形成有所区别的产业核心竞争力,实现分工互补、错位发展。为了加强粤港澳大湾区文化合作,广东省文化厅、香港特区民政事务局及澳门特区文化局早在 2002 年便建立了粤港澳地区文化合作框架,并于 2003 年出台了《粤港澳艺文合作协议书》。近二十年来,三地不间断地轮流举行"粤港澳文化合作会议",在文化产业发展、非物质文化遗产交流合作领域取得了不少成果。此外,党中央为支持粤港澳"人文湾区"和"休闲湾区"建设,于 2020 年出台了《粤港澳大湾区文化和旅游发展规划》,近期规划至 2025 年,远期展望至 2035 年,为深圳、广州等大湾区城市文化软实力发展描绘了战略蓝图。

5.4　深圳城市文化软实力的比较优势

中国社会科学院与经济日报社于 2020 年共同发布了《2020 中国城市综合经济竞争力报告》,对内地和港澳台地区 291 座城市的综合经济竞争力进行了排名。前 10 强依次为:深圳、香港、上海、北京、广州、苏州、台北、南京、武汉和无锡。《报告》指出,从总体格局看,大都市圈格局主导全国,综合经济竞争力较强的城市主要分布在京津冀城市群、山东半岛城市群、长三角城市群、海峡西岸城市群、珠三角城市群、成渝城市群以及中部的中心城市,特别是中心城市引领周边城市形成的大都市圈格局,成为主导中国城市综合经济竞争力的中坚力量[①]。在城市综合经济竞争力方面,深圳遥遥领先;在城市文化软实力方面,深圳也具有比较优势。

5.4.1　城市文化品牌创新步伐加快

城市文化品牌是社会公众心中对城市文化软实力的直接感知,"一个没有特色文化的城市,只具有躯壳,而不具有灵魂。"[②]在城市之间竞争愈演愈烈的时代,只有拥有突出的文化特色和文化品牌的城市才能彰显出独特的城市文化形象和文化软实力。

---

① 《2020 中国城市综合经济竞争力报告》发布[J].新西部,2020(Z5):128.
② 杨建.以文化创新发展促进城市话语体系建构[J].特区实践与理论,2019(01):110-117.

　　杭州注重城市文化品牌建设,城市文化品牌标识度比较明显。首先,杭州拥有诸多文化资源,如大运河、西湖、良渚遗址等物质文化遗产;其次,杭州位于江南地区的中心地带,拥有冠绝全国的山水园林景色,并在文化不断变迁中形成具有杭州特色的江南文化特色。杭州根据自身特有的地理位置和文化渊源,以自己的历史文化传统为基础,注重并突出文化特色,充分展现了杭州城市的文化个性与魅力。城市文化品牌的塑造和创新是一座城市良好形象的反映和表现,也是对城市文化的准确表达,具有创新性的城市文化品牌可以增强社会民众的城市文化认同感与归属感,并为城市文化的创新发展增添力量。

　　2018 年,深圳市通过了《加快推进重大文体设施建设规划》,立项进行"新十大文化设施"的规划建设。创建深圳歌剧院、深圳海洋博物馆、深圳科技馆、深圳改革开放展览馆、深圳湾文化广场、国深博物馆、深圳自然博物馆、深圳创新创意设计学院、深圳美术馆、深圳音乐学院等十座新文化设施,并定位于"具有国际一流水平、代表城市形象的地标性设施",深圳新文化设施建设项目的启动,为深圳城市文化品牌的塑造和创新注入新标识、新发展、新活力。

5.4.2　城市文化创意产业发展迅猛

　　"城市文化软实力首先体现在城市文化产业和文化基础资源的实力指数"①,城市文化创意产业的发展是城市文化创新能力的主要表征。城市文化创意产业的发展主要由文化产业增加值占 GDP 的比重和文化贸易出口额来衡量。据《北京文化产业发展白皮书(2021)》的数据显示,2020 年北京文化创意产业收入合计 15 420.8 亿元,同比增长 13.9%。"十三五"末期,北京成功上市的文化企业占据全国总数量的三成,在"全国文化企业 30 强"及提名企业名单、国家文化出口重点企业、国家文化科技融合示范基地名单上的数量均居第一。北京市文化创意产业显示出较高质量的发展水平和蓬勃的发展势头。

　　深圳也不甘落后。深圳于 2003 年提出的"文化立市"战略中,把文化产业作为深圳市经济发展的第四大支柱产业。经过二十多年的发展,深圳率先探索出"文化＋科技""文化＋创意""文化＋金融""文化＋旅游"产业新模式、新业态,涌现出腾讯、华强等一批高成长型文化科技企业②。除了文化企业自身的发展,浓郁的城市文化氛围也激发了深圳文化产业蓬勃发展的活力。深圳拥有十多个国家级文化产业示范基地和 50 多个文化创意产业园区,为文化企业的发展提供了有力的场地支持和聚集发展条件。在产业服务平台方面,则形成了文博会、文化产权交易所、中国文化产业投资基金、国家对外文化贸易基地等"国家级"平台,有力拉动了深圳

①　庄德林、陈信康.国际大都市软实力评价研究[J].城市发展研究,2009(10):36 - 41.
②　李瑞琦.文化治理能力现代化的深圳样本[J].思想政治工作研究,2015(12):40 - 42.

城市文化产业的快速发展。目前,深圳的文化产品与服务出口贸易约占全国六分之一,成为中国文化产品与服务进出口贸易的重要基地和主要口岸①。

5.4.3　城市文化数字化水平位居前列

随着信息通信技术和数字技术的快速发展及广泛应用,数字化转型升级成为城市发展的主要方向和提高城市文化软实力的重要途径。2020年,中共中央、国务院发布的《国民经济和社会发展第十四个五年规划和2035年远景目标》中提出,要加快数字化发展,将发展数字经济、加强数字社会和数字政府建设作为未来五年经济社会发展的重要内容。中央对城市数字化建设高度重视,未来城市文化软实力建设,数字化是不可缺少的一环。城市文化数字化包括城市文化资源的数字化、城市文化设施的数字化、公共文化服务的数字化、城市文化治理的数字化等方面。

2020年,上海市发布的《关于全面推进上海城市数字化转型的意见》,以将上海建设成为具有世界影响力的国际数字之都为目标,全面推进城市数字化转型。北京则以数字技术赋能自己所拥有的丰富文化资源。北京对目前拥有的7 309项文物古迹,通过数字技术赋能,在它们的资源区域内搭建全程覆盖的智能网络,对该区域及周边地区进行实时的全面感知,以更加科学而规范的方式开发利用丰富的北京文化资源,充分发挥现代科技的作用②。

深圳则在公共文化服务的数字化水平方面更胜一筹。深圳市文体旅游局全面推进数字化建设,在多个细分文化产业领域推出多层次、智能化的服务平台,以提升智能化服务水平,如"深圳文体通""深圳公共文化""深圳群体荟""数字图书馆""数字博物馆""数字文化馆"等,推动公共文化服务数字化转型,提高了城市公共文化服务的便捷性和受众的可获得性。通过数字技术的加持,深圳优化了城市文化治理的步骤和工序,实现了智慧治理;城市公共文化服务提供了多元化的数字平台和数字化体验,数字技术促进公共文化服务质量迈上新台阶。

城市文化品牌的建构与一座城市的历史文化背景、地理位置、城市建筑等要素密切相关。香港作为极具品牌识别度的国际化城市,是国际化都市的典型代表。百年的殖民地历史造就了它作为中西文化汇聚地的优势,也成就了多元、开放、包容的城市文化精神和文化品牌。上海以设计之都闻名遐迩,聚集了全国乃至全球范围内大量的设计艺术家;北京作为我国首都,是政治、教育、科技、文化中心,丰富的历史建筑和文化资源构成了北京的城市文化符号和文化表征。而深圳作为一座新兴城市,1979年建市至今不过四十余载,尚未形成独特的、具有明显识别度的城

① 李瑞琦.文化治理能力现代化的深圳样本[J].思想政治工作研究,2015(12):40-42.
② 毛琦.北京城市文化资源的数字化虚拟传播——以胡同与四合院文化传播为例[J].现代传播(中国传媒大学学报),2013(05):149-150.

市文化品牌,"城市文化品牌可以提高城市的知名度、美誉度,增强城市的影响力和竞争力"①。文化品牌形象更是城市文化吸引力的来源,具有较高知名度和美誉度的城市文化品牌自然能够形成更大的文化吸引力。深圳未来应加快建设具有深圳特色的文化品牌,彰显城市文化符号和文化表征,增强城市文化吸引力和文化软实力。

5.4.4　城市公共文化服务水平较高

城市公共文化服务是城市向心力、凝聚力、吸引力的基础,也是城市文化软实力的重要衡量尺度。公共文化服务是"政府主导、社会参与形成的普及文化知识、传播先进文化、提供精神食粮、满足人民群众文化需求、保障人民群众文化权益的各种公益性文化机构和服务的总和"②。城市公共文化供给着眼于社会效益,为社会提供非排他性和非竞争性的公共文化产品和服务,目的是保障居民的基本文化权益,满足居民的基本文化需求。拥有完善的公共文化服务体系可以让居民的社会文化生活更加丰富多彩,一座能满足居民日益增长的精神文化需求的城市,才能留住居民,吸纳和留住人才。

北京作为我国的首都,自国家提出完善公共文化服务体系的要求后,按照党中央和市委、市政府的政策精神,北京市积极推进城市公共文化服务体系建设,"现代公共文化服务体系的建设紧紧围绕国家基本公共服务体系建设的各项规定要求,打造出了具有首都特色的公共文化服务体系实施路径"③。在政策与管理方面,北京市有关部门发挥出协同治理作用,各部门紧密联系,协同出台具有前瞻性的公共文化服务政策,并以"一二三四五"为发展思路,"制定印发公共文化服务体系建设配套政策和标准,实现公共文化服务多元化供给,推动公共文化服务体系建设常态化,促进文化基础设施建设和服务档次不断提升。"④凭借不断的努力,北京市在全国率先提交了农村地区文化设施全覆盖的优秀答卷⑤。

深圳在城市公共文化服务建设方面具有明显的优势。首先,深圳于 20 世纪 90 年代就在全国率先制定了城市文化发展战略,积极建设一系列公共文化基础设施,开展一系列公共文化活动。新世纪之初,深圳成为首个在全国提出"实现市民文化权利"的城市,并提出落实不同阶层的居民参与文化创新、享受文化成果的文化权利理念,进一步建设覆盖全社会的公共文化服务体系,使深圳迈向一个从"自为"到

---

① 余晓曼.城市文化软实力的内涵及构成要素[J].当代传播,2011(02):83-85.
② 闫平.试论公共文化服务体系建设[J].理论学刊,2007(12):112-116.
③ 张景华.公共文化服务体系的"北京样本"[N].光明日报,2015-07-27(4).
④ 范周.《关于加快构建现代公共文化服务体系的意见》的解读[J].人文天下,2015(01):19-24.
⑤ 胡鹏.基于 PEST-SWOT 分析的北京现代公共文化服务体系研究[J].全球科技经济瞭望,2018(08):46-52.

"自觉"的公共文化服务发展新阶段。此后,深圳又提出"文化强市"战略,积极建构完善的城市公共文化服务体系①。同时,在立法方面,深圳城市公共文化服务立法进程位居全国前列,先后出台了《深圳经济特区公共图书馆条例》《深圳经济特区全民阅读促进条例》《深圳市社区建设工作试行办法》《高雅艺术票价补贴办法》《深圳市基层公共文化服务规定》等多项条例,对多项公共文化设施和公共文化资源进行均等化分配,并尽可能确保居民最大限度地满足基本的精神文化需求。

深圳以满足城市居民的精神文化需求为导向,以公益、基本、均等、便利为尺度和原则,致力于城市公共文化服务体系建设。目前,深圳市已初步建成完善的公共文化服务体系;城市公共文化服务设施齐全,产品丰富,机制健全,服务质量较高;已建成710家公共图书馆、302台各类自助图书馆、84个文化馆,以及56个博物馆、12个公共美术馆,初步形成了"十分钟文化圈",为城市居民构建了一个比较完善的城市公共文化服务体系,提供了均等的、便利的、多样化的公共文化服务。

5.4.5 差异化定位城市文化发展策略

每座城市都有自己的文化特色,与北京、杭州、南京等历史文化名城不同,深圳作为新兴的移民城市,将自己的城市打造为"产业结构优化升级和科学技术自主创新背景下的文化创新城市",城市文化具有时尚性、流动性和创新性。因为移民数量庞大,深圳在城市文化软实力建设过程中,注重文化、科技和人才流动所带来的创新性。因此,在城市文化特色的凝炼过程中,深圳十分注重文化和科技的融合,强调产业优化、科技兴市和文化强市三大力量的重要作用。在长时间发展过程中,深圳在文化资源的流通与配置、文化产业发展、文化体制机制创新和"文化＋科技"业态创新等方面积累了丰富的经验,成为全国乃至全球的典范样本。

整体而言,深圳在文化创新发展过程中经历了"初创阶段""城市竞争阶段"和"文化自觉更新与全面创新阶段"三个阶段,三个阶段完美过渡,形成了别具一格的城市文化底色。具体而言,深圳蛇口工业区在1979年建成之后,其发展重心从简单的经济功能转变为经济与文化共生发展,工业区的改造更新、文化古迹的恢复与修复、文化景观的搭建,让蛇口变成宜居的新型海滨城区。华侨城是深圳文化现代化建设中不可忽视的典型案例,在新时代新征程中,华侨城积极融入新发展格局,坚定文化自信,坚持以文塑旅、以旅彰文,为深圳城市文化软实力建设提供强有力的资本、市场以及人才支撑。

在"文化＋科技"的发展模式方面,深圳一直走在国内城市的前列,运用好科技发展成果,挖掘、整合城市文化资源,提升深圳城市文化影响力和竞争力。打造数

---

① 夏国锋,吴理财. 公共文化服务体系建设的发展历程、基本逻辑与经验启示——深圳样本的表达[J]. 理论与改革,2012(03):115-119.

字城市博物馆,营造各类数字文化空间,对城市档案进行数字化管理,鼓励文化产业与数字信息产业战略合作……有力促进了深圳城市文化数字化转型升级。此外,深圳通过举办文博会和高交会,形成产品集中展示效应,两者相互辉映,共同打造城市文化名片。目前,中国(深圳)国际文化产业博览交易会是我国唯一一个国家级、国际化、综合性的文化产业博览会,每年 5 月在深圳举行。该博览会已经成为中国文化产业"第一展",是获得全球展览业协会(UFI)认证的综合性文化产业博览会。展会以文化产品与服务展览和交易为核心,全力打造中国文化产品与项目交易服务平台,对中国的文化创意产品与服务迈向高质量发展、走向国际前沿发挥着重要作用。

综上可见,深圳城市文化软实力在对外文化交流和多元文化碰撞中形成了自己的独特优势,能够从国际层面进一步增强城市文化软实力,走向现代化、国际化和全球化前沿阵地。

第6章　深圳城市文化软实力建设的主要短板问题

6.1　深圳城市文化与文化产业政策存在的短板问题

从曾经的小渔村发展到现代化的国际大都市,作为第一批经济特区和中国改革开放试验田的深圳彰显了其独特的城市魅力。改革开放以来,深圳不断凝结成了开放、创新、包容、多元的城市文化品格。但时至今日,外界普遍还是先入为主地将深圳与"文化发展不足""文化味不够"等词语挂钩,甚至将其称为"文化沙漠"。究其原因,是因为相较于其他国际大都市,深圳在追求经济快速发展过程中没能很好地实现文化与经济的有机融合与协调发展。其结果是,在目前改革开放形势下,改革的成果陷入了某种欣赏状态,而改革、开放、包容、创新的文化没有内化于心,这不仅是深圳城市文化软实力建设面临的新挑战,也是当今中国城市文化面临的新危机。对一座城市来说,在全球化背景下,只注重于发展经济、科技等硬实力是远远不够的,只有在抓好硬实力的同时,兼顾文化软实力建设,才能使城市焕发新机,永远保持生机与活力。可以说,增强城市文化软实力已成为新时代城市发展的核心要义。当前,在中国式现代化建设大背景下,用文化软实力的概念、内涵及其相关指标衡量,深圳在增强城市文化软实力方面还有很多不足之处,成为制约其提升城市综合竞争力的短板。本章将从政府的文化和文化产业政策、文化发展、文化产业发展、文化供给和服务四个方面展开详细论述。

政府是城市经济社会发展和现代化建设的"领头羊",而理念、制度和政策为城市经济社会发展道路指明了方向。不容置疑,政府制定的制度和政策在建设城市文化软实力过程中发挥了非常关键的作用。然而,当前深圳市政府出台的文化和文化产业政策还存在一些不足之处,主要体现在(数字)政府治理、诚信体系和人才政策三个方面。值得注意的是,在分析深圳的政府治理和诚信体系建设的短板问题时,先要厘清政府治理、诚信体系与城市文化软实力之间的关系。

6.1.1　政府治理与城市文化软实力之间的关系

一方面,高效的政府治理能够提升城市文化软实力。当前,中国正处在社会转型发展的关键阶段,各级政府在推进社会主义精神文明建设、健全法治体系、完善监督机制等方面承担着更加繁重的任务。但由于传统观念、认识水平和资源配置等方面的制约,政府各部门之间信息不对称,行政执法过程中存在"以权谋私",公共服务质量不高,行政审批效率较低,这些问题严重影响了政府职能履行、政府公信力和政府形象。转变政府职能,要求政府不仅要有效履行行政职能,更要注重提供公共产品与服务,推动社会民众参与、民主监督,努力营造公平竞争的市场环境,实现资源配置高质量、高效率的目标。政府治理是一项综合性、全局性、长期性、基础性工作,涉及行政管理、法治建设、社会服务等多个领域,具有很强的系统性。政府治理必须随着信息技术、网络通信技术、数字技术和现代化行政办公手段的快速发展而不断演进。从某种意义上讲,政府治理的演变进程就是政府与人类社会实践互动的历史。

另一方面,文化软实力可以塑造政府和社会治理的价值共识、规范社会成员的行为、凝聚社会的力量、协调社会不同阶层和群体的矛盾,从而提升政府治理的有效性。其中非常重要的一点是,文化数字化发展趋势能够有效促进政府治理数字化转型升级。在新时代政府治理理念下,文化事业、文化产业与公共文化服务的融合发展,政府治理职能向多元化、社会化延伸,是未来的文化治理趋势。当前,以"大众传媒＋互联网平台＋移动终端"为主要内容的新媒体广泛应用于社会生活领域,对提高公共文化服务质量产生了巨大的影响,也对政府的文化治理提出了挑战。面对日趋激烈的市场竞争、复杂多变的国际环境,以及深刻的经济社会变革,加快政府治理数字化转型已成为时代的迫切需要。目前,我国信息化水平已达到世界第二,但还不足以支撑整个社会进入全面信息化、数字化时代。要把握数字化发展规律,积极引导政府职能由传统的管理模式向现代治理模式转变,促进民众参与文化和社会治理,提高公共文化服务质量。同时,要关注数字化发展带来的负面影响,特别是对公共文化服务供给模式的负面影响,避免由于过度的数字化消费而导致社会民众"被动接受"。

6.1.2　深圳城市文化治理中的短板问题

6.1.2.1　政府治理过程中的居民参与度低

城市居民在政府治理过程中的参与度不够、体验感不强,是一个普遍性的问题。随着城市化加速发展,传统粗放式的城市管理手段已滞后于现代化城市治理实践,国家管理规则体系框架下的传统管理模式存在管理主体单一和"去生活化"的特征,缺乏城市居民的参与式治理,城市居民的主体能动性未能得到充分发挥。在人民城市建设理念下,城市治理的"日常生活转向"[①]被提上日程。与此同时,作为城市治理基本单元的社区治理也出现许多新问题,如城市居民的主人翁意识不

---

① 钱坤."日常生活"治理:城市治理的转型方向与实践机制[J].当代经济管理,2022(03):1-9.

强,社区共同体意识淡薄,治理主体责任感和治理自觉性不强,等等①。这种状况严重影响了政府治理和社区治理的效能。为此,加强城市文化治理对于提高政府治理公信力和城市文化软实力是非常重要的。为何城市居民的治理参与度不高?究其原因,主要是缺乏有效的制度支持和良好的社会环境。这要求我们通过多种方式提高人民群众的参与治理认同度和作为治理主体的治理自觉意识、责任意识,加快城市基层居民群众自治建设,提升他们的自治理能力。进一步健全治理法律法规,完善治理政策体系,加大治理政策的宣传力度,创新工作机制,改革考核方式,健全居民群众的监督机制,只有这样,才能成功实现城市基层社区自治,逐步形成具有地方特色的社区治理模式,真正实现"人民城市人民建,建好城市为人民"的目标,提升政府治理和居民群众参与治理的水平。

6.1.2.2　主流新思想新文化的渗透力弱

当前,主流的新思想、新文化对深圳城市居民的吸引力不够强,渗透程度不够深。这主要表现在城乡接合部和新兴城区、工业区和边境地区,特别是受教育水平不高、文化素质较低的居民对新思想、新文化的了解和认知程度低,严重影响了他们的思想觉悟、治理意识和社会治理参与度。同时,我国正处于工业化中期阶段,经济快速发展的同时也存在着贫困差距和环境污染问题。在当前后疫情时代经济增速放缓、就业压力增大的形势下,要进一步提高城市居民群众的物质和精神生活水平,以新时代中国特色社会主义思想、习近平文化思想、党的创新理论等主流的新思想、新文化武装他们的头脑,提升他们的思想觉悟,确保社会和谐稳定。为此,城市政府要充分利用广播、电视、互联网等主流媒体舆论阵地,宣传党的路线方针政策,推广党的创新理论,解决现实生活中的社会矛盾纠纷和热点问题,帮助居民更好地理解和接受主流的新思想和新文化,树立正确的世界观、人生观和价值观。

6.1.2.3　过度治理导致管理僵化问题

政府治理中常见的问题还包括过度治理现象,这往往是由行政压力逐层加码、政绩期望过高和基层人民群众的主体性缺失三者共同影响的②。过度治理最重要的原因在于偏离保障人民群众的基本权益和生活需求的价值导向,管理僵硬,不贴近人民群众的实际生活。一座城市是否"善治"会影响其他地区人民对该城市的整体印象,影响城市的文化软实力。例如,疫情以来,深圳的疫情防控工作常常被人们提起,这给城市的应急管理工作敲响了警钟。城市的应急管理需要灵活应变,优先保障广大人民群众的生命健康权和财产权。城市治理中常见的弊端是忽视城市

---

① 俞祖成,黄佳陈.城市社区治理的困境:居民权利与义务的失衡——基于上海社区田野调查的思考[J].
　　上海大学学报(社会科学版),2021(05):56-67.

② 何雪松,侯秋宇.人民城市的价值关怀与治理的限度[J].南京社会科学,2021(01):57-64.

居民在学习、工作和生活等方面的实际诉求,未能将居民群众放在城市治理的核心主体位置上,没有积极呼吁城市居民参与治理,导致城市治理的效果不佳。

6.1.2.4　政务服务效率有待提高

政务服务窗口分散,行政审批流程较长,导致居民办事比较困难。一是深圳市政务服务窗口分散在全市各级各部门,而各个窗口负责为社会民众提供不同的综合性服务工作。如何有效地管理和利用好政务服务窗口资源是一个值得探索的重要课题;二是行政审批流程较长、操作复杂、费用投入大但办事效率不高,已成为制约政务服务窗口办事的最主要瓶颈问题。居民群众办事难是各级政府机关面临的共同问题之一,迫切需要建立科学、规范、廉洁、公开、统一的行政审核制度。在此背景下,"电子政务"概念应运而生,成为应对上述问题的有力工具。电子政务作为一种新型的政府治理模式,其核心是实现信息资源的共享与交流,以便于人们更好地进行管理和决策,从而提高管理效益、经济效益和社会效益。随着我国改革开放的不断深入,市场经济体系日趋完善,政治体制发生了重大变革,公民权利意识不断增强,社会民众对政府服务质量和效率提出了越来越高的要求,政府面临的压力也越来越大。因此,加快推动数字政府治理步伐已迫在眉睫,它将对我国的政府机构改革产生重大影响,对提升我国政府机构的整体治理水平、促进经济社会持续发展、提升政府治理软实力都具有积极的意义。

6.1.2.5　信息化建设有待进一步完善

政府部门之间、政企之间的信息和数据互通不够,办事所需材料较多,办事手续复杂,网络平台填报项目设计繁琐,操作人性化不够,导致办事效率低下。这是当前政府部门信息化建设中的主要难题。目前,深圳主要通过建设办事窗口信息化的方式帮助政府部门工作人员提高业务水平、办事效率和办事质量。同时,办事窗口信息化也可以减少人员排队数量,缩短办理时间,降低办理成本,为居民提供更为优质、快捷、方便、周到的服务。随着互联网金融、微信支付、移动客户端应用、小程序等新兴互联网平台的上线和快速发展,政府积极推进这些信息数字化应用系统。但是,目前政务数字化办公系统存在功能单一、接口陈旧、安全保密性差等缺点,不能充分匹配和满足政务服务需求,甚至有时反而影响到线下窗口服务的正常运行。因此,必须加快完善政府部门办公信息化建设,确保信息和数据的互通性、准确性、安全性,进一步提高政府数字治理能力。

6.1.3　政府诚信体系与城市文化软实力之间的关系

健全的政府诚信体系意味着政府治理的合规廉洁、企业经营的合法有序以及居民生活的文明规范,侧面反映出一座城市的文明程度和文化软实力水平。同时,提高城市文化软实力能够促进整个社会形成良好的道德风尚和社会风气,从而推进政府、企业、居民和全社会诚信体系建设。一般来说,城市诚信体系涉及三个方面:政府诚信、企业诚信和居民诚信。

政府诚信体现在政府各项制度和政策的科学性与合理性、制度和政策落实的公开性、执法办事的公平性等方面。政府诚信可以优化城市营商环境,吸引更多企业在深圳落户发展。政府诚信是社会诚信的基础,它分为四个层次:政治诚信,经济诚信,社会诚信,法律诚信。政府诚信是指政府按照法定程序履行职责和义务、维护国家和民族利益、促进社会公平正义的道德品质。政府诚信是一项复杂的系统工程,受一些内外部因素影响。从宏观上讲,政府诚信具有以下特点:第一,主体是政府及所属行政权力机构。政府及其行政权力是一个有机整体,每个成员都要对党、对国家和人民群众负责。这决定了政府及其组成人员必须依照宪法、法律、法规行使职权,同时必须接受监督和制约,承担起维护公共利益、保障社会秩序稳定和公民合法权益的责任。政府行政权力的诚信本身意味着不违反宪法和法律的规定。政府在履行其职责时,必须遵守宪法或法律。政府诚信不仅包括政府行为的诚实守信,还包括政府对党、国家、人民和社会的诚信。第二,廉政是政府在履行职责过程中所体现出来的良好道德品质。廉政的核心是政府办事的公正性、效率性和廉洁性,这取决于以下几方面:公共服务水平、公共产品供给能力,以及政府信息公开和透明度。因此,政府诚心诚意为人民群众提供优质服务,合理配置政府资源,充分尊重和维护社会民众的知情权、参与权、监督权,努力树立高素质的公仆形象,是政府诚信建设的主要目标。第三,政府诚信是政府治理国家、实现民族复兴的基础。作为国家治理主体,各级政府必须树立具有公信力的政府形象,赢得社会声誉,这是政府诚信最直接、最明显的体现。只有不断规范政府诚信,才能维护市场经济秩序,推动公平竞争和科学发展,实现社会和谐稳定;政府诚信体系建设是一项庞大而复杂的系统工程,需要付出巨大的努力。政府公信力强弱决定执政水平,关系国计民生,关系人民群众的切身利益。因此,诚信文化建设是提升政府公信力不可或缺的组成部分。

企业诚信有助于营造良好的市场竞争氛围,维护市场公平正义,保护知识产权,激发原始创新,打造有竞争力的文化品牌,为企业提供核心竞争力。企业诚信不仅仅是企业对自己的道德要求和努力追求的目标,更重要的是要通过诚实守信树立企业形象,塑造企业品牌。因此,提高诚信意识,完善诚信机制,加快诚信体系建设,营造良好的诚信环境,已成为当今企业的当务之急。企业在开展各项管理和经营活动时必须遵守诚信原则。企业只有坚持诚实守信,才能取信于消费者。企业要以诚信为本,根据自身实际,选择合适的方式向消费者推销自己的产品和服务,将诚信作为一项重要的经营原则和社会责任,使企业的每一位员工都能清楚地了解行业实际和面临的挑战。企业应当恪守商业道德规范,严格遵守国家有关法律法规,依法纳税,依法履行社会职责,树立自身良好的形象和声誉,维护公平正义的市场秩序。企业要想长久生存和发展,必须有强烈的诚信意识,履行诚信责任。企业在生产经营过程中要始终坚持诚实信用原则,不得欺骗客户。

居民诚信是一座城市文明程度的体现。居民有文明素质,城市才有文化品位。城市有信誉,才能让城市居民在学习、生活和工作中更好地生存和发展。我国政府和社会各界高度重视居民诚信问题,制定了相关的法律法规保护居民的诚信权利,督促他们切实履行诚信义务。但是,由于种种原因,我国城市居民诚信体系建设还不完善,诚信缺失的问题依然严重,已成为制约社会主义精神文明建设的突出问题,引起了社会各界的广泛关注。居民诚信是社会主义道德体系的重要内容,具有物质和精神两个层面的双重意义。居民诚信直接影响着社会风气和社会文明水平,影响着社会进步。加强居民诚信教育,提高居民诚信观念,促使他们切实履行诚信的权利和义务,构建和谐稳定的社会秩序,是城市文化软实力建设的题中之义。解决居民诚信问题,离不开社区组织和成员的共同参与。社区是居民居住和生活的场所,是城市社会最基本的细胞。社区组织倡行诚实守信的行为可以帮助社区居民树立正确的道德观念,提高社区文明程度,维持良好的社会秩序。因此,加强社区居民诚信教育对于促进城市文化软实力建设、构建稳定和谐的社会秩序具有重要的现实意义。

6.1.4　深圳城市诚信体系建设存在的短板问题

6.1.4.1　政府政策不连续、不透明

政府诚信宣传教育力度不够,政策的制定和出台过程不连续、不透明。为此,需要进一步强化政府法治建设,确保政策制定和执行过程阳光透明,健全政策监督机制,完善政策评估体系,进一步加大政策实施效果的跟踪评估力度。只有这样,政府出台的政策才能更好地发挥作用,才能促进城市经济社会又好又快地发展。政策制定是一个复杂的系统工程,必须以科学性、前瞻性和稳定性为原则。政策制定应充分考虑到可能影响政策执行落实的各种因素及其相互关系,同时考虑所取得的成功经验和当前政策制定与执行中可能出现的问题,并提出相应的改进措施。在政策制定过程中,政策目标的确定是一个重要的环节。政府制定政策的目标要根据社会主义市场经济规律、社会民众的个人价值追求和权益需求,具有可测度性、针对性、指导性和预见性。政策评价是政策制定过程中的最后一个环节,它直接影响政策制定和实施的质量,也决定着政府实现政策目标的具体行为。

6.1.4.2　失信企业受惩罚力度不够

企业诚信对企业自身发展的促进作用不显著,失信企业受惩罚的力度不够。对失信企业的严厉惩罚是市场和社会的共同要求,也是城市经济社会发展的诚信

基石。因此,要建立良好的政府、企业和民众沟通机制,促进企业维护诚实守信的商业道德。《中华人民共和国合同法》第三十条规定:"当事人订立合同,对履行期限或者其他义务有约定的,按照约定履行;没有约定或者约定不明确,按照诚实信用原则作出决定的,视为履约。"这对政府、企业和个人诚信提出了要求,即必须具备相应的诚实信用基本素质,能够以诚信为基石追求自己的经济利益,真正实现以诚实信用为原则的交易目标。作为市场竞争主体,企业的生产经营活动直接影响到城市经济社会的发展。因此,企业的诚信问题已经成为当今世界各国面临的重大问题,受到全球关注。企业诚信建设是一项必须长期坚持才能实现的任务,需要社会各方面的共同努力才能完成。不诚信的企业会严重损害消费者权益,造成市场秩序混乱,妨碍社会主义市场经济健康运行,给城市文化形象和经济社会发展带来灾难性后果。在市场经济条件下,诚信是企业生存和发展的法宝。随着市场竞争的日趋激烈,如何选拔、培养、使用优秀的企业人才成为当今世界关注的焦点。诚信是做人的本分,是企业人才的立足之本,是企业管理的价值准则,也是企业文化的重要组成部分。

6.1.4.3 居民诚信意识有待提高

居民诚信意识和守信行为有待进一步提高,要把社会诚信制度转变为诚信文化。居民诚信意识是指社会主义市场经济条件下,人们的言论和行为守信的道德自觉。诚信文化是社会主义核心价值观的重要组成部分,对构建健康可持续发展的文明社会具有重要的现实意义。当前,我国正处于经济转型时期,诚信文化的缺失严重制约我国经济发展方式的变革,影响人们的思想道德素质、文化素质,阻碍人的全面自由发展。

6.1.5 深圳城市人才建设存在的短板问题

6.1.5.1 基础研究人才缺乏,自主创新后劲不足

深圳被称为"创新之都""中国硅谷",它将创新驱动发展战略作为城市经济社会发展的主导性战略之一,因其高科技企业多、研发投入强度大而闻名。腾讯、华为、大疆、比亚迪等一批优秀的高科技企业迅猛发展,加速了深圳高科技产业的转型升级,也吸引了更多全球科技人才加盟。但不可否认的是,深圳仍然存在着基础研究人才缺乏的短板问题。基础研究的重要性毋庸置疑,从此前的美国制裁华为芯片事件就可见一斑。基础科学研究能力是未来世界科技竞争的核心要素。面对新一轮科技浪潮,我们需要夯实基础研究,厚积薄发,久久为功,不断破旧立新,提高自主创新能力。当前,国内专注于基础研究的顶尖人才和研究团队相对匮乏。深圳目前的科技人才政策缺乏对基础研究人才的特殊性关注与重视,在基础研究人才保障、激励机制、基础研究后备人才培养等方面存在短板,有待进一步改进和

完善。

6.1.5.2　科技人才引进面临国内外双重压力

当前,经济逆全球化浪潮抬高了引进海外高端科技人才的难度。国际压力主要来自以美国为首的西方国家,美国对中国的信息通信、光刻机、芯片技术、人工智能等高端科技产业进行技术封锁;防范和搜身身处北美地区的华裔科技人才,以防止技术泄露给中国,还对中国在北美地区的科技人才的引进保持警觉,进行百般阻拦。再看国内,近年来国内一线城市和新一线城市的"抢人大战"日益激烈,有力的人才资金支持和优惠的人才引进政策是各城市吸引科技人才的主要"卖点",甚至出现恶性的人才竞争事件。同质化竞争和高房价、高生活成本等现实问题使得深圳对科技人才的吸引力有所下降。从人才政策吸引力来看,深圳科技人才的引进和储备处于一种相对疲软的状态,面对同质化竞争,缺乏人才政策新亮点,人才政策工具有待完善。特别是引进海外科技人才的主体和渠道单一,目前主要依靠政府部门,市场化程度较低,无法及时更新海外科技人才供需的实时信息,获得即时的人才信息反馈。

6.1.5.3　公共服务设施与人才多元化需求之间不匹配

近年来,深圳市政府通过整合公共资源、创新服务模式、加大投入力度等措施,完善公共服务设施,增加公共服务供给。但目前深圳教育、医疗和住房等公共资源的质量及其分布情况与各类人才的实际需求并不匹配。深圳的幼儿教育、中小学基础教育和高等教育资源是明显的短板,尤其是中小学教育资源非常稀缺。另一方面,相较于其他一线城市,深圳三甲医院数量很少,人均床位等指标低于全国平均水平。此外,深圳房价的持续攀升使得深圳对人才的吸引力大打折扣,也减缓了经济可持续增长的内生动力。无论是幼儿教育、基础教育、高等教育还是公共卫生医疗资源,抑或土地、住房等公共服务资源,均呈现出供不应求的态势。总体来看,深圳公共服务配套设施难以满足各类人才的多元化需求。

6.1.5.4　人才服务质量不高,人才总体获得感不强

深圳是科创之城,但科技人才和其他各类人才的获得感普遍不强。为此,深圳市政府积极推出《深圳前海深港现代服务业合作区境外高端人才和紧缺人才个人所得税财政补贴暂行办法》等政策来解决这一难题。不单单通过税收优惠、资金支撑和完善公共服务、提高物质待遇招揽高端科技人才,创新创业平台、事业发展空间和自我价值实现、文化认同感等也是重要的因素。其中,科技成果转化收益问题是阻碍科技人才"获得感"的主要因素。科技成果归属感是日益重要且复杂的问题,个人的科技成果直接归属于单位在一定程度上影响科技人才的研究积极性,难以持久激发他们的创新活力。如何提升人才服务的质量及他们的总体获得感,在

科研激励机制、科研项目资金管理、科技成果产权分配、科技人才薪酬待遇措施等方面进行政策性调整,激发科技人员的持久创新活力,是深圳市政府面临的重要挑战。

6.1.5.5　人才引进政策同质化,人文关怀不够

近年来,全国各地城市纷纷通过提高物质待遇标准吸引人才,人才引进政策呈现出同质化特点。西方学者提出的激励理论强调,良好的人才职业发展规划能够推动人才和单位的双赢,纯粹薪酬激励的效能会在人才成长过程中慢慢淡化。人才自身价值的实现可以充分提升人才的自我成就感,人文关怀、文化获得感和文化认同度在人的整个生命过程和精神生活中占据重要的位置。因此,在依托物质待遇吸引人才的同时,要注重精神层面的奖励和人才个人及其团队的成就感、获得感,满足高层次人才对于个人成长和自我价值实现的需求,更好地激发他们的工作热情和创造活力,使其创造更大的价值。观照高层次人才的心理和精神文化需求,加强人文关怀,提升人才激励政策的针对性,如改善人文环境与教育环境等,是吸引高层次人才的重要手段。

6.2　深圳城市文化发展进程中存在的短板问题

传统的城市现代化建设秉承着"城市是经济增长的机器"的观念,往往导致城市主体——居民在城市现代化进程中缺失主体地位。目前,学者们对城市软实力建设的研究多是基于城市综合竞争力加剧的背景下提出来的,对城市经济社会发展中的经济属性、社会属性重视度较高,但对城市文化现代化建设中的人民属性、社会属性重视不够,而"人民城市"理念的提出则反映了城市现代化建设过程中人民性的理性回归,文化不是作为经济的附庸存在,而是作为城市品格和精神文化特性而存在的,同时明确了城市现代化建设中的文化服务、文化温度和人文关怀的重要性。然而,就目前深圳城市经济社会发展态势而言,要建设成为人民城市,就要注重以居民群众为中心,强化城市经济、科技等硬实力和文化软实力建设。当前,深圳城市文化软实力建设逻辑还存在着一些现实困境,主要表现为:城市文化发展过度资本化、城市文化空间建设存在非正义现象、城市居民的科学文化素质不高,以及城市文化规划同质化,等等。

6.2.1　城市文化现代化建设过度资本化

城市综合竞争力包括硬实力和软实力两方面,硬实力指向经济发展、科技进步

等,软实力指向思想价值观念、文化政策、公共文化服务、文化产业等①。硬实力是软实力的有形载体,软实力则是硬实力的无形延伸。在城市经济社会发展过程中,硬实力与软实力应当协调一致,共同发展。然而,在城市现代化建设过程中过度重视经济发展,过度看重商业和资本逻辑,城市空间主要围绕商业资本进行布局,城市商业化和消费主义盛行。比如,在打造网红景区时以"奇""丑"或非主流审美为卖点,利用游客的猎奇心理吸引他们前来打卡。同时,在城市现代化建设过程中,生态环境往往要为城市经济发展让步。比如,依托工业经济迅速发展,但代价是环境污染加剧,削弱了城市的宜居性。城市历史文化资源也未能得到很好的保护传承,一些具有城市肌理和蕴含城市文脉的传统建筑、历史文化街区等遭到破坏。现代化、数字化加速发展使得许多地方盲目搭建时尚空间、网红景区、现代商场等,这不仅导致商业空间挤压文化生活空间,也淹没了城市原有的特色文化资源和人间烟火气,而且过度重视城市经济增速和商业发展规模,最终导向短时间蓬勃发展,但文化空心化,不能保持长期可持续发展。同时,忽略城市人群的生活感受,淡化城市的人文氛围,交通拥挤、环境污染、生活便利性不够和公共文化服务不足等问题,降低了城市居民的生活质量和对优质人才的吸引力。长此以往,城市会陷入现代化陷阱中。

6.2.2　城市文化空间存在非正义现象

城市文化空间的非正义主要是指城市在吸纳不同人群、盲目扩张空间中所产生的伦理正义问题,主要体现在以下两方面。

6.2.2.1　物理空间分割,公共文化服务分配不均衡

空间资源集聚效应赋能城市中心空间增值,并不断与城市边缘空间拉开差距②,城市中心与城市边缘的公共文化服务资源分配呈现出较大差距,从而产生城市不同区域公共文化资源分配不均的现象。在公共文化基础设施硬件方面,深圳市历史欠账较多,公共文化硬件设施无法满足人民群众不断增长的公共文化需求。在公共文化基础设施软件方面,公共文化服务质量不高与管理错位、缺位的问题比较突出。城市居民尤其是大量外来务工人员的精神文化需求无法得到满足,部分社区文化活动中心存在"衙门化"倾向③。大量外来务工人员的精神文化需求被排斥在外。当前,深圳公共文化基础设施分布不均衡、公共文化服务供需不对接的情

①　陈宗章,王建润.历史文化遗产与城市文化软实力的提升——以江苏省常熟市为例[J].苏州大学学报(哲学社会科学版),2011(04):173-177.

②　龚晓莺,严宇珺.从资本逻辑到人民逻辑:谱写新时代人民城市新篇章[J].城市问题,2021(09):5-12+27.

③　张骁儒.深圳文化发展报告(2018)[M].北京:社会科学文献出版社,2018:6-8.

况需要认真对待,这在城市文化软实力建设中涉及的正是城市空间非正义的问题。

6.2.2.2　部分城市居民应对文化数字化能力不足

城市数字化转型升级是必然的趋势。当前,深圳城市文化数字化转型升级正如火似荼地进行着。然而,城市文化数字化转型升级的成果却在城市不同人群的分配中出现不均衡的问题。社会弱势群体如老年人、残疾人、低收入者等在应对文化数字化转型升级中遇到的阻碍更大[1],他们的不适应感更强烈。在此情况下,城市不同人群的数字鸿沟逐渐拉大。而且,在文化数字化进程中,数字技术的掌控者相较于使用者而言,拥有更大的话语权,在数字化应用中容易出现更多的伦理问题。比如,个人隐私保护、个人信息收集、网络虚假信息和谣言泛滥等。同时,城市不同区域之间的文化数字化转型升级进程也存在不同步的情况,部分区域数字化转型升级较快,部分区域则比较滞后,影响城市数字化转型升级的整体步伐。

6.2.3　城市居民科学文化素质有待提高

目前,国内各城市文化现代化建设步伐加速,但提升城市居民的科学文化素质工作一直在路上。当前,深圳居民对城市文化与科技的认知不够清晰,主要原因是居民的科学文化素养普遍不太高,深圳每百人中拥有大学学历者仅为28.85%,与国际一流城市和国内其他一线城市相比,还有一定的差距。综合来看,深圳由于高等院校数量较少,外来人口众多,打工人群较多,重商主义严重,城市居民在一线城市中的学历和受教育程度偏低。城市居民对城市文化与科技的认知、参与和认同,不仅需要一腔热情,还需要居民具有较高的科学文化素质与文化的主动参与性。一座城市的文化软实力建设不能依靠学历教育,但也不能离开学历教育,城市居民对城市文化和科学知识的理解和接纳需要一定的知识储备和较高的文化素养;同样,城市文化的保护、传承、发展也需要科学文化素质的加持。城市居民的文化认知度、参与度、认可度也需要一定的科学文化素养支撑。

总体而言,深圳的精神文明建设滞后于它的物质文化和制度文化建设[2]。尽管深圳市长期获得"全国文明城市"的称号,但是与全球先进的国际大都市相比,还有一定的差距。城市居民的科学文化素质直接影响城市文明水平,制约着城市文化现代化建设[3]。

①　郑磊.城市数字化转型的内容、路径与方向[J].探索与争鸣,2021(04):147-152+180.
②　张军,黄永健.城市文化:在流动与积淀中创新演进——以深圳的文化发展为例[M].北京:北京大学出版社,2021:2,104.
③　张骁儒主编.深圳文化发展报告(2018)[M].北京:社会科学文献出版社,2018:6-8.

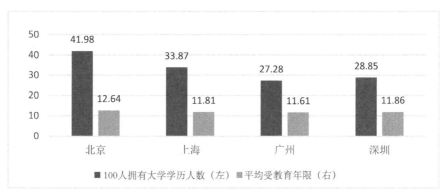

图6-1　一线城市大学学历及平均受教育年限

6.2.4　城市文化发展同质化问题

深圳城市文化软实力建设中最突出的困境是文化同质化问题,以经济增长为导向的城市规划不自觉地模仿借鉴其他城市成熟的经济发展模式、经济增长方式,以作己用。然而,与国际一流城市和北京、上海相比,深圳公共文化艺术介入城市生活空间、商业空间的程度比较低,不够重视自身文化资源的保护传承,忽视城市自身的文化独特性,使得城市的文化空间、商业空间、交通设施、文化基础设施等趋向同质化,埋没了城市在长期发展中所形成的地方文化特质,消弭了人们的城市记忆,削弱了城市的地方感、历史感、怀旧感和文化感,城市中的人们变成文化失落的个体,人们的日常生活实践也因整体城市空间的"去特色化"而掉入同质化陷阱。更进一步,被同质化的城市模糊了自身的城市精神和文化品格,使城市居民具有独创性的价值表达和思想内涵模糊化,城市经济发展模式也难以对其他城市产生吸引力、影响力。

6.3　深圳城市文化产业发展中存在的短板问题

结合深圳经济特区之"特"和"设计之都"称号获得后的现实情况来看,深圳在城市文化产业发展方面具有两大短板问题:一是深圳创意设计产业的发展存在问题;二是深圳的营商环境有待进一步优化。

6.3.1　深圳城市创意设计产业发展中存在的问题

在以科技创新为导向、拉动城市经济持续增长的政策制定与实施方面,深圳已初见成效。但与被誉为"国际科技创新中心"的美国硅谷相比,深圳在"现代化、国际化、创新型城市"的建设方面只能算刚刚起步。

联合国教科文组织为深圳颁发了"设计之都"的称号,该称号可以被看做是一种激励手段,获得该称号的城市除了要具备"设计"产业方面的优势外,还须承诺在接下来的几年中实施促进创意设计产业发展的一系列措施。获得该称号后,深圳市政府成立了专门性机构,举办了诸多创意文化活动与赛事,显示出城市管理者在打造"设计之都"品牌方面的努力与决心。但与政府在科技创新领域的投入相比,深圳的创意设计产业并未表现出明显的高质量发展态势。谈及"设计",深圳市相关部门及主流媒体仍过度关注所获国际奖项的数量,显示出后发城市在设计能力上得到国际承认后的"自我肯定"心理;而在创意设计能力如何带动产业转化、如何驱动城市整体发展、如何促进城市国际化升级等现实问题上并未拿出切实可行的实施方案。目前,深圳城市时尚与创意设计元素不足、创意设计产业发展不充分。深圳基于"设计之都"框架下完善创意城市发展策略,提升城市形象和城市治理水平是必要且紧迫的。

另外,深圳城市文化产业核心层占比较低,文化产业转型升级仍是未来的发展方向。以 2017 年为例,全市文化创意产业实现增加值 2 243.95 亿元,占 GDP 比重超过 10%。但文化产业结构不尽合理,核心层(新闻出版、广播影视、文化艺术服务等)比重偏低,仅占 3.4%;创意设计服务只占 15.1%,文化信息传输服务占 35.4%,文化制造业占 37.1%,其他(文化休闲娱乐服务等)占 9.2%。[①] 2018 年以来,这种文化产业结构仍未得到明显改善。

根据全球创意设计发展新趋势,深圳在深化创意设计产业发展和在"设计之都"框架下提升城市文化软实力两方面都有很长的路要走。有学者将全球"设计之都"发展新趋势总结如下:设计系统成为国家和城市构建设计创新能力的着力点;设计驱动的产业创新正在成为国家和城市创新体系的一部分;设计从工业产品创新向高端服务业拓展成为趋势;城市设计品牌化理念进入政策制定议程;以用户为中心的设计理论与方法将成为设计产业实现多层次创新的重要途径。由此可见,当今全球设计理念越来越转向战略性的"大设计"理念,而不再仅仅是传统工业生产的"附加性服务"。深圳作为相对于欧美传统城市的后发城市,拥有利用创意设计理念推动传统企业转型升级和城市高质量发展的历史性机遇。深圳应抓住这个机遇,实现建成"国际创意设计中心城市"这一战略目标。

6.3.2　深圳城市文化产业营商环境存在的短板问题

6.3.2.1　文化市场要素配置效率不太高

文化市场要素配置效率不太高的问题已成为制约深圳经济社会发展的重要因

---

① 张骁儒.深圳文化发展报告(2018)[M].北京:社会科学文献出版社,2018:6-8.

素,不利于深圳文化创意产业的创新和可持续发展。深圳要通过加快文化产业结构调整、优化产业升级,提高文化创意产业增长质量,推动国民经济持续健康发展。优化文化创意产业结构,实施"走出去"战略,加强文化科技创新能力建设,推动文化＋科技产业持续进步;改善投资环境,进一步扩大开放,积极参与世界经济竞争。当前,在深圳市政府领导下,文化企业自主创新体系正在形成,文化企业自主研发水平也在不断提高。同时,也存在文化企业规模小、文化科技人才缺乏和文化技术标准体系不完善等问题。因此,应采取有效措施提高深圳市文化企业自主创新能力。鼓励文化企业进行技术改造升级,提升企业核心竞争力;支持文化企业兼并联合,做大做强文化集团公司;鼓励引导民间资本投资,拓宽融资渠道;充分利用外资,发挥外资在文化技术创新领域中的作用;同时,还可以通过多种方式加大文化政策支持力度。总之,要从根本上解决深圳文化产业发展中存在的诸多问题,必须依靠科技进步,转变发展方式,增加科技投入,使城市文化创意产业又好又快地发展,从而进一步提升城市文化软实力。

6.3.2.2 文化贸易规则与国际规则存在差异

深圳的文化贸易规则与国际规则存在出入,这将直接影响到文化产品和服务的进出口贸易。文化贸易规则是政府为保护文化产品和服务出口商和进口商在经济贸易活动中的利益而采取的必要措施,它既有法律效力又有实践应用价值。文化贸易规则的演进与世界经济体制发展的历史进程密切相关,反映了一个国家和地区在不同阶段、不同时期的对外贸易政策。伴随着市场经济体制的建立,文化贸易自由、开放和全球化的浪潮席卷而来,全球经济和文化格局逐步向多极化方向发展。这些新情况、新问题,要求我们重新审视文化贸易规则,以更好地适应文化贸易高质量发展的需要。"二战"后,随着社会生产力的快速发展,资本主义国家的经济结构不断调整,工业化水平显著提高,人类社会生活出现了一系列新的矛盾,引发了世界范围的经济危机和社会动荡。在这种背景下,世界贸易组织应运而生。WTO成员谈判达成协议,旨在建立统一的国际贸易法律框架,为所有参与方贸易提供法律基础和行为指南。在这一国际框架内,各国可以根据本国的实际情况选择补充其他国际协议。WTO的目的是维护"公平竞争",是世界上强有力的自由贸易体制。WTO的基本原则是自愿平等、互惠互利、诚实信用,但不得违背国际贸易惯例或损害任何成员国的权益。WTO的主要目标是确保国际贸易秩序,促进其成员国之间的相互依存与合作,并承担起维护世界经济贸易安全的职责,国际文化贸易应在WTO框架下进行,深圳制定和完善文化贸易规则不能脱离WTO框架。

6.3.2.3 文化产业生态有待完善

深圳市文化产业发展生态有待完善,主要表现在产业链、供给链、价值链上下游缺乏系统性、协同性治理。为此,必须从转变政府职能、加强行业自律和培育产业集群等方面加强文化产业生态建设。自实施创新驱动战略、促进文化产业发展以来,国家先后出台了一系列推动产业发展的政策措施,包括法律法规、政策文件、指导意见等,为优化文化产业生态奠定了良好的基础。当前,深圳文化企业的创新能力还有待提高,深圳文化企业的研发投入强度与世界领先水平相比相对较低,产学研合作机制不健全,科技成果转化率不高,高素质人才比较缺乏,缺乏一支具有强大竞争力、影响力的文化产业人才队伍。

6.3.2.4　公共文化服务水平有待提高

公共文化服务效能不足是深圳城市文化现代化进程中存在的一个突出问题。公共文化服务力度不够,居民参与公共文化活动的积极性不太高。这种情况在全国各大城市都有所体现,而且呈上升趋势,造成社会成员对政府的文化依赖性普遍较强的现象。在我国城市文化现代化进程中,公共文化服务能力不足和政府文化治理能力不太强是亟须解决的问题。虽然深圳市公共文化服务水平已经居于全国前列,但是与其他发达国家城市相比还存在一定差距。深圳要把握好多项统筹:统筹人口、资源、环境、生态建设和经济社会发展的关系;统筹城乡发展和文化创意产业布局;统筹人才培养、科技创新、就业保障、收入分配和金融服务等。同时,加快完善以公立医院为主体、多元主体参与的基层医疗卫生服务体系。在城市化迈入新阶段、新时代之际,需要认真总结历史经验,吸取教训,努力推动深圳城市公共文化服务健康可持续发展。

6.3.2.5　城市文化法治环境有待改进

法治环境与营商环境密切相关。有了良好稳定的法治环境作为保障,深圳市文化企业开展各类生产经营和管理活动才能有序进行。虽然深圳的法治环境指数位居全国前列,但仍然存在一定的改进空间。为企业提供完善的公共文化服务,努力营造稳定、公平、透明、可预期的国际一流文化法治环境,成为深圳城市文化软实力建设的一项重要工作。建设一流法治政府,需要政府带头遵守法律法规,讲规矩,讲程序,运用法治思维和法治手段规范政府与市场的边界。目前,深圳市行政部门执法数量庞大,超过诉讼量的十几倍。在执法过程中,要严格规范公正文明执法,加强行政执法工作人员教育,让企业和城市居民在各类行政执法中感受到公平正义。深圳"走出去"企业众多,到了陌生的地方很难找到法律服务机构。因此,深圳率先成立了法律查明机构,绘制了全国首个"一带一路"法治地图,对文化企业的服务、法律、政策、风险进行鉴定,这种先进做法值得向全国其他城市推广。

6.4　深圳城市文化供给和服务中存在的短板问题

作为城市文化的重要载体,各类文化空间、文化活动、文化产品供给、文化服务是提升城市文化软实力的主要抓手。根据深圳现有公共文化活动和服务情况的分析,可以发现,深圳在公共文化活动开展、公共文化产品和服务供给,包括居民在城市文化活动中的参与度、认同度、接受度等,以及在城市文化创新发展和居民生活数字化方面,存在明显不足。

6.4.1　深圳城市文化活动存在的短板问题

这一节主要以城市文化活动的"人民性"为基础,从广度、深度、厚度、温度四个维度探讨深圳城市文化活动的不足之处。

6.4.1.1　居民对文化活动的接受度、参与度、满意度、认同度有待提高

根据深圳市文化设施使用频率的调查结果来看,28.66%的人群 2~3 周使用一次,25%的人群每周使用一次,19.5%的人群每月使用一次,每周多次使用的人群占比 9.76%,偶尔使用的人群占比 17.08%。这反映出深圳城市居民使用公共文化设施的意愿不太高,使用频率较低,没有形成长期性、广泛性、主动性地参与城市公共文化服务和公共文化活动的习惯。

忙碌的工作是影响居民利用闲暇时间使用城市公共文化设施的主要因素,其次分别是距离太远、交通不便、设施本身吸引力不足等因素。超过半数的受访者会选择使用条件较好且距离可接受的公共文化设施,约三分之一的受访者表示会选择使用就近的文化设施,少数受访者会特意选择使用相对较远但场馆较密集的文化集聚区服务设施。从上述数据可以看出,大多数居民愿意接受并参与公共文化活动,但前提是要距离较近且设施条件较好。而深圳目前的城市文化规划主要还是以城区文化建设为主,对于住在城中村或城市边缘地区的居民来说,公共文化活动参与感和公共文化服务获得感普遍偏低。

总的来说,造成城市居民的文化活动参与度、认同度不高的客观原因有很多。大多数本地居民和长期生活在深圳的外地户籍居民都有较强的文化参与意愿,但碍于文化活动信息渠道不畅、活动时间冲突、活动举办地点不方便参与等因素,部分居民未能将文化活动参与意愿付诸实践。具体而言,信息渠道不畅是因为公共文化活动并没有真正触达居民群众的日常生活中,缺乏统一的文化活动信息交流平台;活动举办地点多集中在城区中心地带,这让很多有意愿参与的居民因为活动距离问题而退缩,这也侧面反映了城市公共文化设施布局和文化活动举办地点分布的不均衡。

6.4.1.2　广度:文化活动的内容、形式与受众范围、受众认同度有待提升

尽管新时代城市居民的文化参与意识开始觉醒,但由于历史原因,深圳城市文化活动抑或城市公共文化服务未能充分满足深圳居民的精神文化需求。公共文化服务设施总量不足,分布不均衡,以及公共文化服务产品单一化等问题依旧突出。

相较于深圳的经济建设成就,深圳城市公共文化服务方面的短板问题显而易见。

首先,从已有的城市公共文化活动可以看出,深圳目前开展的公共文化活动形式较为单一,相较于上海、北京等城市,文化活动内容缺乏创新性。从文化活动内容上说,深圳城市公共文化活动大多集中于全民阅读和非遗展览等方面,而相较于北京、上海的音乐剧展、文化惠民活动甚至个人作品展览的开放度而言,深圳城市文化活动的内容较为单薄;从活动形态上来说,目前深圳市大多是由政府牵头,给予企业自主开展活动的空间较少,不能有效盘活丰富多彩的文化活动形态;从受众范围来看,目前深圳公共文化服务范围主要集中在城区,对于居住在其他区段的居民来说,文化活动参与度较低。

其次,深圳作为一座移民城市,深圳本地与外地户籍居民在公共文化服务的需求方面也存在着一定的差异。目前,深圳城市公共文化活动无论是内容策划还是形式设计上都没能很好地满足不同群体的精神文化需求,导致外地户籍居民缺乏身份和文化认同感。深圳的发展离不开国家的改革开放政策和深圳市政府部门与居民群众的不懈努力。改革开放之初,就有大量外省(市)人员涌入深圳。近年来,随着深圳经济社会的高速发展,大量外地人才、农民工、个体户奔赴深圳发展。深圳的人口构成复杂多元,体现出包容、开放的城市文化特性,更容易让居民对自己在深圳的生活质量做出积极的评价。与此同时,不能忽视居民户籍制度对城市文化认同度产生的影响。户籍制度及其衍生的各种福利保障,使得大部分外地户籍居民被排斥在城市管理体制之外,给外来人口在城市立足设下了多重障碍。值得注意的是,深圳很多文化场所虽然免费开放,但很多情况下只适用于本地户籍居民,这是政府不得不考虑的一个问题。此外,本地户籍居民所享受的居住保障、文化权利、文化娱乐、义务教育等福利均与非户籍移民无缘,这些重重障碍导致了深圳本地户籍居民与外地户籍居民的城市文化认同度差异,一定程度上影响了深圳城市文化软实力的发展质量。

6.4.1.3　深度:缺乏对文化资源的深度挖掘和活态化利用

深圳目前开展的城市文化活动很多都是依托于历史文化资源、当代文化与旅游资源,但是对于历史文化资源、当代文化和旅游资源的挖掘还是不够,以至于组织和举办的城市文化活动浮于表面,较为商业化,缺乏文化特色。深圳作为一座文化旅游大市,把重心放在了如何吸引外地游客上,在自身文化资源发掘方面很大程度上受到市场经济的影响,很多情况下是为了迎合外地游客的需求,并不能真正做到本土文化资源的深度挖掘和活化利用。大多数情况下是见利而兴,见衰而弃,这不利于深圳城市文化资源的活化传承。政府部门、企业和其他文化活动组织者过于重视城市文化资源的经济价值、商业利益,而对其文化价值挖掘不够。

6.4.1.4　厚度：城市公共文化活动存在"空心化"现象

不可否认，深圳在公共文化设施建设方面全国领先，与城市文化产业相关的配套服务、公共设施、市场体系等日臻完善。截至 2020 年底，全市建有公共图书馆（室）710 个、城市街区自助图书馆 302 个、各级文化馆（站）83 个、社区综合性文化服务中心 662 个、博物馆 54 个[①]。然而，当前深圳市政府还是更加注重经济发展，以经济效益为先，这在一定程度上冲淡了深圳城市文化活动本身的文化意蕴与内涵，导致城市文化活动的特色不足，人文精神欠缺，文化创新力度不够。大部分文化活动只是浅尝辄止，没有深入城市文化精神领域，城市文化独特的韵味没有在文化活动中展现出来。人文精神是指人们在历史发展过程中形成的思想观念、行为准则、道德规范、价值取向，包括居民性格、宗教信仰和道德风尚等。它有着鲜明的时代特点、独立的人格和优秀的品质，是一笔不可替代的文化财富。目前，我国正处于转变经济发展方式和建设社会主义现代化强国的攻坚阶段。如何以文化创新促进我国经济社会健康、有序和可持续发展，既是重大的理论问题，也是紧迫的实践课题。文化创新和经济发展的关系是一个永恒的话题。随着中国特色社会主义市场经济迈入新时代，随着改革开放的深入推进，文化创新同样面临着诸多问题与挑战。因此，深圳有必要加强文化创新与管理、文化产业结构调整等方面的理论研究，充分认识文化创新在更高层面上推动社会进步的重要作用。同时，积极探索文化创新的有效路径、方式、方法，使文化创新真正成为深圳经济社会持续快速发展的源泉和动力，促进文化事业和文化产业全面繁荣。

6.4.1.5　温度：文化活动的内容和服务缺乏暖意

高质量文化活动能够给予人们温暖和力量。城市公共文化活动要有温度，这种温度体现在两个方面：一是文化活动内容的温度；二是文化活动精神的温度。首先，在文化活动内容方面，深圳城市公共文化设施位居全国领先地位，但是文化场馆的利用率却不高，一些场馆常年冷清，甚至被闲置；其次，深圳城市文化活动所覆盖的年龄段主要还是集中于年轻一代，对于中老年人的文化关怀还不够充分，在公共文化服务的普惠性方面仍需进一步加强；再次，文化活动内容和形式不太丰富，活动的吸引力不够。除此之外，从文化活动所传递的精神来看，缺乏对城市文化形象、文化精神的挖掘与弘扬，大多数活动还集中在城市文化的表征领域，让社会民众感受不到浓浓的文化暖意。

---

① 深圳"图书馆之城"2020 年度事业发展报告[N]. 深圳特区报，2020－06－02(A12).

6.4.2　深圳城市文化数字化转型升级中存在的短板问题

6.4.2.1　城市文化数字化转型的延展度不足

根据《中国城市文化发展指数》提供的数据,深圳的文化资源设施、文化资源和文化设施指数分别为 57.03、37.54 和 76.51,分别位列第 37 名、163 名和第 1 名。在与其他一线城市的文化资源设施、文化资源以及公共文化设施的比较中可以看出,深圳虽然有着雄厚的文化基础设施,但文化资源相较于其他一线城市略逊一筹,尤其是在城市文化资源的数字化利用方面做得不够。城市文化数字化覆盖面不足,有待进一步拓展。

6.4.2.2　城市文化数字化建设的公共性不足

从公共参与的角度来看,深圳目前已运用移动互联网、微信、微博等技术和平台,推动广大居民群众参与数字化建设。将这些平台和技术作为筑牢群众基础、进一步听取更广泛居民群众心声的途径,数字化场景布局与内容安排都很美观,但在技术平台的数字化实践中,社会民众没有表现出较高的热情参与其中。而且,由于政府相关部门缺少与居民群众的有效沟通,数字化城市推进行动的公众知晓度不够。很多居民群众对城市文化数字化的概念和内涵不了解,认为与自己的日常工作、学习和生活无关紧要,导致公众参与性不高①。

从推广范围来看,这些数字化平台并没有充分发挥它们预先设想的作用,而且所有城市文化数字化设施与服务均由政府统揽,缺乏居民群众的有效参与和监督,无法真正吸引社会民众参与。在便民服务上,仅微信平台提供了服务审批事项的咨询,相关公厕、公园、绿道等民生服务未对社会民众完全开放,并未真正实现充分的便民服务与有效互动②。

6.4.2.3　城市数字化进程中的文化含量不足

在城市文化数字化建设过程中,往往会出现为了智能化、数字化而缺乏文化内涵的问题。一些非物质文化遗产以及传统文化资源在进行数字化转型升级过程中,因为要满足特定的算式和数字化呈现与表达要求,往往舍弃传统文化资源和文化遗产中的文化属性,而不能完全展现出传统文化资源和文化遗产的"本真性"。深圳有一些文化场馆甚至停掉了线下面向公众开放的业务,全部转为线上展览或呈现,这虽然让社会民众便利地观赏到城市文化之美,也让文化场馆"减负",但另一方面,城市文化资源和文化遗产的"在场性"和本真性、文化性特征也会逐步淡化。

---

①　裴思君.深圳市宝安区数字化城市管理问题研究[D].武汉:华中师范大学,2015.
②　参见郑崇选.提升上海城市文化软实力的价值追求与基本路径[J].上海文化,2021(08):5-11.

6.4.2.4　城市文化数字化服务系统不完善

深圳作为国际化、创新型城市,其科技创新优势是全国的一面旗帜,然而在城市公共文化服务领域却并没有完全体现出这种优势。文化场馆、文化活动、文化服务等能够大量运用大数据、人工智能、算力算法等数字技术,充分展现"科技＋文化"特色的地方不多,与深圳科技创新中心的地位不太匹配。特别是一些较旧的文化场馆,基础设施陈旧、管理理念落后,不能大力进行公共文化服务信息化建设,提供的公共文化服务缺乏创意,无法吸引居民群众广泛参与,更无法体现深圳这座创意之都的文化特色。同时,深圳市、区两级财政"分灶吃饭"与全市各区公共文化服务均等化的要求存在矛盾。社区基层公共文化服务建设相对薄弱,存在主体责任不明确、布局不合理、空间设施老旧等问题①。

综上所述,深圳城市文化软实力建设的主要短板问题有:从政府政策层面来看,存在政府文化治理水平和办事效率不高、管理僵化、城市诚信体系建设不完善等问题;从产业发展层面来看,深圳的创意设计产业与发达国家的国际一流创新城市相比,发展相对落后,创意设计的创新能力不足,同时整个城市的营商环境有待进一步优化;从文化供给和服务方面来看,深圳具有创新性的高质量文化活动较少,内容缺乏创新,形式较为单一,对居民的吸引力较弱。同时,深圳居民对城市各类文化活动的接受度、参与度、认同度、获得感不高,这既有文化活动信息沟通阻碍、文化活动资源分布不均等客观原因,也有居民文化认知水平不高等主观原因。最后,从人民性的角度来看,深圳城市的文化发展逻辑和理念中存在的主要问题在于,过度资本化、商业化,城市文化空间建设存在非正义性,以及城市文化发展趋向同质化。因此,深圳需要正视和尽快补上这些短板,利用和发挥好自己的优势,加快城市文化软实力建设,在经济特区的基础上打造"文化特区",努力建成一座包容、开放、有鲜明文化特色的国际化创新型城市。

---

① 陈莲婷.浅谈完善公共文化管理服务体系的问题与对策——以深圳市为例[J].农村经济与科技,2020 (24): 241-242.

第7章 新时代深圳城市文化软实力跃升路径

7.1 坚持以人民为中心的城市文化软实力建设思想

过去四十年来,深圳市积极推进城市文化现代化建设,提振城市文化软实力,整个城市充满着开放、包容、活跃、积极的文化氛围。在中央提出粤港澳大湾区建设规划之后,深圳的城市战略定位进一步升级,从区域一线城市到国际化大都市,建设具有世界影响力的创新创意之都,这对深圳城市的创新发展能力和城市综合竞争力提出了更高的要求。在新时代背景下,深圳必须顺应新时代发展趋势,推动文化与经济深度融合,形成文化与经济之间的良性互动、耦合发展新格局。唯有构建具有深圳特色的城市文化,发扬特区精神,提高城市核心竞争力,促进经济与文化深度融合发展,才能产生推动城市文化创新发展的巨大能量,让城市文化软实力更强大,影响更持久。同时,作为经济特区的深圳,未来也需要"特区重塑、辉煌重铸",继续发扬敢闯敢冒的精神,拿出"特"的意识、"特"的思考和"特"的措施,而重塑与重铸特区的过程依托于创新求异的精神,这也是接下来深圳需要弘扬城市新文化精神,让深圳在建成经济特区的基础上建成"文化特区"。针对深圳城市文化现代化建设过程中存在的短板问题,本章将从城市规划、文化认同、公共服务、体制政策、城市形象、城市文化特色、文化治理、文化数字化、文化创新人才等多个方面探讨深圳城市文化软实力的跃升路径。

深圳在城市发展规划尤其是文化战略规划方面要避免过度资本化和同质化问题,坚持人本思想和人民中心论,不断向建成人民城市和有温度的人文城市的战略目标奋进。

7.1.1 始终坚持以人为本的城市文化软实力建设思想

马克思的人化自然思想强调了人在改造自然过程中的主体性作用,其本质是注重以人为本的思想。美国城市史学家刘易斯·芒福德认为,在城市化进程中,现代化大都市作为容器的消化能力成了重要的问题,原有的城市形态不能满足城市现代化的发展需求。面对层出不穷的环境破坏、人口溢出、交通拥挤等"城市病",他提出了以人为本的区域城市文化思想,即弱化区域的边界,而以城市磁体功能所辐射的引力范围划分城市区域。刘易斯·芒福德将人类当作城市区域系统中的有机体,往常人们的关注点总是强调人类行为对城市的破坏一面,而芒福德认为,真正有机的区域综合体是以人的需求为核心,只有真正有效地满足人们的物质和精神文化需求,才能达到人与城市共生的目标。深圳城市文化规划也应当遵循该原则,避免"大都市病",以便利的交通联通区域城市之间的往来。在保持城市文化特色的基础上,保障人们的物质和精神文化权益,更好地发挥城市吸引和储存文化的功能。深圳要提升城市文化软实力,应始终坚持人本思想,围绕"人民性"做文章,进一步提升城市居民的文化参与度和日常生活的便利度。

7.1.2　始终坚持人民中心论的文化发展逻辑

城市是人类文明活动的重要成果,是人与城市共生的生态系统。城市通过集聚文化资源、文化符号和要素,提供文化产品和服务,创造丰富的物质和精神财富。城市化进入新发展阶段,人民城市的理念逐渐成为中国特色社会主义城市发展道路的价值引领。因此,在新时代背景下,深圳要明确城市文化现代化发展的价值核心——以人民中心,关注城市与人民的共生性,坚持"人民城市人民建,建好城市为人民",在建设人民城市的思路下,从人本主义视角出发,坚持人民城市人民建,发展成果人民享,建设效果人民评。提升城市文化软实力的首要着力点是坚持正确的价值导向,以人民为中心,以人民性为根本特性,以人的全面自由发展为目标,这与新时代中国特色社会主义道路的前进目标、中国共产党的初心使命息息相通。因此,首先应围绕着"宜居、宜业、宜游、宜行、宜学、宜养"的目标,以提升人民的认同感、幸福感、获得感和安全感为工作宗旨,满足人民群众日益增长的物质和精神文化需求,如衣食住行、文化休闲娱乐需求,健全文化基础设施,丰富各类健康有益的文化活动,保障人民群众平等参与和享有公共文化服务、数字化生活、各类文化活动等方面的权利,特别是关注城市中弱势群体的文化权利诉求,促进城市文化共情,让城市文化更具有"人间烟火味",促进社会公平正义,从而提升人民的主人翁意识、文化自豪感与主体责任感,增强城市居民对城市文化的认同感,加强城市文化的凝聚力、向心力,营造舒适幸福的人文居住环境,吸引海内外优质人才涌入。城市文化应当让城市更有温度,拉近人与人之间的心理和文化距离。城市公共文化服务尤其是社区公共文化服务能够通过举办一系列丰富多彩的文化活动让居民形成对城市文化的认同感、获得感,也使城市文化更具发展活力。同时,要坚持依靠人民的力量让城市文化活起来,让城市文化治理逻辑从管理为主转向以人民为中心的协商共治,发挥人民群众参与城市文化事件、文化活动的主观能动性,积极培育良好的居民文化素养,让人民成为城市形象的靓丽名片。这方面可以向上海学习。2020 年,上海市委全体会议提出,上海城市文化软实力的建设方向是打造

"五个人人"城市①,即人人都有人生出彩机会、人人都能有序参与治理、人人都能享有品质生活、人人都能切实感受城市的温度、人人都能拥有归属认同感。此外,还应当注重城市文化的公平正义,让文化成果普惠全民,让深圳的改革发展成果能真正地由人民共享,由人民来评价,让每一个前来深圳的建设者都能享受到丰富多彩、喜闻乐见的都市文化生活。并且,在促进城市文化发展的同时,积极发挥文化的引领和辐射作用,带动区域城市圈文化的整体发展,努力缩小城市及周边不同地区的文化差异。

7.2　强化深圳文化认同感,提升城市文化凝聚力

针对深圳居民对城市文化认知度、参与度、认同度不高的现状,需要通过建构城市文化记忆、促进外来文化与本土文化的融合,发挥社会组织的文化协调与带动作用等途径,增强城市居民的文化认同度,提升整座城市的文化凝聚力。

7.2.1　建构城市文化记忆,形成文化凝聚效应

一座城市文化的持续发展,一定程度上也是这座城市文脉的延续,当城市文脉一直延续下去,就会形成具有鲜明特色的城市文化记忆。德国学者扬·阿斯曼提出了文化记忆理论,认为城市文化记忆表现为"每一座城市所特有的地域风俗、典章制度和礼仪仪式等总和"②。城市文化记忆是城市居民与城市文化之间经过长时间积累、沉淀、互动、共生的结果,这个结果既体现为物质层面的变迁,也是精神层面的积累和延续。因为共同的文化记忆,社会群体容易形成心理凝聚效应,"乡愁"就是最直接的表现形态。城市文化记忆具有高度的建构性,并指向当下城市居民最真实的心理和文化需求。对于深圳而言,一方面,需要充分挖掘岭南文化资源,从传统的地域文化中寻找文化基因,将传统文化资源更好地转化为城市文化凝聚力;另一方面,需要在现有的移民文化和改革开放文化中凝炼内容。作为新兴的移民城市,深圳人可能对"来了就是深圳人"这句口号倍感亲切,从类似的共同文化记忆中寻找文化共鸣。同时,改革开放是深圳城市文化中最亮的特色,从改革开放文化中提炼文化闪光点,使之入脑入心,形成城市文化记忆。同时将文化记忆具象化,强化城市文化认同,以此提升城市文化凝聚力。

---

① 中共上海市第十一届委员会第九次全体会议举行,李强讲话[EB/OL].[2020-06-24].http://cpc.people.com.cn/n1/2020/0624/c64094-31758231.html.

② [德]扬·阿斯曼.文化记忆——早期高级文化中的文字、回忆和政治身份[M].金寿福,黄晓晨,译.北京:北京大学出版社,2015.

7.2.2　深挖城市文化精神内核，凝聚城市的灵魂

城市精神犹如一面旗帜，凝结着一座城市的思想灵魂，代表着一座城市的价值理念，彰显着一座城市的精神风貌，引领着一座城市的未来发展。2020 年，深圳市委六届十五次全会发布的新时代深圳精神为："敢闯敢试、开放包容、务实尚法、追求卓越。""敢闯敢试"象征着深圳起初作为改革开放的试点城市，勇于突破老路子，努力探求社会主义市场经济道路，开改革开放先河；"开放包容"象征着深圳作为一座创新型的国际大都市，对外地移民的包容度与新型文化的接纳度，高于国内其他城市；"务实尚法"象征着深圳牢牢抓住"五位一体"战略布局，努力加强法治建设与精神文化建设；"追求卓越"象征着深圳敢于超越自己，不拘泥于所获得的成绩，并将眼光放到国际竞争环境中，参与国际一流城市竞争，勇于超越。深挖深圳城市精神，可以看到它包含了敢于创新、敢于超越、敢为人先的态度。在深圳城市文化活动的举办过程中，需要进一步渗入城市精神，并将城市精神融入具体的文化活动中，让广大居民群众感受到城市文化的精神力量，增强城市文化的凝聚力。

7.2.3　增进外来人口的城市融入度与认同度

外来人口的城市融入度主要体现为文化的融入度。事实上，许多城市居民向前追溯三代，多数是外来移民，真正的本土原著居民人口数量很少。对于深圳、上海这样的移民城市而言，可以通过设置城市空间场景，完善城市文化设施，赋能城市文化内涵，满足城市居民的精神文化需求，构建文化情感纽带，增强城市居民的文化获得感，提升外来人口对城市文化的认同感。一是通过满足城市居民的精神文化需求，形成从城市的"陌生人社会"到"熟人社会"的转变，消弭移民社会的文化价值观念和情感冲突，建立一个具有主流文化认同感的城市居民共同体；二是通过举办形式多样的文化活动构建精神文化纽带，强化情感交流和情感认同，进一步推进城市社区和城市居民共同体的构建。

7.2.4　壮大社会组织，提高居民的文化参与度

社会组织尤其是基层社会组织是城市文化的黏合剂，在城市文化活动中发挥着组织、协调、引导的重要作用。社区的业余社团、兴趣小组临时举办的文化活动，在培育居民的城市文化认同感方面也可以发挥补充和辅助的功能。社会组织可以从兴趣、娱乐、福利等方面着手，给居民提供交流情感、发展特长、展示自我的机会，通过居民之间的共同兴趣、爱好等解决部分正式组织发起的文化活动所无法化解的矛盾，从而有效提升城市居民尤其是外来移民对深圳城市的文化身份认同，提高他们参与城市文化活动的积极性。

7.3 进一步优化城市公共文化服务，提升服务质量

进一步优化和完善城市公共文化服务能够提升城市居民的文化参与度、认同度和归属感。普惠型公共文化服务体系致力于提供公平、有益的公共文化服务，旨在满足人们的基本精神文化需求。通过完善和实施相关的文化政策，可以让城市公共文化服务更加有效地发挥作用。公共文化管理、公共文化产品和服务的重要性不容忽视，它们能够帮助政府更好地了解社会民众的需求，增强政府服务的透明度，提升政务服务质量，并为社会民众参与城市文化现代化建设提供便利。当前，深圳需要不断完善和优化公共文化服务，加强和规范公共文化服务体系建设，可以从以下几个方面入手。

7.3.1 促进公共文化服务升级，深化服务现代化建设

加强和完善城市公共服务体系建设，是深圳市政府的一项重要任务。在城市公共空间建设中，由于缺乏相关的法律法规和制度约束，一些破坏城市公共秩序的行为难免发生和蔓延，严重影响居民群众的身心健康、公共权益和社会稳定。因此，要加强城市公共管理部门自身建设和工作队伍建设，提高依法行政、履职尽责的能力。要明确公共服务的主要内容，城市公共资源的供给包括城市基础设施、社区公共服务、公益性服务等三个方面。城市基础公共服务是指满足城市居民日常需要的各类公共服务。社区公共管理，主要指对城市居民进行教育培训、就业培训、再就业帮扶等活动，促进居民树立正确的价值观念，增强他们的自主创业意识、主体性意识和市场竞争意识，促进深圳经济社会健康可持续发展。健全城市公共财政支出体系，深圳应当按照国家有关规定和地方性法规，建立和完善城市公共服务领域的配套法规和政策措施，并组织实施。同时，加大执法检查和查处力度，严厉打击侵犯居民群众权益、扰乱城市公共秩序的违法犯罪行为。为加强社区公共服务设施建设，深圳市政府要充分认识公共财政投入在维护城市居民公共利益和公共安全中的重要作用，切实转变公共财政运营机制，逐步形成以公共财政为主导、多元化方式筹集城市公共产品与服务的投融资新形态。建立城市公共产品和服务供给的监管机制。各类社区公共设施应与城市公共设施相连接，以满足城市居民的日常生活需求。

政府的公共文化管理和服务所折射出来的价值理念和人文关怀，本身就是一种文化软实力，它影响着城市文化建设的成效。文化领域的"新基建"是城市公共文化服务数字化建设的基础设施，公共文化服务要发挥数字化时代的技术优势，人工智能、大数据、云计算等现代信息技术提高了公共文化数字化发展的创新力和传

播力,公共文化数字平台建设打破了公共文化服务的时空限制,让公共文化服务惠及更多居民群众。深圳要提升城市文化软实力,在公共文化服务方面需要进一步落实"四化"方针,即标准化、均等化、社会化和数字化。标准化即设施的标准化,文化设施要有统一标准;均等化即服务的均等化,实现本地城市居民、外来居民享受同等的公共文化服务;社会化即文化产品和服务供给的社会化运作;数字化即数字技术赋能公共文化服务,促进公共文化服务开放共享,提高文化产品和服务的便利性和可获得性。

7.3.2　加大城市公共文化设施和文化服务投入力度

推进城市文化软实力建设,离不开强有力的政策和财政资金支持。当前的城市公共文化服务体系与传统的公益性文化事业有着较大的差异。公共文化设施和服务的财政投入不足不仅阻碍了深圳城市公益性文化事业的发展,也不利于文化产业发展繁荣和文化创意人才的培养。因此,从文化基础力和文化生产力的角度来看,需要加大政府对城市公共文化服务的投入力度,形成政企合作、民间投资者积极参与的多元文化投资体系。

一方面,政府应当高度重视发展文化基础力与文化生产力,加大对公益性文化事业的投入力度,尤其是对城市偏远地区的公共文化服务进行大力扶持,鼓励设立更多的公共文化服务基金和文化产业项目专项资金,提供稳定可持续的财政支撑。政府应建立更多的公共文化服务平台,并不断提供高质量的文化产品和服务。持续改善文化生态环境,政府可以为居民提供更加优质的公共文化服务体验,让更多城市居民能够享受到丰富多彩的文化产品与服务。

另一方面,政府应当有意识地接纳民间资本,鼓励社会各界人士以捐赠和基金等形式发展公益项目,从只依靠政府公共财政拨付的单一财政支撑体系转化为多元化的公共文化财政支撑体系。在当今世界,一座拥有强大文化竞争力的城市,其文化现代化建设并非只取决于政府单一主体的努力。社会力量也是文化现代化建设的重要支柱。在改进和完善城市公共文化服务方面,政府应该更加重视基础性公共文化服务,以确保城市居民的基本文化需求得到满足。社会和市场应该提供进阶式的"非基本"文化服务,政府则负责制定政策并负责监督实施。

7.3.3　进一步提升城市公共文化服务的质量和温度

强化城市公共文化设施建设和公共文化服务的人性化、便利化、精细化、文化化,以人为本,进一步提升市公共文化服务的质量和温度。

一是以人文精神为基础,规划和塑造城市文化。深圳下一步的城市文化规划应当基于人文精神,在重视实用和效能的基础上,更多地考虑人性化与文化化,尤其要纳入城市居民的文化权利诉求。例如,建设和供给更多的开放性公共文化空间,为城市居民提供更多的社会交往空间;在城市建筑与景观设计中融入更多文化元素和美感,使其具有更高的文化价值和审美价值,等等。

二是注重场景空间的人性化设计。深圳下一步的场景空间建设中,应当尝试营造与快节奏、高压力、易焦虑的都市生活氛围相区别的文化场景空间,为居民提供更多休闲、舒畅的场景空间,以放松他们的身心、释解他们的压力。

三是强化公共文化设施的便民性。在公共文化设施的建设与运营中,应不断提高公共文化设施的使用便利性,尤其需要进行数字化和智能化改造升级,注重提高以老年人、少年儿童、残疾群体为代表的数字弱势群体的使用便利度。

四是把握公共文化服务的细节与温度。在公共文化服务方面不仅应当重视服务效能,更应该注重提高服务质量,从细微之处关注居民群众的身心健康与精神文化需求,让公共文化服务充满温馨感。

7.4 推动体制机制创新,优化城市人才服务政策

从深圳速度到深圳质量,深圳的发展方式在变革,但追求更高质量发展的信念不变。深圳通过政府的制度政策创新和市场体制机制创新的有机结合,打造高质量发展示范区。下一步,深圳市应当继续丰富和拓展以制度创新为核心的"前海模式",全面深化改革开放,推进文化科技体制机制创新,加快推进基础研究和应用研究步伐,实施综合授权改革试点,打造更加市场化、法治化、国际化的一流营商环境。构建政府治理新格局,以一流人才发展机制集聚国际一流人才,营造一流人才脱颖而出的生态环境,在探索符合高质量发展的体制机制创新上继续领跑。进一步落实人才政策,激发和释放人才创新活力,推动经济、科技、文化、社会各领域高质量发展,进一步实施鹏城"孔雀计划",吸引高端人才入驻。创新科技管理机制,打造科技体制改革先行示范区,以彰显创意之都的城市战略定位。

7.4.1 倾力打造一流的营商环境

7.4.1.1 构建要素高效配置的市场体系

这不仅是深圳经济转型升级过程中的重大任务,也是深圳产业结构优化升级的必由之路。2021年,深圳优化营商环境4.0版出台了多项政策,围绕构建要素高效配置市场体系、打造创新驱动产业发展生态、营造更加公平公正的法治环境等五大方面,提出了26个方面的222项改革任务,聚焦制约市场主体投资的一系列突出问题破题解题,成为加快推进深圳经济社会高质量发展的关键举措。深圳营商环境4.0版从构建要素高效配置的市场体系、增强金融服务能力、加大产业供给力

度、优化人才资源配置水平、探索数据开放交易、进一步放宽市场准入、促进市场公平竞争等六个具体方面提出了 40 条具体的改革任务。这说明,深圳的要素配置市场化改革正在从"破"走向"立",对推动深圳经济社会高质量发展起到积极作用。在国内循环和国际流通"双循环"发展新格局中,加快构建要素有效配置的市场体系,正当其时。为此,深圳应进一步放宽市场准入政策,有效地吸引外资进入深圳,激发深圳的市场创新活力,促进市场公平竞争,维护消费者合法权益。

7.4.1.2　对接国际通行的多边贸易规则

引导企业不要向海外盲目投资,要充分了解当地的市场环境、法律法规和政策制度,以及人文环境、社会风俗、居民生活习惯等,促进企业在当地依法依规经营。深圳是典型的外向型经济城市,是进出口贸易大市,多年来城市贸易出口额一直位居全国第一。事实上,几乎所有类型的国际贸易摩擦都发生在深圳,深圳涉及的企业占全国大多数。面对这种形势,政府应接不暇,企业也非常疲惫,急需专业性的工作机构协调和指导应对各类国际贸易摩擦和争端。在这种情况下,深圳成立世贸组织事务中心,这是深圳市在全国率先成立的专门负责本地世贸组织工作的机构。该机构不仅处理涉及深圳的世界贸易组织事务,服务深圳企业,也为维护多边贸易体制做出了相应的贡献。比如,深圳在运用国际规则应对贸易摩擦的同时,在遵守世贸组织规则、引导全国各地政府和企业遵守世贸组织规则等方面也取得了显著成效。我们要理性面对新形势下的中外贸易摩擦,在中国从贸易大国向贸易强国转变过程中,必然会受到一些国家的贸易抵制和约束,贸易摩擦将成为常态。作为深圳当地的世贸组织事务管理机构,要密切关注国际贸易摩擦态势,深入开展调查研究,为深圳企业的涉外贸易提供预警服务。下一步,深圳世贸组织事务中心要进一步指导企业强化贸易合规性管理,加强涉外贸易规则的学习,维护国际贸易安全,特别是中小型科技企业的涉外贸易安全,防范各类风险。从这个意义上说,深圳世贸组织事务中心的工作任务将更加繁重、复杂、艰巨。目前,深圳高科技企业面临严重的国际贸易摩擦形势,应该得到国家世贸组织机构和本地世贸组织事务中心的大力支持。

7.4.1.3　构建创新驱动发展的产业生态

深圳城市文化现代化建设与文化产业绿色可持续发展,离不开创新驱动发展的战略支撑。为此,需要从战略高度探讨如何强化政府引导,调动社会组织、市场主体的主观能动性,以及其他社会主体的参与积极性,促进科技成果向现实生产力转化,提高深圳经济增长的质量和效益。"创新驱动"的核心是科学技术创新,也就是创新引领科学发展。科学发展包括两层意思:一是要有持续性创新能力;二是要在创新和保障措施方面不断投资。这取决于政府在科技创新方面的支持力度。因此,深圳要营造创新氛围,必须建立健全政府、企业和市场主体的创新驱动机制。

一方面,政府要加强科技创新工作的组织领导和统筹协调;另一方面,企业要积极参与科技创新活动,营造良好的创新氛围。同时,政府和企业要充分发挥自身的资源优势,努力拓宽融资渠道,加强科技金融服务。只有这样,创新驱动发展战略才能落到实处,才能成为深圳城市经济社会发展的强劲动力。"创新驱动发展"的科技创新模式,符合深圳经济特区的发展实际,也符合广东省的科技创新工作实际。这既是国家改革发展大局的时代需求,也是广东省经济结构调整的客观要求,更是推动科技进步的内在要求。

7.4.1.4　建设更加公平公正的法治环境

公平公正的法治环境是深圳营造良好的营商环境的必然要求。建设公平公正的法治环境,根本在于完善相应的法律制度体系和市场经济体系,确保居民群众的基本权益得到有效保障。这要求深圳市政府在立法、执法、司法等方面下功夫。近两年来,随着《深圳经济特区改善营商环境条例》和《深圳经济特区个人破产条例》等一系列规章制度文件的出台,深圳市构建稳定、透明、可预期的国际化、法治化营商环境工作得到加强。营造开放、透明、公平、公正的法治环境,着力深化"放管服"改革,推出多项便利化措施,推动企业在开办、融资、税收、通关、跨境贸易、市场退出等方面改革创新,从制度层面有效优化营商环境;推动市场公平竞争,平等保护各类市场主体。完善严格的知识产权保护机制和公平竞争的审查机制,加大产权保护力度,确保各类产权主体公开、公平地参与市场竞争。增强公平公正意识,突出行政执法和公正司法的力量和温度。在行政执法方面,探索对新产业、新业态、新型商业模式实行容错监管,推广运用说服教育、示范、行政指导、激励等非强制执法方式。在诉讼处理方面,完善"一网通办"服务平台,提供智慧诉讼服务;建立商事送达承诺制度;完善破产风险预警和重整需求认定机制,运用重整制度助力企业"起死回生"。健全公共法律服务平台,为市场主体提供方便、快捷、高水平的法律服务。完善多元化争议解决机制,建立健全国际投资纠纷仲裁解决和商事调解工作机制,率先探索国际商事调解和法律查明新模式。加强深圳律师和涉外法律人才队伍建设,扶持设立深港联营律师事务所和境外知名律师事务所在深圳设立代表处,实施"民营企业法治体检自测系统"等公共法律服务创新措施。

7.4.2　完善创新驱动发展的文化保障体系

强化城市文化软实力建设,要求城市政府从根本上改变过去对文化普遍轻视的状态,以习近平新时代中国特色社会主义思想为根本遵循,布局城市文化软实力发展战略,因城施策,推进文化体制机制改革,完善创新驱动发展的文化保障体系。

7.4.2.1　市区两级政府应因地制宜制定文化发展规划

城市文化软实力建设需要战略布局和长期规划,不能朝令夕改。它要求政府结合城市经济社会发展实际,因地制宜,把握新时代背景下能够引发居民共鸣的城市文化元素与符号,挖掘和利用城市文化资源,统筹兼顾各方利益诉求,并在短期目标和长远发展目标之间找到平衡点。市、区两级政府应根据自身的文化资源优势和文化发展水平,确定每个阶段的文化发展目标与任务,从顶层设计层面指导与规范城市文化现代化建设,制定短期、中期和长期规划,并组织实施,推动落实,以满足城市文化创新发展和城市文化软实力跃升的现实需求。

7.4.2.2　进一步推进文化体制改革,提升文化法治力度

要使城市文化资源发掘与利用、城市文化软实力建设融入市场经济浪潮中,走向现代化发展快车道,必须深化文化体制改革,准确定位城市文化现代化建设的发力点与中心点,增强文化及其产业改革发展的系统性与科学性。积极推动公共文化事业和文化企业改革,促进文化及其产业创新发展。这意味着改变以往文化体制中高度集权的传统管理模式,综合运用经济、技术、政治、法律与舆论等多重治理工具与手段,推进文化及其产业治理科学化、法治化。为了保护文化市场的正常运行,应加快完善相关法律法规,强化文化法治力度,尤其要注意保护知识产权,保护文化创新。

7.4.3　进一步优化深圳城市人才吸纳和服务政策

7.4.3.1　树立"人才强市"理念,进一步做好人才政策顶层设计

在高质量发展、数字科技创新时代,深圳市委市政府愈发重视人才培育、引育和储备、使用工作,不断推进人才政策迭代更新,吸引更多人才投身科技创新、文化创新浪潮中。深入贯彻"人才强市""人力资源是第一资源""人才是第一生产力"和"人才是第一软实力"等理念,从政府公务人员到各行各业,都要以人才为本,尊重知识,尊重人才,依靠人才。在重视引进人才的同时,更要重视人才的培育、储备和使用,充分调动现有人才的工作积极性,采取种种措施全面提升人才的整体素质和创新活力。

7.4.3.2　拓宽引进渠道,发挥政府与市场的双重"引才"作用

政府在制定和完善人才政策时,应当将国家政策导向与城市现代化发展实际相结合,制定并实施城市的特色人才政策,实现人才链、产业链与创新链对接融合,将人才引进与培育的同质化风险降至最低水平。有效的市场机制可以对人才引进起到合理选择和导向作用。要加快完善统一规范、竞争有序的人才市场体系,保障和落实用人主体的自主权。

7.4.3.3　建立和完善符合人才成长规律的人才培养机制

高等院校和科研机构是培养大批科技和文化人才的重要地方。面对当前国内

外日益严峻的引才形势,此前通过直接引用人才的人才发展模式已经无法匹配深圳打造全球科技创新人才高地的需求。为了长远发展,应立足城市高等教育和科研机构发展实际,优化高等教育发展体系。深圳本地高校和科研机构应主动与行业领军企业合作,推动"产学研"深度融合发展,探索校企协同育人新模式。此外,还应致力于加强与国内外知名高校和著名研究机构的科研合作,通过健全人才培养体系,培育更多人才,促进科技和文化创新,产出更多创新成果,并促成科技成果转化落地。

7.4.3.4　优化公共服务体系,为人才提供优质便捷的服务

健全以满足人才需求为中心的公共服务体系是影响城市人才集聚的重要因素。不同类型的人才有着各种各样的需求,应制定个性化、有温度的公共服务方案,为不同类型的人才提供个性化、人性化服务。优秀的人才往往需要良好的工作环境和创新氛围,通过宽松自由的氛围进行创新发展,实现个人或团队的价值和目标。深圳需要搭建人才交流服务平台,为海内外高端人才提供相互交流、共同成长的机会。对于刚走入职场的优秀年轻人才,薪资待遇、住房条件和发展环境是他们关注的重要方面,应将资金支持、发展环境作为主要的引才手段,并根据深圳实际情况制定人才住房补贴和医疗保障政策。此外,为构建一个高效便捷的人才服务网络,还需要各级政府部门设置专业的人才服务窗口,衔接好上下级人才服务系统,提高线上线下的公共服务质量,旨在为本市人才在社保医疗、办理落户、子女入学等方面提供更优质、更便捷的服务,以便吸引更多优秀人才来深圳干事创业。

7.4.3.5　营造优质的人才发展环境,激发人才创新潜能

优化人才评价制度,促进优秀人才脱颖而出和可持续发展。要将人才的科研创新能力、整体科学文化素养、潜在发展能力、社会影响力和团队协作能力等要素纳入人才评估体系,科学评价和使用人才,并使其具备长期效应。同时,人才评价体系要与人才的科研成果、管理服务效能有效结合起来,得出实际产出成果的经济和社会效益。根据评价结果,分级分类制定人才薪资和福利待遇标准,以物质激励、精神激励、个人与团队激励等多元化方式,为其发展提供长期稳定的资金、财税、技术和环境支撑,不断激发人才的创新创业活力,促进人才自由、全面、创新发展。

7.4.3.6　"以情引才",强化引进人才的文化认同和归属感

当前,盲目提高人才的物质激励标准,不仅增加政府财政负担,而且长期来看,还可能达不到人才引、育、用、留的预期效果。美国社会学家霍曼斯提出了社会交换理论,他认为,个体行为动机无外乎两种:对奖励的渴望和对惩罚的规避;并且给出了社会行为公式:行为=价值×可能性,即当一件事情价值很大,且做出行动得

到该价值的可能性也很大时,那么该行动就很可能发生。该理论可以用于理解和把握人才与用人单位之间的关系,它涉及交换的内容包括互惠(reciprocity)、理性(rationality)、利他(altruism)、群体受益(group gain)、身份一致性(status consistency)和竞争(competition)。由此可见,为高层次人才提供情绪价值,提高他们对所在城市、企业和文化环境的认同感,可以替代部分物质激励。同时,由于情绪激励的长期性、可持续性,比物质激励方式具有更佳的长期效果。有研究表明,企业积极对员工实行情绪激励措施,可以促使知识型员工对企业产生强烈的认同感、归属感;如果能够加强企业员工之间的培训与交流,促进知识传递与共享,则有助于唤醒知识型员工的创新潜能,从而提高团队的整体创新能力;构建独特的企业文化,激发员工树立积极的价值观,可以在企业内部形成强大的凝聚力。因此,可以尝试制定情绪激励政策,提高人才对城市和企业的文化认同、情感认同。为此,可设立专职部门具体实施。同时,为人才打造广阔的事业发展平台,提供良好的事业发展机遇,以提升人才的内在驱动力、自我认同感和自我实现感,并营造公平、公正、和谐的人才竞争机制和环境,激发他们勇于创新,奋发有为。

7.5　凸显深圳文化特色,打造城市特色文化形象

在当下城市现代化发展进程中,出现了严重的同质化现象,无论是城市的设计布局还是举办的经济、文化和社会活动均呈现同质化的趋势。要增强城市文化软实力,必须凸显城市文化特色,打造专属于自己的城市形象和文化特色。深圳应努力寻求差异化和独特的城市文化特色,不盲目陷入与其他城市文化的竞争比较中,而是在国际大都市发展中探寻独特的城市文化定位,以持续在全球范围内形成人才凝聚力和文化吸引力。在原有创新、开放、包容、多元的基础上,进一步明晰深圳与上海、北京等一线城市不同的城市文化气质。同时,运用合理的营销手段,让城市生动鲜明的文化形象深入人心,打响"深圳文化"品牌,使城市的经济发展、社会环境与市民生活都能够随着城市文化软实力的提升而受益。

7.5.1　坚定文化自信自觉,破除"文化沙漠"论调

文化自信是深圳文化发展的逻辑起点,决定着城市文化现代化建设的眼光和格局。深圳城市文化现代化发展,需要破除"文化沙漠"的论调,认识到文化发展就是不断地挑战传统和边界,而不仅仅是对传统文化积淀的膜拜和坚守。文化从诞生之日起,就是与时俱进的产物,就是在创新中发展,在发展中创新。文化发展主要不取决于文化存量,而取决于文化增量。在反对"文化传统论"中树立"文化流动

论"的新观念,依靠文化自信、文化自觉走出一条与其他城市不同的发展道路①。

7.5.2 加强文化战略规划,彰显城市的文化特色

城市文化特色是提升城市文化软实力的关键突破点,也是城市文化软实力建设的重要着力点②。提升城市文化软实力是一项长期性、系统性和战略性工程。因此,在深圳城市文化软实力建设过程中,要积极响应党中央的要求和决策部署,统筹推进"五位一体"总体布局,协调推进"四个全面"战略布局,充分认识深圳城市发展实际,从社会、环境、经济、科技、文化等方面出发,制定具有长远性、指导性和可操作性的战略规划;重视城市文化发展规划建设的整体性,进一步完善和提升文化领域的综合性和专项文化规划,充分考虑城市历史文脉的保护传承,将传统文化遗产保留住。根植城市历史脉络,发挥城市文化资源优势,优化城市文化结构,突出城市文化特色。另外,深圳市政府在城市文化规划过程中,还需要结合新时代发展情况、发展趋势以及发展要求,开发具有新时代特色的城市文化,塑造可以彰显深圳特色的文化品牌,最大限度地激发城市文化要素的活跃性和创造力,为确保城市文化发展繁荣奠定更加坚实的基础。

7.5.3 整合文化创新资源,全方位促进文化创新

7.5.3.1 整合创新人才资源,促进文化创新

促进文化创新,需要创新精神的支撑与创新能力的提升,归根结底需要文化创新型人才的支持。提高文化创新力,首先应当加大创新型人才培育力度,具体分为理论创新人才和实践创新人才两方面。文化理论是文化实践的先导,需要我们在社会科学领域尤其是文化艺术领域中积极营造创新的环境,培养更多具备扎实的理论基础、拥有马克思理论素养、密切联系当下实际需要的文化创新人才,依托理论创新人才,健全新时代城市文化理论体系,做好先导性工作,为城市文化现代化建设提供导向性、针对性、应用性的理论指导。

7.5.3.2 强化应用型人才的培育和成长力度

文化现代化建设实践和文化产业领域应用型人才尤其是致力于文化产业发展的经营、管理和技术人才,是当前壮大文化产业的核心竞争力、从根本上提升城市文化软实力的重中之重。此外,还需要加强文艺精品创作人才和文化产品与服务策划人才的培育,只有打造出内容丰富多彩、具有创新价值的高质量文化产品,才

---

① 深圳:一座城市文化基因的生成与绽放[EB/OL].[2020-9-15].http://gd.people.com.cn/n2/2020/0915/c123932-34294069.html.

② 庄仕文.论城市文化软实力及其提升路径——以济南为例[J].大连干部学刊,2017(11):61-64.

能从根本上提高文化竞争力,更好地服务于城市文化现代化建设事业。在具备完善的理论支撑与优秀的文化产品后,文化传播人才的培育也不可或缺。约瑟夫·奈指出:"在信息时代,软实力不仅依赖于文化和理念的普适性,还依赖于一国拥有的传播渠道。"这同样适用于城市文化软实力建设。只有掌握了先进的传播工具、方式和手段,具备强大的传播能力,才能更好地提升城市文化的辐射力与影响力,促进城市文化传播与交流,全面提升城市文化软实力。因此,应当加大培养掌握现代高科技手段的文化传媒人才,并且重视新闻、出版、广播、影视、对外演出、民间文化传播等领域的人才队伍建设,提升他们的文化素养和文化传播能力,加快城市文化的对内对外传播力度,从而加深人们对城市文化的认识、理解与认同。

7.5.3.3　多措并举,全方位促进文化创新

除了人才培养以外,结合新时代特征,采取多样化的形式,多措并举,全方位强化文化创新是提升文化软实力的有力手段。第一,结合信息时代的数字科技特征,顺应文化与科技融合发展的新态势,将文化科技融合作为文化创新的重要手段。当前文化产业创新已经初步发展出了推动型和嵌入型两大模式,并衍生出了一系列数字出版、互联网教育、电子游戏、数字音乐、新型视听、互动式展览、文化科技装备制造、新媒体等新项目,这些都是深圳文化产业发展可以深耕的领域。例如,可以借助传统媒体和新兴媒体在内容、渠道、平台、经营、管理等方面的融合趋势,利用人工智能、AR、VR 等新技术,打造新型智慧城市建设,拉动文化消费,提升城市文化软实力。第二,随着元宇宙技术的日益成熟,人们对场景共享、沉浸式体验的兴趣越来越浓厚。基于此,深圳市可以通过数字化、网络化、智能化等科技手段,打造线上虚拟城市景区,实现线上预约购票、线上购物、线上游览等,上线城市 IP 虚拟形象、虚拟消费、文创产品等,结合线下沉浸式餐秀、夜游、市集、演艺等体验项目,让城市文化现代化建设紧跟时代潮流。第三,考虑拓展跨界联动空间,结合《中国制造 2025》所提出的战略构想,促进文化创意产业与工业制造业、数字科技产业、城市建筑业、现代农业、旅游业等产业的充分融合,跨界合作,共同推进城市文化软实力建设。

7.5.4　创新城市文化营销手段,讲好城市故事

加快构建现代城市文化传播体系是提升城市文化软实力的重要路径,重点在于营造和突出城市文化的深度体验感。如今,国内外许多城市开始推进城市形象营销实践,也有相当一部分城市在城市形象营销方面取得了很好的效果,如新加坡经由"文艺复兴城市计划"完成了从"文化沙漠"到"文化之都"的华丽转身;东京凭借"Tokyo Tokyo Old meets New"的口号,传达传统文化与当下文化可以同时并存的理念;香港以"一本多元"的城市文化特色成功打造亚洲国际都市形象;重庆则

集三峡文化、革命文化、巴蜀文化、潮流文化、饮食文化等多元文化为一体,打造自己的文化品牌。这些城市为深圳创新城市形象营销方式树立了很好的榜样。

在新时代背景下,深圳制定城市文化营销策略,可以借鉴以上城市的先进经验,通过电影、电视剧、综艺节目、网络媒体、短视频、微短剧平台等媒介渠道,打造城市 IP,讲好城市故事。首先,依托电视、广播电台、报刊等传统媒体,打造覆盖率广、影响力高、公信力强的城市媒介系统。其次,借助网络新媒体平台,在各门户网站展示深圳城市形象的音像、视频资料,开辟讨论区,让社会民众参与深圳形象建构。截至 2022 年 6 月,我国网民规模为 10.51 亿,网络视频用户规模为 9.95 亿。其中,短视频用户规模为 9.62 亿,占网民比例的 91.5%。2018 年,抖音、头条指数与清华大学国家形象传播研究中心联合发布的《短视频与城市形象研究白皮书》指出,短视频已经成为城市形象传播的主要渠道,而居民群众则是短视频传播过程中的主要参与者。再次,政府应充分利用新的传播工具、手段和方式,提升城市文化传播能力,并与短视频平台合作,打造多样化的城市形象展示平台。鼓励社会民众积极参与制作和传播有关城市形象的短视频,以增强城市文化的影响力和辐射力。最后,利用事件营销、人物营销、故事营销、数字营销等营销手段打造深圳独特的形象记忆点。此外,对外传播城市文化时,要转换语言表达体系,策划有温度、接地气的外宣营销手段,精准传播城市文化气质和文化精神,促进外籍人士与深圳城市达致文化共情效应。

7.6　活化文化要素,增强城市文化生产力、传播力、吸引力

文化生产力、传播力和吸引力是城市文化软实力的重要组成部分。城市的文化生产力主要体现在文化产业发展和城市历史文化资源的保护传承与利用方面。文化传播力和文化吸引力主要指城市文化形象与精神内涵的辐射力与影响力。深圳需要加强城市文化资源、文化遗产的保护传承力度,将其作为城市文化现代化建设的基础力量,留存城市的物质、制度和精神文化财富。除了留存外,城市文化资源还需要活化,要借助文化产业的力量,在城市不断更新的背景下推动城市文化的创新性表达与传播。深圳要注重发挥自身优势,促进城市各类文化要素的整合,激发城市文化活力,增强城市文化软实力。

7.6.1　提振创意设计产业,增强文化生产力

创意设计产业与城市文化的融合发展不但早就受到欧美国家的重视,而且也越来越成为亚洲国家、地区和城市文化软实力建设的一种策略。深圳这些年在创意经济方面占据国内领先地位,但还主要表现在科技驱动创新领域。为建设"国际

创意中心城市",深圳可采取以下策略。

7.6.1.1　完善创意设计基础设施,提高运营管理水平

城市创意产业发展和创意城市建设,需要政府完善相应的创意基础设施,为创意产业发展提供推力,为城市建造创意文化地标。尤其在当下文化经济发展和文化旅游产业越来越重要的趋势下,创意基础设施对创意产业经济和城市文化吸引力具备双重意义。不过,深圳目前对城市创意基础设施的理解还停留在传统的完善公共文化服务设施阶段。虽然在物质建筑方面深圳市舍得投入建设高水准、有设计感、带"文化地标"意义的场馆,但在场馆使用功能方面主要还是针对普通民众的"普惠型"公共文化服务,如图书馆、音乐厅、美术馆、博物馆、体育场等建筑和相关服务设施。而像泰国创意设计中心(TCDC)那样带有专业性的、为创意设计产业专门人士服务的综合性创意基础设施,深圳还没有。深圳完全有经济实力建设像泰国创意设计中心那样的综合性创意基础设施。只要能够意识到这一点,"建造"并不难,甚至可以与商业、观光旅游做更宽泛的融合,形成"创意综合体"。但"创意综合体"规划完成之后的内容设计、行政管理、预期效果等,往往容易被"效仿者"忽略,而这些"软性"的挑战恰恰是深圳在创意基础设施建设方面的短板。这些伴随着新建筑、新设施而产生的新问题,显然无法在旧有的行政管理"套路"中找到对应的措施。因此,引进国际化管理人才,招聘艺术管理、创意产业等新兴学科专门人才,重视文化与艺术基础设施管理的"专业化",并形成一种多元文化耦合的理事会或跨国专家委员会制度等,至关重要。

7.6.1.2　促进传统产业交易平台向创意设计展会延伸

深圳文博会走过二十多年的历程,随着展会经验的累积,在会场管理、参展商筛选、产品展览等方面越来越呈现出规模化、规范化和互动化的趋势,但是在展会品牌方面还没有形成明显区别于其他综合性展会的标志性、差异化特色。关键原因在于深圳对"文博会"的理解和定位还止步于传统的产业交易平台。虽然产业类展会或交易会,主要是以"交易"为目的,但"创意产业"还有其"作为文化产品和服务"的第二重属性。文化产品对消费者而言也绝不仅仅是传统的产品交易意义上的"使用价值"。在后工业消费中,文化产业除了"内容属性"之外,其附加于传统制造业之上,通过创意设计将传统产品变成创意产品,为其添加了审美价值和符号象征价值,这两种价值具有符号性、审美性、潮流性和不确定性,这也成为创意产业发展中的一个难题。正因为创意产业的发展有其特殊性,尤其是在以创意设计产业为引领的传统产业升级、新兴产业领跑过程中,文博会固然要以产业交易平台为导向,但同时,依循创意产业的特性,将创意设计元素附加到展会中,将会吸纳除了参展商、采购商之外的更多人群,包括普通市民、观光者、对新奇事物充满兴趣和好奇的年轻学生、相关专业和准专业人群等,而他们都是潜在的消费者或者未来的创意

阶层。针对他们而言,在市级层面进行协调,于全市各类创意空间、文化场馆举办关联性的展会活动或者体验式的文化参与活动,正如台湾地区文博会在转型后所做的尝试那样,将有可能在促进创意设计文化被更多城市居民接受的同时,提升整座城市的文化魅力。

7.6.1.3 注重时尚创意设计产业发展,打响"深圳设计"品牌

德国被公认为是工业设计的发源地,乌尔姆造型学院和包豪斯设计学院是德国工业设计院校中的佼佼者。包豪斯学院在建立初始便提出了"艺术与技术相统一"的设计理念,认为技术不依赖艺术,而艺术却离不开技术。行业内有识之士创办的"德意志制造联盟"也发挥了重要的作用,共同促使德国的工业设计摸索出自己的特点和哲学精神,即基本摒弃了传统而繁琐的装饰性特征,从造型的简约和设计的严谨中创造美感,同时严格保证创意设计产品质量,从而创造了"德国制造"的世界美誉,持续近百年不衰。作为文艺复兴发源地的意大利,其创意设计总体上具有明显的艺术与手工传统特色。以米兰理工大学设计学院和 Domus 设计学院为代表的世界顶尖设计院校,不断在产学研互动中更新意大利设计的理念和内涵。吉奥·庞蒂是倡导意大利"艺术的生产"理念的现代主义设计大师,他通过杂志设计传递了意大利设计追求"实用美观"的观念。英国的创意设计产业重视整体性和设计管理,引领了当代"高街风格"(High Street style)潮流;北欧国家的创意设计则以社会学家埃伦·凯提出的"大众化的美"为总体理念,坚持为人们的日常生活设计,形成了简约的美学风格。

由此可见,确立城市创意设计理念和创意设计风格对于城市创意设计产业的发展有着重要的作用。随着时代的发展,绿色设计、可持续设计、社会设计(social design)等一系列新的设计理念正逐渐突破传统工业的"产品设计"范畴,越来越强调设计作为一种策略性工具,可能给当今城市现代化建设过程中出现的各种社会问题提供解决方案,它包括产品设计而又拓展到广泛的城市更新领域,乃至经济、文化、社会等领域。在强调设计师的社会责任的同时,当代社会设计、可持续设计更像一个系统性工程,谁能在这些新兴领域设计出一套涉及整座城市发展的系统化方案,谁就能创造出符合新时代需求和发展趋势的地域性"设计品牌"和独特的创意城市品牌形象。深圳应该把握时代风口,结合城市文化特色,打造独特的创意设计品牌。

7.6.1.4 强化时尚创意设计,追求差异化和特色品牌

现代设计肇始于现代工业的先发国家,英国、德国、意大利等国家都在各自的工业发展历史和独特的社会文化语境中形成了自己的设计理念和设计哲学。有学者总结欧洲工业设计的发展趋势有三大特点:独特性、个性化、标志化。其中,独特性、个性化在中国的创意设计产业发展过程中受到了较高的重视,因为它们比较明

显地内化于当代全球资本主义差异化竞争的市场逻辑中。可是对于"标志化"的理解,却在中国当下的设计语境中被明显地忽略,而事实证明设计理念和哲学的"地域标志性"恰恰是设计产业得以进阶式发展、获得品牌化差异优势的重要因素。深圳作为一座崛起中的创新型城市,正在努力探寻自己的城市设计理念,市委市政府也高度重视"深圳学派"的创意设计工作。寻找这座因改革开放的"伟大设计"而诞生的创新型城市的"创意特色",无须在传统人文社会科学的相对"短板"领域与北京、上海形成竞争优势,而应该在深圳现有的科技创新、文化创新等优势基础上,以适应未来趋势的"创意设计的大人文观"为视角,积极开展创意设计及其产业的基础性研究,努力探索出"深圳设计"的独特内涵与设计哲学。在总体性、标志性的城市设计理念指导下,促进深圳创意设计产业在全球化时代进行差异化竞争,以此塑造深圳作为"设计之都"的独特魅力。

7.6.1.5　促进时尚创意设计产业与新媒体融合发展

当今数字科技的飞速发展为传统艺术设计开拓了新的愿景。随着数字技术的创新发展和各种数字化工具的应用,艺术作品色彩的呈现由黑白色变得更加丰富多彩。数字技术改变了传统创意设计的形态和表达方式,通过数字创意技术完成了对传统美学话语的解构,形成一套现代美学话语体系。与此同时,新技术的涌现为艺术设计提供了创新性的表达介质、表达手段和表达形态,改变了艺术作品的生产流通方式和人们的审美与消费习惯。21 世纪是数字化、信息化和消费主义时代,新媒介技术和平台深刻影响了人们的生存空间与生活方式,传统社会的思维逻辑、运行方式与社会规范被打破,形成了新的思维模式和行为方式。新媒体艺术形态以现代艺术逻辑融合传统艺术,促进视听艺术、时空艺术与多维艺术融合发展。新媒体艺术蕴含的创意理念,在城市文化现代化建设过程中发挥着巨大的作用。在深圳城市时尚创意设计产业发展进程中,加强时尚创意与数字媒体供给侧结构性改革,促进时尚创意设计产业与新媒体平台融合发展,已成为必然趋势。

7.6.2　强化文化辐射功能,增强深圳城市文化辐射力

强化深圳城市文化辐射功能主要包括:首先,进一步加强"大湾区"城市之间的交流合作。目前,大湾区建设还存在科技创新不足与产业链、供应链的安全稳定性不够等瓶颈问题,急需突破。深圳未来应重点建设国家科技创新中心城市,以解决卡脖子的问题,引进世界级的科学家和高端人才,以支撑深圳在大湾区的科技创新型城市定位。同时,要进一步促进港澳地区和内地的"通关便利化",尤其是科研设备和实验用品的统一标准认定,实现规则、制度的无缝对接。其次,进一步强化深圳在广东省内的文化辐射作用。在现有深圳都市圈的基础上,提升交通便利化水平,进一步拓展都市圈边界范围,以点带面,纳入更多的城市、县(区)等加盟,将深

圳开放、包容、创新、多元的文化辐射更多的城市。

7.6.3　运用多元化媒介平台，增强深圳城市文化传播力

网络文化传播力是城市网络传媒体系的渗透力、传播力和影响力的总和[①]。良好的网络媒介传播力是城市在网络空间中进行文化表达、提升城市文化软实力的重要体现。要提升人民城市的文化传播力和吸引力，多元化媒介渠道是至关重要的。不同城市的文化在交流互鉴中不断进步，传播我者，吸收他者，将城市文化内涵、城市精神气质进行跨城、跨区域、跨国传播，讲好一座城市的故事，展现真实、立体和全面的城市形象。如城市人文纪录片《奇妙之城》邀请明星为家乡的城市代言，参与城市纪录片拍摄，借助明星流量展现城市文化魅力，取得了良好的城市文化传播效果。城市文化还可以借助文化产品与服务进行传播，特别是利用贴近人们生活的文化产品与服务，对外传播城市文化特色和文化形象。如河南卫视凭借自身独具一格的匠心打造，成功让节目频频出圈，《唐宫夜宴》让博物馆中静态陈列的乐舞俑们活起来，以鲜活生动、娇俏可人的形象完成了传统舞蹈的活化展示，真正在作品中注入文化底蕴与精神内核；端午奇妙游系列节目广受全国人民的喜爱，这体现出河南城市的文化创新力与文化传播力。又如，螺蛳粉在全国范围的火热，促进了人们对螺蛳粉产地——广西柳州的关注热情，许多人甚至千里迢迢赶到柳州，只为吃上一碗正宗的螺蛳粉。柳州以特色美食文化产品为媒介，传递城市文化形象。长沙茶颜悦色奶茶品牌亦对当地文化的传播起到一定的作用。因此，深圳需要将自身的科技优势、本土文化特色与新兴媒介的传播形态相结合，借助不同媒体平台拓宽本土文化对外输出渠道。

7.6.4　培育城市文化精神，增强深圳城市文化吸引力

经济、科技是城市"硬实力"，城市文化精神则是一座城市文化软实力的集中反映，是增强城市文化吸引力的法宝。培育城市文化精神，营造更加浓厚的城市文化氛围，对于提升城市文化的亲和力与感染力来说至关重要。城市文化精神的培育，一方面要保护传承历史文化遗产，增强历史厚重感。历史文化资源是城市文化精神的发源地，也是最好的营养池。提炼城市文化精神、涵养城市文化氛围，只有根植于深厚的历史文化土壤，增强文化厚重感，才能提升文化滋润心灵、激发斗志的感染力；另一方面，城市文化精神要反映时代特征，增强时代感。历史文化传统的滋养让城市文化精神代代传承，时代变迁和现实方位又需要城市文化精神静中求变，与时代特征和时代要求相契合。因此，深圳应当在保护传承历史文脉，增强历

---

① 　徐翔.城市文化软实力构建的"网都"范式[J].南京社会科学,2012(06)：134－140.

史厚重感的基础上,营造出适合城市高质量发展的文化环境,弘扬积极高昂的城市文化精神,提高公共文化服务水平,维护公共文化秩序,规范城市居民的日常生活行为,美化城市文化环境,提升城市文化软实力。

7.7　强化城市治理功能,提升文化治理能力

改革开放以来,我国城市文化现代化建设经历了一个逐步探索和发展的过程。近年来,一些城市过度注重宏大叙事的地标性文化场馆建设,弊端日益凸显。同时,随着国家治理体系和治理能力现代化步伐的加快,城市文化治理成为城市文化现代化建设的重要方面①。城市文化治理是各种公共的或私人的机构和个体,以横向协商与合作的形式进行城市文化现代化建设的过程②。城市文化治理已经从政府一元主体主导模式转变为多元主体参与、协商治理的模式。政府、社会组织、企业和城市居民等主体齐心协力,共同参与文化治理,形成文化共有、共建、共治、共享局面。因此,可以从城市政府、市场、居民三个角度提出相应的治理建议。

7.7.1　强化政府主体的文化治理功能

7.7.1.1　加快"一网通办"建设,拓宽受理范围

近年来,深圳市政府持续实施"一网通办"服务项目。该项目的顺利实施,在政府治理能力现代化建设中发挥重要作用。深圳智慧城市建设的目标是实现城市数字化、实时可视化、协同化和智能化。下一步,要持续深化数字化政府治理改革,不断增强数字政府基础支撑能力,提升数字政府治理能力,推进政府治理"一网统管",优化政务流程,加快推进"一网通办"力度,努力把深圳打造成具有深度学习能力和精准服务能力的智慧城市。

7.7.1.2　加快城市公共文化服务数字化转型升级

"十四五"期间,新兴技术的开发和应用呈现爆发式增长,公共文化服务机构要关注新兴技术,积极参与数字技术变革和创新,进一步探索云计算、大数据、移动互联网、物联网、人工智能等新技术环境下公共文化服务的发展模式。推动公共文化服务数字化转型升级,实现公共文化服务智能化和智慧城市协同发展。发挥社会力量在公共文化服务供给中的积极作用,充分调动多元主体在公共文化资源整合、人才供给、文化活动创新等方面的主体能动性,不断提升城市公共文化服务供给效

① 宋道雷. 从城市生产到文化治理:中国城市文化建设实践的历史、现实和机制研究[J]. 山东大学学报(哲学社会科学版),2021(06):34-42.
② 王前. 理解"文化治理":理论渊源与概念流变[J]. 云南行政学院学报,2015(06):20-25.

能。在政府主体主导下,鼓动企业和其他社会力量参与,开创公共文化服务供给主体多元化的新格局,通过共建、共治、共享,弥补政府主体可能存在的治理和服务盲区;鼓励有条件的高等院校、科研机构、文化企业等社会主体自愿成为公共文化服务研究和实践基地。

7.7.1.3　构建集成化电子政务平台,强化便民化服务

建设集成化电子政务平台是政府实现信息资源共享、提高行政效率和管理水平的重要途径。为了更好地利用国内外先进的信息技术、设备和数字化服务手段,必须加快推进深圳市电子政务建设,促进政府工作方式转变,建设全市统一的电子政务基础平台;进一步完善网上办公系统,实现政务信息资源数字化、内部办公流程无纸化、对外审批服务网络化;在网络环境下形成"一体化政府",为社会提供"一站式服务",力争让深圳市电子政务建设达到全国乃至世界一流水平。

7.7.1.4　培育企业组织联盟,提升企业治理能力

培育新时代企业组织联盟是企业实现健康可持续发展的有效途径。基于对我国企业组织发展现状和存在的问题分析,结合新形势下企业组织的特点和职能,可以发现,新时代企业组织建设与发展模式主要包括三个层面:一是战略管理,主要研究如何制定和规范企业战略;二是运营管理,主要包括人力资源开发、企业运营、市场拓展等方面;三是协同创新,即通过技术创新、产品开发和其他手段,促进优秀企业分享良好的企业文化和价值观念,并将这些先进的价值理念和企业文化转化为企业组织行为,以促进企业组织变革,提升企业组织绩效。

7.7.1.5　壮大民间文化团体,提升文化治理的公众参与度

民间文化团体是城市经济社会发展的重要力量,在城市精神文明建设过程中具有不可替代的作用。中国加入世贸组织后,为了更好地推动社会各领域的改革与创新,需要大力支持和促进各级各类民间文化团体的设立与发展。同时,要通过民间文化艺术团体开展的活动,宣传、普及中华优秀传统文化和社会主义核心价值观,提高社会民众的文化素养和思想道德水平。民间文化团体的发展离不开政府部门的大力培育、支持和指导,要把民间文化团体纳入公共文化服务范围,积极创新公益性文化事业的发展模式。随着社会主义市场经济水平的不断提高,越来越多的企业开始重视民间文化团体的价值。如今,有远见的企业纷纷将目光投向民间文化团体,希望凭借自己雄厚的实力,借助民间文化团体开展的文化活动扩大自己的影响力。在此背景下,民间文化团体被赋予了更多的社会责任。但是,由于缺乏足够的认识和研究,很多企业往往忽视民间文化团体的文化和社会价值,一些企业只注重经济效益,使得民间文化团体的发展面临着危机,甚至出现濒危的情况。在这种情况下,民间文化团体组织只有得到更充分、更有力的发展,才能提升城市

文化治理的公众参与度。

7.7.2　赋予公民更多的文化权利,促进文化成果共享

马克思主义认为,文化的功能在于满足人民群众对于"文化生活需求"的期待,并且具有人民性的特质。在具体的文化实践中,"人们不仅像在意识中那样理智地复观自己,而且能动地、现实地复现自己,从而在他所创造的世界中直观自身。"恩格斯进一步指出:"文化上的每一次进步,都是迈向自由的一步。"换言之,民众的文化权利通过文化的发展与进步实现人的自由发展。具体而言,文化权利包括诸多方面,如一定程度的文化生活水准、充分的文化表达空间、基本文化生活需求的满足等。随着现代社会的发展,城市要确保居民群众的文化权利得到充分实现,就必须将文化的发展与进步作为城市发展战略的重心。因此,深圳在自身的文化发展过程中,要将城市居民的文化权利作为城市文化发展战略的重要内容,城市文化发展的最终目标是促进居民的全面自由发展,造就文化素养高、道德风尚好的城市居民群体。因此,深圳需要把城市居民的文化权利的实现、文化素养的提高、文化成果的共享作为城市文化发展的基本主题。

7.7.3　文化赋权:调动城市居民的主体能动性

提升城市文化治理能力,目的在于让更多的居民认知、参与和认同城市文化,减少强制性的行政行为,增强居民群众自主参与城市文化活动的主体能动性,而非被动地接受政府层面的安排。深圳市政府应当从三方面着力提升城市文化治理能力:首先,凝聚和突出城市文化特色,提升文化活动质量,促进城市文化认同;其次,建立健全各级各类组织机构包括社会组织,以及各类组织机构之间的合作机制和协同治理规范,推动城市文化治理可持续发展;最后,推进城市居民作为多元主体协同治理的参与者,培育内生性文化主体力量。深圳应当发挥数量众多的非政府组织的优势,调动社会组织的参与积极性,在适度监管的前提下,给予各类社会组织和社区社群较高的文化自主性,尽可能提供优秀活动案例与经验指导,鼓励各级各类组织尤其是社会组织举办积极、健康、向上向善的群众性文化活动。

7.8　动员多元社会主体参与,举办高质量文化活动

城市的文化活动、文化品牌与文化地标是衡量城市文化软实力的重要因素,增强深圳城市文化软实力,城市文化活动和文化氛围是重要的衡量标准。一方面,政府、企业、社会组织和居民个体应当进一步提高城市文化活动的支持度、参与度,创新文化活动内容和方式,提升文化活动质量。比如,"深圳读书月"作为深圳重要的

城市文化名片,可以不断地创新活动形式,探索图书馆、书城、书店、书吧的融合经营和公共文化服务新模式,开展更多阅读交流与合作活动;加强区域联动,以阅读活动为媒,推动粤港澳大湾区城际合作与交流。另一方面,政府应当组织或出台相关政策,助力高质量文化活动的开展,让更多的社会主体参与进来。以设计之都、科创之都等战略定位为核心,联动相关高校进行巡回展览,满足居民群众日益增长的文化生活需求。具体可以从整合城市文化资源,打造丰富多彩的文化活动内容与形式,以人为本、开展高质量文化活动等方面推进。

7.8.1　整合、保护、传承城市传统文化资源

不可否认,开展高质量的文化活动与传统文化资源的活态保护传承有着密切的联系。深圳市有着多样化的传统文化资源,这些传统文化资源存在不同的形态,譬如生活习俗、传统戏剧、民间文学、非遗技艺等。以传统戏剧为例:万丰粤剧底蕴丰厚,特色鲜明,活态传承有力,2004年被广东省文化厅命名为"广东省民间艺术(粤剧)之乡"。此外,深圳市还有不少非物质文化遗产也值得关注。比如,甘坑客家凉帽制作技艺、深圳云片糕制作技艺等,这些非遗技艺经历代传承后,保留着浓厚的城市文化特性。对于这些传统技艺的分类保护传承是增强深圳城市文化软实力的第一步,深圳市政府要在现有保护传承传统技艺的基础上,根据保护度、传承度、发展程度,以及受众的认知度、参与度、认同度等维度进行评级,根据不同等级制定出相应的保护措施。

例如,在保护香云纱染技艺、客家凉帽制作技艺等方面出台相关保护传承措施,采取财政支持、减免税收等方式让这些传统手工技艺得以保护传承。城市传统文化资源不仅需要保护传承,更需要整合利用,政府需要将分散的文化资源集中整合到特定场馆或场景空间内,面向社会公众集中开放,这会让城市文化资源、文化产品和服务展示更具有条理性、层次性和完整性。此外,深圳应当重视开展具有独特性且与城市的地方性深度嵌入的节庆活动,为本地居民、外来人员以及游客提供交融共睦的文化舞台,展示深圳城市的特色文化,促进文化交流互鉴,为人们的日常文化生活赋予更加美好的意义与价值。

7.8.2　丰富文化活动形式,提高受众接受度

开展高质量的文化活动,需要靠丰富的文化活动形式来体现。不可否认,从长期来看,单一形式的文化活动具有很强的传承性,但根据边际效应递减规律,随着时间的推移,单一形式的文化活动的受众接受度将会受到不同程度的影响,此时需要丰富和创新文化活动形式。譬如,在传承深圳美食文化时,举办厨艺大赛,让参与者不但可以切磋交流厨艺,还能尽情品尝美食,让居民在美食制作和品尝中体验

美食文化,接纳美食文化,传承美食文化。又比如,除了按惯例举办"读书月"活动外,图书馆还可以定期举办涉及社会民生问题、当代热点问题的专家讲座,举办图书分享会、咖啡会;根据不同的节假日特点,开展丰富多彩的节庆活动,这些都是文化活动形式的拓展点,而丰富文化活动形式的目的就是让居民的文化边际效应呈现 S 形曲线,不断提高城市文化活动的受众接受度、参与度和认同度。

7.8.3　以人为本,注重细节,提高文化活动的温度

高质量的文化活动需要在"以人为本"的基础上推进,注重提升人民生活品质。当今时代,城市现代化建设成为主流,越来越多的人们生活在城市,城市为谁服务成为最大的民生问题,这也是探索中国特色社会主义城市发展道路必须解决的"头等大事"[1]。2017 年 2 月,习近平总书记在考察北京城市规划建设和冬奥会筹办工作时提出,"城市规划建设做得好不好,最终要用人民群众的满意度来衡量。"党的十九大报告指出:"坚持以人民为中心的发展思想,不断保障和改善民生、增进人民福祉。"其实,城市文化现代化建设要做到以人为本,就要关注文化的细节和温度,于细节之处见人文关怀,提高文化活动和服务的温度。文化温度的提升需要"一开""一感""一全"。所谓"一开"就是公共文化设施和场所对居民免费开放,让居民感受到自己是城市文化活动中的一员,增强他们的文化参与感与认同度。所谓"一感"就是在开展"阅读月"等文化活动时通过不同人群阅读的书目感受到城市需要什么文化,根据这种文化需求,再开展后续的文化活动。所谓"一全"就是在开展文化活动时要涉及全年龄段人群,比如,为小朋友设计小儿车比赛、寻宝、投币游戏等文化活动;为青年居民开展篮球、网球、足球、排球比赛等活动;为老年人开展健康行走、老年瑜伽、合唱团、周末太极、太极拳等文化活动,排解他们的寂寞时光,等等。

7.8.4　积极调动多方主体力量,投入到城市文化活动中

城市文化活动是一种集体选择的过程,是政府、非营利组织、企业、城市居民、志愿者等主体之间的合作互动过程。政府是公共文化服务供给的最主要主体,即使在以非政府力量为主体的公共文化服务供给模式中,政府的作用也绝不会消失,核心问题在于政府发挥作用的方式和手段不同而已[2]。就深圳市政府来说,重要的是加强政府对城市文化活动的规划和财政投入。一是要加强政府财政资金对城市文化活动的支持力度[3]。政府应根据不同类型文化活动的实际情况,合理进行

①　刘士林.人民城市:理论渊源和当代发展[J].南京社会科学,2020(08):66-72.
②　周晓丽,毛寿龙.我国公共文化服务的模式及路径选择[J].江苏社会科学,2008(1):90-95.
③　周晓丽.论美国社区文化活动及其经验借鉴[J].商丘师范学院学报,2013(08):81-85.

规划和资金支持,以充分利用城市文化资源,避免资源的闲置与浪费。但是,随着政府对文化活动投入力度的加大,并不是将所有城市文化活动拉回到"等、靠、要"阶段,此时需要将文化活动的主办权下放到具体的文化场馆和基层文化机构,以贴近城市居民的文化活动需求。二是考虑到政府资金的有限性,需要借助社会组织、民营企业的现有场馆、资源和其他文化设施,开展丰富多样的文化活动。加强各主体间的交流合作,整合社会相关的文化资源,积极营造或改造升级城市文化空间,开展高质量文化活动,释放城市文化发展活力,提升城市文化软实力。

7.8.5　完善基础性文化设施,提升公共文化服务质量

高质量开展文化活动依托于城市文化空间、文化活动设施与文化服务质量。在推进文化高质量建设的今天,城市政府需要不断优化文化空间场景,改善文化活动设施,根据不同区位特点,因地制宜布局文化活动空间、场景、设施和服务。深圳市需要将原特区内外公共文化空间场所、公共文化设施及其他文化资源配置,逐步改造升级为现代化、国际化、智能化的文化活动区域。优化配置原特区外六区的各类区级公共文化空间、文化设施,做到文化活动数量、类型和服务全覆盖;基层文化活动场所和设施配置应体现公平性、均等性、数字化、智能化等特性。

7.9　提升城市文化数字化质量和居民数字化生活水平

顺应数字化转型发展的大趋势,深圳需要进一步提升智慧城市建设的覆盖范围,使之能够更好地服务居民,便利居民生活。进一步提升城市数字化治理水平,具体路径主要包括三方面:首先,需要建立"政府引领、企业参与、社会互动"的高效机制。政府在非公共数字文化发展方面应当扮演好引导和监督的角色;在公共数字文化资源配置方面优化供给,做好服务保障。企业不仅是政策的执行者,而且也是政策的推动者,应积极推动产业数字化进程;其他社会主体积极参与,共同推进数字化治理水平迈向新台阶。其次,构建多方参与、安全高效的数字生态系统。注意多元主体之间的信息交流、信息共享,构建数字生态系统,并维护数字生态系统安全。最后,创建区域协同、信息共享的跨区域数字共享平台。深圳在数字经济、数字产业领域实际上领先周边的很多城市,未来应当搭建更多数字共享平台,带动周边产业发展,将先进经验分享给周边城市和其他地区。

7.9.1　深化数字政府改革,夯实数字深圳"新基建"

城市文化数字化建设有赖于当地政府的数字化转型升级以及相关文化"新基建"的建设力度。深圳市政府数字化改革可以从三个方面入手:首先,要持续强化

数字化政府的技术支撑和基础设施建设,按照"四个统一"即"统一的党政机关IDC机房和灾备中心""统一的党政机关网络""统一的应用支撑平台"和"统一的政务云平台"的建设要求,持续推进电子政务基础设施建设,为数字政府建设提升坚实的云、网技术支撑。不断优化政府部门业务平台的数字化服务,夯实数字政府建设基础①。其次,为提高办事与服务效率,深圳市政府在政务数字化过程中要积极运用互联网、人工智能等数字技术,提升数字化服务水平。目前,深圳市政府开展网上信息发布、查询、申报和联合审批等线上政务服务,已经取得了成效。在今后的政务数字化服务过程中,需要进一步化繁为简,减少网上办事流程,进一步提升政府办事效率和服务水平。最后,深圳市各级政府部门要进一步强化政务信息公开力度。"十三五"时期,深圳城市的电子政务覆盖范围持续扩大,政府网站建设在全国遥遥领先,已成为政府信息公开首选的平台。下一步,政府信息服务平台建设要做到政府部门核心业务信息化、数字化全覆盖,政府公开信息发布率达100%,并且要让政务信息触达点和城市居民的可获得性更加多元化、便利化。

在夯实深圳城市文化"新基建"方面,深圳市政府于2018年7月印发了《深圳市智慧城市建设方案》,以人工智能、大数据、云计算等数字技术为支撑,应用于城市公共服务、公共安全、公共治理和智慧产业发展等领域。为了达成此目标,深圳市政府应从以下两方面着力:首先,"补短板"。将传统基建和公共基础设施进行数字化、智能化改造升级,拉动传统基建项目投资力度;比如,对传统图书馆、博物馆等场馆进行数字化改造升级;其次,"创新板"。加大信息技术的创新力度,培育出更多经济、文化和产业新业态,挖掘出更多经济、文化和产业新动能。深圳是国家首批5G试点城市之一,也是全球第一个5G独立规模组网城市,深圳要抓住数字化、智能化的发展机遇阔步前进,以5G技术赋能智慧城市建设,提高智慧城市应用场景的覆盖率,开辟出更多城市文化数字化发展空间。

7.9.2　促进数字经济与实体经济、民生服务深度融合

深圳市以打造数字经济样板城市为目标,加快推动产业数字化、数字产业化,依靠数字技术、信息技术创新驱动发展,不断催生新产业、新业态、新模式,用数字科技新动能推动经济社会新发展。提升数字智能化水平,将数字技术、数据要素与金融服务相结合,服务实体经济发展。将数字经济投放到民生领域,赋能城市居民数字化生存和发展,惠及更多深圳居民。

7.9.3　赋能数字居民发展,提升数字深圳服务能级

城市数字化发展的核心是"人",一切数字形态、措施方法、工具平台等,最终都

---

① 刘佳晨. 数字政府引领三位一体的数字深圳[J]. 中国领导科学,2021(01):100-105.

是为了更好地服务城市居民。城市文化的数字化、智慧化应融进居民的日常生活中。深圳市通过实施"数字市民"计划,推广电子证照、电子印章、电子签名、电子档案等,构建"数字市民"认证、管理和应用体系,创新公共文化服务新模式。

一是建立健全居民的数字身份认证体系。政府依托公安部门的人口数据库,通过线上刷脸认证和线下实人核验,为全市居民建立起一人一档的数字身份标识。居民的数字身份标识与个人的信用体系挂钩,共享城市所授权的各类信息平台,为居民提供个性化、便利化的数字化服务,同时也是城市治理数字化的有力抓手。

二是进一步拓展数字居民的实践应用场景。深化"互联网＋政务服务",基于数字居民身份认证,大力推进在线服务,借助电子签名、电子印章、电子证照等数字服务支撑,推动政务服务"申报—鉴权—审批—出证"全流程数字化,实现全流程网上办理。不仅如此,在居民的日常生活如酒店住宿、经费报销、成绩办理、图书借阅等场景中,也只需要数字身份认定,即可"一码通行"。

三是全力保障数字居民的信息和数据安全。互联网应用是集数据采集、传输、处理、存储为一体的数字化实践,任何一个环节出现问题,都会给个人信息安全带来隐患,给居民群众带来安全风险。为此,深圳市政府应高度重视居民个人信息安全保护,在相关法律法规框架下,结合数字城市建设的实际需求,出台相应的管理办法、措施,从技术规范、道德规范、法律规范三方面入手,着力搭建数字深圳网络安全体系,完善数字深圳的网络安全总体布局。

7.9.4　调动企业积极性,引导多元主体参与文化数字化建设

城市文化数字化和居民生活数字化建设,不能仅靠政府一元主体的推动落实,深化深圳城市数字化建设,需要多元社会主体的共同参与、共同治理、共同发挥效用。数字政府、数字化企业、数字化市场、数字文化产业要齐心协力,共同推进城市文化数字化进程。一方面,要强化城市数字化系统的整体性与交互性,通过贯通子系统之间的链接实现信息共享与协同服务;另一方面,进一步重视网络数据安全和用户隐私安全,构建城市数字化系统的安全保障体系。在数字城市建设过程中,政府需要引导数字化企业切实履行主体性责任,积极投身城市数字化建设浪潮中,让他们积极落实政府的文化数字化政策,并推动数字文化产业政策进一步完善。城市居民应积极配合和参与政府、企业主体的文化数字化建设,发挥城市主人翁作用,助力城市文化数字化建设迈上新台阶。同时,应将数字技术作为创新创业的工具,帮助文化企业实现数字化转型发展,激发数字文化产业的潜能与活力。

7.9.5　拓宽城市文化数字化传播渠道,提升城市文化传播力

深圳市要充分利用各类媒体尤其是数字媒体平台,以及线上线下各类空间场

所,加大城市文化数字化的宣传推广力度,拓宽城市文化数字化的传播渠道。一方面,可以通过学校教育、社区宣传、员工培训等形式,让居民更好地熟知城市文化数字化的作用和效能;另一方面,政府可以联合企业开展以城市数字化为主题的各类数字化活动,将城市文化精神融入其中,将城市风貌展现其中,提升城市文化软实力。

7.10　推动文明城市建设,提升居民文明素质

过去十年中,深圳连续六次拿到了"全国文明城市"称号。下一步,深圳应当继续优化廉洁高效的政务环境、公正公平的法治环境、规范守信的市场环境、健康向上的人文环境、安居乐业的生活环境、可持续发展的生态环境,扎实有效地推进"文明城市"创建活动,进一步提升文明城市建设标准,致力于践行社会主义核心价值观,大力培育城市科学与人文精神,提升城市文化内涵与特色。同时,制定并实施城市文明建设规划,推动文明城市创建精细化、常态化、长效化,不断推动深圳迈进中国乃至全球一流的文明城市行列。

7.10.1　进一步开展城市居民文明素质教育

城市文化软实力建设有赖于城市居民对城市文化的认知度、参与度与认同度。深圳市需要大力推进城市文化现代化建设,强化居民文化知识教育,夯实城市文化软实力基础。坚持"文化立市"战略,继续建设"两城一都",即图书馆之城、钢琴之城和设计之都,营造书声琅琅、琴声悠扬、创意无限的城市文化氛围[①]。相信随着居民文化教育水平的不断提高,居民文化素质也将逐步提升,为文化软实力跃升提供有力支撑。

一方面,新时代背景下,城市文化现代化建设需要城市居民的全员参与。从公共管理角度来看,应当进一步加强城市文化现代化建设,倡行居民科学和文化知识教育,提升社会民众对城市文化的认识水平[②]。在城市文化现代化建设和文化推广普及过程中,应当将微信、微博、视频直播等媒体平台作为主流传播载体,加大城市文化的宣传推广力度,引领社会民众更好地利用各类媒体平台,积极参与到城市文化传播过程中。要通过形式多样的宣传推广,加深社会民众对城市文化的认知和理解,在自身职业发展和日常学习、生活、休闲等各方面,有机融入城市文化元素,在不断充实城市文化内容、丰富文化表达形态的基础上,逐步将城市文化现代

①　艺衡.一座城市文化基因的生成与绽放[EB/OL].深圳特区报,2019-11-01(A15).
②　郑颖俊.基于公共管理角度的城市文化建设路径分析[J].中小企业管理与科技(上旬刊),2021(05):128-129.

化建设提升到更高水平。

另一方面,政府机构、企业、学校和各类社会组织在动员和引导居民认知城市文化、参与城市文化活动、提升城市文化认同度方面有着独特的优势,这类机构、组织可以通过举办各类文化活动对居民群众进行引导、教育和治理,将居民群众凝聚起来,并调动居民参与各类文化活动的积极性,促进城市文化"活"起来①。

7.10.2　进一步完善城市诚信体系建设

深圳城市社会信用体系建设在全国范围内处于领先地位。早在 2001 年,深圳市便发布了《深圳市个人信用征信及信用评级管理办法》等政策法规,但现行公共信用信息管理立法相对滞后,制约了深圳市社会信用体系建设,亟须以更高的法律层级规范约束城市公共信用与居民信息使用行为。为此,应加快出台《深圳经济特区社会信用条例》等法律法规,推进城市信用标准化建设。2021 年 10 月 28 日,深圳市七届人大常委会第五次会议审议了《深圳经济特区社会信用条例(草案)》,随后颁布了该条例。深圳市早在 20 多年前就率先推进企业的社会信用征信体系建设。此次立法,旨在进一步优化城市营商环境,构建更高层次的企业社会信用的综合性法规体系,更好地与国际信用体系接轨。不少专家学者对此予以高度评价,如中央党校政法部教授王伟认为,《深圳经济特区社会信用条例》立法有特色,制度有创新,走出了一条社会信用立法的新途径,为未来社会信用立法开创了多元化法治模式。

7.10.2.1　建立企业诚信数据库,对诚信度较高的企业给予奖励

企业诚信数据库是一个全面、完整、真实、即时的企业信用信息资料管理平台。通过建立健全企业诚信记录档案,可以帮助企业更好地了解自己的信用信息情况,进而制定出科学合理的企业发展战略,在市场竞争中获得优势。企业诚信评估是企业经营者对其所在行业以及其产品与服务在公众心目中的形象和声誉的认识水平和期望水准的综合体现。企业诚信也是城市文明的重要尺度。企业诚信建设要求企业在遵守法律法规、执行公司章程和职工代表大会决议的前提下,积极树立诚信意识,优化诚信行为、合法保护企业信誉。企业诚信是企业实现经济效益和社会效益的必要条件。对诚信度较高的企业,应给予财政贷款、税收等优惠政策。对诚信度较低的企业应给予适当处罚;对违反诚信法律法规的企业,要依法追究相应的民事乃至刑事责任。企业诚信数据库应按照企业主要负责人、财务总监、审计总监、项目经理、质量总监、安全管理总监、人力资源部门领导等关键岗位人员建立的

---

① 石筱夏.居民的文化参与对城市认同的影响研究——基于深圳市公共文化服务的实证研究[D].深圳:深圳大学,2017.

信用档案,全面、真实地反映整个企业的信用情况,企业诚信评估是评价和激励员工完成各项工作任务的重要手段。

7.10.2.2　完善征信系统,加强中小学诚信教育,把诚信融入城市文化中

征信作为一种管理手段,在国外已经有近百年的历史。我国从 20 世纪 80 年代开始试点建设征信制度,目前正处于快速发展时期,但由于缺乏完善的法律法规体系和市场环境,导致征信系统建设滞后,也阻碍了社会信用体系的进一步推广和应用。随着信息和数字技术的不断进步,人们对个人征信业务的需求与日俱增,尤其在个人信贷行业快速发展的今天,个人征信系统直接影响到个人信贷业务的健康可持续发展。中小学生诚信教育是素质教育的重要内容,是培养合格公民的基本要求。我国中小学诚信教育和文化素养教育是以诚实守信、爱国主义和其他良好道德品质为主要内容的综合性教育活动,是提高全体师生思想道德修养、树立良好职业操守的有效途径。把诚信内容融入城市文化和城市精神中,是社会主义核心价值观的重要体现,也是每一位城市居民必须具有的精神品质。在诚信教育过程中,中小学的道德观念和良好行为习惯起着重要的作用,决定着诚信教育的成败。诚信教育不仅可以帮助学生形成正确的价值观、健康的人生态度、科学的世界观,还可以使学生逐步完善自己的人格。

第8章　新时代城市文化软实力的空间建构

8.1　概念阐释与研究文献回顾

在漫长的历史演进中,城市逐渐成为具备自然生态、经济、政治、文化、社会等多重功能与属性的文明聚集体,而文化是城市经济社会发展的灵魂和精神纽带。"城市文化归根到底是人类文化的高级体现,人类所有伟大文化都是由城市产生的"①,城市成为文化的容器和重要载体。如今,在党中央提出的"五位一体"的战略格局中,文化是贯穿政治、经济、社会、生态的柔性力量,文化在城市经济社会发展中的凝聚力、渗透力、影响力日益凸显,文化软实力被视作城市实力地位、发展水平、治理能力和综合竞争力的表征。

近年来,北京、上海、深圳等城市秉承"人民城市"的建设理念,陆续提出了打造"首善之都""人民城市""文明典范城市"等战略目标,旨在全面提升城市文化软实力。但这些城市在文化软实力建设过程中,仍存在不少短板问题,如重形象与面子工程,轻内涵与精神价值;重物质基础设施,轻文化创意设计;重文化资源发掘,轻城市文化的温度,等等。城市现代化建设在带来丰富的物质文明的同时,也引发了精神道德与信仰危机。可见,城市文化软实力高质量建设依然在路上。对于学术界而言,需要进一步开拓研究视野,特别是在人文社会科学领域的文化转向和后现代空间转向的背景下,从空间维度思考城市文化软实力建设,高质量建设各类城市空间,赋能城市空间更多精神文化的力量,使其更加"文化化""日常生活化",这不仅是实现文化惠民、文化利民目标的时代要求,更是营造城市空间场景、凸显城市文化内涵、调动城市居民的文化参与积极性、提升城市居民文化素养的重要途径。

8.1.1　相关概念界定

8.1.1.1　城市文化软实力的概念及内涵

"文化软实力"的概念发轫于美国政治学者约瑟夫·奈的"软实力"理论,是软实力的衍生概念。20世纪90年代初,约瑟夫·奈将综合国力划分为两种,分别为

---

① ［美］刘易斯·芒福德. 城市发展史——起源、演变和前景［M］. 宋俊岭, 倪文彦, 译. 北京:中国建筑工业出版社, 2005:156.

由经济、资源、军事和科技四大因素构成的有形"硬实力",以及受文化观念、意识形态、政治价值观及外交政策影响的无形"软实力"①。"软实力"可以不靠武力与经济胁迫,说服他人相信或认同本国的社会准则、价值观念与政策制度,从而达到增强本国吸引力、感召力与同化力的效果②。"软实力"概念一经提出,便得到了社会各界的高度关注,自 1993 年王沪宁教授将这一概念引入中国以来,我国学者对约瑟夫·奈等西方学者的"软实力"理论展开了中国化解读。有别于西方的软实力理论携带着浓重霸权主义与政治实用主义的色彩,我国学界依据国情需要和以人民为中心的发展目标,偏向于把软实力研究着力点放在文化层面。比如,学者霍桂桓认为,"文化软实力"本质上是一个民族、国家在传统文化与现代文化交融发展中所形成的特殊文化吸引力,它能够体现鲜明的民族特质、对他国受众产生精神影响,并可以用来直接参与国际竞争③。

随着全球范围内城市竞争和地区竞争的加剧,以及文化在经济社会建设中的重要作用日益凸显,我国文化软实力研究呈现出"城市化"和"区域化"转向,"城市文化软实力"的概念由此而生。城市文化软实力是国家文化软实力的重要组成部分,但与后者强调意识形态和宏大叙事不同,城市文化软实力更看重价值取向④。目前,国内学者对于城市文化软实力的概念、实质与要素的论述尚没有形成统一的观点。如李正治、张凤莲认为,城市文化软实力是城市通过发挥优秀的物质、制度和精神文化作用,激发城市内外的积极因素,从而自愿投入城市建设,最终实现城市经济社会发展目标的能力⑤。吴忠将城市文化软实力划分为对城市内部社会产生作用的社会凝聚力和市场吸引力,以及对城市外部环境和区域外他者发挥综合作用的思想影响力、吸引力与感召力等⑥。

总的来看,城市文化软实力是在世界城市竞争愈发激烈的背景中孕育而生的,它是一座城市依托传统与现代文化资源禀赋,彰显文化内涵、特色与个性,推动文化传承与创新,提升居民文化素养和居民幸福生活的柔性力量。城市文化软实力主要分为对内和对外两个层面,对内主要表现为文化凝聚力、文化生产力和文化创新力,对外主要表现为文化吸引力和文化传播力。

---

① Nye J S Jr. Soft power and American foreign policy[J]. Political science quarterly, 2004, Vol.119, No. 2, pp. 255 - 270.

② Nye J S Jr. Bound to lead: The changing nature of American power[M]. New York: Basic books, 2016, pp.153 - 160.

③ 霍桂桓. 文化软实力的哲学反思[J]. 学术研究, 2011(3): 13 - 18.

④ 陈德金, 李本乾. 文化建设与上海城市文化软实力研究[J]. 科技管理研究, 2011(24): 225 - 228.

⑤ 李正治, 张凤莲. 试析城市文化软实力的内涵及其构成要素[J]. 人民论坛, 2013(26): 34 - 35.

⑥ 吴忠. 提升城市文化软实力的意义与路径选择[J]. 学术界, 2011(05): 28 - 36.

8.1.1.2　城市文化空间的概念及内涵

一般而言,文化空间指"场所、器物、制度和时间等多个维度构成的文化环境"①。文化空间包括环境、场所、符号、物件或设施物、服务等有形内容和气氛、精神、价值、意义等无形内容。作为一种复合的空间综合体,城市文化空间与纯粹的自然物理空间不同,它既包括博物馆、图书馆、艺术馆、实体书店、特色文化产业园区、主题公园和其他现代都市生活空间等实体空间,也涵盖精神、制度、民俗、风情等意义空间,以及在互联网和数字技术加持下新兴的各类虚拟文化空间,是一种虚实结合的特定文化场域。根据空间的功能,文化空间可分为文化活动空间、文化体验空间、文化生产空间、文化展演空间、纪念性空间、文化传播空间、文化消费空间,等等。刘易斯·芒福德在《城市文化》一书中指出:"城市是文化的容器。"②文化是一座城市的内在生命力与精神动力,城市文化空间承载城市的文化资源、符号、内涵和特色,以及特定的文化记忆、文化活动,代表过往及当下城市居民的文化和社会生活实践。

城市文化空间承载无形的文化软实力,涵括文化遗产留存、文化符号象征、文化活动事实、文化表达呈现和空间话语场景,具有重要的符号价值、经济价值和社会价值。建构高质量的城市文化空间能够展现和表达城市居民的文化活动、权利和利益诉求,起到文化育人和凝聚人心,以及维持、强化和重构线上线下社会关系的作用。它不仅反映了城市空间的过去与现在,同时也在塑造城市空间的未来。

8.1.2　研究文献回顾

8.1.2.1　城市文化软实力研究综述

城市文化软实力是一个具有鲜明中国话语特色的概念,它是由国内学者在西方软实力理论基础上,结合中国特色社会主义城市实践而开辟的研究方向。目前,国外学者还没有确切使用"城市文化软实力"这一概念进行研究,他们的研究仍是围绕"软实力"及"文化软实力"展开。一是关于软实力内涵的研究,国外学者主要集中于软实力的概念界定、分类、特征及重要意义。20 世纪 90 年代初,美国新自由主义学派学者约瑟夫·奈(Joseph S. Nye. Jr)将软实力界定为"为了获得想要的结果,通过引发正面的吸引力等同化的方式来影响他人的能力"③。随后,英国学者路易斯·克莱瑞文斯(Louis Klarevas)将软实力的表现形式划分为规范性、权威

---

① 苗伟. 文化时间与文化空间:文化环境的本体论维度[J]. 思想战线, 2010(01):101-106.
② [美]刘易斯·芒福德. 城市文化[M]. 宋俊岭,等译. 北京:中国建筑工业出版社, 2009,译者的话.
③ [美]约瑟夫·奈,俞平. 软实力:一个概念的演进[J]. 国外社会科学前沿, 2022(06):78-87.

性以及实践性三种①。美国学者格拉罗蒂(Giulio M. Gallarotti)认为,随着全球化的发展,各国之间使用武力的成本急剧上升,以及民主在世界体系中日益增长,导致软实力的重要性逐渐凸显②。二是关于国家软实力的研究,国外学者从多学科角度出发,进行了包括中国在内的多国软实力比较分析。如美国学者约书亚·库兰茨克(Joshua Kurantzk)在《魅力攻势:中国的软实力如何改变世界》一书中,专门探讨自 21 世纪初以来,中国是如何用软实力外交改变了在亚洲以及国际舞台上的形象③。泰拉(Tella O)搜集了非洲人对美国流行文化、品牌和教育活动的看法数据,分析美国在非洲的文化输出和政治政策所带来的软实力问题④。三是关于文化软实力的研究,国外学者主要在文化软实力的表现形式与重要性等方面开展研究。比如,塞缪尔·亨廷顿的"文明冲突论"揭示了文化对国家发展的重要作用,指出新世界冲突的根源将不是意识形态或经济因素,人类的巨大分化以及冲突的支配性根源将是文化上的分歧。⑤

　　我国学者关于城市文化软实力的研究成果集中于四个方面:一是城市文化软实力的概念与内涵解读。不同学者立足于各自的学科背景,从不同角度对城市文化软实力的概念进行界定。如陈汉忠认为,城市文化软实力反映和展现了一座城市文化资源的价值理念和精神力量,由城市文化资源力、文化生产力、文化凝聚力和文化影响力组成⑥。张怀民和杨丹把城市文化软实力视作"城市的物质、制度和精神文化中所体现出来的延续力、创新力、向心力、认同力、生命力和凝聚力,以及在对外交往中产生的感召力和辐射力"⑦。二是城市文化软实力的重要作用研究。比如,彭莹指出,城市文化软实力将在城市价值提升过程中发挥重要作用,文化价值吸引力是城市价值生生不息的精神源泉,文化产业竞争力为城市价值赋能增效,文化知识生产力为城市价值提供智力支持,文化体制引导力是城市价值的基础保障⑧。三是城市文化软实力的评价指标体系建构。不同学科学者依据不同的测度

①　Klarevas L. Greeks Bearing Consensus: Suggestions for Increasing Greece's Soft Power in the West[J]. Mediterranean Quarterly, 2005, Vol.16, No.3, pp. 142-159.

②　Gallarotti M. Soft power: what it is, why it's important, and the conditions for its effective use[J]. Journal of Political Power, 2011, Vol 4, No.1, pp.25-47.

③　Joshua Kurlantzick. Charm offensive: How China's soft power is transforming the world[M]. US: Yale University Press, 2007, pp. 50-73.

④　Tella O. A declining or stable image? An assessment of the United States' soft power in Africa[J]. South African Journal of International Affairs, 2016, Vol.23, No.2, pp.151-166.

⑤　Huntington S P. The clash of civilizations? [M]. New York: Palgrave Macmillan US, 2000, pp.36.

⑥　陈汉忠. 提升武汉城市文化软实力对策研究[J]. 长江论坛, 2019(06): 23-27.

⑦　张怀民, 杨丹. 城市文化软实力提升路径选择:武汉文化软实力发展研究[J]. 科技进步与对策, 2013(05): 47-52.

⑧　彭莹. 论城市文化软实力与城市价值提升的关系[J]. 内蒙古财经大学学报, 2016(05): 56-59.

标准,构建城市文化软实力指标体系。如张月花等学者基于创新型城市建设视角,从文化基础力、文化保障力、文化生产力、文化吸引力和文化创新力 5 个方面,设置了 5 个维度、12 个层面、35 个指标的城市文化软实力指标体系①。施亚岚等学者构建了包含文化吸引力、文化竞争力、文化生产力 3 个维度 16 个测量指标的文化软实力评价指标体系②。四是城市文化软实力的提升路径研究。一些学者将城市文化软实力理论与实践相结合,从不同侧面分析城市文化软实力建设中存在的问题和提升策略。如朱琴提出,要以小尺度的城市公共空间为切入点,探索城市文化空间的艺术保护、活化与再生模式③。刘芬、夏先重以武汉竹雕博物馆为例,提出要依托博物馆馆藏资源,进行文化艺术研究、文创产品开发以及文化产业园建设,不断提高城市的经济硬实力和文化软实力④。

8.1.2.2　城市文化空间研究综述

城市文化空间研究是工业化与城市化发展到一定程度而出现的新兴研究领域。随着城市文化对经济社会发展的影响日渐加深,欧美学者率先开始了城市公共空间研究。20 世纪 70 年代,城市社会学学科奠基人亨利·列斐伏尔提出,在人类发展与城市化过程中,已经逐渐从"空间中事物的生产"转向"空间本身的生产"⑤。他认为,城市化是空间生产的过程,在这个过程中,人们必然要对已有文化进行整合与再生产,追求多重的文化权利和文化自由⑥。其后,米歇尔·福柯、大卫·哈维和爱德华·索亚等学者都参与了构建空间的政治、经济、社会生产与治理等理论,开启了后现代"空间转向"研究范式。

20 世纪 90 年代以来,西方国家越来越重视文化战略规划和文化产业发展,西方学者更加注重城市文化空间的意义与价值研究。由于不同学科学者、不同研究视角的介入,加之各国历史文化、地域特点和族群习俗等方面的差异,城市文化空间呈现出复杂多样的态势。近年来,国外学者关于城市文化空间的研究主要集中于以下方面:城市文化生态空间、城市文化旅游空间、城市文化创意空间、城市文化传播空间及其互动与实践、文化空间中的文化记忆与认同、文化空间中节事活动的符号意义、城市空间中的文化资本与消费、城市空间的文化与政治权力。首先,建

① 张月花,等.创新型城市建设视角下西安文化软实力实证评价与分析[J].科技进步与对策,2013(14): 48－52.
② 施亚岚,等.中国海丝旅游城市文化软实力建设研究:比较的视角[J].华侨大学学报(哲社版),2018 (02):72－82.
③ 朱琴.城市公共空间艺术活化与文化软实力提升研究[J].美与时代(城市版),2017(10):65－66.
④ 刘芬,夏先重.以文物资源提升城市文化软实力——以武汉竹韵堂竹雕博物馆为例[J].文化学刊,2017 (11):94－96.
⑤ 吴宁.列斐伏尔的城市空间社会学理论及其中国意义[J].社会,2008(02):112－127＋222.
⑥ [法]亨利·列斐伏尔.空间与政治[M].李春,译.上海:上海人民出版社,2015:105－111.

筑、园区等城市文化景观与绿色生态系统是城市文化空间研究的重要内容,学者们重视建筑文化遗产与文化记忆对于引发城市居民情感共鸣的重要作用[1]。其次,文化旅游业的兴起与文化创意产业的发展繁荣为城市文化空间的生产、发展与消费提供动力支撑。有学者认为,遗产旅游为城市更新与发展提供了新的机会,有助于城市文化复兴[2]。再次,城市文化空间的互动实践与记忆认同关注到受众群体,学者们力图通过城市居民的实践感知体验,探索城市文化空间的塑造过程与建构意义。第四,有学者关注到城市空间的节事活动,认为节事活动展现了城市文化的独特性,表达了人们对于城市的独特情感,有助于形成城市情感共同体[3]。第五,学者们还观照文化资本、文化消费、政治权力等因素与城市文化空间的关系。可见,国外学者对城市文化空间的研究日渐深入,研究成果日益丰富。

相比西方而言,我国学者在城市文化空间研究领域的探索起步较晚。20 世纪90 年代前后开始出现零星的研究。21 世纪以来,城市文化空间研究才渐趋高涨,涌现出一批研究成果,涉及学科从社会学、地理学、城市规划学延伸到文学、美学、哲学等领域,主要研究成果可分为六方面:一是城市文化空间的类型与特征研究,如王承旭将城市居民的聚居状态、文化活动类型与强度,以及文化场所的空间分布作为划分依据,将城市文化空间分为整体性城市文化意象空间、文化分区、文化片区与文化设施四种类型[4];二是资本与权力机制研究,有学者指出,如今由各种资本与权力话语实践形塑着城市空间形态[5],需要正确把握文化资本、权力、权利与空间生产的内涵和它们之间的辩证关系,以实现空间正义;三是空间的人地关系研究,如曾国军等学者梳理了我国城镇化进程中人地关系的发展脉络,认为中国在从农业国逐步向工业国和现代强国的转变中,人地关系经历了在地化、去地化和再地化三个阶段[6];四是城市文化空间的优化或重构路径研究,相关研究集中于单个城市或城市中某区域的文化空间改造与优化方案;五是空间治理研究,如王子琪、付昭伟分析了城市文化空间治理面临的主要问题与政策导向,从设施布局的弹性、活

① Ilchenko M. Working with the past, re-discovering cities of Central and Eastern Europe: cultural urbanism and new representations of modernist urban areas[J]. Eurasian geography and economics, 2020, Vol. 61, No.6, pp.763-793.

② LAK A, GHEITASI M. Urban regeneration through heritage tourism: cultural policies and strategic management[J]. Journal of tourism and cultural change, 2020, Vol.18, No.4, pp.386-403.

③ JAMIESON K. Tracing festival imaginaries: between affective urban idioms and administrative assemblages[J]. International journal of cultural studies, 2013, Vol.17, No.3, pp.293-303.

④ 王承旭. 城市文化的空间解读[J]. 规划师, 2006(04): 69-72.

⑤ 潘泽泉, 刘丽娟. 空间生产与重构: 城市现代性与中国城市转型发展[J]. 学术研究, 2019(02): 46-53+177.

⑥ 曾国军, 等. 从在地化、去地化到再地化: 中国城镇化进程中的人地关系转型[J]. 地理科学进展, 2021(01): 28-39.

动质量的活性以及运行模式的黏性三方面探寻城市文化空间的治理路径[①];六是数字文化空间研究,当今城市趋向数字化、智慧化、一体化发展,为学者们提供了多元的研究视角。如曾芸认为,基于数字化技术创立的文化记忆数据库、可视化虚拟图景与智慧服务平台,能够从根本上为非物质文化遗产的保护和利用提供新的方式和手段,让城市文化空间及其传统文化遗产重焕生机[②]。

纵观国内外学者的研究成果可以发现,国外学者关于软实力及城市文化空间的研究成果较为丰富,对本书研究具有一定的参考价值。国内学者关于城市文化软实力和城市文化空间研究,虽然拓展了文化软实力的研究范围,但对于城市文化软实力的基本内涵与构成要素尚未达成共识,研究对象多以一、二线大城市为主,研究内容局限于城市文化空间的概念界定、文化场景、文化消费与提升路径等方面,研究方法以定性分析为主,定量分析不足,缺乏系统的理论构建,更缺少从空间维度审视城市文化软实力的建构研究。本书将基于空间维度,探讨城市文化软实力建设的空间转向、空间逻辑、空间测度与空间社会效应,为丰富和完善我国城市文化软实力理论研究内容、构建城市文化软实力的理论体系提供新视角、新思路。

8.2　城市文化软实力建设的空间转向

8.2.1　"空间转向"与城市文化软实力建设

8.2.1.1　人文社会科学领域的"空间转向"

从历史维度看,时间轴线贯穿于历史演变脉络中,社会理论中的"时间优先于空间"是更为司空见惯的说法,空间逻辑和空间叙事话语体系一度淹没于时间逻辑中。长期以来,人文社会科学领域的学者将空间视为静态和中立的领域,空间中物的现象与事件的意义是静止的、刻板的与非辩证的。相对而言,时间则更具有流动性与异质性,常被视为动态的、可变的与辩证的,是象征历史进步的领域。正如福柯所言,"从康德以来,哲学家们思考的是时间……空间遭到贬值,因为它站在阐释、分析、概念、死亡、固定,还有惰性的一边。"[③]

直到20世纪70年代,备受冷遇的空间研究开始受到学者们的关注,成为哲学、社会学、历史学、文化学、地理学、城市研究等诸多领域的热点议题,即出现了西方学界所谓的"空间转向"。面对晚期资本主义社会出现的生产过剩、通货膨胀与

---

① 王子琪,付昭伟.弹性、活性、粘性:再论城市文化空间的治理[J].中国行政管理,2020(08):146-148.
② 曾芸.新科技视角下的非物质文化遗产保护与利用研究[J].福建论坛(人文社科版),2018(06):56-61.
③ [法]米歇尔·福柯.权力的眼睛——福柯访谈录[M].严锋,译.上海:上海人民出版社,1997:152-153.

资本过度积累等病症,亨利·列斐伏尔、米歇尔·福柯、大卫·哈维和爱德华·索亚等学者开始把空间视作一种生产力量与社会关系,参与到空间的政治、经济、社会生产与治理等理论建构中。亨利·列斐伏尔把空间分为物理空间、精神空间与社会空间,认为空间是作为实践者的人与社会环境之间复杂的社会关系所复合与构建的产物。他从政治经济学、社会学等视角阐述了空间的生产理论,突出空间的政治、社会与文化功能。比如,他提出空间是由民族环境和民族文化共同建构的,空间反作用于民族文化,为民族文化的展演与传承提供场所、条件和背景①。与列斐伏尔同时代的法国思想家米歇尔·福柯对空间与政治权力的关系进行了更深入的思考。福柯认为,从宏观角度而言,多样化的空间有利于国家、资本等现代权力更有效地实现规训;从微观角度而言,福柯以监狱、工厂、医院、教会等规训空间作为研究对象,指出这些建筑物"能改造人:对居住者发生作用,有助于控制他们的行为,便于对他们恰当地发挥权力的影响,有助于了解他们,改变他们"②,揭示了空间与权力之间的复杂微妙关系。列斐伏尔和福柯之后,英国学者大卫·哈维将空间、政治与马克思主义理论进行了有机结合。与福柯从政治权力角度探索城市空间的生产与治理问题不同,哈维更多从资本角度批判城市空间分化、建构市民权利、探索城市革命的可能性,他用"时空压缩"理论诠释晚期资本主义因低廉的运输和通信成本降低而导致在全球空间出现的时间缩短现象,揭露了资本与市场机制驱动下的空间资本逻辑的种种弊端。美国学者爱德华·索亚吸收了列斐伏尔"空间三元辩证法"理论的精华,将空间问题提升到元理论—本体论的高度,提出了第三空间的论断,打破了传统的二元对立空间理论的桎梏。第三空间理论超越了物理空间与精神空间,抛弃了传统的二元对立思维,试图唤醒人们的空间对抗意识,依靠联合斗争策略实现空间正义的目标。上述学者的空间理论立足于二战后资本主义社会逐渐涌现的城市化、新殖民化、全球化等问题,进行学术争鸣并得以蔓延与发酵,最终形成了一场从城市、地方到全球、由西方到东方、由现实空间到虚拟空间的理论范式革命。

如今,随着商品化、数字化、智慧化城市和市场经济的迅猛发展,现代城市生活节奏日益加快,人们的竞争压力倍增,当代城市面临人口增长动力不足、城市发展后续乏力,以及城市居民孤独冷漠、精神匮乏等挑战,需要加快有温度的城市文化现代化建设,平衡物质文明的丰盈与精神信仰、社会道德危机之间的矛盾关系,通过建构城市文化空间,美化文化空间场景,提炼文化空间符号,注入精神文化内涵,提升城市空间软实力,为城市居民营造"精神栖居"的场所,温暖人们的情感和心

①　Henri Lefebvre. The Production of Space[M]. Oxford: Blackwell Press, 1991, pp.143.

②　[法]米歇尔·福柯. 规训与惩罚[M]. 刘北成, 杨远婴, 译. 北京: 生活·读书·新知三联书店, 1999: 195.

灵,而人文社会科学领域的"空间转向"则为城市文化软实力的空间建构奠定了理论基础。

8.2.1.2 城市文化软实力建设的空间向度

自20世纪70年代以来,人文社会科学领域的"空间转向"将空间从日常生活中的"应然之物"上升为理论研究与社会实践中的"重要变量",明确了空间理论对于指导人们日常生活空间建设的重要性。在经济全球化与城市竞争日益加剧的当下,城市经济、政治、文化与社会等多重因素相互交织,城市文化软实力"空间转向"的社会性特征愈发明显。综合来看,西方理论的"空间转向"为城市文化软实力建设的空间向度提供了三重启示。

第一,城市文化空间是城市文化软实力的载体。马克思曾说,"空间是一切生产和一切人类活动所必备的要素。"①随着城市经济社会的发展,城市空间已不再单纯是传统意义上的活动或居住场所,而成为城市内各种力量成长、竞争、交织、重组的复杂场域。其中,城市文化空间是由特定场所、物件或设施物、符号、意义和精神价值共同构成的表意系统和承载地方性知识的叙事空间。空间的物质载体与符号、价值与意义,搭建起城市集体记忆、居民实践感知与城市文化、精神价值之间的互动桥梁,成为诠释城市文化软实力的重要载体。如此,进一步拓宽了城市文化空间的认知视域,即城市不仅仅是刘易斯·芒福德口中的文化"容器",更因为文化空间的存在,城市成为一个强大有力的文化、情感和意义共同体。

第二,城市文化空间形态随着文化软实力变迁而变化。城市空间具有多样性与创造性,它随着社会实践的发展而持续不断地分化与演化。在朝着提升城市文化软实力的目标奋进过程中,空间治理主体将自身的意志施加于城市空间,以自己的文化观念、价值取向、审美旨趣和生活方式改造升级既有空间,或营造新的空间,赋予城市空间以文化化、数字化、智能化和情感化内涵,培育良好的人与空间互动关系。如上海以承载海派文化特色的石库门民居为基础,保留了砖墙、屋瓦等建筑外观特色,为石库门建筑空间赋予商业经济与文化功能,将其打造为集餐饮、购物、演艺于一体的"上海新天地"地标建筑;以色列耶路撒冷的瓦莱罗广场(Vallero Square)曾因丑陋混乱的街头涂鸦遭受人们厌恶,当地政府决定以艺术形式活化广场空间,邀请知名建筑师以耶路撒冷的城市之花为原型,创造出名为"Warde"的巨型多媒体交互式公共艺术作品,让城市居民近距离欣赏城市广场艺术之美,也吸引了大量外国游客慕名前来。如今,城市空间改造更新屡见不鲜,但需要注意的是,城市文化空间的更新改造与文化软实力建设不能破坏人地关系的平衡,造成空间的文化遗产、符号、价值等流失问题。

---

① 马克思.资本论(第3卷)[M].郭大力,王亚南,译.北京:人民出版社,2018:875.

第三,城市文化空间营造或改造升级助推城市文化软实力建设。一方面,城市文化空间依托城市文化资源和地方性知识得以成长与更新;另一方面,城市文化空间营造或改造升级助力文化软实力建设,它参与到城市文化和地方性知识的建构之中。物件或器物、设施物和文化符号、文化场景在特定的空间范围内传承城市文化、地方性知识,承载文化记忆,记录历史更替,凝聚社会共识。器物、设施物及其文化符号是构筑城市文化空间的物质基础,场景、意义和精神价值则赋予城市空间的文化内涵和特色,在城市文化空间更新改造过程中不断形成新的文化符号和文化意义载体,如新一代网红书店、个性鲜明的艺术空间与设计前卫的文化创意区等。它们成为城市文化的新地标,不断发挥着交流、表义与象征等符号作用,成为维系城市居民情感共同体的纽带,形成新的城市集体记忆与时代记忆,从而维系一座城市文脉的繁衍生息,丰富城市文化软实力的内涵。

8.2.2　城市文化空间与城市文化软实力的共生关系

8.2.2.1　作为文化软实力表征的城市文化空间:城市文化软实力的"生产空间"

空间的社会本体论认为,人类的任何实践活动都以具体的空间场所为依托,并以不同方式参与空间的建构,是一种"空间性"的在场[①]。从古至今,商品的生产、分配、交换与消费离不开一定范围的地理空间。在城市空间中,也有一种无形的"商品"即文化资本在流通。澳大利亚文化经济学家戴维·思罗斯比认为,文化资本有两种存在形式,第一种以有形的形式存在,如建筑物、场所、遗址、庭院、绘画与雕塑等艺术品,手工艺品等;第二种是无形的智力资本,表现为某个群体所共享的思想、习惯、信仰和价值观等[②]。城市文化空间作为文化产品与服务的生产、流通与消费场所,具备文化与经济双重属性。充盈的文化资源、文化符号、文化资本使得城市文化空间成为城市文化事业与文化产业生长的"沃土",赋予空间丰富的文化价值与商业价值。城市文化空间包含博物馆、美术馆、图书馆、文化馆、社区文化活动中心等基础设施,是城市公共文化资源、文化活动的空间载体和文化生产、再生产的场所,以及城市文化软实力建设的重要体现。

近年来,国内外城市综合竞争日益加剧,优化城市营商环境、提振城市经济社会发展的任务越来越重,城市文化软实力建设迫在眉睫。同时,随着消费社会时代到来,城市文化空间的商业逻辑日益凸显。商业资本逻辑要求以最大限度的生产、流通与消费实现最大程度的利润增值,进而实现追逐剩余价值和资本利润的目标。

---

① 郑震.空间:一个社会学的概念[J].社会学研究,2010(05):167-191+245.
② [澳]戴维·思罗斯比.经济学与文化[M].王志标,张峥嵘,译.北京:中国人民大学出版社,2011:49-50.

在这一过程中,扩大生产与再生产规模、提升生产效率是资本增值的重要路径,而生产空间的扩张成为适应生产力发展的首要选择[①]。商业逻辑落实到城市文化软实力建设实践中,体现为文化资本的空间化和空间剥夺。比如,城市实体书店常以开辟连锁店的经营模式,通过占据城市的不同空间或不同城市的空间,不断开拓新市场,以期获得更多的受众群体和更高额的利润回报。

在城市大街小巷,报刊阅览亭是随处可见的文化服务设施,如今还能在景区、公园、街道社区、图书馆等城市空间内看到一台台朗读亭。从报刊阅览亭到朗读亭,是传统纸媒向数字阅读的转型升级,但不变的依然是城市文化空间的扩张。城市文化空间通过这种复制与扩张的方式,承载城市文化,并将文化传递给无差别的受众,让他们接受文化的润养与熏陶,源源不断"生产"和再生产着城市空间的文化产品与服务,以及其精神文化价值。

需要注意的是,由于资本更注重城市空间的文化产品利润的追求,资本的空间化往往会出现同质性扩张,资本逻辑下的空间生产呈现出同质化、可复制的特性。这些年,缺乏特色的城市文化创意园区如雨后春笋般喷涌而出,还有遍布各地城市公共空间中"马踏飞燕""东方之冠"等同质化艺术雕塑。这些同质化克隆造成城市文化空间的速生与短命,影响城市空间的文化软实力建设。

8.2.2.2　作为城市文化软实力内涵的城市文化空间:城市文化软实力的"空间生产"

独异性社会理论的先驱者莱克维茨认为,"在独异性社会逻辑中,'独异'不能以普适性范式来理解,而要显得与众不同,独异性就是在社会文化中被制造出来的与众不同。"[②]在全球化和区域化日益盛行的当下,城市综合竞争开始聚焦于文化软实力竞争,同质化的文化空间逐渐被时代抛弃,取而代之的是具备独异性与辨识度的城市文化空间的兴起。此时,文化空间本身便成为资本存在的形式与资本增值的途径,即由"资本的空间化"转化为"空间的资本化"。

正如法国后现代学者让·鲍德里亚在《消费社会》一书中所言,"现代社会已由实用性消费过渡到符号性消费,象征价值逐渐代替了使用价值。"[③]人们的城市文化空间消费,不仅局限于消费文化空间所生产的产品与服务的使用价值,更注重消费城市文化空间的场景、产品与服务的符号与象征价值,让城市文化空间走向差异化与多样化的道路。比如,城市书店原本只是为城市居民提供阅读与购买书籍服务的场所,但在"空间资本化"阶段,实体书店在原有业务基础上,开辟出新的文化

---

① 庄友刚.资本的空间逻辑及其意识形态神话[J].社会科学辑刊,2012(01):26-31.
② [德]安德雷亚斯·莱克维茨.独异性社会:现代的结构转型[M].巩婕,译.北京:社会科学文献出版社,2019:48.
③ [法]让·鲍德里亚.消费社会[M].刘成富,等译.南京:南京大学出版社,2008:224-226.

演艺与休闲娱乐空间,如提供小剧场演艺、咖啡饮料、饮食等服务,举办主题书展、专家讲座等活动,将书店空间塑造一个具有文化意义的符号空间。此刻,顾客走进书店不仅是为了阅读和购买书籍,更是为了体验和消费书店的空间象征及符号价值,甚至有顾客将在"网红书店"的经历感受当做社交货币,以共享的形式实现了书店文化的阅读与传播。

实现城市文化空间资本化的重要途径是用"文化资本"赋能空间建构,使文化空间不再仅仅具有纯粹的使用功能,而要以地方性知识、城市文化赋予的空间文化底蕴和美学特征为出发点,创新文化内容与形式,赋予文化空间以符号意义与文化价值,让它带给受众审美的、情感的精神愉悦感。在城市文化和地方性知识介入城市空间、丰富城市文化空间内容的同时,城市文化空间也在持续进行文化资源、文化资本、文化符号的生产与再生产,不断提高城市文化品质,彰显城市文化特色。经过资本、文化与空间的交互共融,城市完成了文化生产方式的转变、创意阶层的聚集与文化空间的重塑,城市居民与城市文化空间、城市文化之间的互动更加频繁,城市文化的认同感和凝聚力得以强化,城市文化软实力也得以提升。

总而言之,受资本逻辑的影响,城市文化空间经历了资本的空间化与空间的资本化两个阶段。在资本的空间化阶段,城市文化空间是城市文化软实力的外在表征,它具备文化与商业的双重属性,是文化产品与服务的生产、分配、交换与消费的空间,常通过同质化的空间扩张提升城市文化软实力;但在空间的资本化阶段,城市文化空间已成为城市文化软实力的重要构成,它本身也成为文化资本增值的手段和途径,更倾向于通过追求异质性的空间符号和象征价值,塑造和提升城市文化空间软实力。

8.3　城市文化软实力建设的空间逻辑

"场景""符号""文化""正义""权力—权利""共情"等既是城市文化空间和城市文化软实力共享的关键词,也是城市文化空间"软实力"的逻辑构成。城市文化软实力的空间逻辑具有多重结构。其中,空间场景逻辑是城市文化空间的场景生态、技术和内涵的聚合;空间符号逻辑系城市文化空间的符号表征、符号价值、符号消费;空间文化逻辑包括城市文化空间的文化记忆、文化传承、文化发展、文化创新;空间权力—权利逻辑指涉城市文化空间的"监视与规训"、权力—权利的建构与解构;空间正义逻辑系城市文化空间的空间伦理与正义;空间共情逻辑包括城市文化空间的场景共情、符号共情、文化共情和服务共情,这些逻辑结构之间具有内在的关联性。

8.3.1 城市文化软实力建设的空间场景逻辑

8.3.1.1 城市文化空间的场景生态

一般而言,场景包含了空间、人、物、符号、环境、气氛等要素之间的互动行为和关系总和,是一个由相互联系、相互依存、相互作用的诸要素汇聚而成的生态系统。场景生态强调空间中诸要素之间的有机联系,以及它们各自与环境生态之间的协调性和适应性。城市文化空间的和谐建构基于多元文化场景(环境、空间、氛围等)与人、物件及文化符号、故事、意义等文化要素之间的双向调适,关键问题在于诸种要素的和谐平衡,即场景理论强调的不同"舒适物"的最佳组合方式。根据文化生态学理论,文化不直接产生于经济活动,而是受到自然、环境、社会等因素的影响。文化生态既是城市环境的重要组成部分,又是城市可持续发展的有力支撑①。各式各样的文化资源、地方性知识、社会观念、设计理念、规划路径等,为构筑城市文化空间生态提供了独一无二的内容和情景。当前,在生产性经济转向知识、服务和消费经济的后工业城市语境下,城市文化空间的生态环境趋向复合型形态,城市文化空间基于多种方式促成场景生态的多元化、智能化和整体性、创新性发展。但值得注意的是,城市文化空间的生态维护和多元化、复合型发展有时会受到制约。部分城市文化空间的场景生态构建未能摆脱传统功能性城市发展理念的渗透而表现出消极的一面,亟须进行空间生态反思。一方面,资本过度介入场景空间,使得城市文化与空间场景产生断裂和脱节,造成城市文化空间场景生态的碎片化、空心化现象;另一方面,特定的地方政策和城市规划的强力介入可能会导致城市文化空间生态变得单一化和同质化。

8.3.1.2 城市文化空间的场景技术

城市文化空间见证和容纳了移动互联网场景时代的诞生和崛起。5G、VR(虚拟现实)、AR(增强现实)、MR(混合现实)、AI(人工智能)等场景技术的繁荣发展催生出新的城市文化空间场景形态,各种媒介与传播要素的不断碰撞融合创造出新的场景媒介景象。在当今场景时代,城市文化空间不满足于单向度的内容生产与传播,更注重观众的具身体验和互动链接。场景技术的应用顺应了人们的具身感知和互动体验需求,极大拓宽了城市文化空间的时空边界和空间想象。例如,电影院推出的"云观影"、博物馆举办的"云特展"在虚拟数字技术的加持下,通过"虚拟在场"的具身体验和感知实践方式,帮助人们实现身体的回归,重塑城市文化空间场景的多重感官感知和具身体验感。当身体通过传感器等可穿戴设备进入虚拟

---

① 傅才武.文化空间营造:突破城市主题文化与多元文化生态环境的"悖论"[J].山东社会科学,2021(02):66-75.

的场景世界,数字技术便成为人们身体感知系统的延伸。身体作为一种媒介嵌入空间场景中,完成了虚拟空间与现实空间的有效衔接和互融共生。数字化场景技术创新了观众在城市文化空间中的感官、情感、思维、关联体验,给予他们印象深刻的沉浸式体验,可被视为一种空间实践。同时,数字化场景技术激发了观众的空间体验和消费热情,具有一定体验式消费黏性,对于城市文化旅游产业发展和城市文化软实力的提升大有裨益。

8.3.1.3　城市文化空间的场景内涵

在场景理论建构下,场景作为一种新的空间要素,不仅正在重新定义城市文化空间,而且越来越多地应用于城市经济社会发展和文化软实力建设实践中。城市文化空间场景的营造或改造升级,日益成为现代城市实现高质量发展的"加速器"。根据美国新芝加哥学派特里·N.克拉克和丹尼尔·西尔提出的场景理论,"场景"可以被定义为由"舒适物、实践活动和人群"等多种要素组合而成的、具有一定文化价值和符号意义的空间①。其中,"舒适物"为场景理论的核心内容,指代文化空间中几乎所有能够为观众带来愉悦效用的设施。不同的舒适物通过多样的组合方式构建了不同性质的场景内容,社会人群依托这些舒适物进行文化消费、体验等实践活动,在与空间符号、光线、声响和其他环境氛围不断互动的过程中产生文化认同和归属感。从场景理论的空间视角来看,城市文化空间的场景内涵包括以下要素:首先是场地(site)层面。城市文化空间具有物理学意义上的物质属性,是一个在特定地理位置、由实体物搭建而成、有一定空间范围的场地;其次是场所(place)层面。城市文化空间蕴含文化物件、文化资源、文化内涵、文化价值和文化意义,是展现城市文化软实力的重要场所;再次是场景(scene)层面。城市文化空间由一个个富有可感知、可体验、可互动的象征符号和意义交织而成的场景,人们能够有意识地参与到文化空间的对话中。根据城市居民不同的社会生活方式、社会习俗和文化价值取向,城市文化空间的场景可构建为一个包含"真实性""戏剧性""合法性"维度的内容矩阵。

8.3.2　城市文化软实力建设的空间符号逻辑

8.3.2.1　城市文化空间的符号表征

在城市文化空间实践中,文化符号与空间生产实践始终保持着一种紧密的互动关系。文化符号依托空间、设施物进行建构、赋能,进行空间表征实践,被表征的空间实践是空间的符号和知识生产的结果。如果把城市看做一种表征空间,那么

---

① ［加拿大］丹尼尔·亚伦·西尔,［美］特里·尼克尔斯·克拉克.场景:空间品质如何塑造社会生活［M］.祁述裕,吴军,等译.北京:社会科学文献出版社,2019:51-65.

城市的各类文化空间就是具有表征性的符号空间。由于空间生产包含着物质生产和精神生产，因此，城市文化空间既是通过物质性象征物，也是经由精神意蕴进行双重表达的符号表征空间。凯文·林奇在《城市意象》一书中将城市意象分为物质形态和非物质形态两个层面，并把物质形态内容归纳为道路、边界、区域、节点和标志物五种空间要素①。近年来，城市文化空间在"以人为本"的理念下顺应人们的文化权益诉求，逐渐告别了单一、宏大的叙事模式而呈现出个性化、多元化等特征。城市文化空间营造场景、符号、意义和情感，拉近了城市文化与市民的距离，被看做能够增强城市居民获得感、幸福感和安全感的公共体验和消费空间。大大小小分散于城市各处的文化空间塑造着城市独特的人文景观和舒适的空间形象，让整座城市浸润在文化氛围之中。城市文化空间的生产基于场景、设施物和其他物质的或精神的载体建构符号，包括图腾、服饰、器具等具象性符号和产品、服务、意义、价值等衍生的抽象性符号。这些文化符号形成于空间中，同时又构筑着空间，体现了空间的表征化过程。

符号学理论认为，符号由能指和所指两部分构成，两者之间存在一种意指关系。在此基础上，能指、所指和符号的三维模式可以进一步建构为一个双重指意系统②。就城市文化空间的符号表征来说，初级能指是作为语言符号的、人们口中的"城市文化空间"，对应着"城市文化空间"这个初级的所指，两者共同构成了"城市文化空间"符号。而在次级指意系统中，能指是作为符号的"城市文化空间"，所指指向"城市精神和文化内涵的表现形式"，两者共同构成了新的符号，即"城市文化软实力的重要载体"。

8.3.2.2　城市文化空间的符号价值

在符号学专家看来，符号的意指作用是通过符号之间的差异发挥出来的，商品的符号价值正是存在于商品之间的差异中③。城市文化空间是各种符号聚集和互动的空间，城市文化空间的场景、物件、意义、价值、观念等动态地建构着一个复杂的城市符号系统。良好的城市符号空间是城市的文化软实力表征。城市文化空间的符号价值包含象征价值、审美价值和社会价值三个维度。以故宫博物院为例，作为被符号建构和表征的文化空间，它的物质的或精神的符号价值首先体现于特定物件与特定文化所蕴藏的象征意义。宏伟壮丽的故宫博物院历经600年兴衰荣辱，藏有丰富的明清两朝皇室珍宝，是北京最具文化底蕴的文化空间。以故宫为中心，北京市围绕"一轴三带"框架构建城市文旅新格局，不断优化特色城市空间品牌

---

① ［美］凯文·林奇.城市意象[M].方益萍，等译.北京：华夏出版社，2014：35.
② 单世联.文化大转型：批判与解释——西方文化产业理论研究（下卷）[M].北京：中国社会科学出版社，2017：459.
③ 王宁.消费社会学[M].2版.北京：社会科学文献出版社，2011：199.

形象,擦亮千年古都的历史文化名片。其次,作为世界上规模最大的木结构建筑群,故宫完美展现了气势巍峨又不失典雅精巧的皇家宫廷建筑与物件陈设,具有极高的艺术审美价值,能够满足人们对建筑美学、空间美学和器物符号美学的审美追求。最后,借助一系列文化符号和文化意义,故宫保存了城市的历史记忆和城市居民的集体记忆,塑造城市空间情感共同体,建构中华文化共同体的社会身份认同,让人们将个人的生命价值和自我认同整合进中华文化共同体的符号空间中。可见,基于符号象征意义和精神意涵的赋值,被表征化的城市文化空间完成了空间符号价值的生产和再生产。

8.3.2.3　城市文化空间的符号消费

当今消费社会时代,符号消费成为营造或改造升级文化空间的重要目的。鲍德里亚在《消费社会》一书中指出,人们不再对物的使用价值有所需求,而是把物当做突出自己的符号,所消费的是物的符号、图像和意义①。符号消费成为当今社会特有的文化消费现象。作为消费场所的城市文化空间,致力于为参观者构造独特的体验消费空间,通过差异化空间符号的挪用、复制、叠加、仿真、再现和组合等方式,让人们能够让身体感官充分体验到别具特色的消费乐趣,即让消费成为一种具身体验。当人们进入城市文化空间,在获得空间感知的同时,通过体验式消费完成空间符号的解读与认同实践,自然而然地与空间产生情感联结或共鸣,从而产生身份认同与群体归属感。比如,定位为"生活方式提案型书店"的日本茑屋书店将自己精心设计为一个舒适亲和的"书+X"多元符号体验空间,根据用户的精准画像,结合地域文化特色,细分消费空间场景,制定差异化运营策略,让消费者能够在书店空间中身心放松,体验、感知和享受到理想的生活方式②。此外,消费者在社交媒体平台"打卡"式展示和传播,帮助城市文化空间实现"不在场"语境下的符号传播与意义再生产,所生成的符号景观强化了城市文化空间的消费体验和价值认同。在此过程中,城市文化空间被进一步提炼为一种文化和精神的符号象征物,一个"乌托邦"的消费世界。通过具身体验和符号的生产、认同、传播、衍生,城市文化空间不断建构和强化着人们的符号消费体验和消费价值认同。

8.3.3　城市文化软实力建设的空间文化逻辑

8.3.3.1　城市文化空间的文化记忆

记忆不仅具有时间属性还具有空间属性。在特定的时间和场所举办各类文化

---

① [法]让·波德里亚.消费社会[M].刘成富,等译.南京:南京大学出版社,2000:48.
② 网红书店倒闭潮下,谈谈日本茑屋书店的生意经[EB/OL].[2022-07-21]. https://new.qq.com/rain/a/20220721A05HY900.

活动如演艺、节庆、大型展览会等,能够释放出空间的文化活力和魅力,吸引不同社会人群的关注、参与和体验,从而形成法国学者哈布瓦赫所说的集体或个体记忆。城市文化空间承担着联结文化、情感、记忆和社会的功能,通过建构符号表征和一系列文化记忆实践将个人的库存记忆、生物记忆、原始记忆聚合起来并整合进社会记忆之中,形成城市的历史记忆和集体记忆。城市的文化符号具有强大的记忆功能,不仅书写城市的历史传统、文化基因,而且经过社会认同和意义固化之后,进一步强化城市文化和群体身份的认同。扬·阿斯曼认为,文化记忆所建构的集体认同具有神圣性,因而在社会中发挥了稳定器的作用[1]。在当今现代消费和后现代消费交织的背景下,人们普遍患有某种记忆症候,原因在于不同的城市社群之间缺乏一种可共享的话语体系建构城市的感知、理解、记忆和身份认同。无论是战火、灾害对城市建筑的强制性破坏,还是城市资源的肆意开发行为对文化遗产、人文精神的破坏,都会造成文化的断裂和记忆残缺。为此,除了在人们的脑海中留下即时性、库存性记忆,城市文化空间开始运用数字科技手段和多媒体实践平台重构文化记忆的留存、书写和传播形态,塑造具有持续性的文化记忆。常见的形态诸如运用媒体报道、影像记录、灯光投影、喷绘广告呈现城市的文化符号和自然、历史、人文风貌,激发人们的城市空间想象和文化记忆。

8.3.3.2　城市文化空间的文化传承

城市文化空间是彰显城市文化符号、构筑城市文化记忆、传承城市文化精神的社会性空间,也是城市居民参与空间文化活动和文化感知体验的精神家园与情感依托。一方面,作为纪念性空间的城市文化空间承载着特定时代的民族国家意识、地方性知识与文化记忆,塑造城市居民与其他到访者的空间感知、体验、记忆和社会想象。在城市文化空间中,文化物件与设施物、文化感知与空间印象、特色性文化符号、文化情感与记忆交织在一起,多种文化与社会关系相互影响,共同书写、传承城市文化记忆与文化精神。另一方面,城市文化创新发展、城市文化软实力建设、城市文化现代化进程与城市文化空间的营建和更新改造密切相关,后者是前者的重要杠杆。比如,巴黎旧城虽然经受了战争、瘟疫、革命的洗礼,但由于重视建筑、历史、文化空间的保护和再利用,留存了大批具有丰富文化、艺术、审美价值的历史遗产。通过这些文化遗产的空间营造、动态更新与改造利用,将文化遗产空间、数字技术、居民生活融为一体,让巴黎的历史遗迹与文物藏品走下神坛,塑造出延续性与创新性并存的多样化城市空间、文化场馆,助力巴黎打造浪漫、时尚、艺术的城市文化形象和文化品牌,提升城市文化软实力。

---

[1]　刘亚秋.记忆研究的"社会—文化"范式——对"哈布瓦赫—阿斯曼"研究传统的解读[J].社会,2018(01):104-133.

8.3.3.3　城市文化空间的文化发展

城市文化的发展繁荣受城市现代化和城市空间中多种社会关系的影响，当今城市空间结构、空间设施物、空间符号、空间场景的剧变深刻影响着城市文化空间的文化活动、文化特色、文化体验和价值。随着城市化问题的日益凸显，城市文化空间的文化发展也曾走过不少弯路，如文化物件、文化符号、文化内涵、表现形态、个性特色等方面存在拿来主义、低级复制、"快餐式"开发等问题，导致面临同质化严重、设计感缺失、艺术品质低下、发展不可持续等困境。如今，城市文化空间逐渐从公共的、大众的转向个性化的、体验性文化空间，具体表现为：一是城市居民和其他访客拥有更多空间表达的权利。各类文化的、艺术的空间超越传统的文化和审美领域，走进人们的日常生活，包括整个日常的生产和生活世界，人们的空间表达权利不断扩大，而艺术化、审美化、文化化后的日常生活也转变成城市文化的、艺术的空间表现形态。二是商业、资本利润开始介入空间的文化生产、流通与消费活动，即城市文化空间的资本化或经济化过程。三是音视频、图像等视听文化盛行，符号形象本身也成为商品。城市空间生产大量的视听产品与服务，这些视听产品建构着城市文化的感知、记忆与想象。城市文化空间为人们提供了参与文化活动、体验文化乐趣、实现个人梦想与价值、促进个人发展的活态环境，人们无意识地创造出的"自我的文化"也在空间中慢慢扎根，城市居民的日常生活深刻地"嵌入"城市空间中，推动城市文化持续向前发展。城市文化发展的最终目的是在城市居民之间建立共同的文化空间、文化符号、文化情感和价值，构建开放、包容、互惠、共赢的城市文化共同体。

8.3.3.4　城市文化空间的文化创新

创新是一个城市经济社会持续发展的动力来源，文化空间创新能够为城市带来更多的投资、消费和就业机会。城市文化空间的创新实践主要包括：一是文化内容创新，指对优秀传统文化和文化遗产尤其是"非遗"进行活态传承，将传统文化与现代文化融合起来。这主要包括城市文化资源的挖掘、城市文化符号的提炼、城市文化意义和精神价值的阐释与弘扬等。二是文化形式创新。常见的创新形式有：跨界合作，如国家博物馆与老字号"稻香村"合作，将国宝级书画图像镌刻在月饼礼盒的包装上，既提升月饼的文化内涵和韵味，又让书画文物走进寻常百姓家；传统与时尚、科技相结合，运用现代数字技术、数字化设备和先进材料，融合年轻一代的时尚潮流、审美品位、流行元素和新锐设计，城市文化空间不断刺激受众的视觉、听觉、触觉、嗅觉等多种感官，提升受众的具身感知和具身体验能力，实现文化与艺术表达形式的创新。三是文化传播创新。借助互联网、大数据、数字媒体平台和市场的强大力量，打通线上与线下、虚拟与现实传播渠道，城市文化空间致力于提高受众的感知体验和文化消费质量；四是文化治理创新。城市文化空间遵循文化发展的基本规律和文化的共建、共有、共享、共治理念,鼓励人们参与到现代空间治理中,在满足城市居民精神文化需求的同时,提振城市文化空间的文化创新活力。

8.3.4 城市文化软实力建设的空间权力—权利逻辑

8.3.4.1 城市文化空间的权力监视与规训

法国哲学家米歇尔·福柯基于英国哲学家杰里米·边沁设计的"全景敞视监狱"建筑,提出了全景敞视的概念———一种控制人们行为的权力监视与被监视者的自我规训的权力模式。全景敞视同样被广泛应用于城市文化空间中。人们走进城市文化空间,面对宏伟肃穆的建筑体、庄重静谧的环境氛围、或明或亮的光线、四处布设的摄像头,以及有形与无形的场所规章制度,会不由自主地产生一种被监控和被凝视的感受,进行自我规训和自我约束。例如,人们进入博物馆和美术馆,被禁止触摸展品,以防止不必要的损毁;在音乐厅听交响乐,被要求着装得体,不能携带饮料食物,等等。除了看得见和看不见的空间监视,以及受众的身体、着装和言谈举止规训外,城市文化空间场景中还存在着一种独特的文化规训。当参观者透过空间内的场景、设施物、符号、服务,体悟它背后传递的象征意义和价值,表示认同或产生共情时,城市空间便完成了对参观个体或群体的文化意义上的规训。

8.3.4.2 城市文化空间的权力建构—解构

在传统社会,少数统治阶层和社会精英占有和分配城市文化资源,决定着城市文化的留存与发展方向,并利用空间对文化的生产、分配与消费进行规训。城市公共权力作为一种强有力的行政力量以其严密的逻辑体系介入人们的日常生活中,而资本和权力的结合加剧了公共权力对私人生活和私人权利的吞噬。近现代以来,随着工业、技术、教育、社会、制度等领域的变革,城市慢慢变得世俗化和人性化,逐渐成为普通民众的政治、文化和生活中心。此时,城市公共权力并非单纯掌握在少数精英阶层的手中,而被不断细化或解构,如"毛细血管"般渗透进城市空间各个角落、内化于各种关系之中的微观权力,即福柯所谓的从"规训权力"走向了"生命权力",受众在城市文化空间中同样能够参与某些微观权力的建构—解构、解构—建构的循环过程中。

8.3.4.3 城市文化空间的权利解构—建构

随着全球化的推动、个人主义的兴起和资本主义生产方式的确立,传统的文化极权体制下公共权力领域侵蚀私人权利领域的现象得到了纠偏。现代工业社会时代,市场逐利的影响扩大化、消费主义的泛滥,以及人们对于"小我"的高度关注,使得原本被解构已久的私人权利又重新被建构起来。在当今"以人为本""人民城市"的发展理念下,城市文化空间架构起融合国家权力之"公"与人民权利之"私"之间的桥梁,为满足人们的文化感知、体验、消费、娱乐和其他精神文化诉求提供了多样化的自主选择权利。比如,具有多重感官体验功能的博物馆给予社会民众的文化选择、体验、表达权利和释放话语权利,通过打造视觉、听觉、触觉、嗅觉等多重感官刺激重回社会民众的具身体验实践,赋予参观者更多的自我表达空间,成为他们体验、感受和享有文化的自由、民主、平等权利的空间。

8.3.5　城市文化软实力建设的空间正义逻辑

8.3.5.1　城市文化空间正义

空间正义是社会正义的组成部分,也是空间现代性问题的现实诉求。在爱德华·W.苏贾看来,空间正义是"一个地理和资源、服务获得公平地分配,以及空间可达性的基本人权"[1]。城市文化空间正义本质上是指文化空间生产、再生产和空间资源配置的社会正义,涵盖了城市化进程中粗放式开发与扩张导致的空间异化、公共服务秩序和文化资源配置紊乱导致的空间资源争夺,以及因资本逐利性产生的诸如空间歧视、空间权利剥夺等种种空间非正义问题。空间正义与非正义现象正在影响城市居民的社会生活,城市文化空间的非正义性引发经济、社会与文化资本三者之间的不均衡,致使空间呈现出等级化、差异化、非均衡分布等特点,严重破坏了空间文化生态平衡,损害社会民众的空间权利,削弱城市文化空间的软实力。在当今全球化和城市化进程加剧的时代,城市人口流动性增大,城市文化空间的人群、资源和权利问题日益凸显,更应该坚守文化责任,"以人为中心",注重人文精神,坚持社会主义核心价值观,用正义逻辑营造或改造升级城市文化空间,减少城市居民和外来游客因地域、身份、性别等差异带来的文化空间权利不平等现象和空间资源占有与分配的非正义问题。

8.3.5.2　城市文化空间伦理

城市文化空间伦理基于空间正义逻辑,遵循人性、自由、民主、平等、公平、正义等社会共识性伦理秩序和原则。它主要体现为三方面:一是城市文化空间的平等性,具体包括城市居民享有文化权利的平等性;享有空间机会的平等性,即所有居民都能够在文化空间中参与文化和艺术活动的可能性;享有空间结果的平等性,即所有居民在空间文化资源的享有和分配方面享有大致均等的结果。二是城市文化空间的人性化,也就是大卫·哈维所说的城市的"可接近性"。城市是"人"的空间,人性化追求是空间伦理的核心要义。"现代公共空间的伦理价值或者说评价城市公共空间优劣的价值原则,集中体现在它作为人性场所,满足人性化需求的这一精

---

① Soja E W. Seeking spatial justice[M]. Minnesota: University of Minnesota Press, 2013, pp. 491 - 492.

神功能。"①空间的人性化权利包括城市居民在城市空间中享有人性化的生产、供给、交流、消费、服务等权利。三是城市文化空间的多样性,也就是对差异化、个性化需求的观照。空间治理价值取向的偏差会造成空间伦理的缺失,产生空间的文化贫困、空间异化、空间同质化、空间分区模式僵硬等"城市病",因此,需要尊重差异性和个性化,强化空间伦理治理。

8.3.6　城市文化软实力建设的空间共情逻辑

8.3.6.1　城市文化空间的场景共情

共情是"个体或群体对于他者特有经历或情感产生理解和回应的能力"②。场景共情融合"场景"和"共情"理论,强调人在场景空间中的主体性作用,个体或群体在与空间的场景(包括空间的建筑、物件或设施物、符号、叙事、环境氛围及其组合)的具身感知、交互体验中产生情感和认知共鸣,形成共情的效应或力量。城市文化空间通过营造文化艺术、休闲娱乐、生活服务、自然生态等各类场景,以建筑、符号、叙事为载体形式,展现丰富的文化意涵和特定的文化价值取向,不断吸引着人们参与文化活动实践和情感体验。依托空间场所、舒适物设施、符号、多感官设计、策展叙事等场景元素的组合,个体或群体与空间之间的情感在体验、交流、互动中得以加深,从而萌生出对城市文化空间的情感认同和空间记忆。近两年来,随着人工智能和虚拟数字技术仿真"身体在场"模式,出现了新的数字场景空间。以沉浸、体验、互动和想象为核心的虚拟数字技术帮助人们突破物理空间和身体感官的限制,实现现实与虚拟空间场景的全方位"浸入"。比如,纽约的新当代艺术博物馆利用OptiTrack 动作捕捉技术再现和重构巴西热带雨林的"真实"情境,让观众在感受热带雨林情景的同时,对"正在迅速消失"的热带雨林的惨痛现实产生情感共鸣,达成生态环境保护议题的场景式共情。

8.3.6.2　城市文化空间的符号共情

符号虽然是对空间象征意义的抽象凝练,但在空间结构中发挥着传递特定信息、理念、文化和情感的重要作用。符号的凝练、组合和表达影响着共情的生成、力度和效果。在当今城市竞争加剧和快节奏生活的压力下,城市居民在享受充裕物质生活的同时,不断忍受着现实情感交往的疏离、空缺和孤独、寂寞、焦虑的心灵煎熬。现代城市居民迫切渴望在与他者的文化交往中获得个体身份认同和群体归属感。而城市文化空间的符号表达、情感交流与社交活动正好能满足现代城市居民

①　秦红岭.城市公共空间的伦理意蕴[J].现代城市研究,2008(4):13-19.
②　[美]亚瑟·乔拉米卡利,[美]凯瑟琳·柯茜.共情的力量[M].王春光,译.北京:中国致公出版社,2019:3.

扩大交际圈、排遣孤独感的情感需求,为他们提供体验、互动、交流的"第三空间",形塑共情、共生、共享的空间景观。借助文字、图像、音视频、物件等一系列有形物质载体,城市文化空间将各种语言符码、符号元素及其组合以隐喻的方式巧妙地嵌入空间场景中,让置身其中的受众能够对这些文化、符号和语言符码进行解码,或者再编码,生成意义并进行传递和互动。在这种符号编码—解码—再编码的过程中,个体或群体经验不断同空间的社会经验进行交流融合,由此产生的情感、情绪和认知,通过与他人的即时交谈或参观后的心得体会分享等方式,在空间的符号再生产中进行表达。同时,从意义传递的视角来看,人们在文化空间中对符号的个性化选择、体验和消费,反映了对符号背后所传递的象征意义的一种认可,这种认可在一定程度上反哺了城市空间符号、文化的凝聚和意义的生产与再生产,推动了城市文化的递进式发展。

8.3.6.3 城市文化空间的文化共情

文化共情"既存在于异质文化之间,也存在于相同或相似文化背景的群体之间,具有缓和文化差异性引起的冲突矛盾,在不同文化或同一文化的不同群体之间架构情感桥梁的作用"[①]。博物馆、历史纪念馆、艺术馆等城市文化空间往往能够吸引和聚集大量来自世界各地的游客前来参观。由于文化背景差异、知识结构限制、情感偏向等因素的影响,让多数参观者做到理解、体会文化空间所展陈的异域文化和民族情感是非常困难的。将文化共情的理念贯穿于城市文化空间的展品展陈和其他文化产品生产、文化体验、文化消费活动中,能够有效解决这一问题,促进跨文化共情、多元文化认同和传播。如侵华日军南京大屠杀遇难同胞纪念馆以馆外栩栩如生的群雕、馆内幽暗和聚焦的视觉灯光刺激,再现了遇难者面对敌机轰炸、机关枪扫射时的绝望与无助,引发参观者内心情绪的变化,激发他们的共情效应。又如美国 9·11 国家纪念博物馆运用多媒体交互平台,配合纪念柱等实物展品,向观众呈现事件背后感人至深的故事。在重大灾难事件的强烈情感共鸣下,来自全球各地的参观者通过直观感受灾难场景,催生文化共情心理。同时,在同一或相近文化背景的群体内部,从相似的宗教信仰、文化渊源、习俗传统等角度,营造具有较高文化亲近度的空间符号和氛围,能够触发参观者的"共情机关",强化彼此之间的文化感应和文化认同。

8.3.6.4 城市文化空间的共情服务

在"人民城市人民建,人民城市为人民"的人民城市理念提出以后,"以人为本"、建设新型城市公共文化空间已成为各地城市文化规划和文化建设的重点,其中,创新公共文化服务模式、构建共情式服务体系是关键问题。从公共文化服务构

---

① 江凌.情感结构视域下文化共情的生成因素与共情能力提升策略[J].中原文化研究,2022(04):57-63.

成来看,城市文化空间的服务共情有三个维度:一是空间建筑物、基础设施、智能设备为城市居民提供的便捷式服务,如无障碍互动空间、儿童阅读区等;二是城市文化空间管理者、内部人员提供的高质量服务,如工作人员热情友好的微笑、耐心的讲解、细致的导览,管理者对员工的尊重和激励等;三是城市文化空间服务运营理念,特别是向参观受众传达出的人文关怀、人文精神,这主要体现在空间设计、空间符号、空间景观等细节之处。城市文化空间应以受众需求为导向,注重人文关怀,不断强化服务的价值理念和实践,为城市居民搭建全方位、专业化和个性化的共情式服务。城市文化空间的场馆工作人员应将共情式服务理念和人文关怀意识融入日常工作流程和服务实践中,提供有温度的智能化、数字化、法治化服务。从城市居民的内在需求入手,通过问卷访谈、参与观察、市场调研等方式收集一手数据,找准城市居民和其他参观者的痛点,不断优化服务供给。尤其是要充分重视参观者的意见反馈甚至投诉,并及时进行调整和改进。部分文化空间如实体书店、博物馆等,需要定期策划种类多样的专题讲座、文化沙龙、艺术影像导览、亲子课程等文化活动,以共情式服务塑造新型城市文化空间的公共服务情感图景。

8.3.7　城市文化软实力各空间逻辑之间的关系

以场景逻辑营造城市文化的美学空间,以符号逻辑塑造城市文化品牌形象,以文化逻辑构建城市文化共同体,以权力—权利逻辑实现城市文化空间的共治和善治,以正义逻辑保障城市文化空间成果共享,以共情逻辑凝聚城市居民文化共识,各逻辑共生共融,相辅相成,共同推动和实现城市文化空间软实力跃上新台阶。场景逻辑与符号逻辑是构建城市文化空间的基础,是高质量的城市文化空间建构必须遵循的底层逻辑。

对一座城市来说,以空间符号逻辑塑造地域性文化符号系统,扩展地方性知识,对于保存城市集体情感和文化记忆、塑造城市文化共同体具有重要意义。文化具有民族性和地域性,文化符号是地域文化和民族精神的意象表达①。城市空间是文化的重要载体和表现形式。自古以来,人们便知道借助符号(图腾)传递文化信息,记录社会变迁。在空间的社会交往中,空间结构因素不断影响、制约和形塑着文化符号系统。随着全球化进程不断加快,构建具有全人类价值共识的文化符号系统已成为解决全球文化治理问题的关键。空间符号逻辑与空间文化逻辑相融合,共同建构城市空间的文化内涵、意义、精神和价值,彰显城市空间的文化功能,形成城市文化共同体的核心要素,空间文化逻辑从宏观的角度明确了城市文化空间软实力建设的最终目标。

① 邓依晴,程广云.从文化符号看人类命运共同体构建逻辑[J].贵州社会科学,2021(08):60-66.

权力—权利逻辑与正义逻辑强调在建构和优化升级城市文化空间过程中,要遵循共识性、普遍性的空间价值理念与伦理取向,维护城市居民的文化权益;而共情逻辑则是从城市文化空间的活动参与者、体验者角度,强调提升城市文化空间软实力要重视人文关怀,构建群体共识和心理共鸣,是贯穿于城市文化空间软实力建设的基本逻辑。

8.4　城市文化软实力建设的空间测度

8.4.1　空间软实力的测度原则

尽管软实力的理论起源于西方,但自"软实力"的概念引入中国后,我国学界便结合本土实践展开了中国语境的解读与应用。目前,我国学界在定性研究层面尚未对城市文化软实力的概念及构成要素达成共识,在定量研究中也未曾构建标准化的评估指标体系。本书借鉴已有研究成果,分析城市文化软实力的空间测度方法,构建较全面系统、适用性较强的城市文化软实力空间测度体系,以期为新时代城市文化空间软实力的测度提供参考。

在城市文化软实力的空间测度指标体系构建过程中,须遵循科学性、系统性、简明性、针对性与可行性的原则。

一是科学性原则。在构建城市文化软实力的空间测度指标体系时应考虑城市文化空间发展实际,在坚持科学性原则的前提下选择符合城市空间的文化软实力发展水平指标。所有的指标数据均应来源于政府部门、行业协会等权威部门的统计公报、报告数据或权威机构的研究报告数据,以确保数据来源的科学性、准确性。

二是系统性原则。测度指标体系要全面反映文化空间软实力建构的基本要义与系统构成,首先要确保各级指标与同级指标内部各要素之间存在相关逻辑关系,即指标之间具备关联性;其次,要对各级指标进行阐释,确保同级内的指标能完整代表该级指标的内涵,尽量保证指标覆盖内容的全面性。

三是简明性原则。测度指标体系不应过于复杂,要提炼出全面且具有代表性的关键指标。指标的选取要取舍得当、避免重复,应综合考虑指标体系中各指标数据的易获得性与易处理性。

四是针对性原则。不同城市的文化区位、文化资源、文化环境、文化特色、文化空间面相等因素各有差异,不能将城市文化软实力的空间测度指标一概而论、生搬硬套,而要尊重城市经济社会和文化发展的客观实际,有针对性地选取评价指标,构建测度指标体系。

五是可行性原则。在已有研究中,用来测评城市文化软实力的指标数量庞大,但受现实条件的制约,有些评价指标的数据难以获取,严重影响实际评估效果。因此,应基于已有的信息与数据资源,从中筛选出较易获取数据并能保证研究的科学性与完整性的指标,评估城市文化软实力的空间建构或城市文化空间的软实力建构效果。

8.4.2 空间软实力的测度方法

十几年之前,有学者便提出了颇具前瞻性的论断,"从一定意义上讲,未来的城市发展就是以文化论输赢,城市文化软实力最终必将转化为城市强大的综合实力和现实的竞争力。"[①]今天,文化已成为一个民族、国家、地区、城市综合实力的重要组成部分,也日益成为衡量城市综合竞争力的关键维度。一些国际性大都市纷纷提出打造"文化城市""创意之城""设计之都"等文化发展战略,我国一些城市陆续将"文化强市"作为战略目标,强化城市文化建设,提升城市文化软实力。在此背景下,有学者试图构建文化软实力评价指标体系,搜集各种指标数据,开展城市或区域文化软实力量化比较研究,为城市文化软实力的空间测度提供借鉴。但由于学者们的学科背景、研究方向与研究目标不同,目前学界缺乏科学、系统且具有代表性或权威性的城市文化软实力测度指标体系。

纵观现有研究成果,城市文化软实力的测度思路是先根据文化软实力的概念内涵与构成要素构建指标评价体系与统计模型,通过层次分析法、德尔菲法等方法确定指标权重,再搜集和分析各指标数据,进行综合评价,得出城市文化软实力的测评结果。目前,学界对于城市文化软实力指标体系的赋权方法可分为三类:主观赋权法、客观赋权法与组合赋权法[②]。

首先是主观赋权法,即让决策者、行业专家基于经验、知识与偏好,对指标或属性的重要性进行打分,从而确定指标权重,代表方法为层次分析法(AHP法)、专家调查法(Delphi法)和模糊综合评判法。如陶建杰(2011)设计了包括"文化基础力、文化保障力、文化生产力、文化传播力、文化吸引力、文化创新力"六个维度的城市文化软实力评价指标体系,并采用层次分析法确定各指标权重[③]。崔世娟与付汀汀(2016)构建了"文化保障力、文化生产力、文化影响力、文化创新力"的"四力"指标模型,运用层次分析法对我国东、中、西部和东北四个地区共29座主要城市的文化软实力进行了评估,并提出了相应的提升路径[④]。付业勤(2020)在初步构建城市旅游目的地文化软实力评价体系之后,邀请10位来自旅游管理、历史文化和

① 牛继舜.世界城市文化力量[M].北京:经济日报出版社,2012:53.
② 胡晶晶.江西省文化软实力评价研究[D].南昌:华东交通大学,2019.
③ 陶建杰.上海文化软实力的实证评价及国际比较[J].新闻记者,2011(06):66-70.
④ 崔世娟,付汀汀.城市文化软实力测度与提升——基于多地的比较研究[J].特区经济,2016(08):59-63.

新闻传播等领域的专家修订指标体系,采用 Delphi 法构建了由 4 个一级指标、12 个二级指标和 52 个赋值量化的三级指标构成的评价指标体系①。主观赋权方法的优点在于专家能够依靠自己的专业知识和对该领域问题的了解,让指标权重的确定符合客观实际,但该方法的缺陷在于过度倚重主观判断,可能因为主观色彩过强,使评估结果缺乏可信度。

其次是客观赋权法,即通过一定的数学方法计算指标权重,代表方法为主成分分析法、因子分析法、熵值法、变异系数法等。如张绚蕾(2017)将丝绸之路经济带上 12 座重要城市作为研究对象,在遴选出二级指标的基础上,运用因子分析法归类"文化基础力、文化吸引力、文化形象力与文化创新力"4 个一级指标,构建了一个比较完整的城市文化软实力评价指标体系②。敦莉莉(2020)以 2018 年河南省 18 座城市的数据为样本,通过主成分分析法计算出各城市文化软实力的综合评分,根据得分情况,分析出整体上中原城市的文化软实力发展水平呈现出北强南弱趋势的结论③。马立军(2021)则采用具有不受主观判断干扰、不损失数据信息特点的熵权 TOPSIS 法,对江苏省 13 个地级市的文化软实力数据进行统计,并从时间、空间与经济发展水平三个维度评价城市文化软实力差异④。客观赋权法的优点在于能够避免人为因素带来的干扰与偏差,具备较强的科学性与较高的可信度,但该方法的缺陷在于对指标选取的要求高,且往往因为过于注重数学运算方法而忽略了指标本身的重要性,导致指标权重与现实或预期出现偏差。

再次为组合赋权法,即综合运用主观赋权法与客观赋权法,既能够以科学方法降低数据运算过程中主观因素的干扰,又有效避免了客观赋权法中依靠纯数学计算而导致与实际情况相悖离的情况。如人民论坛测评中心(2017)采取变异系数法与主观赋权法相结合的方法,设定城市文化软实力的指标权重,其中一级与二级指标权重通过变异系数法得到,三级指标权重通过变异系数法与专家赋权法确定⑤。虽然组合赋权法兼具主观赋权法与客观赋权法的优势,但在使用组合赋权法的过程中,如何分类分析两种赋权方法的权重却成为难题,目前学界在组合赋权法中使用的数学运算和推导过程大部分过于繁琐,应用价值不高,可操作性不强,仍需进一步研究与改进。

---

① 付业勤.文旅融合背景下城市旅游地文化软实力评价与发展策略研究[J].四川轻化工大学学报(社会科学版),2020(03):27-43.

② 张绚蕾.丝绸之路经济带城市文化软实力综合评价研究[D].西安:西安建筑科技大学,2017.

③ 敦莉莉.中原城市文化软实力综合评价及比较分析[J].焦作大学学报,2020(03):44-48.

④ 马立军.城市文化软实力的影响机制与多角度评价——基于江苏省 13 个地级市的研究[J].北方经贸,2021(12):107-111.

⑤ 赵紫燕.杭州、上海、厦门位居前三——对 19 个副省级及以上城市文化软实力的测评研究[J].国家治理,2017(45):27-41.

至于城市文化软实力的空间测度,应该从以上多种评价路径与方法中汲取精华。城市文化软实力的测评方法繁多,各有利弊与适用范围,在确定城市文化空间的软实力测评方法时,应根据具体情况合理选择测评方法,不仅要重视资源统计型评价,同时要考虑民意调查型评价,提升文化软实力评价的严谨性与完整性。在确定城市文化软实力的空间测度指标体系后,应对评价指标数据进行无量纲化或标准化处理,指标数据可通过《世界大都市比较统计年表》《世界大城市社会指标比较》《全球城市竞争力报告》《国民经济和社会发展统计公报》《中国城市统计年鉴》《中国区域经济统计年鉴》《中国城市竞争力年鉴》、各城市政府部门网站、各城市统计部门网站等渠道获取,同时也可以将百度搜索指数、Google 与维基百科搜索等作为参考数据。

8.4.3 空间软实力测度指标体系建设

自约瑟夫·奈提出软实力理论以来,西方理论界格外注重国家意义上的软实力研究,不少国家与国际组织开始探究以定量分析方法衡量国家或区域的文化发展水平。如新西兰文化部和统计部于 2006 年发布的《新西兰文化指标 2006》,该报告设置了 5 个一级指标与 14 个可计量的二级指标,以期对当地的文化活动开展量化统计研究。其中,一级指标分别为文化参与、文化差异、文化贡献、社会凝聚力与经济发展[①]。联合国教科文组织于 2009 年公布了文化统计框架,这一框架将社会上每一项文化活动领域包含在内,并设计了庞大精细的统计指标体系。该指标体系以文化循环为内核,在纵向上将文艺创作和文化生产(文化产业)、文化传播和文化媒体、文化消费和文化市场、文化活动的规模和参与情况作为统计的四个指标;在横向上将文化产品、文化传统、文化教育、文化投入作为统计的四个指标,全方位展示了文化资源地生产、分配、消费与再生产的循环属性[②]。此外,英国曾开展过文化测量研究项目(Time for Measuring Culture)[③]和文化初探研究项目(the Cultural Pathfinder Program)[④],致力于通过构建文化评估指标体系,揭示文化对经济与环境可持续发展和教育政策的影响。虽然西方各国更强调国家而不是城市层面的文化软实力建设,但已有的国家文化评估指标体系可以为我国城市文化软

---

① Tohu Ahurea Mō Aotearoa. Cultural Indicators for New Zealand[EB/OL]. [2006 - 07 - 01]. http://www.stats. Govt. Nz/browse_f or_stats/people_and_communities/maori /cultural-indicators-06.aspx.
② 徐望. 国家文化软实力指标体系框架建构[J]. 统计与决策,2018(13):35 - 38.
③ Culture East Midlands. Time for measuring culture:A companion booklet to the East Midlands Regional Cultural Strategy to promote the use of consistent cultural indicators[M]. Nottingham:East Midlands Regional Consortium,2003,pp. 45 - 70.
④ Local Government Association & Department of Culture Media and Sport. Cultural Pathfinder Programme evaluation framework[R]. London:Local Government Association,2005,pp. 157 - 170.

实力指标体系的构建提供借鉴。目前,我国学界尚未对城市文化软实力的概念达成一致共识,不同学科领域的学者依据不同的学科背景和研究方法,建构了不同的城市文化软实力指标体系。

在质性研究方面,有学者对城市文化软实力进行了分类,将其分为精神动力层、文化生产层、文化表现层、文化效果层[①];有学者认为,城市文化软实力反映和展现了城市文化资源的价值理念和精神力量,由城市文化资源力、文化生产力、文化凝聚力和文化影响力组成[②];张怀民和杨丹(2013)把城市文化软实力视作"城市的物质、制度和精神文化中所体现出来的延续力、创新力、向心力、认同力、生命力和凝聚力,以及在对外交往中产生的感召力和辐射力。"[③]

实证研究方面,相关研究成果主要集中于单个城市或某一区域城市群的软实力评价指标体系建构。如张月花等(2013)基于创新型城市视角对西安进行文化软实力实证评估,从文化基础力、文化保障力、文化生产力、文化吸引力和文化创新力5 个方面,设置了"5 个维度—12 个层面—35 个指标"的城市文化软实力指标体系[④]。高维和、史珏琳(2015)在对全球五大城市进行文化资源配置评价时,分为文化基础资源配置力、文化产业资源配置力、城市文化国际配置力、城市文化活力、城市文化吸引力和城市文化保障配置力等六种资源配置要素,设计了包含 12 个二级指标、52 个三级指标的全球城市文化资源配置力评价指标体系[⑤]。人民论坛测评中心"城市文化软实力指数"课题组(2017)聚焦于公共文化服务、文化产业发展、民众满意度 3 个维度,构建了 3 个二级指标和 14 个三级指标的评估指标体系[⑥]。施亚岚等(2018)在分析比较中国海上丝绸之路旅游城市的文化软实力发展水平时,构建了包括文化吸引力、文化竞争力、文化生产力 3 个一级指标、16 个二级指标的文化软实力评价指标体系[⑦]。解萧语、褚婷婷(2019)设置了代表城市文化资源的文化基础力、体现城市辐射能力的文化吸引力、彰显城市文化生机的文化创新力、体现城市文化软实力潜力的文化消费力、显示城市经济动能的文化生产力和体现

①　晏晨.城市·文化·软实力——围绕城市话语的探讨[J].理论月刊,2015(04):77-81.

②　陈汉忠.提升武汉城市文化软实力对策研究[J].长江论坛,2019(06):23-27.

③　张怀民,杨丹.城市文化软实力提升路径选择:武汉文化软实力发展研究[J].科技进步与对策,2013(05):47-52.

④　张月花,等.创新型城市建设视角下西安文化软实力实证评价与分析[J].科技进步与对策,2013(14):48-52.

⑤　高维和,史珏琳.全球城市文化资源配置力评价指标体系研究及五大城市实证评析[J].上海经济研究,2015(05):53-61.

⑥　赵紫燕.杭州、上海、厦门位居前三——对 19 个副省级及以上城市文化软实力的测评研究[J].国家治理,2017(45):27-41.

⑦　施亚岚,等.中国海丝旅游城市文化软实力建设研究:比较的视角[J].华侨大学学报(哲学社会科学版),2018(02):72-82.

城市影响力的文化流通力 6 个维度、42 个指标项的三级评价体系[①]。马立军（2021）在测量江苏省 13 个地级市的文化软实力影响时，设置文化生产要素指标、文化产业竞争力指标、文化消费力指标、文化吸引力指标、文化融合力指标、政府支持力指标 6 个二级指标 27 个三级指标的城市文化软实力评价体系[②]。

　　虽然以上研究成果对城市文化软实力评估具有借鉴意义，但至今还没有关于城市文化软实力空间维度的测评指标体系。本节将遵循科学性、系统性、简明性、针对性与可行性原则，基于已有的城市文化软实力测评成果，结合城市文化软实力空间转向的实际，构建了一个由 6 个一级指标、12 个二级指标和 30 个三级指标构成的城市文化软实力空间测度指标体系，如表 8 - 1 所示。

表 8 - 1　城市文化软实力的空间测度指标体系

一级指标	二级指标	三级指标
城市文化空间基础力	文化空间遗产与保护	世界文化和自然遗产数 国家级非物质文化遗产名录数 省级非物质文化遗产名录数 市级非物质文化遗产名录数 全国重点文物保护单位数 省级重点文物保护单位数 市级重点文物保护单位数
	文化基础设施	博物馆数 公共美术馆和画廊数 公共图书馆数 艺术表演场馆数 影院数
城市文化空间生产力	产业规模	文化及相关产业资产总值 文化产业从业人员数量
	产业质量	文化及相关产业增加值占 GDP 比重
城市文化空间消费力	消费规模	人均教育、文化、娱乐空间的消费总额
	消费结构	人均教育、文化、娱乐空间消费占总人均消费比重

---

① 解萧语，褚婷婷.城市文化软实力综合评价研究——基于北京市文化软实力发展分析[J].价格理论与实践，2019(10)：149 - 152.
② 马立军.城市文化软实力的影响机制与多角度评价——基于江苏省 13 个地级市的研究[J].北方经贸，2021(12)：107 - 111.

（续表）

一级指标	二级指标	三级指标
城市文化 空间支持力	城市文化空间 基础保障	公共教育投入水平 高等院校数量 广播电台数量
	政府对城市文化空间 建设的支持力度	文化空间支出费用占财政支出的比例 文化企事业单位的扶持力度 知识产权保护指数
城市文化 空间吸引力	国内文化交流	国内旅游接待人数 国内旅游收入
	国际文化交流	国际旅游接待人数 国际旅游收入
城市文化 空间传播力	文化空间传播力	电视、报纸、广播、互联网媒体传播度
	文化空间知名度	国内互联网关键词搜索数 国际主流媒体报道次数

城市文化软实力的空间测度主要考虑以下六方面要素。

（1）城市文化空间基础力。城市文化空间基础力能够为城市文化软实力带来正外部性的空间基础性资源，可分为"城市文化空间遗产与保护"和"文化基础设施"两个方面。城市文化空间的遗产与保护要素包含世界文化和自然遗产数，国家级、省级、市级三级非物质文化遗产名录数，全国、省级、市级三级重点文物保护单位数；文化基础设施要素主要包括博物馆数、公共美术馆和画廊数、公共图书馆数、艺术表演场馆数、影院数。

（2）城市文化空间生产力。城市文化空间生产力体现城市文化空间所提供的文化产品与服务的能力，可以通过产业规模与产业质量两个维度进行衡量。产业规模要素主要包括文化及相关产业资产总值、文化产业从业人员数量；产业质量要素主要指文化及相关产业增加值占 GDP 比重。

（3）城市文化空间消费力。城市文化空间消费力反映社会民众在城市文化空间中的消费意愿与消费能力，可分为消费规模与消费结构两个部分。消费规模表现为人均教育、文化、娱乐的空间消费总额，消费结构表现为人均教育、文化、娱乐的空间消费占总人均消费的比重。

（4）城市文化空间支持力。城市文化空间建设主要依靠政府的基础保障和政府对文化空间的投入支持力度。其中，公共教育投入水平、高等院校数、广播电台数等代表城市文化空间的基础保障，文化空间支出费用占财政支出的比例、文化企事业单位的扶持力度、知识产权保护指数体现政府对城市文化空间建设的支持与管理力度。

（5）城市文化空间吸引力。城市文化空间吸引力指城市文化空间对本地居民、外来游客、各地人才和市场资本等展现出来的独特魅力和吸引力，可分为国内文化交流与国际文化交流两个方面，分别以国内旅游接待人数、国内旅游收入和国际旅游接待人数、国际旅游收入来衡量。

（6）城市文化空间传播力。城市文化空间传播力主要体现一座城市对其他城市或地区的文化影响力与辐射力，是文化软实力的综合体现，可以通过城市文化空间传播度与城市文化空间知名度两个指标来评价。城市文化空间传播度主要体现为电视、报纸、广播、互联网媒体尤其是社交媒体平台对于城市文化空间的传播力度，城市文化空间知名度包括国内互联网关键词搜索数与国际主流媒体报道次数两个三级指标。

城市文化空间基础力、城市文化空间生产力、城市文化空间消费力、城市文化空间支持力、城市文化空间吸引力与城市文化空间传播力既相辅相成，又相互独立，共同构建了城市文化软实力的空间测度指标体系。同时，城市文化软实力建设能反过来促进城市文化空间上述"六力"的改善与提升。

8.5 城市文化软实力建设的空间效应

当今时代，文化与政治、经济、社会、生态的关系日益密切。让·鲍德里亚指出："人类社会与经济的发展已经步入到一个全新的阶段，经济生产领域已经与意识形态或文化领域融为一体；文化的产品、影像、表征，乃至感觉与心理结构都变成了经济世界的组成部分。"[①]文化极大地干预和影响国家的政治意识形态与价值观念、经济社会发展和城市产业结构调整，城市文化软实力建设的空间效应日益凸显。城市文化空间中各要素不断集聚和融合，产生多重社会效应。除了政治、经济、生态等综合效应外，就城市文化空间所引发的社会效应而言，主要体现在场景构造、资源活化、空间治理、社会空间建构，以及空间的叙事与传播等方面。

8.5.1 城市文化软实力的空间场景构造

8.5.1.1 场景空间的物件设备优化

物件、设施物、设备、装置等是场景空间构建的物质基础。完善的物质基础设

---

① Connor, Steven. Postmodernist Culture: An Introduction to Theories of the Contemporary [M]. Oxford: Blackwell, 1989, p. 51.

施有利于推动城市文化空间消费和提升城市文化空间的服务质量。改造场景空间离不开物件设备的改造升级和优化完善,使其成为空间舒适物、符号介质和审美载体。一方面,城市文化空间注重场景、设施物、符号、意义、审美、旅游、体验、商业消费的有机融合,以满足不同群体的空间体验与消费需求;另一方面,探索城市文化空间内各类设施的最优组合方式,确保物质设备与文化场景之间的协调性和一致性,避免破坏整体场景生态。例如,位于上海繁华商业地带的亚洲大厦"星空间一号"为配合音乐剧目的表演需要,将原来的办公场所升级改造为 100% 实景酒吧,把小剧场演出环境与人们的生活化场景连接起来,拉近了艺术表演与观众生活体验之间的距离,营造了一种轻松、自由、开放、亲近的新演艺空间氛围。

8.5.1.2　场景空间的数字技术加持

人工智能、移动互联网、虚拟现实等数字技术为构造数字空间场景和活化传统文化空间场景提供了无限可能性。数字技术时代,城市文化空间除了线下实体场景空间之外,还营造线上虚拟场景,强化受众的交互感知和沉浸体验,供参观者随时随地参与到数字空间的文化景观和文化活动体验中。同时,数字技术为城市文化空间的智慧化服务注入了新的活力。比如,在 5G 技术加持下,出现了以智能感知、智慧阅读、智能场馆等为代表的图书馆智慧服务场景应用。如上海长宁图书馆"新页书房"引进人工智能技术,率先试点数字化图书馆借阅场景服务,为读者提供了机器人送书、专属数字人向导、RFID 智能书架导航、自助借还图书等一系列智能化阅读服务,堪称上海首个"智慧图书馆"①。

8.5.1.3　场景空间的文化符号赋能

随着城市物质空间的迅速扩张和社会空间的异化,城市空间的人文属性逐渐失落,城市居民的空间获得感与群体认同感消逝于空间的区隔与正义危机中。但城市文化空间是由场景、物件或其他设施物、文化符号及其象征意义构成的特定文化场域,在文化的柔性力量聚合下,它体现为一种文化符号、意义与精神价值的空间赋能。例如,湖南长沙的超级文和友通过复刻 20 世纪 80 年代长沙典型街区,辅以自产美食、本土网红茶饮、老字号小吃、气味博物馆等感官刺激较强的具身体验设施,实现了传统老建筑与现代商业元素、城市文化空间与空间的符号意义的有机融合,开启了"餐饮＋社交＋文化"的新消费模式,带给市民和游客充满市井气息的独特文化场景体验②。超级文和友以地方特色文化设施及其符号意义赋能空间场

---

① 机器人送书、数字人当向导……上海首个"智慧图书馆"即将亮相![EB/OL].[2022 - 09 - 27]. https://www.sohu.com/a/588461052_120823584.

② 傅才武,王昇凡.场景视阈下城市夜间文旅消费空间研究——基于长沙超级文和友文化场景的透视[J].武汉大学学报(哲社版),2021(06):58 - 70.

景,推动了长沙夜间经济和文旅消费空间的发展,成为新时代长沙城市文化新地标。

8.5.1.4　场景空间的精神价值表达

当今场景体验时代,如果说场景空间是赋能符号象征意义和精神价值、构建文化价值观的场所,那么城市文化空间就是汇聚各类文化景观、消费符号的精神价值混合体。除了利好城市文化功能和发展目标外,城市文化空间场景的构建还有助于孕育和丰富城市文化"灵韵"。"灵韵"一词是瓦尔特·本雅明对传统艺术的本真原创、距离美感、仪式根基和崇拜价值等特征的高度概括。城市的文化"灵韵"根植于城市文化空间与其特定的历史、文化和社会实践的彼此联系之中①。一方面,城市文化空间的场景构建延续了城市的历史文脉、城市文化的符号意义和精神价值;另一方面,城市文化空间场景作为一种独特的空间体验,包含着丰富多样的地域美学特色和地方文化风格,系地方性知识、地方(城市)文化的重要构成。比如,上海浦东图书馆空间的整体设计简约大方,采用"全开放""大空间""无间隔"的格局。以"书山"、宽敞的原木色书桌、透亮的落地窗、绿植覆盖的全透明玻璃"空中花园"等空间设施物和符号象征意义,构筑出亲近自然的阅读场景,彰显和延续海派文化和江南文化风格,同时也成为海派文化和江南文化的重要构成,让广大读者在城市的喧嚣中找到一处休憩的"精神绿洲"。

8.5.2　城市文化软实力的空间资源活化

8.5.2.1　城市文化空间的资源优化配置

城市文化资源配置力是指城市在一定范围内控制、吸纳、凝聚、配置并激活城市经济社会发展所需的文化资源的能力②,提升城市文化资源配置力对于促进城市文化空间建设具有重要的意义。博物馆、美术馆、画廊、剧院等城市文化空间充分结合本土文化的内涵、特色和城市居民的文化需求,通过科学合理的空间布局和功能划分,将体现城市文化积淀的传统文化资源和文化基础设施相耦合,成为城市文化资源配置力的硬件基础设施和物质空间保障。艺术中心、创意街区和文化产业园区则在政府政策的扶持下,通过合理开发、聚集、吸纳各类文化资源并有效转化为具有城市个性特色的文化产业,扩大城市文化影响力和文化品牌效应。聚焦于城市文化空间,则出现了以功能融合和服务创新为主的一站式公共文化服务,如近年来

---

① 陈波.基于场景理论的城市街区公共文化空间维度分析[J].江汉论坛,2019(12):128-134.
② 高维和,史珏琳.全球城市文化资源配置力评价指标体系研究及五大城市实证评析[J].上海经济研究,2015(05):53-61.

兴起并广泛应用的文化共同体服务模式便是不同文化艺术机构跨界融合的典范①。

8.5.2.2　城市文化空间的资源活化再生

在法国社会学家布尔迪厄看来，文化资本有三种表现形式：首先是具体的状态，表现为以精神或身体的持久"性情"的形式，如才华和技能；其次是客观的状态，以文化商品的形式存在；再次是以一种客观化的形式存在，如资格证书、教育文凭②。城市空间是城市文化的容器，各类城市文化空间将具有独特性和稀缺性的文化资源转化为城市"文化资本"。当前，这种城市"文化资本"的挖掘、转化与利用、再利用逐渐成为城市文化资源活化再生的有力手段。例如，上海实施的"建筑可阅读"提升工程就是着眼于外滩、徐汇等历史建筑资源的保护性开发和再利用，以独具创意的"阅读"方式拓展了城市建筑遗产的可亲近性，活化海派建筑资源。

8.5.3　城市文化软实力的空间治理

8.5.3.1　城市文化空间的文化治理性

文化是整合城市空间资源的黏合剂，发挥着调和、疏导和解决精神信仰危机和社会矛盾冲突的柔性作用。以文化引领城市公共空间治理、完善公共文化服务体系是培育城市文化软实力的重要组成部分③。在葛兰西的"文化领导权"理论中，文化治理区别于文化统治的强制性和暴力性，是一种多元主体共同参与协商、最终达成共治目标的治理方式。托尼·本尼特进一步指出，文化治理是自我管理的技术，需要借力于政府扶持、产业支撑、居民参与和空间敞视机制，实现治理和自治的效果。城市文化空间为空间治理提供了实践场域，城市居民的精神文化需求和偏好被纳入空间治理体系中，这种柔性的治理力量潜移默化地影响着城市居民的生活方式、文化素养、精神道德和价值观念，推动社会共识的形成。比如，遍布于城市大街小巷的公共图书馆、书店等新型阅读空间致力于打造"场景化阅读＋人性化服务＋互动化体验"的一体化服务平台，在向城市居民传达主流意识形态、价值观念和地方性知识的同时，不断丰富人们的精神世界，助力他们重塑社会人格。

8.5.3.2　城市文化空间的空间治理能力

空间既是治理的规范和塑造对象，也是治理实践的场域，并影响着治理效果和目标的最终达成④。实现城市文化空间的有序运行和可持续发展，离不开文化空

---

① 师丽梅，等.城市图书馆公共文化空间建设与服务新走向——以深圳地区公共图书馆为例[J].图书馆，2017(05)：97－101＋105.

② ［法］布尔迪厄.文化资本与社会炼金术[M].包亚明，译.上海：上海人民出版社，1997：192－193.

③ 廖晓明，周芯如.文化引领城市公共空间治理研究[J].长白学刊，2022(02)：148－156.

④ 杨雪冬，陈晓彤.国家治理现代化的空间逻辑[J].中国人民大学学报，2022(05)：24－35.

间的有效治理。良好的城市文化空间秩序和过硬的城市文化空间治理能力是城市文化软实力的重要表现。首先,城市文化空间具有明确的治理目标,包括充分满足社会民众的精神文化需求,合理分配和利用空间的设施物、符号、知识、意义等文化资源,营造或改造升级文化空间场景,提升文化空间的文化活动质量和受众参与度,强化文化空间的具身体验,这是提升空间治理能力的基础。其次,城市文化空间的空间治理机制具有多样性,涵盖了知识教化、制度约束、空间凝视、自我规训和场景共情等机制①,且各种治理工具或手段相辅相成。再次,城市文化空间的治理需要政府、行业组织、企业和社会民众多元主体的协商合作、共建共治。政府要强化城市文化空间的规划和建设,健全文化空间的公共文化服务体系,优化财政支出渠道,拓宽资金来源,确保文化空间治理和服务落到实处;全社会要积极推动城市居民参与文化空间中举办的文化活动,培育良好的文化氛围;社会民众要养成积极投身公共文化空间治理的习惯,推动空间善治。最后,从城市文化发展实际出发,因地制宜制定空间治理方案和策略,寓城市个性特色和文化内涵于文化空间治理中。

8.5.4 城市文化软实力的社会空间建构

8.5.4.1 社会区隔与"审美茧房"

"区隔"一词由皮埃尔·布尔迪厄提出。他认为,趣味强化了社会等级的区分。虽然社会等级并非完全由社会人群的趣味产生,但除了个人或家庭的经济收入和消费水平外,文化的趣味和习惯一直在维护这种社会阶层之间的区隔。在此意义上,城市居民在城市空间场所中的个性化文化体验、娱乐和符号消费行为不仅体现了个人或群体独特的趣味和偏好,而且也持续建构和强化不同社会群体、社会阶层之间的区隔。结果是,被逐渐私人化的大众品位在"文化民主"和"消费自由"神话的遮蔽下利用数字技术的便利制造了社会区隔的新形式,即"审美茧房"②。审美茧房不利于文化空间的开放性、共享性,会加深不同审美话语体系之间的排斥性,一旦形成,将严重影响城市文化空间的软实力建构。

8.5.4.2 社会空间的多元化建构

从文化的社会性视角来看,文化空间是一种特定生活方式的体验或表达。从某种意义上说,城市文化空间是城市居民的社会生活空间。在空间的生产过程中,日常生活空间容易受到资本的严重侵蚀,产生同质化的社会空间和制度化、程序化的空间秩序。现代城市居民为了逃离这种空间的异化,努力探索生产差异化的社

① 参见江凌. 公共图书馆的文化治理性与治理能力提升策略[J]. 治理现代化研究, 2022(02): 60-68.
② 常江, 王雅韵. 审美茧房: 数字时代的大众品位与社会区隔[J]. 现代传播(中国传媒大学学报), 2023(01): 102-109.

会生活空间,推动社会空间的多元化建构。美国学者马克·戈特迪纳将空间结构
与行动主体之间的互动博弈关系引入社会空间研究中,重新认识城市空间的社会
生产并强调其双重特征,在此意义上,城市文化空间既生产了社会关系,也由社会
关系所建构①。作为社会性的城市文化空间建构包括:一是作为休闲空间的社会
空间建构。美国社会学家雷·奥登伯格认为,第三空间既摆脱了第一空间家庭的
束缚,又释放了第二空间工作环境的等级压力,人们可以在其中自由、舒适、平等的
交流和放松②,城市图书馆、博物馆、艺术中心、咖啡厅等文化空间就为居民群众提
供了这样的社会空间。二是作为消费空间的泛娱乐化空间建构。比如,人们前往
公共美术馆欣赏和体验作品、进行人际交往、购买艺术衍生品等各式文化消费活
动。三是作为“他者文化”表达的社会空间建构,如 Live house 等城市亚文化空间,
营造一种强烈的身体感官刺激和即时共享的沉浸式超现实氛围,满足人们的情感
体验和宣泄需求,体现了城市生活空间的多样性和包容度。

8.5.5　城市文化软实力的空间叙事与传播

8.5.5.1　城市文化空间的传统叙事

城市文化空间的传统叙事呈现如下特征:一是中西方传统思维模式的差异,导
致叙事方式的明显不同。西方文化偏重于时间逻辑并重视听觉体验,而中国文化
更侧重于空间和视觉的建构③,因而不同于西方城市文化空间,中国的城市文化空
间注重将时间转化为空间,强调空间的可视性,善于展现和表达空间的符号性、艺
术性和故事性。二是城市文化空间叙事框架的不连贯性。各类城市文化空间按照
主题或功能分别进行叙事,造成整个城市文化叙事框架在空间上形成割裂的局面,
尤其是人们习惯于把博物馆、图书馆、艺术馆从城市文化版图中孤立出来,让其承
担城市或地方传统文化单独叙事的重任④。在城市文化空间的场景或景观叙事中
残存着“直线型”“粗线条”“密集型”的印象,固化了人们对城市的统一化认识和积
木式理解,严重阻碍了城市文化形象、内涵和精神的多样化传播。三是叙事结构较
为单一、叙事逻辑同质化严重。比如,展馆往往依托于节庆、周年纪念、宗教信仰等
单一主题展开叙事,缺乏鲜明的地方特色和趣味。此外,部分文化空间的主题教育
活动千篇一律,叙事链条单薄且固化,导致叙事活动变成了说教,无法带给观众美

①　[美]马克·戈特迪纳.城市空间的社会生产[M].任晖,译.南京:江苏凤凰教育出版社,2014:216.
②　师丽梅,等.城市图书馆公共文化空间建设与服务新走向——以深圳地区公共图书馆为例[J].图书馆,
　　2017(05):97－101＋105.
③　龙迪勇.空间叙事研究[M].北京:生活·读书·新知三联书店,2014:27.
④　张允,张梦心.数字时代博物馆叙事逻辑的重构:基于场景理论的视角[J].现代传播(中国传媒大学学
　　报),2020(09):99－103.

好的文化体验。

8.5.5.2　城市文化空间的数字化叙事

在数字技术加持下,城市文化空间的叙事方式正在不断变革。城市文化空间的数字化转型升级将空间、场景叙事从传统的叙事逻辑中跳脱出来,产生一系列新的叙事特征:一是衍生出多重叙事角色,从单一型叙事框架衍生出组合型和交互型的叙事链条,实现多重叙事链接。二是注重"以人为本"的空间叙事理念。数字文化空间在叙事过程中越来越注重受众的个性化、体验化的需求、喜好、品位,致力于营造一种自由轻松、交互体验式的空间氛围。三是形成"沉浸式""具身性""亲历式"叙事方式。如故宫数字社区利用 AI、LBS(Located Based Service)等技术为参观者营造可以实时参与空间叙事生活、体验个性化消费的社交网络。当然,在数字化时代,城市文化空间的数字化叙事面临一些新的挑战。一方面,过于泛化的数字化叙事方式造成空间叙事的内核和深度逐渐被消解,具体表现为仅仅满足于传播新技术的拥抱,未能结合城市空间的物件符号意义、文化内涵、精神价值和结合城市文化特色开发新的场景和内容叙事;另一方面,过度以"消费景观"为中心,导致空间叙事本源的日趋迷失,迫使人们重新思考如何优化城市文化空间数字化叙事方式,探索数字化叙事逻辑的重构路径。

8.5.5.3　城市文化空间的数字化传播

借助多媒体数字平台传播城市文化空间及其场景、设施物、制度、符号、文化内涵和精神价值,提升城市文化空间软实力,是城市文化空间的数字化传播的题中之义。其中,数字影像记录是呈现城市空间叙事、传播城市文化空间软实力的重要手段。上海广播电视台与上海城市规划设计院合力打造百集微纪录片《申生不息》,通过描绘 100 个城市现代化进程中发生的真实故事,记录从居民的居住条件改善到公共空间的重构与升级,再到历史赓续与文化创新,展现上海"以人民为本"的城市发展理念和管理智慧,构建了温暖人心、充满活力、睿智进取的"人民城市"形象[①]。城市居民也可以通过短视频平台和社交媒体,记录和传播城市生活空间的点点滴滴,积极参与城市文化空间的意义建构。"以人为本"的服务型、数字化叙事方式替代原本自上而下的"以物为主"的宣传教育型叙事方式,多主体参与的数字化传播激发了人们对于城市空间的共同情感与集体记忆,为城市文化空间叙事和文化软实力建设提供内生动力。

空间是人类社会活动、生产实践、日常生活的重要场所,也是城市历史文脉传承和文化发展的重要载体。伴随着 20 世纪 70 年代以来人文社科领域的后现代

---

① 上海广播电视台纪录片中心百集城市更新微纪录片《申生不息》正式发布[EB/OL]. [2023 - 03 - 18]. https://new.qq.com/rain/a/20230318A060GN00.

"空间转向"潮流,"空间"已成为学术界的重要研究对象。本章从空间维度出发,针对当代城市文化空间的软实力建设现状与存在的问题,系统阐释了软实力、文化软实力、城市文化软实力的相关概念及理论指向,重点探讨了城市文化软实力建设的空间转向、空间逻辑、空间测度和空间社会效应。

首先,结合 20 世纪六七十年代以来西方人文社会科学领域的"空间转向"和中国城市空间规划的历史传统,从理论和实践层面探讨"空间转向"对于城市文化空间软实力建设的推动作用。城市文化软实力和城市文化空间两者之间存在共生关系:作为表征的城市文化空间本质上是城市文化软实力的"生产空间";城市文化软实力的"空间生产"意指作为场景、符号、意义和价值内涵的城市文化空间。其次,系统阐释了城市文化软实力的空间场景逻辑,以及这一逻辑下城市文化空间的场景生态、场景技术、场景内涵;空间符号逻辑下城市文化空间的符号表征、符号价值、符号消费;空间文化逻辑下城市文化空间的文化记忆、传承、发展、创新及城市文化共同体的构建;空间权力—权利逻辑下城市文化空间的"监视与规训"、权力与权利两者的建构—解构等空间治理问题;空间正义逻辑下城市文化空间的空间正义与伦理问题;以及空间共情逻辑下城市文化空间的场景、符号、文化、服务共情及其对凝聚城市居民文化共识的作用。其中,场景逻辑和符号逻辑是构建高质量城市文化空间的底层逻辑。空间符号逻辑与空间文化逻辑相辅相成,共同构建城市空间想象的共同体和城市文化共同体。权力—权利逻辑与正义逻辑是构建城市文化空间过程中需要遵循的价值伦理取向。共情逻辑联结各空间逻辑,贯穿于城市文化空间软实力建设全过程。空间文化逻辑明确城市文化空间软实力建设的内容和目标。再次,深入分析了城市文化软实力建设的空间效应。具体表现为:以物质设备优化、数字技术加持、文化符号赋能、精神价值营造构建城市文化软实力的空间场景;以资源配置优化和活化再生实现城市文化软实力的空间资源活化;以柔性的文化治理力量提升城市文化软实力的空间治理能力;以多样性、包容性和生活性构筑城市文化软实力的社会生活空间,以及从传统叙事框架转向数字化叙事,促进城市文化软实力的数字空间叙事与数字化传播。最后,基于城市文化空间的文化基础力、生产力、消费力、支持力、吸引力与传播力,构建了一个适用于我国城市文化软实力建设的空间测度指标体系。

城市文化空间承担着收藏、记录、展陈、传承城市文化的功能,是与城市文化形象、城市精神价值相匹配的文化符码,也是彰显城市软实力的文化名片。本章系统分析了城市文化空间的"空间生产"和"生产空间",拓展空间生产理论,对于丰富城市文化空间软实力理论体系和城市文化空间软实力建设实践,提升城市文化软实力建设的综合效能,具有明显的理论价值和实践意义。

第9章 新时代城市文化软实力跃升研究专题（一）：城市公共图书馆的文化治理性与治理能力提升策略

9.1 城市公共图书馆的文化治理性

目前，"文化治理"在国内学术界有两种不同的看法，一种是将文化（包括文化机构、文化活动、文化现象、各种文化病症等）作为被治理的客体；另一种是将文化视为柔性的治理手段，强调文以化人的教化功能和对人的规训作用。前者基于公共治理模式，构建出一种多元主体协同参与、协商共治的现代化治理模式，在实现文化管理向文化治理转变的同时，调动文化领域不同主体力量积极参与，优化多元治理主体结构，使其运行契合经济、文化、社会等各层面的需要；而后者更多是将文化及其包含的知识和技术看作是工具性和手段化的治理策略[①]。文化天然具有一种柔性的、内在的润泽、协调与治理效能，具有意识形态和价值观念属性的文化在潜移默化中影响着人们的观念、看法和价值取向[②]。公共文化服务不仅仅是一项社会福利，从功能角度来看，它也是一种治理方式。城市公共图书馆作为被治理的客体，需要由传统的单一主体管理模式转变为现代多元主体协商共治的治理模式。本专题研究以深圳公共图书馆为例，分析城市公共图书馆的文化治理功能及其治理能力提升策略，为城市公共图书馆发挥文化治理功能提供理论思考和实践探索。

葛兰西的"文化领导权"理论、福柯的"治理""治理术"思想、本尼特的"文化治理性"理论为分析城市公共图书馆的文化治理性提供了理论资源和治理实践导向。基于这些理论分析城市公共图书馆的文化治理性和文化治理目标；阐释公共图书馆文化治理的作用机制，包括知识教化机制、空间凝视机制、场景共情机制、制度约束机制和自我规训机制；提出提升城市公共图书馆文化治理能力的主要策略，包括：创新理念，明晰公共图书馆的文化治理功能与实现机制；健全和完善公共文化服务制度设计，保障民众的公共文化福利；优化知识资源供给和知识空间的书籍陈列组合；美化场景符号设计与空间布局；提升人性化服务，以共情的力量涵化文化治理效果；畅通社会主体参与治理渠道，促进多方主体共治共享，等等。这对于加强城市公共图书馆文化治理，提升其文化软实力，具有重要的理论价值和实践意义。

---

① 王前. 理解"文化治理"：理论渊源与概念流变[J]. 云南行政学院学报，2015(6)：20-25.
② 徐春光. 公共文化服务的软治理要义与发展逻辑[J]. 学习与实践，2016(8)：63-68.

尽管目前"文化治理"的概念和内涵在国内学术界存在着不同的理解和释义,但本质上都是基于葛兰西的"文化领导权"、米歇尔·福柯的"治理术"思想和托尼·本尼特的文化治理理论等阐释而来的。葛兰西的"文化领导权"思想,强调"文化"柔性统治的重要性。福柯认为,社会规训需要动用权力关系,但不是单纯的高成本的禁令,而是尽可能与民众利益相关联而高效率地发挥作用。在福柯的"治理术"和葛兰西的"文化领导权"理论场域内,"统治"与"治理"有着截然不同的内涵,统治以强迫、压制和规训为主题,形成一种传统的强制性权力运作机制;而治理则聚集于作为不同主体或客体构成的人身上,权力在此情况下的运作更多是不同社会阶层、群体之间的一种对抗、协商和收编。基于福柯的治理理论,英国文化学者托尼·本尼特提出一种文化治理理论与实践范式,形成其文化治理研究的核心思想。本尼特认为,文化在规范化制度与政策层面,通过分层的自我组织,被转化为自我管理的技术。文化的治理性常常需要借助政府主体的力量和文化空间敞视机制达成治理和自治理效果。

9.1.1　作为公共文化空间的现代公共图书馆

公共图书馆不仅是收藏图书报刊文献的公共场所、社会民众借阅和阅读知识文献资源的文化空间,更是实现对民众知识教育和文化教化的有益途径。公共图书馆在引导社会公众思想和价值理念方面的功能很早就被发掘。作为人类历史上第一家现代意义上的公共图书馆,美国波士顿公共图书馆最初就是以控制、压制、约束危险阶级为目的而开办的。彼时,图书馆扮演着一种教育工具的角色,能够持续影响反叛群体的价值选择,在灌输上层阶级思想的过程中,实现了统一化的管理和教化,消弭了反抗的声音,最终维护统治群体的利益和地位[①]。

中国古代的图书馆称为藏书楼,最初只是少数权力阶层、知识精英的私有产物,贮藏珍贵文献,因此它并不是普通民众可以涉足的空间场所。近代以来,西学东渐之风促使古代藏书楼朝着近代图书馆的方向发展,其公共性进一步凸显,并且在知识和管理阶层的眼中逐渐具备"教民之法"[②]的功能。产生于 19 世纪中叶的社会改良主义者重视公共图书馆的教化育人功能,将图书馆塑造成为传播新知识、新思想的文化阵地,承担起开化民智、启迪民众的时代使命,本质上体现了通过近代图书馆的知识资源和文化空间进行意识形态传播的目的[③]。近代公共图书馆的兴

---

① 解胜利,吴理财.公共图书馆的文化治理学——对一个省级图书馆的文化政治分析[J].湖北社会科学,2014(9):70-76.
② 李晓新.普遍·均等:中国公共图书馆的百年追求[M].天津:南开大学出版社,2007:25-26.
③ 耿达,傅才武.塑造"公共文化":近代图书馆建设与城市发展——以武汉为中心(1927—1937 年)[J].图书情报知识,2016(3):39-46.

起实现了这种文化空间从上层阶级与私人领域向社会公共领域的转变,在进行文献储存和知识资源保管之外,近代公共图书馆拥有了社会教化和文化治理的双重功能。

西方国家将公共图书馆视为"最便宜的(文化)警察"[①],折射出公共图书馆在缓和社会矛盾、推动文化治理、促进社会和谐稳定方面的重要作用。与国家常规暴力机器不同的是,公共图书馆体现的是一种"文化治理"而非"文化暴力",相较于"文化暴力"的强制性,文化治理旨在实现一种柔性的自我疏导,这与葛兰西所谓的"文化领导权"有着相似的意蕴,即稳定社会统治的实现有赖于上层群体与下层群体之间不断的对抗、协商和收编,在相互妥协的均势平衡中,实现理想的文化统治状态[②]。公共图书馆是践行"文化领导权"的实践场所,它是意识形态的物质载体。

图书馆经历了从私藏到公开、从传统封闭性到近现代公共性的转向,成为权力机构向社会民众提供知识资源的公共空间,成为现代城市必不可少的公共文化基础设施和文化空间场所。一座城市图书馆,不仅是容纳着成千上万册书籍的建筑空间,更是人类知识和文明的汇集地。城市公共图书馆主要有四个作用:一是汇集、选择、整合和共享人类知识资源,肩负着延续人类文明的重任;二是为人们提供学习科学和人文知识的公共场所,见证着知识的传承、生产和再生产;三是作为城市或区域的文化地标和公共文化空间,反映着城市或区域的书香社会风貌和文化风气;四是承担思想教化、文化治理的使命,传播文化知识及其精神价值观,维护社会文化秩序。现代公共图书馆体现了知识资源面向公众开放的公共性价值,提高了社会民众的知识主体地位。公共图书馆的文化治理功能和价值体现依赖于社会民众,因为只有社会民众使用、认可、接受了的公共文化资源,才是有价值的资源;同时,公共图书馆依靠民众的频繁、普遍、有效使用来提升文化治理价值。

9.1.2　城市公共图书馆的文化治理性

"人们生产文化的主要动力是疏解人与人、人与社会之间出现的各种问题,实现对人与社会的治理。"[③]而文化是人与人、人与社会的黏合剂,社会主流文化具有意识形态、价值观念、精神道德的支配性地位,能够涵化和同化人们的思想和行为,凝聚人心,以柔性的力量缓解社会矛盾,实现社会稳定有序发展。从私有到公共、从压迫到协商、从愚民到教化,公共图书馆的形成与发展,极大解放了整个社会民众的文化生产力,推动了人类文化、政治、经济、社会各领域的文明进程。作为一种

---

① 杨威理.西方图书馆史[M].北京:国家图书馆出版社,2013:207-210.

② [英]约翰·斯道雷.文化理论与大众文化导论[M].第五版.常江,译.北京:北京大学出版社,2010:99.

③ 张收棉.论公共图书馆的文化治理功能[J].图书馆杂志,2017(06):9-13.

独特的文化治理手段,公共图书馆深刻影响着社会公众的价值观念和精神道德,具有一种内化于心的文化影响机制和文化治理作用。21世纪以来,我国致力于建设一批公共图书馆、博物馆、艺术馆等公共文化设施和文化空间,将这种柔性的治理力量贯穿于培育民众科学文化素质、涵化民众知识素养、稳定社会秩序全过程。

文化治理借助于公共图书馆特定的空间和存储介质进行知识资源的储存、分配与共享,公共图书馆通过特定的知识和信息分类、整理、陈列、展示,以及知识资源的分配与共享等文化实践,将知识文化转化为社会群体与个体的思想观念和行为。"公共图书馆、博物馆、美术馆、文化馆等公共文化机构是文化治理实践的主体,它们共同构成文化分配和共享的微观系统,通过微观物质机制对人的精神世界产生影响。"①公共图书馆所提供的公共文化服务实质上是向社会民众传递知识文化,培育健康向上的社会风气,社会民众在阅读图书馆内知识资源、接受文化服务的过程中逐步认识到自身的知识主体地位,并在学习和认同知识资源的过程中,达成意识形态、价值观念、精神道德等社会共识。当下,随着数字技术的进步,网络新媒体和社交媒体平台崛起,人们接收信息知识渠道日益多元化,且网络媒体尤其是社交媒体平台日益成为获取信息知识的主渠道。在网络空间知识碎片化、网络社会思潮泛滥、网络个体原子化的信息传播态势下,更需要利用公共图书馆的知识文献资源和公共文化服务,传递社会主流文化、主流意识形态和价值观念,以统领日益多元化的网络文化思潮。

9.1.3　城市公共图书馆的文化治理目标

历史上,知识和文化教育的权力一度被视为统治权力的组成部分,传统图书馆是统治阶层和知识群体的专利,普通民众被拒之门外;而现代公共图书馆具有开放性、公益性等特点,将学习知识、接受教育、自主思考乃至言论自由的权利还给大众。城市公共图书馆的文化治理体现了政府将民众纳入自治理权力体系。文化治理可以通过一些反映着政府与民众关系的文化技术进行感知。比如,统治者曾经将博物馆作为一种展示自己权力的象征。当参观者进入皇家收藏博物馆时,为其辉煌和富足而惊叹时,他们被想象为臣服于上级的权力;而公共图书馆则呈现出一种新的权力关系,使访问者成为政府的一位股东②。人民主权由政府和公共图书馆管理方、服务者代为实行,实现其文化治理功能。

实现公共图书馆的文化治理功能需要达到的目标:一是优化和更新知识文献资源及其服务,充分实现知识资源和服务供给,满足社会民众的精神文化需求。现代公共图书馆的治理主体包括政府所有者与管理者、图书馆管理者和服务者、社会

---

① 李晓新.普遍·均等:中国公共图书馆的百年追求[M].天津:南开大学出版社,2007:25-26.
② [英]托尼·本尼特.文化与社会[M].王杰,等译.桂林:广西师范大学出版社,2007:167.

组织、地方文化精英，以及图书馆知识资源使用者即社会民众。其中，图书馆知识资源管理和服务者作为图书馆运营管理和知识资源服务主体，拥有绝大部分的知识资源储存、分配和共享决定权，而作为公共图书馆利益的主要参与者——社会民众的文化权益则应该首先考虑。公共图书馆的治理主体应当以社会民众为中心，充分发挥社会民众的治理主体意识和治理自觉性，充分且公平地满足社会大众的知识、文化和精神需求，这是公共图书馆文化治理的基本目标。二是合理配置图书馆知识资源，用知识涵化社会民众的科学文化素养。后现代主义者认为，知识是一种权力，包括解释权、命名权、话语权，以及利用知识操纵、控制和支配他者的权力，而知识资源则是这些权力的来源。人们获取知识权力的途径在于通过各种阅读获取知识的力量；与此同时，知识资源本身具有温润的涵化科学文化、道德人格、向上向善的力量。因而，根据入馆人群的知识文化需求，科学配置、陈列、更新图书馆知识资源，做好合理化配备、数字化普及和人性化服务，也是城市公共图书馆文化治理的重要目标。三是改造和革新图书馆空间场景，利用空间场景和空间敞视机制实现图书馆文化空间的治理目标。一方面，优美、洁净的公共图书馆空间环境及其秩序本身具有自我规训的作用，这种环境具有庄重、安静的"阅读感觉"，它规训着主体的形象（仪表）、言谈和行为（姿势、礼仪、动作等），让主体的心情平静，进入阅读佳境；另一方面，公共图书馆空间具有视觉隐喻功能，涉及自己和他者的"凝视"，即入馆主体在"看"的同时，也在他者的目光中"被看"，入馆主体在"看"和"被看"中自觉地规训自我，从而达到文化空间的治理功能。因而，在当今空间场景革命时代，更新改造和美化城市公共图书馆文化空间环境，可以更好地实现公共图书馆的文化治理目标。

9.2　城市公共图书馆文化治理的作用机制

城市公共图书馆以其与生俱来的文化治理性参与到公共文化治理现代化进程中，而其文化治理功能发挥作用的机制却呈现出多样性，既有存储其中的知识文本产生的知识教化机制，也有各种制度设计产生的约束机制；既有公共图书馆建筑风格、空间符号和空间布局产生的空间凝视机制，也有知识场景中入馆人群与场景空间的共情机制，还有以上诸多机制共同作用所形成的入馆群体自我规训机制，以上机制合力推动城市公共图书馆文化治理功能的实现。这些机制的生成与作用过程实际上也是城市公共图书馆在公共文化服务现代化进程中的文化治理功能的综合体现，包括柔性的知识教化作用、刚性的制度约束作用、空间凝视作用、场景共情作用和自我规训作用。

9.2.1　知识教化机制

知识教育和社会教化是城市公共图书馆在文化治理方面的基本功能，城市公共图书馆的知识内容资源是提升居民文化素养和城市文明程度的文化保障，也是促进人类社会文明进步的标度。知识教化作用的实现机制，一方面来源于公共图书馆作为知识文本储存和阅读的特定场所。在城市公共图书馆中，浩如烟海的知识内容在时间和空间的维度上被分类储存、记录和延展，相较于私人图书馆的有限性和专业图书馆的独特性，公共图书馆所储存的内容资源具有宏丰博大的书香气质，带有一种知识庄严感。不仅仅是身处其中的借阅与阅读者能够产生庄重的敬仰之感，而且公共图书馆所在的整个城市、社区和周边居民都会尊重和保护它。从这个意义上说，公共图书馆具有一定地域范围的文化影响力。另一方面，借阅和阅读者在公共图书馆中基于知识文本的阅读，受到了文化的涵养与熏陶。公共图书馆内丰富的知识资源、充满书香的知识阅读氛围、身处其中享受阅读的宁静闲适，也促进了公共图书馆知识教化作用的实现。

9.2.2　制度约束机制

在我国，城市公共图书馆建设属于城市政府公共文化服务范畴。公共图书馆是政府重点发展的公益性文化事业，是提升全民文化素质、促进社会主义文化大发展大繁荣的重要途径。围绕公共图书馆所形成的国家政府层面、行业协会层面和图书馆主体层面的制度性约束既是公共图书馆公共性、公益性、文化治理性等属性带来的必然结果，也是实现其文化治理作用的重要机制。从不同治理主体如政府、社会团体、图书馆主体自身的制度建设来看，公共图书馆首先被纳入国家公共文化服务建设规划中，相应的政策措施是对公共图书馆的建设、发展、调控与治理层面的规定。其次，地方政府针对本地公共图书馆建设、发展与治理也会设立相应的管理、激励、约束制度，包括专项资金申请与审批、图书馆场所建设与规划、知识内容资源购买，知识资源数字化服务，等等。此外，还包括图书馆行业协会针对公共图书馆行业的非强制性鼓励、约束和监管制度；最后是各公共图书馆本身所设立的规章制度，包括借阅者入馆制度、借阅者身份管理、图书馆开放时间、借阅与阅读规则，以及场馆内部的行为规范，等等。成文的制度规范既是对公共图书馆本身公益性文化服务的治理，也有助于通过制度性约束实现对借阅者群体的文化治理。

9.2.3　空间凝视机制

城市公共图书馆场所空间的文化治理内含一种空间凝视机制。第一，在空间设计层面，具有地域文化特色的公共图书馆能够作为城市的文化地标或文化符号象征存在,无论是从公共图书馆外观建筑还是从内部空间设计来看,它都可以作为一种建筑文化空间符号象征。第二,公共图书馆知识内容的空间陈列、藏书的空间摆放、图书种类的空间分布,借阅与阅读的空间布局与隔离,空间的文化符号书写,形成了公共图书馆的内在文化气质。第三,公共图书馆作为公共文化空间,其建筑装饰风格特征、文化场景空间的氛围营造,书香文化符号的书写,建构起公共图书馆空间浓郁的阅读文化气氛。公共图书馆外观建筑文化与内部空间场景、文化符号空间的布设使公共图书馆场景空间能够通过"他者的凝视",借助于空间物质载体,发挥重要的空间监视与规训治理效果。无论是普通的借阅或阅读受众,还是饱读诗书的知识分子;无论是身处公共图书馆空间场所中,还是途经其建筑空间周边地带,都可以感受到公共图书馆作为文化景观的空间凝视作用。它监控着人们阅读生活中的言行举止,督促人们做出符合公共图书馆制度规范及其空间场景氛围的阅读与言行活动。

9.2.4　场景共情机制

城市公共图书馆作为公共文化服务机构,在发挥文化治理功能方面,并非高高在上的冰冷"管理者"和"规训者",其柔性的文化服务和文化治理功能还需要通过人性化、共情化的方式得以实现。作为开放性、公益性的公共文化空间,公共图书馆是为社会民众提供知识储存、阅读与服务的场所。在当今现代和后现代主义文化交织的语境中,随着人们对公共文化空间体验需求的不断提高,以及现代公共图书馆的文化服务功能不断完善,更多人性化的空间场景、符号、设施和服务不断涌现。公共图书馆空间中舒适的阅读服务区、美观的书籍展览和丰富的文创产品,飘着咖啡香味和满眼温馨的绿植空间,便捷的智能导引图和图书检索系统,热情贴心的工作人员和志愿者服务……不管是人与场景空间、场景符号之间的对话,还是人与场景空间的服务、人与人之间的交流,公共图书馆通过提供以人为本的文化服务,诠释着对入馆人群和周边居民的人文关怀。让人们体验到舒适、温馨和归属感的同时,促使人们产生发自内心的共情,由此达到公共图书馆场景空间的共情效果。从这个意义上说,公共图书馆依靠实现情感层面的人文关怀发挥了以共情为纽带的柔性文化治理功能。

9.2.5　自我规训机制

城市公共图书馆的文化治理功能不仅通过图书馆自身的知识内容、规章制度和建筑、场景、符号空间,以及空间凝视和场景共情作用实现,更多时候,图书馆受众人群也借助于这些作用机制成为文化治理的重要推动力。这体现为入馆人群的一种自我规训和自我治理。如英国哲学家边沁所描述的"全景敞视监狱",由于监狱建筑空间的每个角落都处于监视和控制下,身处其中的罪犯已经不再需要特定的狱警来管理,因为他们深知自己时时处于被监控状态,便会不由自主地规范自己的言谈行为,即便没有人在监视,他们也会用这种自我规训的心理,规范自己的行为举止。公共图书馆在某种意义上扮演着与全景敞视监狱同样的场所空间角色。图书馆知识内容资源所构建的宏大、庄严的书香气氛,图书馆规章制度的刚性约束,图书馆建筑空间布局和场景符号设计营造的空间凝视与监控感,都促使入馆借阅者和参观群体形成自我规训心理,并自觉约束自己的言谈举止,形成自我规训式的文化自治。

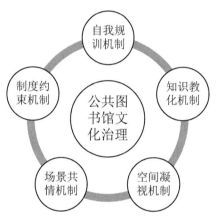

图9-1 公共图书馆文化治理作用机制

在城市公共图书馆文化治理的作用机制过程中,柔性的知识内容教化,刚性的规章制度约束,"全景式"的建筑、场景与符号空间凝视,人性化的场景空间服务所产生的共情作用,以及受众群体自我规训式的文化自治,构成一个密不可分、相互作用、相辅相成的综合有机体,共同发挥着文化治理的作用。其中,知识内容教化作用机制是核心和主体,是公共图书馆文化治理功能的重要体现;刚性的规章制度约束机制是公共图书馆文化治理功能得以实现的制度保障;"全景式"的建筑、场景与符号构筑的空间凝视机制既是监控力量,也是促进借阅者和其他入馆人群自我规训治理的物质基础和重要构成,人性化的场景空间符号和文化服务所产生的场景共情是公共图书馆柔性文化治理的情感纽带,也是公共图书馆公共文化服务和入馆者情感体验的文化权利保障;受众群体自我规训式的文化自治既是空间凝视机制的结果,也是公共图书馆文化治理的作用机制闭环体系中的最后一环,是公共图书馆文化治理功能得以实现的重要表征。

9.3　提升城市公共图书馆文化治理能力的主要策略

治理的本质是策略、工具和手段,现代公共图书馆的文化文化治理不仅仅是通过强制性的法律、法规、规章、制度等来体现,更是通过一系列的知识、空间和身体规训技术渗透到入馆人群的阅读过程中。福柯认为,"对于治理来说,问题并不是把法律施加于人,而是处理东西,运用策略而不是法律,或者把法律用到极限,使它也变成一种策略,采用一些特别的手段达成这种或那种目标。"①公共图书馆的文化治理实际上是在以政府主体为引导,以公共图书馆为核心治理主体,以行业协会、文化精英、社会民众等为参与主体,在多元社会主体共建共治、利益制衡的基础上,运用一系列策略和技术手段,充分发挥文化治理作用、提升文化治理能力的过程。

9.3.1　创新理念,明晰公共图书馆的文化治理功能与实现机制

公共图书馆的知识文献资源是文化的物质载体。人们普遍认为,公共图书馆"具有信息保存与传承、知识教育、情报传递、促进阅读和休闲娱乐等功能"②,但从国家、社会的视角考量便会发现,公共图书馆不仅仅是对信息、知识以"藏"促"传",更在于在储存知识资源和传播知识文化过程中实现一种秩序化的文化和社会治理功能。公共图书馆知识文献的汇聚与散播,在意识形态、价值观念、精神道德、礼仪习惯等方面对社会民众产生潜移默化的影响,调节人们的学习、工作与阅读、休闲、娱乐之间的关系,涵化人们的知识修养,让社会民众在沉静阅读中平衡偏激行为,养成温润有礼的性格,从而形成良好的社会风尚,激发全社会文化创新活力,更好地生产和传播中国文化、中国精神、中国力量,达致文化治理的良好效果。社会文化知识随着时代的发展不断地更新和进步,而社会民众在意识形态、价值观念、精神道德、文化习俗等方面的守成必然局限其思维和行为能力,影响社会主义核心价值观的培育和社会文明的进步。

文化治理功能的实现有示范与规范两种路径:"示范"通过"展示与讲述"吸引受众主体参与到知识与权力的表征体系构建中;"规范"则是人作为治理客体被监督、规约,通过对他人评价的想象反观和审视自身,进而实现自我治理。前者通过积极、正面的表征系统调动主体能动性与认同感,后者则以"他者"为中介,通过"被评价"的中间环节实现暂时性的抑制与规约,最终将"他者评价"转化为"自我审视"的"内化"机制。公共图书馆更多的是一种示范式的文化治理工具,它通过建筑空

---

①　[法]米歇尔·福柯.安全、领土与人口[M].钱翰,陈晓径,译.上海:上海人民出版社,2010:82.

②　韩永进.关于中国图书馆史研究的几点思考[J].中国图书馆学报,2015(04):4-13.

间、场景设计、借阅系统、展览体系等表征文化,利用其知识组织体系向社会民众传达某种文化倾向。对于其表征的文化内容,受众在反复地阅读吸收过程中有选择地内化于自身的观念系统,优化自己的价值观念、思维和行为。

因此,在文献知识资源的收集、整理、选择、排序、组合、陈列、展示、推介过程中,公共图书馆要依据办馆理念和受众偏好,融入自己对知识文化的理解与表达,进行选择性凸显或隐匿;同时,公共图书馆也通过空间的布局、隔离以及空间的命名、场景布置等,完成空间对受众的召唤;然后,通过用户需求导向的公众文化服务将建构的知识体系进行扩散,潜移默化地对社会民众的意识形态、精神道德和价值判断、思维方式产生影响,进而达到文化治理的功效。

目前,尽管以公共图书馆为阵地的全民阅读活动持续开展,书香社会氛围日渐浓郁,但公共图书馆及其分馆的设置和空间分布是根据行政区划确定的,距离真正实现服务人口布点的均衡化、实现打通公共文化服务"最后一公里"的愿景仍有距离。公共图书馆需要积极探索知识资源与文化服务贴近民众的有效路径,诸如提供"数字图书馆""公共图书馆＋银行""公共图书馆＋咖啡馆""公共图书馆＋社区"等各类公共图书馆延伸服务,创新公共图书馆的文化服务模式,实现民众获取知识内容资源的便捷化和人性化。

9.3.2　完善公共文化服务制度设计,保障民众公共文化权利

我国公共图书馆创设于清末民初时期,经历民国时期频繁战乱,在新中国成立后取得长足发展。改革开放以来,公共图书馆建设日益受到重视,但与以美国为首的西方国家日益完善的公共图书馆文化服务、文化治理功能相比,仍存在一些差距。公共图书馆文化治理功能的实现关乎社会民众的文化福利。因此,公共图书馆的文化治理需要以社会民众的文化权益和文化福利为出发点,达成政府、行业组织、公共图书馆、地方知识精英和社会民众各方主体利益的协调与平衡。由于制度规范带来的刚性约束机制是公共图书馆实现文化治理、推动居民参与公共文化建设的重要机制,因此,完善公共文化服务制度设计,需要与社会民众的文化权益和文化福利相结合,朝着高质量的公共文化服务目标迈进。

首先,在宏观层面,进一步完善公共图书馆文化治理的政策法规。除已经颁布的《中华人民共和国图书馆法》外,国家顶层设计还需要观照能够发挥公共图书馆文化治理功能的制度设计,保证公共图书馆在宏观文化政策环境下的功能定位和合理规划,为更好实现其文化治理功能保驾护航。在规划、审批、建设、运营、管理等层面不仅要强调公共图书馆的开放性、公益性文化服务功能,还要突出其文化治理功能,运用制度手段创新公共图书馆文化治理,同时加强制度的事前、事中、事后监督管理,确保制度的落地执行。

其次,在中观层面,进一步强化地方政府与图书馆文化治理相关政策的对接和落实。各地经济和文化发展水平参差不齐,在公共图书馆规划、审批、建设、运营、管理等方面还存在一些乱象。公共图书馆每万人拥有数量较少且空间分布不均衡,城乡差距较大,不少基层社区和乡镇甚至没有公共图书馆,无法保证社会民众的知识阅读和文化教育需求。从中观制度层面来看,要守住满足城乡居民公共文化需求的底线,确保公共图书馆建设运营的政策支撑和制度约束落到实处。在此基础上,结合各地的传统文化习俗和地方文化特色,有针对性地开展公共图书馆的特色服务和特色治理,制定相应的公共图书馆专项资金保障政策、图书采购标准政策、阅读公益基金政策等,联结公共图书馆文化治理层面的作用机制,促进公共图书馆有效发挥文化治理功能。

再次,在微观层面上,要进一步完善公共图书馆内部治理制度。公共图书馆不仅仅是公益性文化事业的重要载体,也是提供公共文化服务、发挥文化治理功能的空间场所。如何更好地实现其文化治理功能,需要图书馆完善规范条例的细节并落地执行,实现精准化治理。要进一步强化图书馆内部的制度性治理,在馆藏图书管理、书籍空间布局、场景符号设计方面进一步提高专业性和人性化,完善工作人员的人性化服务培训制度,拓展公共文化服务内容,提升阅读服务的便捷性与舒适性;健全图书馆数字化管理流程和制度规范,提高读者查阅、借阅的便利性和人性化。书籍借阅制度约束和监督制度要进一步合理化,能够产生共情效应。构建公共图书馆文化治理的相关制度规范体系,形成公共文化机构的统筹联动机制,提高知识资源及其分配、共享的使用质量和效率,保障公共图书馆文化治理功能的实现有法可依、有章可循。要站在社会民众的立场上综合调配公共知识资源,特别要关照社会弱势群体和文化发展落后地区社会民众的文化权利和文化需求,促进图书馆公共知识资源价值最大化和社会民众的知识教育权利均等化。

9.3.3　优化知识内容资源供给和知识空间书籍陈列组合

城市公共图书馆不仅在全国各地存在知识资源分布的不均衡问题,同时,作为知识内容资源的存储和阅读场所,公共图书馆内部知识资源也需要进一步平衡供给、优化组合、规范陈列。

一是充分保障图书馆知识内容资源供给。确保公共图书馆成为城乡居民的文化涵养源地、城乡居民的精神家园和文化治理场所,首要是保障知识内容资源数量充足和质量提升。从书籍采购供给侧入手,通过规范化管理和流程化运作,提高图书馆馆藏知识资源的供给质量和效率。要规章建制,定期开展读者和居民问卷调查和访谈,针对城乡居民的公共文化服务、公共文化权利诉求,提升知识内容资源的采购质量。例如,增加本地文化特色的民风民俗馆藏知识资源,针对不同群体如老年人、专家学者等开辟专业的知识资源供给,让公共图书馆成为不同类型人群满足精神文化需求的共同家园。

二是强化知识内容资源的分类整理和空间布局。图书馆是知识内容资源的宝库,但也容易沦为杂乱无章的文化空间场所。提高图书馆馆藏文献和其他内容资源的分类整理质量和合理化、审美化布局水平,是推动公共图书馆文化治理功能得以更好实现的重要途径。强化图书馆工作人员和志愿者的专业知识培训教育,提升他们的专业化服务水平;加大图书馆管理专业高水平人才的引进力度,培育一支现代化的图书馆内容资源管理队伍。

三是加快知识内容资源的更新力度。目前,我国公共图书馆馆藏文献数量普遍较少,知识内容资源不丰富,且知识文献更新力度不够。国家财政经费投入主要集中于大中城市人口密度较高的大型公共图书馆,中小型图书馆和县级、乡镇公共图书馆的资金投入较少、知识内容资源储存与更新滞后。一些公共图书馆在网络媒体、手机媒体、社交媒体平台的数字化阅读洪流冲击下,成为少有问津的场所,重要的原因是一些馆藏文献资源还停留在建馆初期的状态,未及时更新和完善馆藏内容资源。为此,要针对受众的阅读偏好,进一步提升馆藏知识资源采购质量和更新能力。在完善现有内容资源的登记和管理基础上,针对不同领域、不同学科知识的发展现状,及时更新馆藏知识内容资源。

四是推动知识内容资源数字化。一些公共图书馆尤其是中小城市和乡镇公共图书馆的公共文化服务设施普遍陈旧,知识内容资源数字化转型升级不明显,是其公共文化服务和文化治理的瓶颈问题。传统公共图书馆如果赶不上日新月异的数字化阅读和数字内容资源的时代步伐,只会留下落寞的身影,不利于其公共文化服务和文化治理功能的实现。公共图书馆在大力推进知识内容资源数字化的同时,应当结合元宇宙时代的新技术、新手段全方位实现数字化路径。推动内容资源数字化存储、数字化呈现和数字化获取,促进公共图书馆内容资源的数字化转型升级。

五是提升知识内容资源的开放度。公共图书馆归根结底是服务于广大人民群众的公共文化场所,其本质功能是为人民群众提供丰富的知识内容资源服务,以满足人民群众日益增长的精神文化需求。公共图书馆的知识内容资源尽可能保持开放性和公开性、公益性,有的稀缺性知识内容资源尤其是古籍、稀见文献、原始文献资料,不能以各种理由搪塞阅读者,异化为少数人的文献阅读专利。要创造出人人都能平等汲取知识内容资源的文化权利,让公共图书馆的大门为每一位渴求知识的读者打开,让丰富的馆藏资源成为广大群众共同享有的知识财富。

六是提高知识内容资源获取的便利度。在具体的操作实践中,要考虑到不同受众群体的实际阅读需求,通过数字化、网络化技术手段提升馆藏内容资源获取的便利化程度,对于不熟悉智能化、数字化操作的老龄和其他特殊社会群体,提供及时暖心的人性化操作演示和线上线下借阅服务。以人民群众的便利化阅读为追求,想人民所想,在书籍的书架摆放、空间陈列、文献分类编码等细节问题上下足功夫,提供人性化、便利化服务,切实便于受众获取和共享知识内容资源。

9.3.4　美化公共图书馆空间场景符号设计与空间布局

公共图书馆的文化空间营造、场景空间改造升级和美学呈现是实现其文化治理功能的重要途径,需要政府、公共图书馆、社会组织、社会民众及其他社会主体共建、共治、共享,通过各参与主体贡献文化治理智慧与方案,集合成新的空间场景和空间符号,营造宽敞明亮、安静舒适、赏心悦目的阅读文化空间,并为社会成员所共有、共治、共享。一方面,让入馆人群在这种场景空间中实现自我规训(自治理);另一方面,在公共图书馆文化空间的信息化、精细化、人性化和延伸性服务中,充分发挥公共图书馆的文化治理功能。

一是美化公共图书馆的阅读场景空间。通过在场景空间中接合具有城市或地域文化特色的审美符号、艺术风格,建构公共图书馆的独特文化品位。在阅读场景空间中,从整体的空间符号表达、空间设计布局到书架、桌椅、灯光的选择与调适,要呈现出统一的风格和独特的审美艺术特色。让入馆人群身处其中能够深刻感受到公共图书馆作为美好的公共艺术空间而存在,这要求公共图书馆的空间规划和场景符号设计从一开始就明确自己的定位,注重自己的特色和风格,契合周边建筑群和城市社区、乡镇的地方文化特色。

二是注重阅读场景空间符号设计。对于公共图书馆场景空间来说,摆放其中的任何物件和设施都可以赋予符号意义,走进公共图书馆场景空间的人们不仅仅是借阅者、阅读者,更是参观者、体验者,他们所见、所感之物传递出的符号价值和文化意义尤为重要。比如,通过布置一些与公共图书馆空间整体风格想契合的标语、字画、摆件等,让公共图书馆阅读场景的文化氛围感更浓郁。在一些特定专业领域的图书陈列区域,设计相应的文化象征符号,不仅可以提升阅读受众的代入感,也可以增强整个阅读场景空间的艺术美感。

三是美化阅读场景空间布局和分类区隔。合理布局不同类型的图书资源存放区域和读者的阅读区域、休闲区域,按照不同种类、不同领域的知识内容进行规划和区隔,减少公共图书馆空间的杂乱性和拥挤程度;引导不同阅读群体有序入馆,营造人人舒适的阅读间隔、阅读走廊和有温度的知识资源阅读享受。

四是推动场景空间数字化改造升级,营造沉浸式阅读氛围。在当今数字化时代,数字化场景在居民日常生活中屡见不鲜,公共图书馆也要注重数字化场景空间营造。利用人工智能、VR、AR、全息投影等现代数字技术,打造科技含量较高的场景空间,增强公共图书馆空间的可视化、智慧化和审美感,以吸引更多受众尤其是Z世代阅读者走进公共图书馆,获取和体验更为丰富的公共知识资源。沉浸式阅读场景是未来公共图书馆场景空间设计的发展方向,在碎片化、焦虑化、快速化阅读时代,沉浸式体验和知识汲取不仅仅是受众的阅读追求,也是公共图书馆发挥文化治理功能、引领社会阅读风向、提升居民文化素质的重要途径。

9.3.5　提升人性化服务,以共情力量涵化文化治理效能

以共情的力量涵化和提高文化治理质量,是提升公共图书馆文化治理能力的重要突破口。如果说文化治理观念明晰、文化定位明确、制度设计完善、知识内容供给优化、场景空间环境优美是公共图书馆的文化治理功能得以充分发挥的基础和保障,那么人性化、共情化的公共文化服务,则是从受众角度、以情感的力量实现公共图书馆文化治理的重要着力点。

首先,保障公共图书馆知识内容资源获取的便捷化、人性化和各项公共服务的人性化和均等化。在数字化时代,公共图书馆场景空间和知识资源的数字化,需要人性化、情感化、便利化的公共文化服务加持。要尽量满足不同群体的文化知识阅读需求,尤其是对于老年人、少年儿童、残障人士等特殊群体,开辟特定的阅读区域,简化借阅流程,提供便捷化、人性化的阅读体验。打造无门槛的阅读场景空间,让公共图书馆既成为知识分子科研创新的场所,也成为每一位普通居民阅读书籍、汲取知识养料的理想空间。在内部管理与服务方面,要从细节着眼,服务不同群体的阅读需求。比如,设置留言板,针对借阅者提出的问题和改进建议,及时回应并提供处理结果;定期回访读者,设计公共文化服务质量反馈的绿色通道,并及时分析和解决问题,等等。

其次,加强空间场景的符号化、数字化和人性化设计,增加场景空间的共情因素,提升其共情能力。除了为入馆人群布设舒适的场景符号空间外,还可以别出心裁地为他们提供一些温馨的细节服务。例如,疫情期间提供免费口罩、体温计和免洗酒精;雨天提供免费的雨伞;为借阅者制作专属的阅读卡片,记录来馆次数和阅读时长;开通官方平台账号,加强与读者之间的交流互动,等等。同时,可以在一些阅读场景空间中摆放图书馆文创产品,并为入馆人群赠送阅读纪念品等。

再次,针对不同的入馆人群,提供细心的服务。读者的情感体验往往在于细节的温暖和心灵的共鸣。比如,馆内复印摘抄的便利化能让读者舒心,排队等候时的温暖服务也会让他们产生心理共鸣。总之,在图书馆场景空间中,设置共情符号元素、共情场景服务是公共图书馆达致共情式治理的重要手段。

9.3.6　畅通社会主体参与治理渠道,促进多方主体共治共享

我国公共图书馆属于公共事业机构,其基本职能在于为社会民众提供知识内

容资源和文化教育服务。相较于美国的"政府＋行业协会＋地方精英＋社会民众"共同治理模式,我国图书馆行业组织参与公共图书馆文化治理的主体作用没得到充分发挥,社会民众在公共图书馆文化治理中的主体作用较弱、参与治理意愿不高,参与治理途径较少,参与治理效果不明显。"现代'多中心治理'理论强调政府不是唯一的权力中心,而是与市场、社会、民众共同参与公共事务的治理过程,打破了传统的政府或市场的单一治理方式,构建了政府、市场、社会与民众协同共治的框架。"[1]公共图书馆文化治理的目的是保障更广泛的社会主体共同参与治理,增强多元主体共治共享的整体效果。因此,要引导图书馆行业协会、知识精英、社会民众等主体积极参与到公共图书馆文化治理中。

一方面,由政府部门牵头组建图书馆工作委员会、图书馆联盟等行业组织机构,统筹规划公共图书馆多方主体参与共建、多方治理主体共治、知识文献资源共享和公共文化服务质量、公文文化治理效果的评估工作,充分调动其他社会治理主体的参与积极性,提高他们的参与度。另一方面,公共图书馆工作人员应将如何提供更便捷、更优质、更有温度的公共文化服务作为文化治理的出发点,充分搜集知识内容资源使用者的反馈意见,吸收美国等域外公共图书馆和同行的先进治理经验,转变经营管理理念,科学选择、搜集、整理、分配、组合知识文献资源,美化公共图书馆阅读场景空间,加快知识资源数字化服务供给,以更舒适、更便捷、更均等化的文化服务,创新场景空间和知识资源服务方式,提高社会民众参与公共图书馆治理的认知度、参与度、认同度、满意度,提升社会公众的参与活力和文化获得感。

公共图书馆文化治理的价值实现离不开社会民众的积极参与。首先,社会民众对公共图书馆知识内容资源的使用和对文化场景空间的享用助力公共图书馆实现文化治理功能。公共图书馆面向公众开放,具有一定的运营成本,而社会民众的借阅、阅读、参观、使用则是公共图书馆的社会效益体现。其次,社会民众直接参与公共图书馆文化治理,从公共图书馆选址、建筑空间设计、资金预算,到内部的场景符号设计、书籍陈列摆设、开放时间等,及时向政府及公共图书馆管理运营主体提供反馈意见和建议,协助他们打造文化治理价值最大化的公共服务空间。再次,社会民众可以通过参加志愿者服务活动,积极参与图书选择、搜集、整理、陈列,以及读者引导、阅读推广等志愿服务。

公共图书馆的文化治理功能是一种思维模式和策略导向,为健全我国公共图书馆治理制度提供了价值指向和实践舞台。当前,我国公共图书馆服务功能日益多样化,需要回归其文化属性,彰显其文化治理功能和文化服务价值,提升其文化

---

① 　江凌.保护传承城市历史建筑文脉的"多中心"治理策略[J].社会科学论坛,2019(5):193.

治理能力。在当今数字化背景下，作为实体的公共图书馆，其知识内容资源和文献信息中心的地位在下降，但公共图书馆作为城市或区域公共文化服务中心场所的文化治理与文化服务功能无法被数字技术产品所取代。公共图书馆的本质在于"文化"而非"数字化"，在于知识内容的储存、传承与流播，在于"开民智、肃民风"。现阶段需要创新理念，明晰公共图书馆的文化治理功能与实现机制，健全和完善图书馆的公共服务制度设计，保障社会民众的文化福利；优化知识内容资源供给和陈列组合；美化场景符号设计与空间布局；提升智慧化、便利化、人性化服务，以共情的力量涵养文化治理效果；畅通社会主体参与文化治理渠道，促进多方主体共治共享。公共图书馆当以知识资源与空间场景建设为根本，以文化治理作为深化与拓展公共文化服务功能的策略，进一步完善公共图书馆文化治理体系，实现其文化治理能力现代化。

第10章 新时代城市文化软实力跃升研究专题（二）：
城市阅读空间的场景革命与知识生产

10.1 研究文献回顾

随着经济全球一体化和信息技术的飞速发展,城市现代化进程持续推进,城市文化空间作为城市文化软实力的重要构成和城市居民文化生活实践的空间载体而备受关注,深圳作为"阅读的城市",城市阅读空间的场景构筑和知识生产,成为新时代深圳文化软实力跃升的主要途径。2021年3月,文化和旅游部等三部委联合发布的《关于推动公共文化服务高质量发展的指导意见》明确提出,"创新拓展城乡公共文化空间"[①]。2021年6月,文化和旅游部发布的《"十四五"文化和旅游发展规划》提出"健全基层公共文化设施、广泛开展群众性文化活动"[②]等5项具体措施,推进城市文化空间建设。

法国社会学家列斐伏尔较早提出了"文化空间"的概念,他强调"时间—空间—社会"的辩证统一性,赋予"空洞化"的空间以文化属性、实践属性与社会属性。城市文化空间是城市文化价值理念依托于自然环境和物理空间的个性化创造,由自然物理空间、城市文化价值、文化精神与历史、人文、社会环境共同交织而成。城市阅读空间是城市文化的重要空间表征。伴随"全民阅读""建设城市书香社会"等倡议的提出,全国各地城市纷纷以图书馆、文化馆、群艺馆等公共文化空间设施为主阵地,通过完善城市公共阅读基础设施、积极推进阅读场景空间改造,开展城市居民阅读活动、加强公共阅读文化品牌建设、推进公共阅读文化服务数字化等措施,拓展城市阅读空间服务功能,创新服务形式,提升服务品质。商业属性与文化属性兼具的城市实体书店,为在市场竞争中求生存、谋发展,扩展阅读空间消费功能,提升阅读空间的舒适度和共情效应,在这场声势浩大的城市阅读空间场景革命中走在前列。一些实体书店探索出"书店＋"复合空间消费业态,致力于打造集合书店、咖啡、演艺、电影等于一体的综合型文化消费空间,开设名家讲座、阅读分享、艺术展览等线上线下文化活动,努力实现书店阅读场景空间革命。

---

① 文化和旅游部,国家发展改革委,财政部.关于推动公共文化服务高质量发展的意见[EB/OL].[2021-03-23]. http://www.gov.cn/zhengce/zhengceku/2021-03/23/content_5595153.htm.

② 文化和旅游部.关于印发《"十四五"文化和旅游发展规划》的通知[EB/OL].[2021-06-03]. http://www.gov.cn/zhengce/zhengceku/2021-06/03/content_5615106.htm.

实体书店作为城市文化空间构成中比较活跃的细胞,是城市阅读空间场景革命和知识生产的主力军。本专题基于法国社会学家列斐伏尔的空间生产理论与城市实体书店的空间改造实践,分析实体书店作为城市阅读空间的多元空间价值,包括场景符号空间、图书资源整合空间、城市公共阅读空间、多元文化体验空间和新型知识生产空间价值,探求实体书店构建场景化消费空间、多元精神体验空间、社会生活空间的主要路径,推进城市阅读空间场景改造与知识生产,满足城市居民日益增长的精神文化需求,激活城市文化消费市场潜力,助力城市阅读空间品牌建设。

目前,国内外学者围绕实体书店空间改造升级的研究,大致可归结为三个方面:一是基于国内外的场景理论,着重探讨实体书店的空间重构;二是从城市文化与实体书店空间融合的视角探索实体书店空间场景改造;三是疫情期间和后疫情时代的实体书店空间消费模式分析。

10.1.1　基于场景理论探讨实体书店的空间重构

日本作家吉井忍(2014)的《东京独立书店巡礼》一书重点介绍了日本的 6 家独立书店,书中认为"书店存在的意义应该不只是卖书,与周围一切产生关联才是最重要的"[①]。张萱(2021)基于场景理论,以城市实体书店的空间属性为侧重点,提出了实体书店的三种新型空间场景特征:实体与数字空间融合形成的"融时空"场景、历史与当下空间融合形成的"超时空"场景、地点与周边空间融合形成的"泛时空"场景[②]。李彪(2018)结合成都方所书店的空间设计实践,提出实体书店多维空间的三种设计要点:感官与情感的双重融合体验是多维空间设计的基础,多元文化的交汇与感知是多维空间设计的灵感,对"我们"的认同想象与共鸣是多维空间设计的诉求[③]。王炎龙、吕海(2016)基于"空间生产"理论,详细分析了实体书店的空间特征:具有双重职能的竞争空间、具有多重引导的动力输入空间、基于图书介质的社会关系空间,进而提出实体书店空间的转型升级路径:重筑书店的读者认同、转变市场空间竞争内容、优化实体书店服务框架[④]。

10.1.2　从城市文化与阅读空间融合的视角探索实体书店空间改造

望南(2017)编著的《中国最美书店:钟书阁》一书以理性平和的语言叙说了钟

① ［日］吉井忍.东京独立书店巡礼[M].杭州:浙江出版集团数字传媒有限公司,2014:101－109.
② 张萱.场景融合・社群激活・实验场——城市传播视域下实体书店作为知识生产空间的价值研究[J]. 东岳论丛,2021(04):131－138.
③ 李彪.实体书店多维空间创新实践——以方所成都店为例[J].装饰,2018(09):95－97.
④ 王炎龙,吕海.基于空间生产视角的实体书店转型探究[J].中国出版,2016(08):23－27.

书阁的创始历程与设计理念,邀请多名业内人士,围绕书店与城市阅读、书店与城市记忆、书店与城市社区、书店的公共属性等话题展开深入讨论,为实体书店未来发展提供参考①。江凌、强陆婷(2021)基于文化共生理论,分析了上海实体书店文化空间与城市文化的共生关系——实体书店是城市文化的涵养池、空间场所和传播载体,而城市文化为实体书店文化空间提供文化元素、符号与文化环境;进而提出两者共生发展的实现路径:书店外部建筑设计契合城市文化风格、内部空间设计呼应城市文化特色、主题文化活动涵养城市文化品牌、以人文关怀滋养城市文化内涵、以科技手段赋能城市居民文化生活体验,等等。② 高竞艳(2020)结合符号空间理论,为实体书店坚守自身文化底色提供新思路:坚守文化核心,构建城市文化体验感,强化公共服务功能,融入城市风情,反哺城市气质。③

10.1.3　疫情时代的实体书店空间消费模式分析

臧金英(2021)以实体书店发力线上知识服务为核心议题,阐述了实体书店线上知识服务的四大商业模式:复合服务模式、价值共创模式、产品驱动模式、平台共同体模式,并分析了实体书店线上知识服务的优化方向:编织融合化网络,创新知识服务场景;与用户共创价值,平衡线上线下布局④。叶勤(2021)针对当下馆店融合发展的态势,阐述图书馆与书店战略营销合作的必然性与可行性,并提出建议:明确图书馆的营销定位,建立长期的营销合作伙伴联盟;明确营销成本分摊及后续收益的组成及分配,做好风险控制;发展战略营销中的组织文化;评估和定位志愿者群体在战略营销管理中的作用与地位⑤。张雪(2020)通过对疫情期间 9 家代表性实体书店的 534 个直播空间进行解读,指出私域流量营销是实体书店未来创新转型的重要方向和创新路径⑥。

由此可见,近年来针对实体书店空间建构与消费的研究渐趋深化,相较于早期针对实体书店面临经营困境的集中性讨论,今天的学者们更关注实体书店作为城市阅读空间和文化消费场所、综合性公共文化服务中心,如何进一步构建空间场景,增强受众阅读和消费黏性,以适应城市居民文化消费需求的变化,焕发新的生机和发展活力。但这些研究成果对作为城市阅读空间的实体书店的多元场景空间的功能分析还不到位,尤其是关于实体书店阅读空间的知识生产问题探讨则付之阙如,这是本章着力探讨和论述的重点。

① 望南.中国最美书店:钟书阁[M].上海:上海交通大学出版社,2017.

② 江凌,强陆婷.上海实体书店文化空间与城市文化的共生发展[J].出版发行研究,2021(03):69-76.

③ 高竞艳.城市文化体验建构下的实体书店[J].出版广角,2020(04):43-45.

④ 臧金英.实体书店发力线上知识服务的商业模式探析[J].科技与出版,2021(08):112-117.

⑤ 叶勤.试论公共图书馆与实体书店融合发展中的战略营销管理[J].新世纪图书馆,2021(03):18-21.

⑥ 张雪.私域流量营销:后疫情时代实体书店直播转型再思考[J].出版科学,2020(05):82-90.

10.2 城市实体书店的场景革命与多元场景空间

互联网时代,爆发式增长、"流动性剩余"的海量信息,在数字媒体技术加持下改变了信息传播模式,突破了传播变量中的时间、空间及自然物理障碍,重构了社会传播形态。随着移动设备、数据处理、社交网络、传感器与定位系统的迅猛发展,互联网全面渗透于社会生活的方方面面,改造着社会生活的几乎所有维度,以 PC 互联网为主导的场景革命时代,逐渐转向移动数字场景革命时代。移动互联网以"连接一切"的姿态,将供给方与需求方紧密相连,深入的用户分析与精准的用户画像,实现了生产、流通与消费的有效接合。"新的场景层出不穷地被定义,新的品类不断被新需求创造,新的商业模式也正被不断升级重塑。"①经济社会的高速发展丰富了物质生活,带来服务业功能的提升,重塑了人们的消费理念与消费方式。商品的丰富性与易得性弱化了商品的使用功能,消费者不再单纯以"使用需要"作为评价商品、实现购买行为的唯一标准,体验化、个性化、符号化成为现今社会消费观念下衡量商品的新尺度。在信息与物质产品丰盈、消费观念变革和数字技术的加持下,场景空间的改造升级所塑造的新场景空间为消费者提供了新体验,定义了人们新的消费观念和社会生活方式。场景成为移动互联网时代引爆商业能量、刺激新需求、创造新利润的核心要素。场景革命成为各行各业刺激消费者的需求点,创新产品与服务的必由之路。

完全市场化的图书零售行业在这场场景革命浪潮中首当其冲。电子商务的迅猛发展促成了网络书店的崛起,数字化阅读改变了国民的阅读习惯,而被束缚于有限的自然物理空间、图书品种数量有限、图书销售成本增长与销售折扣受限的传统实体书店,因无法满足受众新的阅读需求而难以为继,于是纷纷开启了阅读和销售场景空间革命之路。纵观实体书店场景空间革命历程,大致可分为洞察场景、创造场景、延伸场景三个步骤。一是洞察场景。实体书店经营者清晰地认识到,书店简单的售书功能空间与单一化的图书销售模式无力与数字化阅读和线上书店相抗衡,为此,围绕"实体"场景空间的人文性、符号性、体验性等特质,结合新的受众阅读与消费理念,洞察新阅读消费需求。二是创造场景。当实体书店经营者察觉到顾客或消费者的实体空间阅读体验与动态消费需求时,便注重实体空间场景的装修设计和符号化、人文化、特色化改造,并融入"咖啡""茶室""影院""演艺"等元素,开展图书阅读推荐、宣传与推广等文化活动。三是延伸场景。由于实体书店空间阅读者、消费者的需求日新月异,且个体差异大,为与阅读者、消费者建立更加紧密

---

① 吴声.场景革命:重构人与商业的连接[M].北京:机械工业出版社,2015:185.

的阅读、消费体验和情感链接,实体书店致力于为阅读者、消费者提供新的阅读、消费和体验空间场景,并塑造他们的日常阅读与消费生活方式。实体书店通常通过优化场景空间设计,赋予空间场景技术和符号功能,注重书籍陈列摆放布局,延伸空间功能区域,举办各种体验式阅读与消费活动、设计可体验的文创产品与服务等措施,革命式改造场景空间,彰显书店空间的文化特性,凸显书店空间的文化符号,刺激受众多重感官体验,强化人文关怀。在不断的场景空间改造过程中,为阅读者、消费者打造一个图书资源丰富、阅读环境雅致、文化气息浓厚、文化活动多样,集阅读、售书、休闲、体验、文娱于一体的综合型阅读体验与消费空间。

10.2.1　城市场景符号空间

后工业时代,物质产品极大丰盛,琳琅满目的服装、食品、生活用品堆积如山,甚至出现过剩现象,生产社会被消费社会所取代。消费关系被重塑,新的消费逻辑被创造,消费者能够获得某种特定的象征符号与价值认同。实体书店作为城市文化消费空间,不仅销售物质形态的商品书籍,更生产书店文化符号、书店文化形象、书店文化情怀等非物质形态产品与服务。别具一格的符号设计,考究有序的书籍摆放,优雅舒缓的音乐配置,温暖友善的人工服务,让消费者进入实体书店空间便置身于被精心打造的静谧舒适、书香浓郁的独特阅读与消费体验中。比如,诚品书店(高雄大远百店)以"知识港口"为设计理念,以黑、白、酒红色为主色调,中庭为富有层次感的高大空间,通透的玻璃窗延伸了阅读视野,读者翻阅书籍之余,可举目远眺雄伟的高雄港;白色的背景墙营造出强烈的空间感,走道两侧九米高的梁柱整齐排列,神圣庄严,给人徜徉于知识圣殿之感;序列性排布的柱式形态,生成象征性的情感符号,在传达书店独特魅力的同时,引发阅读者和消费者的联想、回忆与深思①。

10.2.2　内容资源整合空间

实体书店空间最显著的特征是"以书为本""以阅读者和消费者为中心"。如今,图书数量浩如烟海,图书种类不胜枚举,实体书店作为书籍与消费者之间的桥梁与纽带,承担着优质图书资源汇聚与整合的角色。例如,上海外文书店专营原版进口图书,门店占地两千多平方米,陈列了囊括文学、社科、艺术、语言、法律、医学、少儿等近20种图书类型,涵盖英、法、德、日等35个语种,总计6万多种外文原版图书②,发挥了优质图书资源规模效应的优势。实体书店通过与出版社、代理商、

---

① 张娟. 基于情感体验的实体书店空间设计研究[D]. 北京:北京理工大学,2015.
② 春暖花开读新书:光阴中的上海外文书店[EB/OL]. [2020 - 04 - 21]. https://mp.weixin.qq.com/s/IWImQYcghFL4WOeMISed3Q.

作者的多层次合作,以及对市场导向、阅读潮流、消费热点、图书生产态势的精准化把握,依托书店的场景空间,整合品种丰富、题材多样、内容优质的图书资源,为消费者提供高质量阅读和消费图景。诸多颇具影响力的实体书店与上游出版社深度合作,将触角延伸到图书资源的生产环节。比如,西西弗书店与译林出版社合作,邀请资深文学译者冯涛全新翻译作品,由西西弗书店的推石文化团队设计原创书籍封面,典藏收录 24 幅珍贵插画,精选推出第一本独家定制版图书——《月亮与六便士》①。迄今为止,西西弗书店与多家出版社合力推出了《我是猫》《人间失格》《简爱》等 19 本独家定制图书,以西西弗 300 余家连锁门店空间为展示、阅读和销售渠道,为消费者推介优秀出版物,内容资源整合效果明显。

10.2.3　城市阅读场景空间

图书馆、书城、书店、城市书房、图书驿站、社区书屋等文化场馆(所)构成城市阅读的场景空间。数量众多、分布灵活、场景空间舒适、环境雅致、图书资源丰富、图书更新频率较快、图书选品专业的实体书店,贴近城市居民阅读生活实际,集合了多类阅读场所的综合优势,且能够持续为消费者输送优秀出版产品,是城市阅读场景空间中的特殊存在。万圣书园创始人刘苏里曾言:"书店是各色爱书人达成默契的共处共享的空间,是公共意义上的广场。"②万圣书园作为学术型书店,主营文史哲类图书,图书品种近 5 万种。万圣书园的书籍选品在业内有口皆碑,店内所有陈列的书目,皆由店家细致筛选,称得上是"好书"。万圣书园拥有精细化的图书分类体系,设有"敦煌学术书系""西方现代思想丛书""中国史学基本典籍丛刊"等细分书架,"西方思想大师"书架的侧面则详细罗列了数十位西方著名思想家名单,以便消费者查阅。万圣书园通过甄选好书、精细分类、用心陈列书籍,为消费者营造了一个充满优质图书品种、激发阅读兴趣、提升思想深度的高品质阅读空间。

10.2.4　多元文化体验空间

一般而言,体验主要包括感知、思维、情感、行动和关系体验五种类型。感知体验即触动视、听、触、味、嗅觉五类感官,情感体验即消费者获得的心理满足感,思维体验即以创意的方式激发消费者的好奇心和创造性思维,行动体验旨在鼓励消费者主动或被动地转变生活方式,关系体验即构建牢固的品牌关系和品牌社区③。

---

① 重磅! 西西弗第一本定制书《月亮和六便士》独家上市[EB/OL].[2018 - 01 - 25]. https://mp.weixin.qq.com/s/Lxy1Ozdu5yp0T-jVYSheeg.

② 揭秘万圣书园的经营之道,如何从书店到精神地标?[EB/OL].[2020 - 09 - 26].https://mp.weixin.qq.com/s/BtaLhfUPZPwJo0ejadd78Q.

③ [美]伯恩德·H.施密特.体验式营销[M].黄巍,译.北京:中国三峡出版社,2001:61 - 68.

实体书店的场景空间营造或改造升级,充分调动了消费者感知、思维、情感、行动、关系等多重体验,为他们构建一个复合型的文化体验空间。比如,大隐书局(上海武康大楼店)因书店门口是公交站台,特意把店铺后退 10 平方米,为候车人群留出遮风挡雨之所,还提供长凳、热水供候车人歇脚,这份默默的善意,触发了阅读者与消费者的情感体验。店内以浓郁的唐宋风格为设计特色,"书、艺、茶"三种文化元素、符号有机贯穿于空间场景设计与器物配置之中,每个茶室阅读间均以"醉花阴""青玉案"等词牌或曲牌命名,古色古香的典雅阅读氛围进一步触动消费者的感知体验。同时,书店举办的茶艺、古琴、布艺、篆刻、书法等文化活动,潜移默化地增强了消费者的具身感知与行动体验。此外,大隐书局还联合物分物艺术旗舰店,开设浮世绘文化展,店内文创展区摆满了各式各样的浮世绘衍生文创产品,如神奈川冲浪里的主题抱枕、眼罩、手提袋、冰箱贴、书签等,浮世绘主题元素充满了书店空间,江户时代的艺术气息流动于整个书店阅读场景中。书店借助这些文化活动,不断强化着消费者的关系体验。

10.2.5　新型知识生产空间

"知识"是一个抽象化的概括性、系统性概念,知识作为人类认识活动的产物,范畴极其广泛,涵盖宗教、艺术、道德观念、意识形态、科学文化、日常生活等方方面面。实体书店空间是图书知识资源的集结地,囊括了哲学、社会科学、自然科学等各学科类目的图书和其他文献知识资源,是消费者获取各类知识的重要途径。因此,实体书店空间具有生产和传播知识、创新和拓展知识内容、提升消费者知识视野的基本功能,奠定了它成为知识生产空间的功能价值。同时,由于实体书店复合空间模式持续革新,实体书店场景空间创造新知识、创新知识传播方式的生产价值也逐渐呈现,成为新型知识生产空间。比如,武汉德芭与彩虹书店(西北湖店)作为自然博物主题书店,定时开展读书交流、艺术雅集、创意集市等文化活动,并通过与园林、科协、生态环保等部门的深度合作,举办自然博物学术研讨会议、植物科普画展、儿童观鸟体验课等文化活动,向读者科普自然博物知识,创新自然博物知识的传播方式。值得注意的是,德芭书店目前已策划出版了多本自然博物主题书籍。如由书店创始人弟弟、美国杜克大学物理学博士曾瑜撰文,创始人本人设计插图,长江少年儿童出版社出版的《100 位科学家的中国梦》获评中宣部 2019 年主题出版重点出版物[①]。该书兼具科普性、原创性、可读性和趣味性,引导青少年读者涵养勇于探索、求真务实的科学精神和爱国情怀。德芭书店通过延展知识生产业务,为读者构造了一个自然博物主题的新型知识生产空间。

---

① 100 位科学家的中国梦[EB/OL].[2020－09－14].https://kpcswa.org.cn/web/reading/091443452020. html.

10.3　场景革命时代城市实体书店阅读空间的知识生产逻辑

"知识不是简单的自我生产,而是在社会和文化的环境中产生的;它是一个与社会相关联的体系,是文化本身的理解与交融。"①不论是以提供公共文化服务为使命的图书馆、图书驿站、社区书屋,还是以营利为主要目标的实体书店,自诞生以来都与知识的生产密不可分。英国学者约翰·杜里认为,"一个好的图书馆管理员应该是一个有助于学习的代理人或知识的交易者。"②场景革命时代,包括图书馆、博物馆、艺术馆、实体书店在内的城市阅读空间在进行场景改造升级的过程中,创造了新的知识生产逻辑。

10.3.1　知识生产的场景生态逻辑

"生态就是指包括人类在内的一切生物的生存状态,一切生物彼此之间的相互联系以及各自与其生态环境之间的有机关联。"③城市阅读空间生发于城市居民在特定实体空间中的阅读和体验,是城市阅读文化生态系统的基本单元。从文化生态学视角来看,城市阅读文化生态系统的演变与城市阅读空间的场景化嬗变,处于双向调适的动态平衡状态,其核心在于"调适"。长期以来,在经济社会高速发展态势下,人们的阅读与文化消费需求日益增多,国家与地方政府因势利导,在财政、金融、税收等政策方面积极引导与扶持城市阅读空间建设,将城市阅读空间作为主阵地,积极推进"全民阅读"与"书香社会"高质量发展。城市阅读空间通过完善基础设施、延伸服务功能、整合书籍资源、融合城市文化特色、开展书籍阅读与消费推广活动等举措,实现自身的场景适应性改造升级,并完成场景空间的知识景观、内容、符号生产,创新知识传播方式,进而反哺城市阅读与消费文化,乃至整个城市文化生态系统。

10.3.2　知识生产的场景技术逻辑

场景革命演绎了由 PC 互联网场景时代到移动互联网场景时代的更迭,印证了科技进化作为场景革命驱动力量的核心作用。新一代数字技术跨越了以自然物质场所为基础的场景空间界限,加速网络虚拟空间与自然实体空间的融合,促使城市阅读空间突破物理空间局限,实现线上与线下场景的交织共存,并通过用户分析

---

① ［英］杰勒德·德兰迪.知识社会学中的大学[M].黄建如,译.北京:北京大学出版社,2010:22.
② ［英］彼得·伯克.知识社会学:从古登堡到狄德罗(上卷)[M].陈志宏,等译.杭州:浙江大学出版社,2016:167.
③ 杜明娥,杨英姿.生态文明与生态现代化建设模式研究[M].北京:人民出版社,2013:4.

和用户画像,为读者提供精准化、便捷化、个性化、智能化的场景服务。当前,众多实体书店在场景空间改造升级过程中,加持 VR、AR、AI 等数字场景技术,或以微博、微信、QQ 空间为社交网络运营阵地,为读者推送新书目和阅读活动资讯、提供线上消费入口;组建微信、QQ 群,打通书店与读者之间、读者与读者之间的交流渠道,强化读者对实体书店的文化记忆与集体归属感,增强读者黏性与书店影响力,等等。城市阅读空间的数字化场景延伸,提高了知识传播效率。高速率、短延时、低能耗的 5G 技术,沉浸式、交互式、想象式的 VR 技术,高度智能化的 AI 技术,为场景革命开辟了更加多元化的空间想象。

10.3.3　知识生产的场景符号逻辑

消费社会时代,信息和物质产品的丰裕引发了阅读选择、习惯与文化消费观念的异化。阅读选择的目的性、情感性与随机性交织,阅读对象的表征、符号化标识、阅读场景空间符号与阅读体验等因素直接影响阅读选择,数字化阅读在很大程度上取代了纸质阅读。在书籍消费领域,符号化表征消费凸显。鲍德里亚指出,"消费并不是一种物质性的实践,它的定义在于把物质性元素组织为有表达意义的东西,其中所有的物品和信息构成了一种符号的系统化操控活动;因此物品要想被消费,必须成为符号。"[①]"符号互动论"则认为,"事物对个体的影响不是因为事物本身,而是事物背后对个体的象征意义,即个体的行为反应受符号所传递意义的影响"[②]。城市阅读空间的交互体验场景是具有象征意义的符号空间,能够驱使读者产生一系列复杂的行为动机。基于阅读空间场景设计中界面装饰与内置细节,图书、海报、文字标识、指示牌、特色家居、物件,乃至色彩、灯光、视频、音乐等符号化元素的运用,共同塑造了兼具整体性、协调性、丰富性、鲜明性等特征的场景符号空间,增强了阅读空间的具身体验性,表征了阅读空间的非物质性象征意义。实体书店以此树立阅读空间的场景化、符号化形象,传达阅读空间的文化价值理念,进行阅读文化消费。

10.3.4　知识生产的场景价值逻辑

城市阅读空间进行场景化改造升级的背后,不仅是移动互联时代数字化阅读与在线购书的异军突起,更是消费社会时代阅读与消费观念嬗变的产物。单纯的图书阅读与销售,已不足以支撑新时代城市阅读空间的功能定位,无法满足受众持续深入的阅读与文化消费需求,无法为受众提供他们所期待的阅读功能价值与精神文化愉悦价值。特里·N.克拉克构建了"场景"文化元素周期表,选取了 3 个主

---

① ［法］鲍德里亚.物体系［M］.林志明,译.上海:上海交通大学出版社,2001:223.
② 车文博.当代西方心理学新词典［M］.长春:吉林人民出版社,2001:94.

维度和 15 个次维度,衡量场景的文化价值取向,分别是"真实性""戏剧性""合法性";"真实性"是对真实自我的身份界定与认同,"戏剧性"是指通过外化的服饰、举止、礼节等展现自我,"合法性"阐述受众群体进行场景互动的目的和理由[①]。可见,场景空间的核心价值取向在于人的自我展示、场景互动与身份认同。城市实体书店阅读空间通过书籍借阅与销售的基础服务功能,激活社会服务价值;通过优化阅读环境、构筑阅读场景氛围,激活阅读功能价值;通过组建特定的群体学习与社会交往平台,激活文化传播价值。最终,通过创建独特的阅读生活方式,为受众提供展示自我、交流互动和获取群体归属感的场所,拓展了阅读空间场景的价值链。

10.3.5　知识生产的场景体验逻辑

场景体验是场景空间知识生产与受众情感链接的纽带,也是受众阅读与消费行为的核心要素。美国学者谢佐夫指出,"场景体验设计将消费者的参与与互动融入设计中,是把服务作为'舞台',产品作为'道具',环境作为'布景',使消费者感受到美好的体验过程。"[②]"体验"蕴藏着受众的身体敏感性感受,城市阅读空间的场景体验是受众衡量阅读空间功用价值的首要因素,也是他们领会场景空间的阅读文化理念、获取精神文化价值的实践行为。城市阅读空间的场景体验优势,在数字化阅读的冲击中愈发凸显。实体阅读空间场景中的阅览空间、休闲空间、文教活动空间的优化设计,能够更好地调动受众的感官体验,满足读者的阅读与审美需求,使他们获得精神愉悦。在城市阅读空间场景中开展的文化体验活动,则满足了受众缓解现实焦虑、面对面交流、寻求群体归属的情感需求。城市阅读空间的符号化场景与有形或无形的人性化服务高度融合,能够让受众沉浸于场景空间体验中,给予受众参与感、获得感、认同感,以润物细无声的渗透方式,让受众感知场景空间阅读文化的魅力,建立实体书店空间场景与受众之间的强联结关系,有效增强受众黏性。

概言之,场景革命时代,城市阅读空间的知识生产逻辑主要包括场景生态逻辑、场景技术逻辑、场景符号逻辑、场景价值逻辑与场景体验逻辑。在当今消费社会背景下,城市阅读与消费的内外部生态环境演变,促使阅读空间进行场景化改造;城市阅读空间场景的符号化建构与数字化技术的应用,通过刺激受众的阅读感官体验,强化他们的记忆、阅读和消费行为,为受众创建了独特而不可复制、愉悦而美好的沉浸式体验。与此同时,城市阅读空间的场景革命突破单一的书籍阅读与售卖的功能性服务模式,转向以满足受众身体、物质与精神需求为旨归,与受众持

---

① ［加］丹尼尔・亚伦・西尔,［美］特里・尼克尔斯・克拉克. 场景:空间品质如何塑造社会生活[M]. 祁述裕,吴军,译. 北京:社会科学文献出版社,2019:51 - 65.

② 何诗诗. 复合型书店的体验式设计探究[D]. 北京:中国艺术研究院,2020.

续交互体验,产生情感联结,建构具有共同价值观的受众社群,为他们搭建自我展现与空间认同、群体归属感的平台,延伸阅读空间的价值链,进而创造新的阅读空间生态系统。在此过程中,城市阅读空间创新知识内容的生产与传播方式。城市阅读空间的知识生产逻辑存在以下关联:场景技术逻辑与场景符号逻辑共建场景体验逻辑,场景体验逻辑组建场景生态逻辑,场景生态逻辑与场景价值逻辑相互作用、和谐共生。

10.4　城市实体书店阅读空间的知识生产

在始于 20 世纪 60 年代的知识社会学复兴浪潮中,知识社会学的重心已经从知识获取、知识传播转移到知识的建构、生产乃至创造上,这种转变成为社会学和其他学科中普遍的后结构主义或后现代转向的一部分①。这些被生产的知识更加关注实用性、地方性和日常生活性,关注个体/群体关系网络或知识共同体,以及社会情境。而"法兰克福学派的知识社会学具有双重面向,一方面,承认社会对于知识有决定性的作用;另一方面,讨论知识对社会的反作用"②。在知识与社会双向互动建构中,知识生产自然而然地萌生了。而空间生产作为一种社会实践,与知识生产过程相互交织融合。列斐伏尔的空间三元论存在于多个层面:语言学层面是空间实践、空间再现和再现空间,现象学层面是感知空间、构想空间和生活空间,空间类型层面是物质空间、精神空间和社会空间,这三个层面的多种元素辩证统一,同时存在③。城市实体书店阅读空间的不断解构与重塑,则催生了空间的知识生产。

10.4.1　被感知的物质空间知识生产

实体书店空间作为具有物理结构的实体空间,有着固定的场所和明确的空间边界,自然物理空间是它的基本属性。书店物理空间的区位选择、主题定位、建筑风格与符号、物理材质与布局艺术等,或多或少生产了特色性、符号性、地方性、情感性等方面的知识。比如,坐落于上海市常德公寓一楼的千彩书坊,著名女作家张爱玲曾租住于此,她在六年的租住时光里,创作出《倾城之恋》《金锁记》《沉香屑》等

---

① ［英］彼得·伯克.知识社会学:从古登堡到狄德罗(上卷)[M].陈志宏,等译.杭州:浙江大学出版社,2016:9.
② 高涵.法兰克福学派的知识社会学思想研究[D].天津:南开大学,2010:40.
③ 杨舢,陈弘正."空间生产"话语在英美与中国的传播历程及其在中国城市规划与地理学领域的误读[J].国际城市规划,2021(03):29.

多部重要作品①。千彩书坊以张爱玲作品为主题，书架上摆放大量与张爱玲作品有关的书籍，店内装饰设计颇具海派文化风尚，碎花墙面、华美留声机、旧皮箱、小圆桌等具有民国沧桑感的符号文化元素，折射出老上海的迷离与优雅时光。

10.4.1.1　空间建筑文化符号

每座城市都在不同阶段的发展进程中，形成了自己独特的文化、地方性知识与地域性特征。城市实体书店阅读空间浸润于城市历史和现实文化氛围中，融汇了城市文化符号元素，彰显了城市阅读文脉与特质。书店阅读空间的内外部建筑文化符号塑造，应与城市整体文化环境、文化特色和谐共生。书店外部建筑风格可以通过视觉效果唤起阅读者、消费者的审美体验和情感共鸣，这是书店阅读空间能否与城市文化环境融合的直观特征。比如，上海钟书阁(泰晤士小镇店)位于以英伦异国情调闻名的泰晤士小镇，砖红色仿欧式殿堂毫不突兀地融入街景，镌绘着来自世界各国书籍中精选段落的玻璃幕墙和维多利亚式露台，给人以漫步英伦小镇空间的恍惚感。位于购物中心、百货大楼等建筑内部的实体书店，则注重城市文化符号元素与消费文化景观的灵活运用。成都钟书阁(银泰中心店)构造了融合川剧脸谱、宽窄巷子、大熊猫、成都话等蜀地符号元素的文字玻璃幕墙，幕墙后由"竹型书架"填满的书籍陈列空间，地面仿似"竹笋"的小摆台活跃了空间氛围，整个空间充溢着蜀文化元素②。实体书店场景空间应遵循"连锁但不复制""千店千面"的原则，让内外部建筑风格彰显所在城市的文化内涵与特色，点亮城市文化地标。

10.4.1.2　空间场景装饰设计

"场景"(scenes)一词拥有多重含义，以特里·N.克拉克和丹尼尔·西尔为代表的新芝加哥学派聚焦于某区域或空间的美学价值，通过对空间色彩、空间形态的建构，独具匠心的内部装饰符号设计，能够给予受众视觉直观美感，驱使受众心理和情绪转向积极、乐观、向上向善。比如，上海钟书阁(泰晤士小镇店)书店共分为两层：一楼采用"藏书阁＋图书馆"风格布列书籍，无论是天花板、墙面，还是玻璃地窗，都有序放置书籍，目之所及皆为书籍，漫步其中仿佛步入了书的海洋；二楼阅读区采用半拱形结构的高顶，整体以白色为主，给人以庄重神圣感，宛如置身于纯洁庄严的知识殿堂中。童书馆则以"梦幻动物园"为主题设计风格，利用色彩绚丽、造型独特的 3D 立体动物轮廓书架，充满童趣童真，易于激发儿童想象力与阅读兴趣。整个书店弥漫着知识和书香情调，便于受众沉浸于布满书籍的场景空间中遨

---

① 千彩书坊：怀旧风中探寻张爱玲[EB/OL].[2012-11-11].https://www.douban.com/note/246542658/.

② 中国最美书店——成都钟书阁![EB/OL].[2017-06-10].https://www.sohu.com/a/147643012_810044.

游。此外,阅读者、消费者通过对书店场景空间符号元素的代入和感悟,逐渐生成书店的总体印象和文化认同感。因此,按照美学规律划分书店功能区域,巧妙安排主题性、沉浸式体验尤为重要。实体书店场景空间应重视内部空间的序列性和通道流线的舒适性,书店的入口空间、阅览空间、休憩空间,在保有独特审美风格、调动顾客感官体验的同时,需注重功能区域之间的衔接与区隔,避免出现功能区杂糅现象。一些书店采用复合空间经营模式,开辟咖啡吧台、演出剧场、文创集市区域,若空间区隔较差,很容易影响到阅读区、休憩区的静谧与舒适感。

10.4.1.3　空间材质与布局风格

形形色色的空间设计与布局加持方圆殊趣的材质,能够为受众带来迥然不同的心理愉悦感。厚重的材质给人以坚实牢固、可依靠的感觉,粗糙的材质给人以素朴沉古、自然朴实的感觉,光滑的材质给人以线条柔和、流畅飘逸之感,石材给人以质朴沉稳之感,透明玻璃给人以轻巧脆弱之感,金属材质冷峻坚硬容易产生距离感,木材给人以淳朴温暖之感,象征着自然的回归。以书店空间的书架材质为例,它作为陈列书籍的重要载体,应当考量材质是否符合书店空间整体风格、能否给予受众舒适感、时尚感与温馨感。同时,书架的颜色、大小、高矮、形状、位置甚至放置密度,都会影响到受众的体验舒适度,都需要满足受众便于取阅放还的基本要求。比如,部分书店采用符合人体力学设计的直立弧形书架,书架上下部凸出,中间内凹,特别方便阅读者查阅与购买书籍。此外,书店阅读区和休憩区的桌椅与沙发的尺寸、材质、陈设,同样应以消费者的舒适感为导向。如杭州鸢屋书店阅读区配置了附带软垫的座椅,书架旁放置了质地柔软的布艺软凳与布艺组合沙发、单人皮质沙发,方便阅读者随时坐下休息或阅读书籍。

10.4.2　被建构的精神空间知识生产

10.4.2.1　场景化阅读空间

美国学者马克·波斯特指出,"印刷文字把主体构建为理性的自主的自我,构建成文化可靠的阐释者。媒体语言从根本上瓦解了理性自我所必须的话语自指性。"[①]与数字化媒体语言相比,印刷文字具有天然的阅读留存性和阅读思考张力,也更具有温润的阅读品性。纸质书籍是知识的最好承载方式,是实体书店空间的灵魂,遴选优质书籍、营造阅读氛围、传递阅读温度是实体书店空间的主要功能。比如,武汉德芭与彩虹书店(西北湖店)应江汉区政府和区园林局邀请,落户西北湖

---

① ［美］马克·波斯特. 信息方式——后结构主义与社会语境[M]. 范静哗,译. 北京:商务印书馆,2000:78.

公园,综合周边公园环境和自身的阅读资源,确定了书店的阅读主题——自然博物①。该书店坐拥得天独厚的自然景观,采用全景落地玻璃窗设计,湖景、园景尽收眼底,书店内外满眼花木绿植,焕发着自然与生命的活力。顾客沿着公园小径走向德芭书店的过程中,便落入书店独特的空间场景中,在享受美好自然风景的同时,激发对自然博物类书籍的阅读兴趣。该书店每周举办读书会,精选一本自然博物类好书,邀请作家或专家、教育讲师导读,持续为读者输送优质的知识阅读资源。德芭书店还开设了"童眼观物候"系列公益课程,分享物候节气知识,带领儿童观察自然、体验自然,引导儿童热爱自然。该书店通过布局空间场景、精选图书知识资源、组织丰富多彩的阅读活动,为受众构建美好的场景化阅读空间。

10.4.2.2　符号化体验空间

法国学者鲍德里亚认为,"资本主义消费结构中的一系列消费品,是整套消费品之间必然存在的调节关系,这其中是由通过符号话语所创造的暗示性的结构意义和符号价值起根本性支配作用。"②不同于自然物理空间的直接感官刺激,体验空间的文化符号构建更能润物细无声地满足受众的多样化体验需求。城市实体书店对"书店＋"复合空间经营模式的探索,正是对符号化体验空间的构建和联结。以上海衡山和集书店为例,该书店由四栋法式别墅组成,分别为 The Red Couture (女装概念店、高级时装实验馆)、Mr. Blue(男装生活博物馆)、My Black Attitude (YNOT 概念商店、实验生活馆、独立设计师概念馆)和 Dr. White(电影主题区、杂志主题区、杂志博物馆),四幢建筑彼此独立又相互关联。该集合式体验空间,融书籍零售、杂志销售、博物馆藏品、视听衍生品、咖啡休闲、服饰时尚于一体③。与此同时,衡山和集书店依托不同概念主题和实体空间,邀请世界各地不同行业嘉宾举办主题分享会,承办摄影、民俗、文学、设计等艺术展览。不仅如此,衡山和集书店还主办了多项跨界特色主题活动,如"和集×ELLE 国际市场色彩符号工坊""和集×三顿半返航计划""和集×Bronze Lucia",等等。衡山和集书店空间营造了书籍、生活、休闲、时尚一体化的前卫设计和营销理念。反观当下一些实体书店的复合空间经营模式,仍停留于"书店"空间与符号元素的简单叠加,并未形成真正的多元复合场景体验空间。因此,实体书店需要围绕消费者的场景体验需求,深化复合空间一体化功能的探索。

---

①　德芭与彩虹书店"复活"！定位自然博物主题,落户汉口西北湖[EB/OL].[2020‐06‐15].https://baijiahao.baidu.com/s? id=1669568822051019007&wfr=spider&for=pc.

②　[法]鲍德里亚.消费社会(代译序)[M].刘成富,金志刚,译.南京:南京大学出版社,2014:7.

③　陈逸舟."和"而不同——衡山·和集的过去、现在和未来[EB/OL].[2019‐09‐26].http://www.360doc.com/content/19/0926/20/741756_863388917.shtml.

10.4.2.3　身体化消费空间

当今的凡尔赛式炫耀性消费、超前消费、体验式消费等消费新业态催生了消费社会的到来。消费社会时代，释放了人本身的欲望，催化了人们对"身体"的关注，身体成为"最美消费品"，蜕变为欲望与审美的象征，承载着消费者自我价值的外化和自我认同。事实上，"不仅仅在现代性中，而且在传统中，身体以各具个性的方式表现自己。差别在于，在传统中是社会认同的问题，而在现代性中更成为个人认同的问题。"① 让·鲍德里亚指出，"身体被重新占有的缘由，并不是为了达到主体的自主目标，而是直接关系到特定的娱乐与享乐主义效益的标准化原则、被直接与生产和指导性消费的社会编码规则相联系的对象统制。"② 身体消费实际上是满足消费者自身对文化符号的象征价值、结构性意义的追求与自我认同。随着城市现代化进程的加快、数字经济的迅猛发展和"都市社会关系的特征是肤浅、淡薄和短暂"③ 因素的叠加，给城市居民带来了生存竞争的压力、内心的焦虑孤独和集体认同的匮乏，实体书店空间为城市居民提供了阅读消费空间、知识汲取空间、休闲放松空间、多重文化体验空间，可以满足人们的消费体验和自我价值认同；实体书店所开展的读书分享会、艺术交流会和其他文化体验活动，则为人们创造了与他人相遇、面对面社会交流的可能性，排解他们内心的孤寂。比如，"思南书局·概念店"（上海）集合优质知识资源，创建了拥有 1 046 种书籍、100 多个文创产品、30 余张 20 世纪 70 年代唱片的"60 天 60 位作家"主题快闪书店，并邀请李欧梵、金宇澄、潘向黎等 60 位知名作家轮流坐镇书店，与读者面对面交流，吸引了大批读者前往④。因此，实体书店需要尽可能选择受众参与度高的文化活动形式，以便每位受众参与其中展现自我、认同自我，帮助消费者重构身份认同与群体归属感。

10.4.3　被联结的社会空间知识生产

10.4.3.1　构筑数字阅读空间

在 5G、VR、AR 与 AI 等技术的加持下，虚拟现实空间与实体空间的融合步伐加快。当实体书店迫于网络书店压力，开通线上销售渠道时，亚马逊、当当、京东等大型电商平台也纷纷转战"线下"，开设实体书店，扩展实体空间，开启"线上＋线下"融合售书模式。与传统实体书店不同的是，电商平台旗下的实体书店传承了电

---

① ［英］斯科特·拉什，［英］约翰·厄里. 符号经济与空间经济［M］. 王之光，等译. 北京：商务印书馆，2006：63.

② ［法］鲍德里亚. 消费社会［M］. 刘成富，金志刚，译. 南京：南京大学出版社，2014：123－124.

③ 汪民安. 城市文化读本［M］. 北京：北京大学出版社，2008：148.

④ 60 天"快闪书店"思南书局开业了，60 位作家轮流驻店［EB/OL］.［2017－11－06］. https://www.thepaper.cn/newsDetail_forward_1851457.

商平台深厚的互联网基因。以亚马逊为例,它依据亚马逊网站评论数、被加入心愿单、评分、Kindle 用户阅读数据等指标,进行书目选择与分类。亚马逊电商平台为其线下书店提供消费者阅读喜好的同时,线下书店也成为亚马逊平台获取线下数据的信息源、检测线上数据精准性的"实验室"。

拥有高速率、低时延、低功耗等特质的 5G 技术为实体书店构建数字场景创造了新机遇。VR/AR 技术制造的沉浸式场景体验,借助声、色、光、影综合呈现技术,为阅读体验者创造了人机交流的私密空间和完美的视听盛宴。目前,由于 VR 视频制作过程比较复杂且受限于 3G、4G 网络的低带宽和高延迟性,VR 视频清晰度普遍不够,致使场景空间的沉浸感体验效果较差。在 5G 技术加持下,VR 技术迈向更高发展阶段。如今,一些场景空间已实现了 5G 网络的全覆盖,并利用 5G 和虚拟现实技术,植入了 VR 游戏[①]。实体书店空间可借助 5G 和 VR/AR/AI 技术,为阅读者和消费者提供全新的沉浸式体验。比如,阿里无人酒店的智能配送机器人、银行智能机器人都为实体书店空间运用人工智能技术提供了新思路。书店入口空间可放置智能机器人与进店顾客即时沟通,带给阅读者与消费者新奇体验,也可为阅读者与消费者解疑答惑、推广优惠活动、办理会员卡等。还可以利用智能机器人提供书目查询服务、统计客流量,等等。通过 5G、VR、AR 与 AI 技术的融合,为阅读者和消费者构建沉浸式、智能化数字场景空间。

10.4.3.2 聚力阅读生活空间

互联网时代,线上书店和数字化阅读以不可阻挡之势抢占线下图书销售市场,挤压实体书店生存空间。多年来,实体书店为维系自身发展,依托实体空间场景,开通线上销售渠道,通过场景空间设计,借助"书店+"复合经营模式,举办富有特色的文化活动,为阅读者与消费者塑造了多元化体验空间,但依然无力与线上书店相抗衡。相较于线上书店,实体书店不可取代的核心优势在于它具有较强的实体空间体验感。只有充分发挥这一核心优势,才能拓展实体书店的生存发展空间。为此,实体书店应努力把知识阅读资源和消费者的阅读与购买活动融入他们的日常生活中,聚力于阅读生活空间的构建,把书籍阅读培养成消费者不可或缺的生活习惯。比如,2020 年上海首届夜生活节期间,上海市新闻出版局组织思南书局、上海书城、大隐书局等 30 家实体书店,以"阅生活·夜读时光"为主题,通过深夜读书会、签售会、分享会、夜游书集、公园书摊、夜景直播等精彩纷呈的阅读体验活动,融入城市居民的"夜生活"中[②]。致力于阅读场景和生活场景联结的诚品书店,将书籍按照不同主题放置于读者的日常生活场景中,既激发了阅读者与消费者对书籍

---

① 刘天纵. 全国首家"5G 智慧博物馆"亮相[N]. 湖北日报, 2019 - 05 - 17(01).
② 江凌,强陆婷. 上海实体书店文化空间与城市文化的共生发展[J]. 出版发行研究, 2021(03)：72.

和其他日用商品的购买欲望，又将书籍更为真实地嵌入日常生活中。同时，"诚品书店通过旗下文创、家居、音乐、餐饮、展演五大类近 20 个子品牌，构建涵盖电影、绘画、设计等诸多艺术领域，涉及家居、饮食、休闲等日常生活范畴的文化与生活消费综合体"①，为阅读者与消费者提供一站式生活服务。

10.4.3.3　激活社区服务空间

不论实体书店选址何处，都需要考量所在区位的经济、文化和社区居民的日常生活环境，以确定目标阅读者与消费者、主题定位与场景空间设置。位于实体书店空间辐射半径内的周边社区居民的日常阅读与消费理念、方式与习惯的生成，又与他们的日常生活环境息息相关。故而，实体书店与周边社区有着不可分割的紧密联系，为"书店＋社区"的经营模式奠定基础。"书店＋社区"的空间场景实践主要有两种模式：一是实体书店与周边社区图书馆合作。例如，上海大隐书局积极同周边的社区图书馆深化合作，社区居民可凭借社区图书馆借阅卡到大隐书局直接借书，由社区图书馆付费；同时，大隐书局为社区图书馆提供管培业务与托管运营服务。二是实体书店空间开展的各种文化活动、文化服务入驻社区。2020 年 4 月，大隐书局签约上坤集团，落地苏州上坤云栖时光社区，联合打造"云栖时光·大隐书局"；该书店占地面积 800 平方米，设置了儿童活动区、萌宠乐园、共享种植区，深度契合社区居民阅读、文化、社交、生活的需要②。"书店＋社区"复合经营模式，不仅可以满足社区居民阅读书籍的精神生活需求，还可以构建便于邻里交流的互动空间、多元文化体验空间，培养社区居民阅读习惯，营造文墨书香、品位高雅的社区文化氛围，涵养社区居民文化情怀。在此过程中，实体书店也可以获取稳定客流量，覆盖更加广泛的社区客群，提高书店品牌知名度和美誉度。

城市实体书店阅读空间是建设书香社会、推进全民阅读活动的重要空间载体，是塑造城市文化品牌、彰显城市文化底蕴、提升城市居民精神素养的重要场所。然而，互联网时代，在线上书店和数字阅读的冲击下，实体书店为维系生存发展，进行场景空间改造升级，逐渐探索出"书店＋"复合空间的体验阅读和消费模式，并积极拓展线上销售渠道，举办特色文化体验活动。在此过程中，突显了城市场景符号空间、图书资源整合空间、城市公共阅读空间、多元文化体验空间、新型知识生产空间的空间价值。

本章基于列斐伏尔的"三元空间"理论，将城市实体书店阅读空间的知识生产分为三个层次：被感知的物质空间的知识生产、被构建的精神空间的知识生产、被

---

① 黎明."互联网＋"时代实体书店的多维空间生产[J].现代出版，2017(05)：17.
② 在书店里面买房子，大隐书局苏州开启云栖时光！[EB/OL].[2020－07－25].https://mp.weixin.qq.com/s/Kay6JubMxII0-d9rmf66ag.

联结的社会空间的知识生产。首先是作为物质空间的知识生产。在空间建筑文化符号方面，应遵循"连锁但不复制"的原则，契合所在区域周边的整体建筑风格，注重城市文化符号元素的应用，彰显城市文化特色；在空间场景装饰元素设计方面，聚焦于丰富的场景元素符号运用，调动阅读者和消费者的多重感官体验，保障实体书店空间各功能区的区隔与有效衔接；在空间材质与艺术风格方面，应以阅读者和消费者的舒适体验为旨归。其次是作为精神空间的知识生产。通过优化空间布局、精选图书知识资源、组织特色文化活动，构建场景化阅读空间；通过多元经营业态探索，丰富特色活动形式，构建符号化体验空间；通过帮助阅读和消费者重构身份认同与群体归属感，构建身体化消费空间。最后是作为社会空间的知识生产。借助 5G、VR、AR、AI 等技术手段，建构数字化场景空间；联结城市居民的阅读与生活场景，建构居民阅读生活空间；利用"书店＋社区"复合经营模式，激活社区服务空间。

第 11 章　新时代城市文化软实力跃升研究专题（三）：城市文化空间的场景共情及共情能力提升路径

11.1　研究议题与研究视角

城市文化空间流动着城市居民共通的情感，承载着城市独特的文化景观与价值取向，是城市文化的具象化载体，它浸润于城市文化环境与文化气质中，又滋养着城市文化底蕴、内涵与精神。文化共情作为衡量城市文化软实力的新尺度，是城市文化空间与城市文化互惠共生的情感纽带。本专题基于"场景理论"与"共情理论"，解析城市文化空间场景的共情要素与表征，包括感官场景共情、认知场景共情、情感场景共情与认同场景共情，阐释城市文化空间场景共情的逻辑结构，探求提升城市文化空间场景共情能力的有效路径，包括联通场景环境共情、场景符号共情、场景体验共情，增强城市文化空间与城市居民之间的共情能力；创建共情图景、强化共情式服务、增进人文关怀，增强城市文化场馆工作人员与城市居民之间的场景共情能力；聚合趣缘文化交往圈群、组织多样化的文化共情活动、畅通用户生成内容（UGC）分享渠道，增强城市居民之间的场景共情能力。

城市文化空间凝聚着城市的历史记忆，积淀着城市的文化底蕴，承载着城市居民的生活实践与共通情感，形塑了城市独特的场景景观与文化价值取向，是城市文化软实力的重要维度。随着国家"建设新型城市公共文化空间"战略的提出，全国各地城市致力于以艺术博物展览空间、图书馆与实体书店阅读空间、文艺汇演空间、历史文化街区、文化创意园区、文化新业态聚集区等文化空间场所为主阵地，推动文化服务多样化、均等化、专业化、社会化发展，优化城市文化设施空间布局，推进文化场景空间营造或改造升级，为城市居民打造文化体验空间，满足城市居民多元化精神文化需求。为谋求在数字化休闲、泛娱乐产业勃兴压力下可持续发展，众多城市文化场馆突围破局，持续推进场景空间改造升级，延伸文化创意场景，拓展文化空间服务功能，提升文化空间的舒适度和共情效应，努力构建与城市居民情感相联结的多元化、复合型文化体验与消费空间。

城市文化空间浸润于特定的城市文化环境中，既能折射城市文化特质，又能涵养城市文化内容。目前，国内学者围绕城市文化空间改造升级进行的研究日益深化，对文化场馆在后疫情时代的破局之道进行了集中性探讨，聚焦于作为城市文化空间重要组成部分的符号和审美价值，探寻城市文化场景空间建构的可行性方案，为城市文化空间更新升级提供了有益参考。但这些研究成果中,关于城市文化空间的场景共情与如何提升空间场景关联主体之间的共情能力的探讨则付之阙如。城市文化空间的场景共情有哪些构成要件? 其表征、结构与逻辑关系如何? 如何提升城市文化场景空间中不同主体的场景共情能力? 本书基于"场景理论"与"共情理论",解析城市文化空间场景共情的表征,包括感官场景共情、认知场景共情、情感场景共情与认同场景共情,探求城市文化空间与城市居民之间的场景共情能力、城市文化场馆与城市居民之间的场景共情能力,以及城市居民之间的场景共情能力的有效路径,推进城市文化空间革新升级,为城市居民提供包容开放的多元文化空间,满足城市居民多样化的空间感知、情感体验与审美需求。

11.2　共情与场景共情

11.2.1　共情词源及概念

共情(empathy)源自德国哲学家罗伯特·费肖尔(Robe Visher)在其著作中所提及的"einfuhling"一词,而"einfuhling"又是希腊语"empatheia"的音译,最初被用于描述个体对艺术作品的共鸣[①]。而后,特奥多尔·利普斯(Theodor Lipps)将"einfuhling"一词引入心理学领域,并由英国心理学家爱德华·铁钦纳(Edward Titchener)翻译为"empathy"[②]。"empathy"作为心理学术语真正得到重视则是缘于《初学者心理学》一书的出版。铁钦纳在该书中将共情界定为保留"自我"的同时,把自我投射到被感知的对象中,即个体在自我想象中完成对"他者"情绪的感知,而非通过推测他者行为,感知他者的情绪。

20 世纪 50 年代以来,西方心理学领域针对共情议题的研究日臻深化,主流观点认为,共情包含认知共情和情绪共情,且认知共情与情绪共情有着相异的发展轨迹和机制。与此同时,共情被视作一种能力。神经科学实验研究证明,人类大脑中的镜像神经元系统(MNS)可以编码他人的行为和行为意图,形成理解的基础。个体可以通过镜像神经元模拟他人心理状态,替代性体验他人情绪,感受和分享他人情绪,达到共情[③]。哈佛大学医学院教授亚瑟·乔拉米卡利(Arthur Ciaramicoli)作为当代共情研究领域卓有建树的心理学家,给出了较为权威且准确的"共情"定

---

① Gladstein，G. A. The historical roots of contemporary empathy research[J]. Journal of the History of the Behavioral Sciences，1984，Vol. 20，No.1，p.39.

② Barnes，M. E. Empathy. In T. Teo（Ed.）. Encyclopedia of critical psychology[M]. New York：Springer，2014，pp. 560－571.

③ 胡俊. 认知,共情和审美意象——论镜像神经元对审美意象生成的作用[J]. 上海大学学报(社会科学版),2021(05)：131－140.

义,即共情是理解他人特有的经历并相应地做出回应的能力①。

11.2.2　场景共情

后工业时代,城市化进程的快速推进造就了"消费导向型社会",催生了场景理论,城市空间场景营造或改造升级成为城市空间建设的新趋势。以特里·N.克拉克为代表的新芝加哥学派聚焦场景空间的文化格调与美学特征,将文化与美学融入社会学的研究范式中,赋予"场景"作为"容器"承载着城市空间的文化价值、文化特质与文化意涵,映射城市居民的价值观念与生活方式。场景理论强调,物质场所空间、舒适物(设施)、多样性人群、特色文娱活动是建构场景空间不可或缺的四要素,它们共同构筑了场景的文化价值。而衡量场景的文化价值取向,可由三个主维度研析,即"合法性""戏剧性""真实性"。"合法性"即群体进行互动的目的和理由;"戏剧性"即群体外化的自我表现;"真实性"即群体对真实自我的界定与认同②。

城市空间存在的主要价值之一是创造更美好的生活,然而,随着城市物质空间的迅速扩张和社会空间的异化,城市空间的"属人性"逐渐失落,城市居民的获得感与群体认同感消逝于空间区隔中。场景理论形塑了充盈着符号意义的美学空间,文化场景的构建表征着城市作为社会综合体的文化诉求与美学追求,文化空间场景营造亦成为现代城市实现高效运转和高质量发展的"文化加速器"。共情是个体/群体对他者情感的认知理解、情绪感染与行为呼应,文化共情主要发生在个体与个体、个体与群体的交互体验中,使来自异质或同质文化的人们能够感同身受,共融共通。场景理论与共情理论的融合凸显了"人"作为场景空间的主体,是空间场景营造的主导者、参与者、体验者,人们在场景空间营造过程中完成了物质生产活动和社会关系的生产与再生产。若将场景共情贯穿于城市文化空间营造全过程,就能以场景共情思维重塑"人"与"空间"的关系,秉持以人为中心的空间设计理念,于物质层面"造景",于意识层面"营场",于发展层面"构态",建立城市居民与空间场景之间的深层情感联结,构建"想象的共同体",以城市文化浸润城市形象和城市精神、激荡城市文化发展活力。

11.3　城市文化空间的场景共情要素

城市文化空间所蕴涵着的特定文化价值取向,吸引着不同的个体/群体聚集而

---

①　[美]亚瑟·乔拉米卡利,[美]凯瑟琳·柯茜.共情的力量[M].王春光,译.北京:中国致公出版社,2019:3.

②　[加]丹尼尔·亚伦·西尔,[美]特里·尼科尔斯·克拉克.场景:空间品质如何塑造社会[M].祁述裕,吴军,译.北京:社会科学文献出版社,2019:51-65.

来进行文化消费实践,并收获由实践带来的情感体验①。城市文化场景空间表征城市的物质空间性、群体互动性、符号体验性以及文化价值取向,是城市居民情感的交汇场所,促进个体/群体价值观念与行为习惯的养成。"共情"是人际情感联结的纽带,也是社会生活的基础和社会关系的核心②,能够赋予人类内在生命以活跃的能量和意义感③,能够深化个体/群体的感知体验,强化个体与个体、个体与群体之间的情感联结。"场景"与"共情"的融合,可以升华依托城市空间的"舒适物"进行文化活动的个体或群体的情感体验,加深空间场景与个体或群体之间的情感联结,建立高关联度、高黏性、高密度的"强关系"。舒适的城市文化空间设计、布局、设施及其符号象征意义是城市文化空间的"情感触动器",本身具有空间场景属性,能够为城市居民提供积极的情感体验,它所产生的空间共情效应是基于场景空间的感官场景共情、认知场景共情、情感场景共情与认同场景共情综合作用的产物。

11.3.1　感官场景共情

感官触动是场景共情的基础,城市居民对城市文化场景空间"初步印象"的形成依赖于视觉、听觉、触觉、味觉、嗅觉感官的"感觉过程"。城市文化场景的空间布局、物品摆件、画报、文字与图像标识,乃至色彩、灯光、音乐、材质、气味等视、听、触、嗅、味觉感官元素的多组合运用,能够促使参与者沉浸于文化场景空间所构造的整体文化氛围中,在对"共情对象"的无意识感知中,激活参与者身体机能的感官反应,触发参与者的身心愉悦感,吸附参与者驻足于文化场景中流连忘返。比如,大隐书局·上海张堰镇店隐匿于张堰古镇内民国建筑的老墙之内,推开雕花红漆的木门,散发着古朴浪漫色彩的江南水乡特色宅院映入眼帘,朱砂红色调的亭台楼阁极具视觉感染力,还未抵达书店核心区域,便可以沉浸于书店构造的实体空间场景中具身感知。穿梭其间,漫步于书店内部,反映张堰地方风貌的老照片贴满了东面墙壁,简约古朴的木质桌椅,琳琅满目的图书,错落有致的盆栽,精致的中国风摆件,随处可见。木质醇香、图书馨香、茶水幽香、咖啡浓香在空气中氤氲流转。推开二楼阁窗,隔着高低起伏的楼墙,江南古镇景色尽纳眼底;若逢梅雨天气,捧一本书,喝一口茶,伴着淅淅沥沥的雨滴声,惬意而雅致,仿若置身留存百年的书房中,跌进迷离了时光的百年古镇的历史涓流中。该书店以延续张堰古镇特色为设计理念,触发参与者视、嗅、听觉等多重感官,激发参与者进一步探究书店场景空间的欲望,吸附着参与者的感官体验。

11.3.2　认知场景共情

感官场景共情可以转向参与者的认知场景共情,加深参与者对文化场景空间所传递的文化韵味探知、理解、领悟等认知性结果,实现参与者与空间场景共情的关键过渡。如今,以电影院、剧院、实体书店为代表的文化消费空间,以博物馆、美术馆为代表的文化遗产和产品保存与展示空间,以文化创意园区、文化街区为代表的文化生产与创意空间,均注重空间场景营造或改造升级。随着城市居民文化体验与审美需求的提升,让居民保有对文化场馆特质的认知和深刻印象尤为重要。文化场馆的装饰设计、物件式样、展陈呈现、功能区域布局以及其他附加配置等,可以触动参与者的多重感官体验,最大限度地吸附参与者长久驻足。比如,重庆光环购物公园将"打造城市自然共同体"的理念贯穿于场景空间布局设计始终,创造性地把高48米的室内植物园引入场景空间内部,园内共有近300种亚热带、热带植物及生态物种,呈现出五种自然雨林现象,突破了绿植空间与商业空间的区隔,内设"花溪瀑谷""悬浮森林"等多元场景,带活商业动线,实现了植物空间与商业购物空间无缝连接。以自然生态为核心场景,辅以潮流运动场景、阅读社交场景、亲子共享场景,减弱传统商业空间无可避免的"围困式"压迫感,引领复合型体验式消费新风尚,帮助参与者实现对购物场景空间由"感"到"知"的共情联结。

11.3.3　情感场景共情

城市文化空间是城市居民文化活动的载体和容器,它承载城市历史、遗产与文化符号,浓缩城市居民的文化记忆与情感,传递城市文化及其精神价值,凝聚城市居民生活意象,是具有社会属性和文化价值的空间。参与者经由身体感官机能和理智思维所形成的感官场景共情和认知场景共情,促使参与者做出积极的情绪反应。当下,城市文化空间的场景营造注重完善文化空间功能、提升文化服务品质、增强文化服务效能,不拘泥于单一的空间场景营建,而是致力于集书店、咖啡、茶饮、餐食、文创乃至影院、剧场、美术馆等多元复合型空间场景建构,开展潮流社交、阅读分享、艺术沙龙、电影演出、创意手工作坊等文化活动。文化场馆内"舒适物"与各类文化体验活动的高度配合,与参与者建立情感连接,触发参与者产生情感共鸣。比如,大隐书局·上海武康大楼店以浓郁的唐宋风格为设计理念,融合"书、艺、茶"三种文化元素及其符号象征价值,贯穿于空间场景设计与器物配置中,每个茶室阅读间以"醉花阴""青玉案"等词牌或曲牌命名,营造古色古香的典雅阅读氛围。书店举办的茶艺、古琴、布艺、篆刻、书法等文化体验活动,与书店场景空间设计风格相契合,潜移默化地调动了参与者的情感反应,激发了参与者的场景空间体验,催化参与者和书店文化空间之间的情感场景共情。

11.3.4　认同场景共情

"认同"具有反思性的自我意识特征,是对某事物区别于其他事物的认可[①]。当城市文化场景空间的构成要素"舒适物"与"文化活动"交互融合后,能够产生情感联结效应,生成文化空间的场景共情。这种共情诱导参与者将自己的身心状态、过往情感和经历经验纳入文化场景空间中进行自发性反思,辅以场景空间的构成要件(如文字、图片、物件、符号和其他设施物)及其组合方式,最终让参与者对文化场景、空间构造、符号及其所传达的独特文化价值的认同。正所谓"同类相从,同声相应",同类的人或事物能够同频共振,引发共鸣。当参与者的志趣、情感偏向与文化空间的战略定位、规划设计、符号表达、空间陈列、价值理念契合时,场景共情的生成便顺理成章。比如,追求书籍的纯粹与极致的万圣书园致力于构建知识分子的理想空间。万圣书园主营文史哲类图书,图书品种近 5 万种,不拘囿于盲目"造景",而是以目之所及皆为书海的优质图书"营造场景",映射着知识分子对学术的极致追求与对社会公共议题的持续思考,朴素无华的书店空间转化为思想文化流转的空间载体。万圣书园的定位策略、经营理念、选书标准、思想深度均与"读书人"的价值理念高度契合,在学术出版领域和思想文化界得到广泛认同。

11.4　城市文化空间的场景共情结构

当个体与他人具有相似的情感或经验、处境、经历时,感觉、认知和情感系统容易被唤醒,与他人进行情感共享,继而认知到自我与他人的同形情绪,并对他人的情感进行认知和评价;而后,"个体感知与他所萌生的同形情绪交融,使个体生成伴有相应的外显或内隐行为的独立情感,并将自身认知、情感和行为指向于他们"[②]。城市文化空间的场景共情是城市居民在情感流动的文化空间中,以空间场景和符号、意义为介质,构建个体和他者的情感联系,认知、体会和理解场景空间和他人的情感藕和,获得情感认同,同时设身处地理解城市空间场景、符号和意义等,融通城市文化记忆与集体记忆。城市文化空间的场景共情以人为主体,以物质性、互动性、精神性要素为主要构成,物质性要素包括自然人文景观、历史建筑、文化设施等;感性的互动性要素包括社会交往、文化活动等;抽象的精神性要素包括文化创意、文化情感、文化精神等。如图 11－1 所示,物质性要素和互动性要素构成的体

---

① 谢晓如,封丹,朱竑.对文化微空间的感知与认同研究——以广州太古汇方所文化书店为例[J].地理学报,2014(02):185.

② 刘聪慧,等.共情的相关理论评述及动态模型探新[J].心理科学进展,2009(05):968.

验式共情与精神性要素所主导的文化式共情双向互动,共生共荣,合力构筑场景式共情,进而建构城市文化空间场景所特有的文化精神价值。

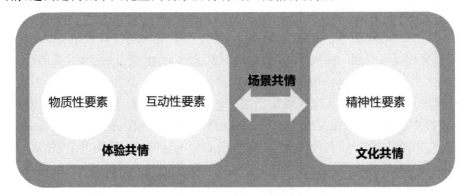

图 11‑1　城市文化空间的场景共情结构

11.4.1　体验式共情

城市文化空间场景的物质性要素与互动性要素构成了城市居民的体验式共情。城市文化空间的场景营造能够将代表城市文化及其价值观念的各类设施组合成完整的场景,完成对空间设计、文化元素、生活气息的符号化凝练,使文化空间场景呈现出生活、意义、体验和共情等文化景观,使城市居民沉浸于空间场景所形成的整体文化张力中,城市居民在对"共情对象"的无意识感知中,激活身体感官反应,唤起身心愉悦感,触发体验式共情。比如,位于长沙湘江之滨的超级文和友以老长沙文化符号为底蕴,通过对长沙老街巷的等比例复原,还原了 20 世纪 80 年代的长沙街区生活,再现了近 20 处近代人文景点和近 200 处近代民居社区。同时,借助蒙太奇式叙事手法,营造如同电影分镜一般互相衔接的故事空间,在同一空间呈现不同的生活情节,设计缆车穿梭其间,让消费者体验到由今及古的时空置换,形成视觉冲击力。同时,场景空间内的符号、装置、设施,可以强化文化空间场景的互动体验,赋能场景共情。"舒适物"与互动性要素的有机融合,能够进一步加深居民与场景空间的情感联结,深化居民的"体验者"角色,触发居民的情绪共鸣。超级文和友构建场景共情的核心理念是强化场景体验互动性,通过老游戏街机、桌球馆、标志性市集、农家乐体验区等互动体验触发居民旧时生活回忆,激发居民的库存性情感,使得空间场景中的个体怀旧式情感体验与城市历史、文化和日常生活紧密联结,让参与者代入性体验长沙市老街区的市井生活与饮食文化情怀。

11.4.2　文化式共情

"符号互动论"认为,个体的行为反应受到个体主观意识和客观情境中的象征符号所传递的象征意义的影响。个体主观意识的形成基于过往生活经历,生成库存性情感,它影响着个体的情感价值观及其行动取向,体现情感的时间驻留性。而个体在特定的空间场景或客观情境中萌生的情感具有场域性情感特质,展现情感的空间即时性。城市文化空间场景营造的社会性场域,在赋予居民场域性情感的同时,触发居民的库存性情感,以客观情境为桥梁,联通两种情感结构特征,由客观社会化转变为主观内在化。是以,城市居民作为个体,与城市文化空间场景中凝聚的文化象征与符号进行交互体验,理解他人特有的经历、经验与想象,在代入性的情感共鸣中完成库存性情感认同和精神价值传递。继而,个体可以把情感体验和唤起情感的刺激源进行联结,实现认知与情感重构,获得场景空间表征符号的象征意义,达到场域性情感的再生效果。文化共情来源于居民对个体或集体活动记忆的认同与归属,以及居民对城市文化和社会生活的眷恋和追寻。城市文化空间是存储文化记忆与集体记忆的场所,城市居民在文化空间场景中感受并回溯城市文化和社会生活的温度、情感和记忆,进而产生文化共情,新的情感和记忆由此诞生,赋予城市文化空间再生性情感活力,使城市文化与城市空间场景相融共生。

11.4.3　场景式共情

城市文化空间场景既被人建构和塑造,又被人感知与体验,它既是城市文化演进的空间表征和体现,也是知识、情感和权力规训的场所,是人们集体意识、情感融通和消费行为的集散地。城市居民作为城市文化空间的参与主体,他们的文化实践是城市文化空间进化和发展的前提,他们的文化需求是城市文化空间更新升级的动因。城市文化空间的布局、设计、设施物、文化元素和符号象征、多元文化活动、多样化人群的有机组合建构了"场景",并以"人群"及其文化活动、情感交流为核心要素,赋予城市空间场景的意义、价值、体验和情感共鸣,达成"共情"。城市文化空间的物质性、互动性和精神性构成要素互相交融,营造令人感同身受、产生共鸣的场景,触景生情,达到场域性情感的生成与再生,并将空间场景作为情感记忆的载体,在人与场景的互动中获得了情感与社会认同。在场景式共情过程中,城市文化空间场景内城市居民所亲历的文化符号感知、文化活动体验,使居民可以有效地进行情感沟通与交流,以获得空间、情感、身份的认同感与群体归属感。场景式共情把人们感受到的尊重、理解、信任、信心和关爱镜映给城市文化空间场景,使他们萌生对城市文化空间场景的情感认同,构建与城市文化空间场景的共情关系,增强城市文化空间凝聚力,铸就人、空间、场景、共情之间的"想象的共同体"。

11.5　城市文化空间的场景共情能力提升路径

场景振兴,万物互联。以人为核心的场景连接逻辑全方位占据了场景空间的文化生产、文化体验与文化消费实践全过程,场景共情能力成为衡量城市文化空间"软实力"的新尺度,提升场景共情能力成为城市文化空间"软实力"提质增效、赋能城市文化创新发展的重要方面。城市文化空间的场景共情能力即在特定的城市空间中,通过空间文化场景、文化符号、文化意象与城市文化、情感记忆的耦合,促进个体/群体从他人视角或他人所处的情境出发,体验并理解他人的感受和情感,推动个体/群体之间的情感认知和认同,激发个体/群体之间的情感共鸣,促进民心相通。在城市居民与城市文化空间场景的耦合与互动实践中,城市居民达成某种交往与社会关系,形成情感共同体,创造一系列城市文化及其空间场景的象征与符号。城市居民个体/群体的价值观念、思维方式、生活方式,与相应的个体/群体的文化体验和文化归属相呼应,进而促成文化空间场景的情感认同、文化认同,进而形成城市文化空间、文化场景的情感共同体。

11.5.1　城市文化空间与城市居民之间的共情能力提升路径

11.5.1.1　场景环境共情

空间场景的差异并不取决于某一空间的物质设施,而是取决于物质设施及其符号在特定空间中的组合方式及其符号象征意义,这种特定的空间组合方式及其符号象征能够满足身处其中的个体或群体的审美与情感诉求,促使进行空间文化实践的个体或群体产生共通的情感体验与审美体验价值。城市文化空间场景的环境设置,需要以整体视角协调"空间的物质设施"及其符号的组合方式,突显主题性、整体性与和谐宁静的氛围感,与城市居民进行情感和审美共通,形成共情效应。比如,杭州南宋书房·中山中路店坐落于被誉为"宋韵文化传承展示主阵地"的杭州上城区。书店空间建筑外观是极具年代感的青砖黑瓦与现代玻璃建筑的组合,古色古香中糅合了时尚雅致感,与矗立一旁的历史建筑"鼓楼"相映成趣。书店的入口空间是水纹玻璃式幕墙,营造出光影迷离的效果,22个错落的电子屏幕播放着南宋诗画作品,桌柜上陈列着瓷器与古籍文创产品,古典陈设与现代科技交错,空气中飘散着由芸香与檀香组成的"南宋书香",各类"舒适物"组合相得益彰,使参与者沉醉于书香萦绕的宋韵文化时光中,其具身感知共情和审美体验被吸附于书店设置的特定场景空间中,使其流连忘返。

11.5.1.2　场景符号共情

场景是具有象征意义的符号空间,符号是场景空间结构中传递特定信息、情绪与思想的媒介。"事物对个体的影响不是因为事物本身,而是事物背后对个体的象征意义,即个体的行为反应受符号所传递意义的影响"[①],场景空间的符号建构,能

---

① 车文博. 当代西方心理学新词典[M]. 长春:吉林人民出版社,2001:94.

够驱使置身其中的个体/群体产生一系列复杂的行为动机。因而,城市文化场景空间设计,需要基于空间符号的抽象凝练、形式转换和场景呈现,借助有形物质载体,如画报、物件、标识乃至色彩、灯光、音乐、材质等,将符号元素融入空间场景中。比如,长沙气味博物馆收录了"爱晚亭的味道""臭豆腐的味道""糖油粑粑的味道"等极具长沙特色的地方气味,让参与者在嗅觉体验中与长沙风景名胜、市井生活共情。青岛五四广场中轴线上的"五月的风"雕塑,以螺旋式上升的"风"造型和火红的庄严形象,让居民在观赏时与艺术家的创作情感、与其他观看者的审美情感产生共鸣,激发爱国主义情怀和深刻的民族自豪感。再如,成都几何书店·猛追湾店在传承几何书店拱形岩洞风格的同时,融合成都的本土符号元素。书店旋转楼梯的设计灵感源于"猛追湾"的故事,寓意摆脱偏见,抛弃表象,追逐本心,契合成都包容万千、从容自若的城市文化气质。书店内的"猛追湾"、坝坝茶、川剧等成都特色文化符号,自带故事性和情感价值,是触动消费者情感的"文化记忆点"。参与者在书店场景空间内徜徉、浏览、选购,可以领略具有美学和情感意义的文化符码,由感官共情转向认知共情。

11.5.1.3　场景体验共情

体验系以服务为"舞台",以产品为"道具",以环境为"布景",创造出值得消费者回忆的活动[①]。由于各类文化体验活动接合了场景空间的物质设施、符号元素、审美风格和城市居民的具身实践,使得文化场景空间成为蕴含特定价值取向的共情空间。参与者的具身体验和情感诱因会转化为内在的精神愉悦感,而城市居民通过文化场景空间的感官体验与符号价值认知、空间阅读与消费的情感与审美体验,抵抗日常生活的琐碎与平庸。比如,南昌青苑书店(总店)推出的"8 小时书店店员体验计划",消费者在 8 小时内转换身份,成为书店工作人员,通过整理书籍、调制饮品、导购收银等,完成与书店的零距离接触;与美好相伴,邂逅志趣相投的阅读伙伴;置换视角,探知书店背后的故事,深化与书店场景空间的情感联结。再如,上海建投书局与蒙趣教育联合主办的"财商魔法师拯救书店"活动,依托书店四楼"霍格沃茨"风格阅览室,开设沉浸式趣味创新财商课程[②]。书店空间设置了 10 多种《哈利·波特》魔法道具:魔杖、斗篷、分院帽、复活石、羽毛笔、金色飞贼等,每一种道具都可以触发不同的场景和使用功能,高度还原真实魔法体验。该活动依托书店空间场景和特色内容资源,打造融合财商益智课程的沉浸式"霍格沃茨"魔法体验,培养青少年团队协作、组织策划、思变创新、场景共情等综合能力,颇有成效。

---

① 　[美]约瑟夫·派恩,[美]詹姆斯·吉尔摩. 体验经济[M]. 毕崇毅,译. 北京:机械工业出版公司,2016:13.
② 　沉浸式体验书店创收,"魔法商学院"寒假招生中![EB/OL].[2022-01-13].https://mp.weixin.qq.com/s/DRPSjX9rldBBUY5kARPbFQ.

11.5.2 城市文化场馆工作人员与城市居民之间的共情能力提升路径

人是场景空间中最活跃的因素,城市文化场景空间的构建、运营和共情能力的维系,离不开文化空间场景工作人员与城市居民之间的共情与共情能力。

11.5.2.1 创建共情图景,洞察城市居民内在需求

创建场景的共情图景是创新城市文化空间设计理念的前置环节,也是把握城市居民精神文化需求的起点。共情式场景空间布局、设施物、空间符号及其象征价值能够帮助城市文化空间设计者设身处地站在居民角度思考和看待问题,洞察居民内在的精神文化需求。创建与居民共情图景的过程中,可以发现和弥补场景空间设计的缺漏,最大限度地获得准确的居民画像。基于居民视角的场景共情图景可分为四个象限,即居民的言语、想法、行为、感受。言语象限系参与者在场景共情体验、认知与评价中所表达的言语或符号;想法象限系工作人员根据现场参与者情况,对参与者在场景共情体验中的想法进行换位思考与描述;行为象限记录和预测参与者在场景共情体验过程中的具体行为,比如,当他们不知道场景某服务板块在哪里时,会寻找场景服务人员提供帮助;感受象限即参与者表现的不同情绪状态。共情图景的创建是为了提炼和优化参与者在场景空间中的具身感知体验,以便提供更精准的共情式服务。创建共情图景需要充足的现场信息与数据,如参与者的语言手势、体验情绪、聆听反馈、日志研究或问卷调查等。

11.5.2.2 强化共情式服务的理念与实践

强化场馆工作人员在文化场景空间中的共情式服务,并非强制性要求工作人员必须微笑迎接、热情服务,这容易使工作人员的共情式服务流于表面,引发工作人员逆反心理和抵抗情绪,要求每位工作人员时刻保持热情高涨的服务状态,也不切实际。可行的办法是设定具体场景与沟通激励机制,让工作人员在具体场景、具体空间中产生代入感和参与感,触发工作人员的积极情绪和情感共鸣。以沃尔玛超市为例,该超市的共情式服务主要有三方面:一是每天早晨在工作开始前将积极的销售理念和员工肢体语言相结合,唤醒员工潜意识中的"热情"和"最好",内化为热情服务的动力;二是为员工提供清晰的模仿和参照对象,沃尔玛的高层领导者都是商界成功人士,当员工与他们近距离接触,会渴望变得优秀,对未来充满憧憬;三是尊重和爱护每一位员工,沃尔玛超市弱化了领导层和普通员工之间的等级观念和阶层区别,公司氛围融洽和谐,每位员工都拥有一枚特制的铭牌"我们的同事创造非凡",没有任何职称标注,承载着他作为沃尔玛员工的自豪感。城市文化空间场景的工作人员需要将共情式服务融入工作流程全过程,强化使命感与荣誉感,热诚投入共情式场景服务中。

11.5.2.3　注重人文关怀,增进共情式理解

美国学者唐·舒尔茨认为,"内部员工的责任感乃至他们向顾客所传达的体验感知,塑造并传播了品牌,提升了品牌的美誉度"①。城市居民的场景感知体验很大程度上取决于场景工作人员的服务态度、方式、质量。工作人员的微笑、热情、温暖服务可以更好地传递城市文化空间场景的价值理念,赋予空间场景品牌的独特性、差异性和美誉度。场景工作人员有温度的人文关怀和共情式服务,能够增进参与者的共情式理解和认同。创建于 20 世纪 80 年代的茑屋书店之所以近 40 年长盛不衰,原因不仅仅在于书店"生活提案美学"的特色经营理念和方式,还在于书店所提供的高质量服务。茑屋书店的服务宗旨是"努力把服务做好,让顾客觉得不来就吃亏了",如有新店开业,书店负责人便搬到新店附近居住,切身了解和感受辐射区域内不同消费者的差异化需求和消费痛点。同时,书店内每个主题区域都配有"生活提案顾问",他们熟知图书采购、区域布置、内容策划、接待消费者等全方位服务流程,真正做到了专业化、定制化的高品质服务,这种人文关怀和共情式服务,促使消费者对书店场景体验"念念不忘"。

11.5.3　城市居民之间的共情能力提升路径

11.5.3.1　聚合趣缘文化交往圈群

城市居民与文化空间场景的互动体验由居民的文化共情需求驱动,当城市文化空间场景能够不断满足人们的知识、阅读、社交、审美等日常生活中不可或缺的情感体验,城市文化空间的场景共情力与吸附力便随之增强。与城市现代化进程相伴而来的快节奏城市生活方式造成城市居民情感交往的疏离,物质充裕背后的情感空缺越来越明显,"孤独的陌生人"现象让交往亲密感与身份感缺失的城市居民迫切渴望在与他者交往中获得个体身份、群体归属和群体认同感。城市文化空间场景的符号象征、情感交流与社交活动是居民扩大交际圈、排遣孤独感、满足情感交往需求的良机。城市文化空间成为城市居民参与文化活动、进行情感交流的"第三空间",创造了城市居民具身体验和情感交流的新场域,从而拉近人与空间、人与场景、人与人之间距离,形塑共情共生的空间景观。比如,上海朵云书院·戏剧店紧邻兰心大剧院,书院作为戏剧主题书店,选书以"戏剧的时间轴"为脉络,以近代以来涌现的戏剧名家和戏剧流派为支点,选取戏剧原著、剧本、研究典籍,以及戏剧应用、戏剧心理学、戏剧建筑、戏剧童书等,设置"戏剧场"主题图书展陈区域,邀请濮存昕、陈薪伊、孟京辉、毛时安等戏剧领域名人推荐阅读书单;书院咖啡店也

---

① ［美］唐·舒尔茨,［美］海蒂·舒尔茨.整合营销传播:创造企业价值的五大关键步骤[M].王茁,顾洁,译.北京:清华大学出版社,2013:27.

别出新意,以戏剧人物命名甜品。朵云书院·戏剧店打造了全方位、沉浸式戏剧阅读场景空间,聚合戏剧爱好者圈群,满足了城市居民的戏剧趣缘、身份认同和社交归属需求。

11.5.3.2　组织多元文化共情活动

城市文化场景空间之所以能够被具身体验和消费,是因为它满足了城市居民"一种社会流动性修辞""一种文化外目标"抑或"只针对社会地位编码要素这种目标的需求"[①],城市文化空间场景中的文化共情活动是构建社会化群体,加深居民之间情感联结的有效途径。比如,上海辰山植物园围绕园中的一棵孤独的黄金树推出了"孤独树洞"系列活动,通过全天候直播让网友在线观赏,鼓励网友在孤独树洞专题页面在线留言,引来众多受众感性而温暖的情感交流。该系列活动还包括:与孤独的树合影;独自游览的游客站在树下,让无法同往的朋友或网友远程打开直播实时截图合影。在孤独树洞中,人与人、人与自然景观跨越时空,在全新的线上场景空间相遇,分享城市生活的内心孤独感,达到情绪的感染和治愈效果。再如,相较于公共图书馆、博物馆,具有文化和商业双重属性的实体书店作为"非正式公共文化场所",拥有更为轻松的阅读、休闲与消费场景氛围,更容易成为城市居民社会交往的空间载体。实体书店场景空间不仅是图书零售空间、公共阅读空间、文化传播空间,更是城市居民的社会交往空间、情感依托空间,有着数字化阅读和线上书店无可取代的"在场"优势。为充分发挥这一线下场景优势,实体书店应当组织多样化的文化共情活动,"利他性回应"消费者的情感和利益需求,深化消费者群体与书店场景空间之间的情感连接,强化书店场景空间对于消费者群体的"不可或缺性"。实体书店在为消费者提供场景空间、舒适设施、阅读和文化体验的同时,强化消费者之间的情感共通性与可交流性,能够达到场景共情的良好效果。

11.5.3.3　畅通城市居民 UGC 分享渠道

在现代和后现代交织的城市文化生活中,多样文化并存,异质文化碰撞交融,城市居民在日常交往中进行文化沟通与交流,接受与理解文化差异,感知彼此之间的文化共情。城市文化场景空间的核心价值就在于为消费者提供具身感知、互动体验、交流情感、展示自我的平台,从而实现身份和群体认同。其中,鼓励城市居民结合文化空间活动主题、场景体验和情感体悟进行用户生成内容(UGC)创作,建立和畅通居民 UGC 分享渠道,是凝聚城市文化空间场景核心价值的有效途径。比如,上海思南书局·诗歌店以诗歌为主题,精选包括法、英、波兰、奥地利等国家和地区的诗集、散文、传记、评论等书籍,聚合诗歌爱好者群体。在诗歌店两周年纪念日之际,广泛邀请顾客"写一首诗,为书店庆生"。诗歌征集活动结束后,书店邀

---

① ［法］让·鲍德里亚.消费社会[M].刘成富,等译.南京:南京大学出版社,2014:96.

请了郑体武、包慧怡等知名诗人组成专业评审组,挑选四首优质诗歌,邀请四位诗歌作者参加书店周年纪念活动,送上精美礼物,增添活动的仪式感。未被评选上优质诗歌的投稿,也悬挂在书店空间显眼位置或以微信推文形式集中展示,并收获书店的纪念品。该活动满足了参与者自我表达与展示、肯定与认同并与他人交流分享的内在情感需求,提升了参与者的身份认同和集体归属感。

　　作为城市空间体系的重要一环,城市文化空间不仅是自然物理空间,更是城市历史和记忆的重要载体,是居民情感交流和文化凝聚的场域,也是富有文化色彩的意象空间和精神家园。城市文化空间的营造或更新升级有助于凝聚居民参与文化活动,彰显城市文化的多元性、现代性、体验性特征。随着城市空间环境质量和居民生活品质的提升,居民对城市空间环境、符号、布局、设计、设施物的追求趋向舒适化和审美化。为此,众多城市文化场馆持续推进场景空间的营造或改造升级,构筑感官场景共情空间、认知场景共情空间、情感场景共情空间与认同场景共情空间,并致力于提升空间场景共情能力,这已成为提升城市文化空间"软实力"的重要手段。

　　城市文化空间场景共情可以拉近空间中人与人的距离,推动城市居民个体或群体之间的情感流动,完成情感共鸣、认同和精神价值传递,满足居民的情感交往需求,并由此再生情感记忆,增强城市文化空间凝聚力。本章结合"场景理论"与"共情理论",将城市文化空间场景共情能力提升路径分为三个层面:文化场景空间与城市居民之间的共情能力、文化场馆工作人员与城市居民之间的共情能力,以及城市居民之间的共情能力。在增强城市文化空间场景与城市居民之间的共情能力方面,强化场景环境共情、场景符号共情和场景体验共情;在增强文化场馆工作人员与城市居民之间的场景共情能力方面,需要创建共情图景,洞察居民内在的情感和利益需求;强化文化空间场景的人文关怀,提供有温度的共情式服务,增进文化场馆工作人员和居民之间的共情式理解;在增强城市居民之间的场景共情能力方面,聚合趣缘文化交往圈群;策划和举办多样化的文化共情活动;鼓励城市居民创作 UGC,并畅通作品分享渠道。

第12章　新时代城市文化软实力跃升研究专题（四）：城市商业文化空间正义

12.1　城市商业文化空间的资本逻辑和文化逻辑

当前，城市商业文化空间营造或改造升级成为塑造城市文化景观、彰显城市文化地标和文化品牌、实现城市文化现代化建设的重要标度。然而，资本逻辑与文化逻辑在城市商业文化空间改造升级中相互博弈，文化逻辑下的城市商业文化空间遵循文化的价值理性，维护着空间正义的生产，对空间场景、符号及其象征意义进行活化与再生产，对社会现实具有深刻的洞察及人文关怀。类似实体书店这种兼具文化性和商业性的城市商业文化空间，在资本逻辑驱使下因资本的逐利性而生产了种种非正义，包括空间歧视、空间异化和空间权利剥夺等，致使城市商业文化空间异化成为等级化、景观化和代际化的空间。为保障城市居民的文化空间权利，不再让居住在城市边缘地带的居民、城市边缘群体、外来务工者成为城市商业文化空间的"游荡者"，需要彰显城市商业文化空间正义。在分配正义方面，注重城市商业文化空间分布的均衡性；在承认正义方面，强化城市商业文化空间设计的人本性；在权利共享方面，保障城市商业文化空间服务的平等化。

一般来说，文化空间能够生产某种符号、意义或精神价值，具有"人化"的意蕴。广义的文化空间即"场所、器物、制度和时间等多个维度构成的文化环境"[①]。"城市是文化的容器……有包含各种文化的能力"[②]，城市文化空间是"得到城市居民普遍认同的，具有文化记载、传播、生产和消费功能的城市公共空间"[③]，而城市商业文化空间则是商业性、文化性与资本逐利性兼具的城市文化空间。在现代城市社会中，随着城市商业化日益加剧，城市商业文化空间越来越成为城市空间的重要类型，占据城市空间场所的半壁河山。城市实体书店空间是一种典型的城市商业文化空间。

如今，如何改造和利用城市商业文化空间，克服日益严重的人的异化危机，已

---

① 苗伟. 文化时间与文化空间：文化环境的本体论维度[J]. 思想战线，2010(01)：101 - 106.
② ［美］刘易斯·芒福德. 城市发展史——起源、演变与前景[M]. 宋俊岭，宋一然，译. 上海：上海三联书店，2018：531 - 533.
③ 刘扬. 浅谈城市文化空间规划[A]. 中国城市规划学会. 城市时代，协同规划——2013中国城市规划年会论文集[Z]. 北京：中国城市规划学会，2013：13.

成为城市空间现代化建设的一个重要议题。城市实体书店空间作为一种兼具文化性和商业性的城市文化空间，承担着满足城市居民和书店顾客的文化空间场景体验、知识阅读与消费、精神文化需求的社会责任。然而，近些年来，线上书店不断挤压城市实体书店生存空间，消费者的数字阅读习惯和行为直接威胁着城市实体书店的发展前景。城市实体书店在经历了一段时期的"倒闭潮"后依托空间改造升级，从资本的空间化到空间的资本化，城市实体书店由同质化文化空间复制转向追求异质化文化空间符号价值；从文化的空间化到空间的文化化，城市实体书店空间由单纯的售书场所转变为城市居民的复合型文化生活空间。空间改造升级赋予城市实体书店文化空间新的内涵与意义。与此同时，在资本逻辑逐渐成为宰制性力量的当下，作为城市商业文化空间的实体书店空间具有成为城市文化景观乃至文化标杆、文化品牌的潜质，但城市实体书店空间在改造升级实践中却渐渐成为资本的同谋，生产着种种空间非正义。从经济利益角度来看，城市实体书店文化空间改造找到了解决其生存发展的门路；但从人文关怀角度来看，城市实体书店文化空间改造在迎合资本获取利益的同时，能否有利于书店自身的可持续发展，能否与城市文化共生发展，能否支撑城市居民的空间权利均等化？

"建立公众互动对话空间、心灵静思空间及关爱弱势群体空间"[1]是城市文化空间正义的题中之义。非正义的空间常常是服务于资本的工具，通过隐蔽的手段维持资本的扩张，扩大资本权力和城市居民文化权利的不平等现象。正义的空间是公平的、平等的、包容的，可以满足人们的多样化需求。目前，学术界判定空间正义的尺度大多着眼于城市文化空间资源的配置问题，较少关注人的个体文化感知。本章在考量城市实体书店空间资源配置的基础上，将视野扩大至个体/群体在空间中的文化感知层面。即便在城市实体书店文化空间资源充足、分配较均衡的情况下，个体/群体能否真正融入其中并得到承认也是需要关注的。因此，本研究基于空间正义的判断视角，将"承认"作为一种重要的考察指标，为个体/群体真正融入城市商业文化空间提供参考依据。本章从空间生产与空间正义理论视角出发，既着眼于文化空间资源的配置，又观照空间中的个体/群体感知，结合国内外城市实体书店文化空间改造升级实践，分析城市商业文化空间改造升级中普遍存在的正义与非正义现象，及其所产生的空间正义与非正义后果，并以城市实体书店文化空间为中心，探寻城市商业文化空间正义的实现路径。

美国学者爱德华·W.苏贾认为，空间正义本质上是"一个地理和资源、服务获得公平的分配以及空间可达性的基本人权"[2]。而城市商业空间正义是在商业文化空间生产和空间资源配置中的社会正义，包括空间区位分配的均衡化、空间资源

---

①　梁燕城. 寻索后现代城市的灵性与正义[J]. 上海师范大学学报(哲社版)，2011(01)：23 - 33.
②　Edward W. Soja. Seeking Spatial Justice[M]. Minn：University of Minnesota Press，2010，pp.491 - 492.

享有和空间服务权利享有的平等化问题。以城市实体书店文化空间为例,城市商业文化空间形态演变经历了不同的发展阶段,每一阶段呈现出不同的空间内涵与意义,其生成演变的主要逻辑包括资本逻辑与文化逻辑。在资本逻辑下,城市商业文化空间经历了资本的空间化与空间的资本化,商业文化空间价值由空间扩张的规模化转向赋予空间符号价值和意义;在文化逻辑下,城市商业文化空间经历了文化的空间化与空间的文化化。这时,它也由公共性、准公共性、盈利性场所转化为复合型文化生活空间。

12.1.1　资本逻辑下的城市商业文化空间价值

12.1.1.1　资本的空间化:城市实体书店的空间扩张

书籍作为人类获取信息知识的传统媒介,直接影响并作用于人类的精神世界,具有典型的文化意识形态属性。同时,书籍作为用于商业交易的文化产品与服务,亦具有商品属性。这种使用价值的文化属性与交换价值的商品属性,构成了书籍生产与交易的基本特质。而实体书店文化空间作为书籍使用价值与交换价值得以实现的场所,无疑也具有文化属性和商业属性。就其为受众提供阅读场所而言,城市实体书店空间承担着知识的空间载体和知识再生产的功能,是城市公共文化服务的重要组成部分;就其以售卖书籍获取利润而言,实体书店空间同时承担着资本的生产与再生产功能,体现出以盈利为目标的商业空间。

近年来,在商业化的消费社会时代,城市实体书店空间的资本逻辑日益显现。资本逻辑的本质是追逐剩余价值和资本利润,实现最大可能的资本增值,这种本质注定了资本的无限扩张特质。资本扩张除不断占有时间外,还建立在不断占有空间的基础之上,即表现为资本的空间化和空间剥夺,这是马克思主义所认为的空间生产的源头和动力①。资本的空间化是资本利用空间增殖的重要手段。资本总是在寻求空间扩张的路径,不断开拓新市场。城市实体书店作为一种资本空间,同样遵循着自身利益最大化的原则,开辟连锁店经营模式,在不同的城市空间中扎根据点,以期占有更多的受众群体,从而获得高额利润。例如,1987 年,纽约商人雷奥纳德·瑞吉奥收购道尔顿书商(B.Dalton)在全美 797 个连锁店面,让巴诺书店跻身于全美连锁书店行列,使巴诺书店利用空间扩张,快速占领全美书业零售市场,以获得更丰厚的利润。面对某一空间内市场份额趋于饱和的局势,实体书店首要选择快速复制和扩张空间,但与快速复制相伴而来的是空间的标准化。这时,实体书店把空间扩张当做商业目标,满足人的知识阅读和书籍购买需求已经退居其次,

---

① 任政.空间生产的正义逻辑——一种正义重构与空间生产批判的视域[D].苏州:苏州大学博士学位论文,2014.

实体书店的空间扩张更多是追逐资本利润，资本的工具理性优先于实体书店空间的人文价值理性。

12.1.1.2　空间的资本化：实体书店空间的符号价值

在当今消费社会时代，现代主义与后现代主义消费交织。后现代消费社会的资本与空间的关系呈现出空间的资本化趋势。这时，空间的消费不仅在于消费空间、产品与服务的使用价值，更在于消费空间、产品与服务的场景、符号或意义。在"资本的空间化"阶段，同质化、标准化的空间复制是资本增值的最佳方案，而在"空间的资本化"阶段，将空间差异化、多样化，才符合后现代社会消费者的需求。

20 世纪 70 年代以来，西方的新福特主义以大生产、大流通、大消费为特征，不仅改变了资本主义的经济形态，也催生了一个新的消费社会形态。在消费社会时代，"人们不消费物的本身价值(使用价值)——人们总是把物用来当作能够突出你的符号，或让你加入理想的团体，或参考一个地位更高的团体来摆脱本团体。"①消费何物已变得不再重要，关键是消费产品与服务的符号价值，以及在什么空间中进行消费。在后现代消费社会中，由于消费者的消费心理和审美体验发生了变化，资本逻辑对此做出了相应的回应。资本将空间进行"精心的装扮"，使空间具有价值或意义，成为一种象征性符号空间。实体书店在资本增值的第一个阶段中，"资本的空间化"只是不断地在空间上进行数量的扩张，实体书店空间本身依然被视为一个阅读与购买书籍的场所；而在第二个阶段中，"空间的资本化"将实体书店空间作为供消费者消费的具有符号价值或意义的"场所"，而不仅仅是供消费者读书、购书的场所，空间本身具有了"商品"的符号属性，它开始具有自身的独特象征意义。顾客来到书店不再仅仅为了阅读和购买图书，更是阅读和消费书店的空间及其符号价值。同时，不同的实体书店空间本身蕴涵着不同的资本符号意义。比如，美国巴诺书店早先实行资本的空间扩张战略，将巴诺书店打造为全美国最大的连锁书店，而后开始注重书店空间的意义生产，在原有书店空间基础上，开辟出新的休闲娱乐空间，提供星巴克咖啡消费服务，举办各类文化活动，将书店空间赋予具有休闲娱乐意义的符号空间。实体书店空间的资本逻辑变迁经由从"资本的空间化"到"空间的资本化"，体现出从追求数量、面积的物理空间到注重空间价值、创造有意义的符号空间的转变。

12.1.2　文化逻辑下的实体书店空间改造升级

12.1.2.1　文化的空间化：书籍阅读与售卖场所

在理性主义空间思维中，物理空间的形式是相同的，或同样形式的空间不断被

---

① ［法］让·鲍德里亚.消费社会［M］，刘成富，等译.南京：南京大学出版社，2000：48.

复制。在这种意义上,空间成系列化,同样的空间结构在不断扩张,形成同质化的系列空间。理性主义空间观念明确指定何种活动发生在何种空间里,空间被严格按照活动类型加以区分,呈现出功能性特征。

在遵循普适性空间逻辑时代,实体书店空间将自身定义为一个"售卖图书"的功能性空间,其存在的意义在于为顾客提供丰富图书商品的场所,其内部空间布局则是按照书籍类型分门别类地进行陈列,使顾客能够快速找到自己想要的书籍,以便高效率地完成阅读和购买书籍过程。这种空间逻辑体现出工具理性与效率价值。实体书店内部空间布局的基本逻辑正是将顾客购书消费作为"预期",将分门别类陈列书籍作为"手段",以实现快速达成交易的理性追求。其后果便是实体书店空间布局的无差别化与标准化,实体书店的书籍空间布局大多按哲学类、政治法律类、军事类、经济类、文学类、艺术类、历史地理类等类别进行陈列展示,而书店空间内整排的大型书架则是几乎所有实体书店空间的标配。

在此阶段,实体书店空间承载着"文化",即英国文化学者雷蒙德·威廉斯所言的"知识性和想象性的作品,它是人类的思想和经验得以保存的各种具体形式"①。实体书店空间的存在意义即是"文化的空间化",将"文化"通过实体书店的"空间"载体传递给无差别的受众。

12.1.2.2　空间的文化化:复合型社会生活空间

德国学者莱克维茨认为,"在独异性社会逻辑中,'独异'不能以普适性范式来理解,而要显得与众不同,也要被认定为与众不同,独异性就是在社会文化中被制造出来的与众不同。"②在工具理性逻辑下,功能性客体可以彼此置换,即顾客仅把实体书店作为阅读与购买图书的功能性场所,选择不同的书店购买书籍,对顾客而言并没有很大的差别,不同的实体书店空间具有同质性特征,因此也具有可置换性特征。

现代空间理论对"空间"(space)与"地方"(place)的区分,无异于普适性思维逻辑下的空间与独异性社会逻辑下的空间之区别。从人文地理学视角来看,地方的独特性是人与环境接触后形成的地方感。"地方"对于个体而言是独异性的空间,在地方空间中,物品的摆放和陈列布局是别有意蕴的,为的是让人们体验这种作为复合体的意义空间,体验它的内在文化意蕴。城市实体书店文化空间不纯粹是为了被顾客使用或参与,它对参与者、体验者来说,具有文化价值和符号辨识度。

使功能性"空间"转变为独异性的"地方"的主要手段是用"文化"为"空间"赋能,即"空间的文化化"。空间不再仅仅具有使用功能性的社会意义,而被赋予了符

---

① [英]雷蒙德·威廉斯.文化与社会[M].吴松江,等译.北京:北京大学出版社,1991:18.

② [德]安德雷亚斯·莱克维茨.独异性社会:现代的结构转型[M].巩婕,译.北京:社会科学文献出版社,2019:48.

号价值和文化意义,具有了审美体验感和情感的力量。近年来,面对来自数字化阅读、网络书店价格打折优势和实体书店门面租金急剧上涨的压力,实体书店不得不考虑经营模式的转型升级,众多实体书店不再限于售卖书籍的功能性场所,转而开启"书店＋"模式,包括"书店＋咖啡""书店＋文创""书店＋展览"等,但无论采取何种业态的多元化经营措施,其核心要义是为顾客构建一个赋有文化和情感的"地方"。实体书店的空间布局、符号构思、装潢设计、情感体验等不再仅仅围绕"售书"这一功能性目的,更多是为了让顾客能够在这种文化空间中产生一种审美的、体验的、情感的精神愉悦感,为受众提供一个独异的复合型社会生活空间。通过"空间的文化化",实体书店空间由传统的图书售卖场所的功能性空间转向具有独异性的文化空间,实现空间转型升级,也使顾客从"空间中的消费"转向"对空间的消费"。

12.2　文化与资本博弈下的城市商业文化空间正义

文化与资本并非天然对立,波兰哲学家卡尔·波兰尼认为,直到 19 世纪之前,经济都"嵌含"于人类社会的整体之中,从属于广义的文化。到了 19 世纪,经济活动才独立出来并归结于通过交换获得利益或利润这样一种独特的动机①。在马克斯·韦伯看来,资本主义精神的基础是 16、17 世纪清教教会与教派的"新教伦理",禁欲主义谴责欺诈和冲动性贪婪,亦即为了财富而追求财富的行为②。美国学者丹尼尔·贝尔认为,19 世纪的资本主义社会是一个整体,是位于最高峰的资本主义文化,但到了 20 世纪,通过资本主义大规模生产和大规模消费,它热情地鼓励享乐主义生活方式而破坏了新教美德,文化开始脱离传统价值体系,文化与资本存在着根本的分裂③。

从"文化的空间化"到"空间的文化化",城市实体书店在生存压力下谋求空间改造升级。尽管实体书店文化空间由传统的售书场所转变为具有符号价值、审美价值和情感体验的商业文化空间,在一定程度上增强了空间的文化属性,使顾客能够获得更好的阅读和购买体验,但实体书店空间改造原始的驱动力仍是资本获利——由"资本的空间化"到"空间的资本化"。一方面,实体书店空间的改造升级是对消费空间变革的一种回应,加拿大学者 D.保罗·谢弗预言,我们正在由"经济时代"向"文化时代"转型;法国学者奥利维耶·阿苏利则提出了"审美资本主义"概

---

①　[波兰]卡尔·波兰尼.巨变——当代政治与经济的起源[M].黄树民,译.北京:社会科学文献出版社,2013:113.

②　[德]马克斯·韦伯.新教伦理与资本主义精神[M].阎克文,译.上海:上海人民出版社,2010:267-268.

③　[美]丹尼尔·贝尔.后工业社会的来临——对社会预测的一项探索[M].高銛,译.北京:商务印书馆,1986:528.

念,并认为审美和艺术的特性成为当代经济的特性①;另一方面,实体书店在生存压力下进行的空间改造策略,正反映了实体书店在文化与资本的博弈中面临的现实选择。

追求商业利润始终是资本的本质。城市实体书店在追逐商业利润的过程中,其空间改造逐渐凸显出文化的商业化。与此同时,以文化为底蕴的实体书店空间改造升级,在客观上促使空间变得更为人性化,体现着空间的文化正义。实体书店空间改造在资本的"利"与文化的"义"两股力量之间相互博弈,由此生产了种种空间的非正义与正义现象。

12.2.1 资本的"逐利"与空间的非正义

12.2.1.1 空间歧视:等级化的空间

为追逐商业利润,城市实体书店在内外部空间方面持续进行着扩张,首先,实体书店的选址依据便是该地区是否有足够的客流量、受众是否有足够的消费能力、是否能够获得足够的利润,这种基于经济利益考量的不平衡扩张态势导致了城市实体书店空间的等级化和空间资源分配不均衡的问题。目前,我国城市实体书店的空间分布过度集中,且地区分异明显,具有聚集性和不均衡性。截至 2020 年 11 月,西西弗书店在全国 70 多个城市拥有 300 多家实体连锁书店,主要分布在北京、重庆、成都、上海、深圳、武汉等城市;中信书店在全国 12 个省市拥有 34 家城市门店,在 13 个机场拥有 64 家门店,主要分布在北京、上海、广州、深圳、厦门、杭州、西安、重庆等城市。从实体书店的地理空间分布可以看出,主要集中于城市经济相对发达、教育水平较高、消费潜力大的一线城市和新一线城市。于城市内部空间而言,这些实体书店多分布于中产阶级消费群体占比较高的高端购物中心、步行街等地,多依托大型商厦、购物中心等场所。为了吸引客流量,这些场所甚至提出,只要实体书店愿意入驻,商厦、购物中心可以减免租金,给予装修补贴,实体书店由此成为商业资本的附属品。

居住在一、二线城市及城市商业中心或人口聚居区的居民由于知识素养和收入普遍较高,拥有更多的经济和文化资本,这是大多数书店选址于城市商业中心的出发点,试图为具有较高经济实力的目标群体提供高品质的文化体验空间,为城市中产及以上阶层提供舒适的商业消费空间。因此,拥有较高经济资本的社会阶层群体能够享受到新型实体书店空间提供的文化资本,并且聚集较高经济资本人群的实体书店空间也为这部分人群提供更多的机会建立人际关系,从而积累社会资

---

① [法]奥利维耶·阿苏利. 审美资本主义——品味的工业化[M]. 黄琰,译. 上海:华东师范大学出版社,2013:58-59.

本。在这个意义上,基于实体书店空间的选址机制,城市中心地带"富人街区"居民得以将自身的经济资本转化为文化资本和社会资本,而这种文化资本和社会资本的积累又反过来促使这部分社会群体进行着新一轮资本的再生产;而城市内偏远地区或被边缘化的"穷人街区"由于自身没有较高的经济资本吸引实体书店入驻,居住于此的居民群体难以积累相应的社会资本与文化资本。空间歧视具有隐蔽性:"有足够客流量、受众有足够的消费能力、能够获得足够的利润"的地方,并非只有"居住于城市中心地带的富人街区"的居民才能到改造升级后的实体书店阅读和消费,"非富人"似乎并没有排除在这些空间之外。但实体书店将商业收益置于优先地位,对空间做出功能属性划分,以便做出取舍——取"看似人人皆可进入的繁华闹市",舍"无人问津的静谧小镇"。"非富人"可以在闲暇之日到闹市区逗留片刻;但他们长期生活的地方却被资本无情抛弃。美国学者爱德华·W.苏贾在其《寻求空间正义》一书中将空间生产和空间资源争夺的过程视为异质力量反对权力宰制的重要手段,指出正义及非正义的空间性正在影响城市社会生活①。在这里,城市实体书店空间分布的非正义性表现为空间资源分配的不均衡,而由空间分布的非正义性引发的经济资本、社会资本、文化资本三者之间的不均衡,触发马太效应,城市商业消费空间的社会阶层隔离在城市实体书店选址机制的作用下进一步加深,城市实体书店消费空间成为社会阶层等级区分的"符号"。

　　除了空间分布的选址机制触发空间的等级化外,城市实体书店的内部空间布局同样蕴含着社会身份等级化现象。相较于传统实体书店内部空间仅仅布置一排排书架和少量桌椅,如今的实体书店内部空间功能分区更加多元化。比如,在PageOne书店空间中,书籍分区陈列只是空间布局的一小部分,咖啡区、文创产品区、小型展览、讲座区、付费课程区等均是空间延伸的功能分区。人们处于书店空间的哪个区域取决于他们的经济资本与文化资本高低。只有支付一定金额进行小资生活消费的社会群体才可以进入咖啡区,并根据喝咖啡的消费金额赠送书籍,书籍成为书店内部可盈利商品的附属品。西西弗书店将摆放桌椅的区域取名为消费区,未支付消费金额的顾客群体只能站在书架前翻阅书籍,而舒适宽敞的付费课程区也只有书店会员才可以进入,小型展览区和讲座区则提供给具有一定文化资本的特定群体,若没有一定的文化资本则很难与特定空间产生文化共情。实体书店的消费空间逻辑为消费者设置准入门槛,迎合拥有较高经济资本和文化资本的群体消费,而经济资本和文化资本较低的群体则在书店的特定空间被排斥,或对他们在特定空间内的活动范围进行限制。以经济资本、文化资本作为划分依据的实体书店空间在无形中形成了阶层区隔,书店内部特定空间的划分甚至异化成身份

① 　[美]爱德华·W.苏贾.寻求空间正义[M].高春花,强乃社,译.北京:社会科学文献出版社,2016:3.

和阶层区隔的象征符号空间。

12.2.1.2　空间异化:景观化的空间

法国学者居伊·德波认为,"在现代生产条件无所不在的社会,生活本身展现为景观的庞大堆聚,直接存在的一切全都转化为一个表象。"①在当今现代和后现代消费交错呈现的消费社会,商品的物的使用性正在被符号和影像的观赏性所取代,消费空间中的商品如果不能转化为符号、影像及其象征价值,便不可能有现实存在的消费空间。在新型实体书店文化空间中,书籍不再仅仅是一种以售卖换取经济利益的商品,它同时也被当做一种供顾客观看的符号或影像。比如,在言几又书店橱窗内被展示的书籍大多封面设计精美,主题多与艺术相关。虽然书店售卖的书籍不以艺术类书籍为主,而更多售卖畅销书籍,但这些被展示的封面设计精美的艺术类书籍被当做文化符号,以彰显书店空间的格调与品位。

亚里士多德云:"对于思想的灵魂而言,形象取代了直接的感知。"②在现代消费社会中,消费者更倾向于视听化和具象化的消费空间体验,包括身体、符号、情感和意义等方面的体验。越来越多的实体书店空间注重向消费者提供一个特殊的视觉文化展示场所。比如,上海朵云书店空间构造的场景审美体验无处不在。顾客乘电梯至上海大厦52层进入朵云书店,洁白的拱形书架映入眼帘,仿佛置身云端。书店内设置"空中花园",花园中配有巨大的盆栽喷水池和石墩,置身其中可以将黄浦江两岸景色尽收眼底。同时,该书店空间中还陈设着各类精致的文创产品。早在1989年,诚品书店于台湾地区开第一家店时就引入英国的瓷器、法国的画作作为售卖商品,书店将它们与书籍交叉摆放,并归为"生活风格"类别,这同样是一种视觉文化体验,强调在空间中布置有品位的文化景观让消费者体验,获得审美愉悦感。

城市实体书店文化空间注重融入城市文化精神,让城市文化赋予自身特殊的符号价值,展现自身独特的文化景观。比如,位于美国旧金山的城市之光书店被看做旧金山的文化精神象征。20世纪50年代,城市之光书店的同名出版社出版了"垮掉的一代"的代表诗集《嚎叫》,当时一群年轻人通过诗集和其他运动表达对主流文化的不满,挑战美国主流知识精英的价值观,形成了美国历史上较早的青年亚文化现象。1957年,再版印刷的《嚎叫》在运回美国途中被海关指控为"淫秽作品"并被没收,书店经营者劳伦斯被捕入狱。该事件在美国引发了广泛的讨论。美国政府开始重新审定"淫秽作品"的判定标准,并解除部分禁令。城市之光书店发挥着推动美国出版自由的重要责任,成为人们了解旧金山城市精神的窗口。城市之

---

① ［法］居伊·德波.景观社会［M］.王昭凤,译.南京:南京大学出版社,2006:3.
② ［美］W.J.T.米歇尔.图像学:形象,文本,意识形态［M］.陈永国,译.北京:北京大学出版社,2012:12.

光书店的对面便是"垮掉的一代"博物馆,与书店遥相呼应,成为一种带有旧金山城市文化的象征物。该书店内部空间陈列有上述事件的象征物,甚至在书店入口处出售印有"Howl(嚎叫)"和"City Lights(城市之光)"的短袖、布袋等书店附属产品。

一方面是转型升级的实体书店出于商业资本的考量将空间景观化,以吸引消费者进行审美体验,另一方面是执着于文化理想的传统书店面临生存压力而难以为继。创立于 20 世纪 90 年代的上海文化地标"季风书园"曾因其创始人严搏非专业的选书能力而深受文化人的认可,但却因专注于"书籍之本"、盈利模式单一、书店持续亏损而最终于 2018 年以"书籍买二赠一、书架三元一斤"的方式告别。无独有偶,单向空间书店创办人许知远于 2020 年 2 月发出求助信,直言"书店撑不住了",尽管在社会捐赠支持下,单向空间得以渡过难关,但其背后折射出实体书店如何在"文化理想"与"商业资本"之间寻求平衡的问题,以求生存谋发展,值得深思。

12.2.1.3　空间剥夺：代际化的空间

传统实体书店遍布于城市的各个角落,规模有大有小,没有潜在的壁垒限制部分人群进入书店进行阅读与消费权利,每个人都能在书店空间中选择和购买自己需要的书籍。从这个意义上说,传统实体书店通过向消费者无差别地售卖书籍、传播和普及知识文化,致力于弥合人与人之间的知识鸿沟。然而,城市实体书店空间改造升级后,通过设置潜在的进入与消费壁垒,扩大不同社会人群之间的知识鸿沟。比如,亚马逊作为一家售卖书籍的互联网巨头企业,如今开始开发线下书店业务。在纽约、芝加哥、硅谷等人口密集的城市都有"亚马逊线下书店"的足迹。亚马逊书店基于大数据算法挑选和陈列书籍,只有评分为 4 分以上的书籍才能进入亚马逊实体书店;同时,大数据算法在很大程度上决定消费者是否阅读和购买这些书籍,亚马逊书店依据大数据算法将书籍做出不同的陈列区分,如"在亚马逊用户评论超过 1 万条的书籍""旧金山湾区销量最高的小说"等。基于利润最大化的考量,亚马逊实体书店将大部分空间让渡给电子阅读产品,如亚马逊电子阅读器 Kindle 系列、亚马逊智能音箱 Amazon Echo 系列产品。亚马逊实体书店空间遵循效率原则,采用数字化方式,在每个书架旁配置一个查询价格的机器,供消费者扫描图书二维码,以获取图书价格,支付方式也设置为直接下单支付。虽然基于数字化价格查询与订单支付提高了部分人群的购买效率,但是另一部分没有能力使用数字工具的人群也应该被观照,亚马逊线下书店数字化背后,隐藏着对部分没有数字化工具和技术使用能力的少儿和中老年群体的空间权利剥削。

尽管朵云书院已成为上海的城市文化地标,但其空间布局设计的使用者更多是青少年群体,鲜见中老年群体的身影。朵云书店在空间"景观化"的同时实际上也在"去书店化",人们进入书店空间不一定是为了阅读或购买书籍,更多是欣赏书店的空间结构与符号景观。空间"景观化"的后果是朵云书院成为年轻人的打卡地,而书店方为了维持美好的空间景观体验而限制进店人数,其方式是进行网上预约,这种由传统的随时可进入经过网上预约成功一周后才可进入书店空间的转变,是朵云书院在制造空间距离美感,为空间"赋魅"。意欲前来打卡的年轻人群总能预约到合适的时间进入书店,而缺乏数字工具使用能力的少儿和中老年人群则被这种隐形的壁垒拒之门外。曾经,中老年群体可以在传统书店中度过闲适的一天,而当传统书店不堪竞争压力被迫关门时,一部分中老年群体也就失去了一个闲适的文化生活空间。网红书店在挤压传统书店生存空间的同时,也挤压着中老年群体的日常阅读空间。被剥夺了空间使用权的社会群体成为本雅明所言的"城市里的游荡者"。如今,越来越多的实体书店空间以方便顾客之名添加了数字化、智能化技术设备,但不同社会群体存在的数字鸿沟,抬高了书店空间的隐性门槛,实体书店从一个文化权利大众化、均等化的文化空间异化成为面向青少年群体开放的"文化景观打卡地"。

12.2.2 文化的"活化"与空间的正义

12.2.2.1 活化空间与书籍文本的意义

实体书店的空间布景对顾客解读空间的文化符号和书籍文本的意义具有一定的作用,它直接作用于顾客解读符号空间和书籍文本的方式。传统实体书店空间布局多以书籍类别为标准进行分区陈列,而新型实体书店空间的书籍陈列并不严格按书籍类别划分,而是根据书籍主题、书籍内容、书籍封面设计、书籍销售排行榜、受众点评意见等因素进行划分,并根据书籍内容和风格,在书籍周围空间摆放关联产品,这种新式空间布局规则活化了书店文化空间和书籍文本的场景与符号价值,并对文本意义进行了再生产。比如,日本茑屋书店依据受众需求,按主题设计出一个个独立空间,如某季节的料理主题,在该主题周边放置厨房道具和各类食品调料,艺术图书区展示一些艺术品与版画,摄影图书区摆放精致的相机及相关摄影器械,科技前沿图书区陈列迷你机器人和智能电器,武士道文化图书区陈设武士刀和习武器材,旅游图书区展示旅行用品与户外用品,生活饮食图书区则放置创意餐具、杯盘等,甚至有迷你瓜果市集;在有关咖啡主题的书籍周边放置书中出现的咖啡豆,在意大利菜谱书籍周围陈列书中提及的意大利面食材与酱料,等等。总之,文创产品与书籍主题相关的产品与服务,不再与传统的图书陈列区隔离开来,而是融入图书陈列空间,与书籍文本内容互动;书籍也不再像传统书店空间那样,只能看见冷冰冰的文字、图片和符号,在新型实体书店空间中,顾客可以快速感知和体验书籍的文本的价值与意义。

实体书店文化空间景观也可以作用于顾客解读书籍的文本意义。比如,日本森冈书店主打"一册一室"概念,在一定时间段内只卖一本书,每次只精选一本书进行售卖,同时相应地更换空间的布景,以立体的空间状态呈现这本书。顾客看到书中的内容场景被活化于现实书店空间中,对书籍文本的价值和意义有更深的感知体验,也更容易激发新奇想法与创意灵感,再生产这本书的文本意义。顾客在传统书店空间中阅读书籍文本与在改造升级后的实体书店空间中阅读书籍文本的效果是完全不同的,这是因为顾客"在阅读文本时所产生的理解,不完全受文本自身——即书页上印刷的词汇——的束缚,即便是在最终时刻,文本在某种意义上是未完成的,因为文本所表达的意义将随对象、世界和主体之间不断变化的关系而变化,而阅读行为则由处在特定时空下的主体完成。"[①]因此,书店顾客在阅读某本书籍时,看到书籍周围摆放着书籍文本的关联产品,或能直接感知书籍文本内容的空间布景展览,并对书籍的文本意义进行再编码与解码,从而再生产新的文本意义。

12.2.2.2　强化空间美学与人文关怀

实体书店作为城市商业文化空间,不能脱离受众个体的审美体验和审美需求,需要强化空间审美艺术和人文关怀,客观上促进城市文化进步与个体发展。如今,在艺术审美领域,几乎所有艺术职业的劳动力市场存在一个普遍性特征,即受过专业培训的艺术家供给过剩。这种供给过剩与艺术审美取向有关,即"为艺术而艺术",缺乏经济利益的考量。"艺术职业收入曲线不均衡,曲线的一端是作为高收入者的明星,而曲线的长尾则包含大多数收入低于全国平均收入水平的艺术家们。只有少数天赋极高的艺术家们才可以从经济困难中解脱出来,且只有一小部分艺术家能赚取高额收入。"[②]一方面,艺术创意产业的消费者偏好具有不确定性,艺术投资的风险较高,而资本的逐利本质要最大化降低不确定风险。因此,艺术企业为减小市场风险常常会采用明星机制,即通过曝光更具人气的明星艺术家作品以保障盈利,故而明星艺术家总能够获得比普通艺术家更多的曝光机会;另一方面,对于消费者而言,消费不是一种孤立行为,而是要与他人分享的社会行为,艺术审美与消费的乐趣很大程度上在于与他人分享交流,交流各方拥有共同的知识经验,通过分享交流增加愉悦之情,产生个体的外部收益。因此,在资本逻辑与分享消费的驱动作用下,大多数普通艺术家总是难以实现机会公平。但无论是出于个体的观照还是市场公平性的考量,普通艺术家都应该有机会出彩。在这个意义上,实体书店空间对空间美学的追求客观上给予更多艺术家展现自我的机会。比如,从 2010 年开始,诚品书店发起"艺术家驻店计划",邀请艺术家、设计师、建筑师或作家参与书店空间场景营造,使书店成为艺术作品创作、展演和消费的空间,在让书店空间

---

① ［英］佩特·麦高恩.批评与文化理论中的关键问题[M].赵秀福,译.北京：北京大学出版社,2012：14.
② ［英］露丝·陶丝.文化经济学[M].周正兵,译.大连：东北财经大学出版社,2016：78-83.

更具艺术性的同时,为众多艺术家提供同等的出彩机会和展现才华的空间。日本UTRECHT书店十分留意日本年轻的艺术家,提出"为活着的人做一本书"的概念,限量发行独立杂志,出版与推广日本年轻艺术家的作品。

全球化和城市化时代,城市人口流动性增大,许多城市居住着来自世界和国内各地的外来人口,对他们来说,"生疏引发的是兴奋、困惑和在迷茫中寻找出路时身体的不适,还有强烈刺激导致的不安。"①与此同时,语言、习俗、生活方式也会成为他们获取城市空间资源的障碍,从而在异乡难以找到归属感与认同感,其心理的压抑与孤独感需要被关怀。北京、上海、天津、武汉、沈阳、广州等地的外文书店主要服务于居住在当地的外国人和本地具有外文阅读能力的知识分子,对于受碍于异域文化差异的外国人来说,为他们提供了无障碍阅读和购买书籍的文化空间,降低了因地域身份差异带来的空间使用权利不平等现象。

后现代消费将目光转向地方化的日常生活领域。"早先对转换公共领域和统治制度的强调让位于对文化、个人的身份和日常生活的强调,宏观政治被微观政治所替代。"②后现代消费的身份、话语与消费走进人们的日常生活,少数族裔群体的生存状况和被霸权话语所建构的"非正常"群体得到了越来越多的社会关注,部分城市实体书店以现实行动反抗宰制性空间话语、符号与传统空间秩序的统治。比如,法国的Les Mots à la Bouche书店内摆满与LGBT相关的出版物,包括书籍、海报、画册、影视光盘等,再现被边缘化群体的声音。旧金山的城市之光书店为支持非洲裔消费者,专门为他们设置书架,每周更新一次书籍;而书店外南侧墙壁上则涂鸦着由少数族裔艺术家完成的作品,且书店员工有四成都是少数族裔。总之,城市实体书店文化空间试图关怀处境艰难的艺术家、身处异乡的外国旅居者、位于社会底层的边缘群体,正是借助空间正义追寻社会正义的一种尝试。

12.3　城市商业文化空间正义的实现路径

"如果未曾生产一个合适的空间,那么改变生活方式、改变社会等都是空话。"③面对城市现代化过程中层出不穷的社会正义与道德伦理问题,当然需要改变城市居民的生活方式,"生产一个合适的空间"便是突破口。城市实体书店文化空间改造升级正是形塑居民文化消费习惯、阅读生活方式的主要途径。以实体书

---

① [美]阿诺德·柏林特.远方的城市:关于都市美学的思考[J].上海师范大学学报(哲社版),2010(02): 5-11.
② [美]斯蒂芬·贝斯特,[美]道格拉斯·科尔纳.后现代转向[M].陈刚,等译.南京:南京大学出版社, 2002:362.
③ 包亚明.现代性与空间的生产[M].上海:上海教育出版社,2003:47.

店文化空间为例,城市商业文化空间正义需要空间所属主体及其关联主体进行合理化的空间设计与改造,实现作为分配正义的空间正义,作为承认正义的空间正义和作为权利共享的空间正义。改变不合理的文化空间结构和空间非正义现象,构建科学合理的文化空间制度、空间形态和空间符号价值,推进商业文化空间权利的平等化。

12.3.1　作为分配正义的空间正义：实体书店空间分布的均衡性

所谓分配正义的空间正义,即空间生产和空间资源配置中的空间权益分配问题。在城市实体书店文化空间生产实践中,资本逻辑总是盖过价值理性,一、二线城市以及城市中的商业聚集区备受资本的青睐,实体书店地理空间分布总体呈现出集中化、中产阶级化的态势。但是,实体书店作为一种城市商业文化空间,其文化追求和文化责任居于首位,其空间分布应缓解空间资源分配不均衡的现象,体现社会正义。

美国城市学家特里·尼科尔斯·克拉克将城市发展动力的转变历程概括为从传统生产元素到人力资本要素,再到如今城市宜居性中的舒适物与文化场景营造[①]。近年来,实体书店文化空间的改造升级使其成为城市中别具一格的文化生活空间,为城市居民建构了一种文化场景、文化记忆和文化栖息场所,甚至代表了一个城市的文化风格。一些城市力图将能够代表自身文化形象的实体书店文化空间打造为城市文化名片,如旧金山的城市之光书店、东京的茑屋书店、巴黎的莎士比亚书店、台湾的诚品书店、南京的先锋书店、成都的方所书店、上海的钟书阁……然而,本应属于城市居民共享的商业文化空间却成为拥有一定文化资本和社会资本的居民的专属空间,这种专属于部分人群的文化空间加剧了区域间的经济与文化的差异,进而加深社会群体的阶层区隔。实体书店在打造城市文化地标的同时,理应关注居住于城市非商业中心或非人口聚集区的边缘地区群体。

城市实体书店空间分配的不均衡是城市商业文化空间的一种非正义现象,如何让居住于城市不同区域的居民能够最大限度地享有实体书店空间构建的文化符号和文化场景,是实现城市商业空间正义的关键一环。为此,政府主体要在场所租金、财政、税收等方面发挥引导和协调作用,行业协会(如书店联盟)发挥行业中介与纽带作用,引导和协调实体书店的空间分布趋向均衡化。书店经营者则应打破唯商业利润至上的局限,履行自己作为城市书籍和其他文化产品与服务供给者的文化责任,合理配置文化空间资源,在选址布局时不能仅仅以盈利为出发点,还要考虑到居民文化权利、文化正义和空间分布的均衡性,将空间资源要素向城市落后

---

①　[加拿大]丹尼尔·亚伦·西尔,[美]特里·尼科尔斯·克拉克.场景:空间品质如何塑造社会生活[M].祁述裕,吴军,译.北京:社会科学文献出版社,2019:102.

或边缘地区倾斜。同时,实体书店可以适当增强书籍内容资源的空间流动性。比如,日本的 Book Truck 书店定位为移动书店,以卡车作为书店流动空间,运行于城市各个角落,店主根据地点和人群选择合适的书籍陈列,为不同地区的城市居民提供不同的书籍产品与服务。这种移动书店为实体书店文化空间资源配置的流动性提供了经验借鉴。

12.3.2 作为承认正义的空间正义:实体书店空间设计的人本性

所谓承认正义的空间正义,即处于空间中各主体之间相互尊重、相互承认的和谐关系状态。城市实体书店在面临行业寒冬后进行空间改造升级,成功将书店空间打造为具有艺术审美品位和生活美学的文化场所。空间构造中无处不在的符号化、景观化、艺术化是书店经营者为挽救书店生存危机而布下的消费主义文化陷阱。居住在书店周边的城市中产阶层乐于进入新型实体书店文化空间进行阅读与消费,以标榜自己的文化资本、社会资本和阶层、群体身份归属,他们在实体书店文化空间中进行"表演式阅读"和身份象征资本的"凡尔赛"展示;城市的边缘群体却因实体书店空间布局的文化、艺术、审美品位不匹配与空间氛围不协调而踟蹰不前,害怕接受来自他者目光的凝视,在新型书店文化空间中没有身份归属感和文化认同度,对他们来说,实体书店文化空间是"他者"的空间,是文化人的知识空间。

"正义的主题是存在于社会之中的权利、机会和资源的分配。"[①]这里的权利不仅仅是通常意义上的"法无禁止即可为",而是社会公众有能力履行、有可能完成的公民权利。城市实体书店空间虽然很少存在形式上的限制性歧视,但事实上存在进入书店空间的不平等机会和使用书店空间资源的不平等权利。从可进入性来看,一些实体书店为营造空间的高级感和艺术审美性,通常在书店出入口设置多级台阶和被监控仪器检测设备占据的狭小通道,这对于残障人士来说是一道难以跨越的物理障碍。为此,实体书店应提供滑坡道及一些方便残障人士的便利设备;从可使用性来看,实体书店空间不仅仅是售卖书籍的物理场所,更是为消费者提供独特的空间结构、场景符号和审美体验的文化场所,盲人、受教育水平较低的人群、艺术审美和空间体验能力不足的人群、城市打工人群,在这种文化空间中无法获得充分的审美体验和精神愉悦感。为此,实体书店可提供音视频产品和其他可视化、数字化服务,以及空间符号和审美艺术的通俗化表达,为这些社会边缘人群提供特定的人本化服务。

12.3.3 作为权利共享的空间正义:实体书店空间服务的平等化

所谓权利共享的空间正义,即社会各主体平等使用空间资源、共享空间权利。

---

① [英]布莱恩·巴利.社会正义论[M].曹海军,译.南京:江苏人民出版社,2012:21.

英国后现代地理学家大卫·哈维曾指出,城市空间中出现"圈地""空间控制"和"监控城市整体生活"的问题。他认为,"社会集团与作为共享资源的环境之间的关系应当是集体的和非商品化的。"[①]但现实情况是,不仅社会利益集团与共享的城市空间之间的关系被私人化与商品化,就连空间资源及其服务也开始私人化与商品化。比如,2020 年 9 月,陕西西安一男子称自己穿迷彩裤进入一家网红实体书店时,被店内工作人员拦住,询问他是否为隔壁建筑工地的农民工,沟通许久才被准许进入。这一事件体现了实体书店文化空间服务的非均等化,以及书店工作人员对城市边缘群体、弱势群体的歧视——农民工是城市实体书店文化空间的建设者,却没有成为空间权利的平等享有者。

无论是身份、地位与知识文化差异,作为社会成员的个体均有权利享受城市实体书店空间资源的均等化服务。然而,书店工作人员却常常根据顾客的衣着、外貌判断他们的身份地位与经济实力,以进一步推断该顾客是否具有足够的购买力,是否有对他们提供服务的必要性。转型升级后的新型书店不断完善管理绩效衡量指标,带来了书籍商品销售业绩的提升,但与之相伴的却是实体书店文化空间服务的非平等化。书店工作人员在标准化、流水线式的培训机制下形成训练有素的服务,但其服务对象却常常被主观筛选。一边是对"高价值顾客"的笑脸相迎、毕恭毕敬;一边是对缺乏购买力的城市边缘群体及弱势群体视而不见。实体书店空间资源服务不再是让阅读便利于民,而成为获取商业利润的有效手段。城市实体书店空间的知识阅读并非少数人的专利,而是所有顾客应该平等享有的空间权利。

城市实体书店文化空间应该以人为本,以顾客为中心,体现出对城市弱势群体及边缘社会群体的人文关怀和人性化、均等化服务,让他们不再作为城市里的"游荡者"而闲逛于街市,让他们的心田滋润文化养分,让他们有均等的机会使用城市实体书店文化空间,有意愿参与书店空间的各种文化活动和城市文化空间现代化建设。

城市文化空间改造升级是基于经济利益的考量还是基于人文关怀的考量,需要进一步讨论。一段时间以来,学界对于城市实体书店文化空间的批判主要基于其内部空间所陈列的非书籍产品占比较大,消解了它作为书店文化空间的功能,实体书店空间似乎越来越成为披着书籍外衣的综合零售商店。事实上,实体书店的多元化经营现象能够得到人们的理解,因为实体书店毕竟是经营性企业,首先要生存,然后才能发展,在实体书店面临生存危机时,选择扩大经营业务范围以保全生存与发展能力,无可厚非。但城市实体书店文化空间在改造升级的路上走得太远,

---

① ［美］戴维·哈维.叛逆的城市：从城市权利到城市革命[M].叶齐茂,译.北京：中国商务出版社,2014：74.

忘记了自己的初心使命。作为文化企业的实体书店不同于一般的经营性企业,在强调商业盈"利"的同时应注重文化的"义",城市实体书店文化空间在向寸土寸金的商业中心和人口聚集区进军时,忽视了城市边缘地区、边缘人群渴求文化知识的眼睛;在实体书店文化空间内部调制咖啡香味时,忘记了书店首先是城市的书香空间;实体书店文化空间在求生存谋发展的过程中渐渐异化,而这些被异化的书店空间又催生出异化的顾客人群及其社会关系。

为此,类似实体书店这种兼具文化性和商业性的城市商业文化空间,需要平衡商业利润的"利"和文化空间的"义",在空间改造升级过程中恪守空间正义,秉持空间资源和空间权利的均等化原则,坚守文化理想和文化责任。期望城市商业文化空间能够充分彰显社会正义,与城市居民和顾客人群的日常文化生活共生、共情,让每一个"城市人"能够"诗意地栖居"。

结　语

党的十八大以来，"提升国家文化软实力和中华文化影响力"成为国家战略任务，贯穿于中国式现代化建设各项事业中。城市文化软实力是国家文化软实力的重要组成部分，也是城市实力地位、发展水平、治理能力和综合竞争力的重要体现。在国家战略指引下，北京、上海、杭州、深圳城市相继提出了建设"首善之都""人民城市""文化强市""有温度的城市""阅读城市"等城市软实力建设战略目标，着力提升城市文化内涵、文化精神、文化品位和文明水平。

新时代以来，党中央在中央城市工作会议和习近平总书记系列重要讲话中，围绕"人民城市""城市现代化""城市精细化治理""城市治理现代化"等问题提出了一些新观点、新主张、新举措，为城市文化软实力建设指明了方向和思路。本书首先阐释新时代城市文化软实力的概念、内涵、特质、功能，溯源西方软实力、文化软实力的概念，结合本土化概念，进行本土化修正，阐明城市文化的生成因素与特点，以及城市文化与文化软实力之间的关系，分析城市文化软实力的构成要素和运作流程，解读城市文化软实力的新时代内涵，以及其整体性、系统性、人民性、共生性、持久性、动态性、渗透性、辐射性特质和主要功能。

其次，从人民城市理念和人本主义视角阐释城市文化软实力建设的"人民性"与人民城市的文化软实力建设逻辑。习近平总书记所提出的人民城市建设理念，具有人民性和人文关怀色彩的价值追求，指明了现代化城市建设的价值目标，而城市文化软实力建设则包含了人民城市建设的基本要求。人民性是新时代城市文化软实力最为突出的特性。目前，人民城市理念下的城市文化软实力建设还面临着一些挑战，如城市发展逻辑过度资本化、城市空间建设非正义、城市治理管控弱和城市文化同质化等，新时代人民城市文化软实力建设要坚持人民中心论，关注城市与人的共生性，坚持人民城市人民建，发展成果人民享，建设效果人民评，满足人民群众对美好生活的新期待、新向往。

再次，"本来—外来—未来"三位一体是新时代城市文化软实力的基本方位与逻辑构成。新时代以来，深圳不忘本来、吸收外来、面向未来，通过"文化立市"战略，以一座城市的文化攀升，展示着中国改革开放前沿城市的文化软实力。"本来"是深圳文化软实力的历史逻辑和现实方位，"外来"是深圳文化软实力建设的外来因素，"未来"指深圳城市文化软实力的发展思路和愿景展望。本来、外来和未来的内涵并非固定，而是互相渗透，随着时代的变迁而变化。

近些年来,国内诸多城市分别结合自身文化资源与发展态势,以提升城市文化软实力为目标,塑造城市文化形象,提炼城市文化精神,给予文化事业和产业发展政策支撑,修缮公共文化设施、拓展文化空间、充盈居民文化生活,有力提升了城市文化软实力。接下来的第四章,以北京、上海、广州、深圳、香港、澳门等主要城市为研究对象,并以北京、上海、深圳、杭州为中心,量化评估四座典型城市文化软实力,通过定性和定量比较分析这些城市文化软实力的建设态势、经验和教训,为深圳城市文化软实力建设提供借鉴。同时,分析新时代深圳城市文化软实力建设的优势、劣势、机遇和挑战,以及新时代深圳城市文化软实力跃升的主要战略,从宏观层面提出可行性建议。

新时代深圳城市文化软实力建设具有明显的历史优势、现实优势、发展优势与比较优势。历史优势主要体现在:岭南文化的深厚历史文化渊源与文化资源,改革开放以来深圳城市文化建设积淀;现实优势主要体现在:物质与技术设施优势,文化制度优势,先进的精神价值理念如"特区精神""深圳精神""深圳十大观念"等,以及城市文明程度与文化品位较高,城际协同与合作步伐走在全国前列,城市文化创新发展的活力强劲,智慧城市建设与城市文化数字化步伐较快,等等;发展优势主要体现在:开放、包容、友善的城市精神,人才竞争与文化创新能力,城市居民文化素质较高,阅读成为城市风景,教育资源积累与新生代人才培育,发达的城市传媒与文化传播能力,大湾区文化协同创新发展优势;比较优势主要体现在:城市文化品牌创新步伐加快,城市文化创意产业发展迅猛,城市文化数字化水平位居前列,城市公共文化服务水平较高,差异化定位城市文化发展策略,倡行"文化+科技"发展模式,运用好科技发展成果,挖掘、整合和联动城市文化资源,提升深圳文化影响力和综合竞争力。

新时代深圳城市文化软实力建设的短板问题主要体现在:一是制度与政策短板。主要包括:政府文化治理短板,比如,居民对政府文化治理的参与度较低,主流新思想新文化的居民渗透力较弱,过度治理导致管理僵化,文化政务办事效率有待提高;深圳政府和社会诚信体系建设中的短板问题,以及人才政策、服务方面的短板问题。二是城市文化产业发展短板。主要包括:城市创意设计产业发展中存在的问题,城市营商环境的短板问题,文化法治环境的短板问题。三是城市文化供给和服务短板。主要包括:城市文化活动质量中的短板问题,如居民的文化活动接受度、参与度、满意度、认同度不太高,以及城市文化活动"空心化"现象,城市文化数字化转型发展中的短板问题。四是城市文化发展中的短板。主要包括:文化建设过度资本化,城市文化空间的非正义现象,城市居民科学文化素质提升,城市文化规划和发展同质化问题。深圳需要正视和补上这些短板问题,打造"文化特区",努力建成一座包容、开放、有文化特色的国际文化大都市。

　　新时代深圳城市文化软实力跃升路径主要包括以下十个方面：一是坚持以人民为中心的城市文化软实力建设思想；二是强化深圳文化认同感，提升城市文化凝聚力；三是进一步优化城市公共文化服务，提升服务质量；四是推动体制机制创新，优化城市人才服务政策；五是凸显深圳文化特色，打造城市特色文化形象；六是活化文化要素，增强城市文化生产力、传播力、吸引力；七是强化城市治理功能，提升文化治理能力；八是动员多元主体参与，举办高质量文化活动；九是提升城市文化数字化质量和居民数字化生活水平；十是推动文明城市建设，提升市民文明素质。

　　当前，城市文化软实力高质量建设依然在路上。这不仅体现于建设实践方面，对于城市文化软实力的学术理论建设而言，需要进一步开拓研究视野，特别是在人文社会科学领域的文化转向和后现代空间转向的背景下，从空间维度思考城市文化软实力建设，高质量建设各类城市文化空间，赋能城市文化空间更多文化内涵和精神力量，使其更加"文化化""日常生活化"，这不仅是实现文化惠民、文化利民目标的价值追求，更是营造城市空间场景、凸显城市空间文化内涵、调动城市居民的文化参与积极性、提升城市居民文化素养的重要途径。

　　为此，本书第八章主要从学理层面出发，点面结合，理论与实际相结合，基于空间维度拓展城市文化软实力的研究视野，分析新时代城市文化软实力的空间转向、空间逻辑、空间建构，空间效应。然后，以公共图书馆空间为例，探讨城市公共图书馆的文化治理性与治理能力提升策略；以实体书店空间为中心，考察城市阅读空间的场景革命与知识生产问题；探讨城市文化空间的场景共情及共情能力提升路径。最后，以城市实体书店空间为案例，剖析城市商业文化空间的正义问题，深入探析城市商业文化空间的资本逻辑和文化逻辑，文化与资本博弈下的城市商业文化空间正义，城市商业文化空间正义的实现路径。

参考文献

（按章节顺序依次排序）

一、书籍文献

（一）中文书籍

[1] 刘士林.中国都市化进程报告[M].上海：上海人民出版社，2008.

[2] [德]卡尔·雅斯贝斯.时代的精神状况[M].王德峰，译.上海：上海译文出版社，2005.

[3] [美]刘易斯·芒福德.城市文化[M].宋俊岭，等译.北京：中国建筑工业出版社，2009.

[4] [加拿大]马修·弗雷泽.软实力——美国电影、流行乐、电视盒快餐的全球统治[M].刘满贵，等译.北京：新华出版社，2006.

[5] [日]驮田井正，[日]浦川康弘.文化时代的经济学[M].尹秀艳，王彦风，译.北京：经济科学出版社，2013.

[6] 刘德定.国家文化软实力[M].北京：经济科学出版社，2019.

[7] [美]约瑟夫·奈.软力量：世界政坛成功之道[M].吴晓辉，钱程，译.北京：东方出版社，2005.

[8] 董绍锋.新时代中国文化软实力建设研究[M].北京：中国商业出版社，2021.

[9] 秦红岭.城魅——北京提升城市文化软实力的人文路径[M].武汉：华中科技大学出版社，2014.

[10] 晏晨.首都城市文化软实力关键问题研究[M].北京：人民出版社，2020.

[11] 董绍锋.新时代中国文化软实力建设研究[M].北京：中国商业出版社，2021.

[12] [美]刘易斯·芒福德.城市发展史——起源、演变和前景[M].宋俊岭，倪文彦，译.北京：中国建筑工业出版社，2005.

[13] [美]约瑟夫·奈.硬权力与软权力[M].门洪华，译.北京：北京大学出版社，2005.

[14] 吴军，[美]特里·N.克拉克，等.文化动力——一种城市发展新思维[M].北京：人民出版社，2016.

[15] [加拿大]丹尼尔·亚伦·西尔，[美]特里·尼科尔斯·克拉克.场景：空间品质如何塑造社会生活[M].祁述裕，吴军，译.北京：社会科学文献出版社，2019.

[16] [加拿大]简·雅各布斯.美国大城市的死与生[M].金衡山，译.南京：译林出版社，2006.

[17] [英]艾伦·哈丁，泰尔加·布劳克兰德.城市理论[M].王岩，译.北京：社会科学文献出版社，2016.

[18] [美]约瑟夫·奈.硬权力与软权力[M].门洪华，译.北京：北京大学出版社，2005.

[19] [美]丹尼尔·贝尔，[美]欧文·克里斯托尔编.经济理论的危机[M].曹蓬，等译.上海：上

海译文出版社,1985.

[20]《中共中央关于制定国民经济和社会发展第十四个五年规划和二〇三五年远景目标的建议》辅导读本[M].北京:人民出版社,2020.

[21] 习近平.在深圳经济特区建立40周年庆祝大会上的讲话(单行本)[M].北京:人民出版社,2020.

[22] 深圳市史志办公室.中国经济特区的精神文明建设(深圳卷)[M].北京:中共党史出版社,2003.

[23] 汪顺安.深圳将是个永不落幕的书城[M].深圳:海天出版社,2015.

[24] 吴俊忠.读懂深圳——四十年四十个视点[M].广州:中山大学出版社,2020.

[25] 陈志,杨拉克.城市软实力[M].广州:广东人民出版社,2008.

[26] 花建.文化软实力——全球化背景下的强国之道[M].上海:上海人民出版社,2013.

[27] 陈永林,郑军.传承与融合——深圳文化创新[M].北京:中央编译出版社,2017.

[28] 王为理,陈长治.深圳文化发展报告(2021)[M].北京:社会科学文献出版社,2021.

[29] 王京生.文化立市论[M].深圳:海天出版社,2005.

[30] 张骁儒.深圳文化发展报告(2018)[M].北京:社会科学文献出版社,2018.

[31] 张军,黄永健.城市文化:在流动与积淀中创新演进——以深圳的文化发展为例[M].北京:北京大学出版社,2021.

[32] [德]扬·阿斯曼.文化记忆——早期高级文化中的文字、回忆和政治身份[M].金寿福,黄晓晨,译.北京:北京大学出版社,2015.

[33] 彭立勋.文化立市与国际化城市建设——2004年深圳文化发展蓝皮书[M].北京:中国社会科学出版社,2004.

[34] 姚小玲,彭付芝.马克思主义中国化理论成果教学案例分析[M].北京:北京航空航天大学出版社,2010.

[35] [法]亨利·列斐伏尔.空间与政治[M].李春,译.上海:上海人民出版社,2015.

[36] [法]米歇尔·福柯.权力的眼睛——福柯访谈录[M].严锋,译.上海:上海人民出版社,1997.

[37] [法]米歇尔·福柯.规训与惩罚[M].刘北成,杨远婴,译.北京:生活·读书·新知三联书店,1999.

[38] 马克思.资本论(第3卷)[M].郭大力,王亚南,译.北京:人民出版社,2018.

[39] [澳]戴维·思罗斯比.经济学与文化[M].王志标,张峥嵘,译.北京:中国人民大学出版社,2011.

[40] [德]安德雷亚斯·莱克维茨.独异性社会:现代的结构转型[M].巩婕,译.北京:社会科学文献出版社,2019.

[41] [法]让·鲍德里亚.消费社会[M],刘成富,等译.南京:南京大学出版社,2008.

[42] [美]凯文·林奇.城市意象[M].方益萍,等译.北京:华夏出版社,2014.

[43] 单世联.文化大转型:批判与解释——西方文化产业理论研究(下卷)[M].北京:中国社会科学出版社,2017.

[44] 王宁.消费社会学[M].第2版.北京:社会科学文献出版社,2011.

[45] [美]亚瑟·乔拉米卡利,[美]凯瑟琳·柯茜.共情的力量[M].王春光,译.北京:中国致公出版社,2019.

[46] 牛继舜.世界城市文化力量[M].北京:经济日报出版社,2012.

[47] [法]布尔迪厄.文化资本与社会炼金术[M].包亚明,译.上海:上海人民出版社,1997.

[48] [美]马克·戈特迪纳.城市空间的社会生产[M].任晖,译.南京:江苏凤凰教育出版社,2014.

[49] 龙迪勇.空间叙事研究[M].北京:生活·读书·新知三联书店,2014.

[50] 李晓新.普遍·均等:中国公共图书馆的百年追求[M].天津:南开大学出版社,2007.

[51] 杨威理.西方图书馆史[M].北京:国家图书馆出版社,2013.

[52] [英]约翰·斯道雷.文化理论与大众文化导论(第五版)[M].常江,译.北京:北京大学出版社,2010.

[53] [英]托尼·本尼特.文化与社会[M].王杰,等译.桂林:广西师范大学出版社,2007.

[54] [法]米歇尔·福柯.安全、领土与人口[M].钱翰,陈晓径,译.上海:上海人民出版社,2010.

[55] [日]吉井忍.东京独立书店巡礼[M].杭州:浙江出版集团数字传媒有限公司,2014.

[56] 望南.中国最美书店:钟书阁[M].上海:上海交通大学出版社,2017.

[57] 吴声.场景革命:重构人与商业的连接[M].北京:机械工业出版社,2015.

[58] [美]伯恩德·H.施密特.体验式营销[M].黄巍,译.北京:中国三峡出版社,2001.

[59] [英]杰勒德·德兰迪.知识社会学中的大学[M].黄建如,译.北京:北京大学出版社,2010.

[60] [英]彼得·伯克.知识社会学:从古登堡到狄德罗(上卷)[M].陈志宏,等译.杭州:浙江大学出版社,2016.

[61] 杜明娥,杨英姿.生态文明与生态现代化建设模式研究[M].北京:人民出版社,2013.

[62] [法]鲍德里亚.物体系[M].林志明,译.上海:上海交通大学出版社,2001.

[63] 车文博.当代西方心理学新词典[M].长春:吉林人民出版社,2001.

[64] [美]马克·波斯特.信息方式——后结构主义与社会语境[M].范静哗,译.北京:商务印书馆,2000.

[65] [英]斯科特·拉什,[英]约翰·厄里.符号经济与空间经济[M].王之光,等译.北京:商务印书馆,2006.

[66] 汪民安.城市文化读本[M].北京:北京大学出版社,2008.

[67] [美]约瑟夫·派恩,[美]詹姆斯·吉尔摩.体验经济[M].毕崇毅,译.北京:机械工业出版公司,2016.

[68] [美]唐·舒尔茨,[美]海蒂·舒尔茨.整合营销传播:创造企业价值的五大关键步骤[M].王茁,顾洁,译.北京:清华大学出版社,2013.

[69] [英]雷蒙德·威廉斯.文化与社会[M].吴松江,等译.北京:北京大学出版社,1991.

[70] [波兰]卡尔·波兰尼.巨变——当代政治与经济的起源[M].黄树民,译.北京:社会科学文献出版社,2013.

[71] [德]马克斯·韦伯.新教伦理与资本主义精神[M].阎克文,译.上海:上海人民出版社,2010.

[72] [美]丹尼尔·贝尔.后工业社会的来临——对社会预测的一项探索[M].高銛,译.北京：商务印书馆,1986.

[73] [法]奥利维耶·阿苏利.审美资本主义——品味的工业化[M].黄琰,译.上海：华东师范大学出版社,2013.

[74] [美]爱德华·W.苏贾.寻求空间正义[M].高春花,强乃社,译.北京：社会科学文献出版社,2016.

[75] [法]居伊·德波.景观社会[M].王昭凤,译.南京：南京大学出版社,2006.

[76] [美]W.J.T.米歇尔.图像学：形象,文本,意识形态[M].陈永国,译.北京：北京大学出版社,2012.

[77] [英]佩特·麦高恩.批评与文化理论中的关键问题[M].赵秀福,译.北京：北京大学出版社,2012.

[78] [英]露丝·陶丝.文化经济学[M].周正兵,译.大连：东北财经大学出版社,2016.

[79] [美]斯蒂芬·贝斯特,[美]道格拉斯·科尔纳.后现代转向[M].陈刚,译.南京：南京大学出版社,2002.

[80] 包亚明主编.现代性与空间的生产[M].上海：上海教育出版社,2003.

[81] [英]布莱恩·巴利.社会正义论[M].曹海军,译.南京：江苏人民出版社,2012.

[82] [美]戴维·哈维.叛逆的城市：从城市权利到城市革命[M].叶齐茂,译.北京：商务印书馆,2014.

（二）外文书籍

[1] DAHL R A. Who governs? Democracy and power in an American city[M]. New Haven：Yale University Press,1961.

[2] RAY S CLINE. World power assessment[M]. Boulder：Westview Press,1977.

[3] NYE J S Jr. Bound to lead：the changing nature of American power[M]. New York：Basic Books,1990.

[4] JOSHUA KURLANTZICK. Charm offensive：how China's soft power is transforming the world[M]. US：Yale University Press,2007.

[5] HUNTINGTON S P. The clash of civilizations? [M]. New York：Palgrave Macmillan US,2000.

[6] HENRI LEFEBVRE. The production of space[M]. Oxford：Blackwell press,1991.

[7] SOJA E W. Seeking spatial justice[M]. Minnesota：University of Minnesota Press,2013.

[8] CULTURE EAST MIDLANDS. Time for measuring culture：A companion booklet to the East Midlands Regional Cultural strategy to promote the use of consistent cultural indicators [M]. Nottingham：East Midlands Regional Consortium,2003.

[9] LOCAL GOVERNMENT ASSOCIATION & DEPARTMENT OF CULTURE MEDIA AND SPORT. Cultural pathfinder programme evaluation framework [M]. London：Local Government Association,2005.

[10] CONNOR, STEVEN. Postmodernist Culture：an introduction to theories of the contemporary[M]. Oxford：Blackwell,1989.

[11] T. TEO（ED.）. Encyclopedia of critical psychology[M]. New York：Springer，2014.

[12] EDWARD W. SOJA. Seeking spatial justice[M]. Minn：University of Minnesota Press，2010.

二、期刊论文文献

（一）中文期刊论文

[1] ［美］约瑟夫·奈，俞平. 软实力：一个概念的演进[J]. 国外社会科学前沿，2022(06)：78-87.

[2] 余阿荣. 大型体育赛事对城市文化软实力影响研究[J]. 体育文化导刊，2017(12)：8-12.

[3] 张怀民，杨丹. 城市文化软实力提升路径选择：武汉文化软实力发展研究[J]. 科技进步与对策，2013(05)：47-52.

[4] 崔世娟，付汀江. 城市文化软实力测度与提升——基于多地的比较研究[J]. 特区经济，2016(08)：59-63.

[5] 解萧语，褚婷婷. 城市文化软实力综合评价研究——基于北京市文化软实力发展分析[J]. 价格理论与实践，2019(10)：149-152.

[6] 霍桂桓. 文化软实力的哲学反思[J]. 学术研究，2011(3)：13-18.

[7] 晏晨. 城市·文化·软实力——围绕城市话语的探讨[J]. 理论月刊，2015(04)：77-81.

[8] 李楠. 马克思主义空间理论对我国韧性城市建设的启示[J]. 开发研究，2022(02)：47-58.

[9] 魏伟，等. 城市文化空间塑造的国际经验与启示——以伦敦、纽约、巴黎、东京为例[J]. 国际城市规划，2020(03)：77-86+118.

[10] 徐剑. 构筑城市形象的全球识别系统[J]. 探索与争鸣，2021(07)：49-51.

[11] 李国庆，张泊平. 河南省文化资源数字化传播研究[J]. 产业与科技论坛，2014(2)：118-119.

[12] 任致远. 探讨城市文化特性 走向文化城市[J]. 城市，2012(12)：3-8.

[13] 李宏宇. 文化软实力的特征和外在形态[J]. 学习与探索，2011(02)：38-40.

[14] 王欣. 建构"文化强台"新格局 熔铸"文化之美"新气韵——浙江卫视探索建立"人文工作室"[J]. 新闻战线，2022(10)：50-52.

[15] 任玉平. 文化资源开发效益评价的指标体系研究[J]. 太原大学学报，2008(2)：5-13.

[16] 方志. 文化软实力呼唤"硬指标"[J]. 出版参考，2008(15)：1.

[17] 李正治，张凤莲. 试析城市文化软实力的内涵及其构成要素[J]. 人民论坛，2013(26)：34-35.

[18] 谭志云. 城市文化软实力的理论构架及其战略选择——以南京为例[J]. 学海，2009(02)：175-180.

[19] 龚娜，罗芳洲."城市软实力"综合评价指标体系的构建及其评价方法[J]. 沈阳教育学院学报，2008(06)：28-31.

[20] 张月花，薛平智，储有捷. 创新型城市建设视角下西安文化软实力实证评价与分析[J]. 科技进步与对策，2013(14)：48-52.

［21］付业勤. 文旅融合背景下城市旅游地文化软实力评价与发展策略研究［J］. 四川轻化工大学学报（社会科学版），2020（03）：27－43.

［22］刘士林. 人民城市：理论渊源和当代发展［J］. 南京社会科学，2020（08）：66－72.

［23］徐锦江. 全球背景下的"人民城市"发展理念与上海实践［J］. 上海文化，2021（12）：5－14＋36.

［24］钱坤."日常生活"治理：城市治理的转型方向与实践机制［J］. 当代经济管理，2022（03）：1－9.

［25］宋道雷. 人民城市理念及其治理策略［J］. 南京社会科学，2021（06）：78－85＋96.

［26］龚晓莺，严宇珺. 从资本逻辑到人民逻辑：谱写新时代人民城市新篇章［J］. 城市问题，2021（09）：5－12＋27.

［27］董慧. 城市繁荣：基于人民性的思考［J］. 西南民族大学学报（人文社会科学版），2021（04）：80－87.

［28］郑崇选. 提升上海城市文化软实力的价值追求与基本路径［J］. 上海文化，2021（08）：5－11.

［29］陈海燕. 上海提升城市文化软实力的对策建议［J］. 科学发展，2011（06）：60－65.

［30］蔡晓璐. 城市文化竞争力评价指标体系理论综述［J］. 北京城市学院学报，2015（04）：37－41.

［31］陈德金，李本乾. 文化建设与上海城市文化软实力研究［J］. 科技管理研究，2011（24）：225－228.

［32］陈然，张鸿雁. 特色文化视角下的城市软实力建构——以沪宁杭为例［J］. 城市问题，2014（12）：17－24.

［33］夏厚力. 空间开放及其实现——兼论简·雅各布斯人本主义城市理论的基本判断［J］. 铜陵学院学报，2017（05）：68－72.

［34］陈宗章，王建润. 历史文化遗产与城市文化软实力的提升——以江苏省常熟市为例［J］. 苏州大学学报（哲学社会科学版），2011（04）：173－177.

［35］郑磊. 城市数字化转型的内容、路径与方向［J］. 探索与争鸣，2021（04）：147－152＋180.

［36］孟瑞霞. 论人民城市建设的时间正义［J］. 伦理学研究，2021（03）：119－125.

［37］俞祖成，黄佳陈. 城市社区治理的困境：居民权利与义务的失衡——基于上海社区田野调查的思考［J］. 上海大学学报（社会科学版），2021（05）：56－67.

［38］何雪松，侯秋宇. 人民城市的价值关怀与治理的限度［J］. 南京社会科学，2021（01）：57－64.

［39］徐毅松，DONG Wanting. 空间赋能，艺术兴城——以空间艺术季推动人民城市建设的上海城市更新实践［J］. 建筑实践，2020（S1）：22－27.

［40］徐翔. 城市文化软实力构建的"网都"范式［J］. 南京社会科学，2012（06）：134－140.

［41］周国富，吴丹丹. 各省区文化软实力的比较研究［J］. 统计研究，2010（02）：7－14.

［42］马志强. 论软实力在城市发展中的地位和作用［J］. 商业经济与管理，2001（04）：28－31.

［43］吴俊忠，党凯. 深圳文化发展理念的历史沿革［J］. 深圳大学学报（人文科学版），2008（01）：20－22.

［44］徐雁，陈哲彦. 挥别"文化荒漠"，营造"书香之都"——在创意创新中发展的"深圳读书月"活

动[J].出版广角，2021(12)：6-9.

[45] 杨莉.借鉴芝加哥发展经验,促进深圳国际化先进城市建设[J].广东经济,2017(02)：52-57.

[46] 余红心.点亮新"夜上海"的灯是哪一盏[J].决策,2020(08)：48-50.

[47] 张国祚.关于"软实力"和"文化软实力"必须搞清楚的几个问题[J].文化软实力研究,2020(03)：5-10+2.

[48] 徐怡宁.从"软实力"到"文化软实力"的理论超越[J].现代商贸工业,2022(21)：35-37.

[49] 张国祚,邓露.对李根软实力理论的评析[J].湖南大学学报(社会科学版),2021(01)：116-124.

[50] 王沪宁.作为国家实力的文化：软权力[J].复旦学报(社会科学版),1993(03)：91-96+75.

[51] 骆郁廷.文化软实力：基于中国实践的话语创新[J].中国社会科学,2013(01)：20-24.

[52] 陶建杰.十大国际都市文化软实力评析[J].城市问题,2011(10)：2-8.

[53] 罗能生,郭更臣,谢里.我国区域文化软实力评价研究[J].经济地理,2010(09)：1502-1506.

[54] 李小波.论城市文化软实力的核心——城市个性与特色文化[J].武汉工程职业技术学院学报,2016(3)：41-45.

[55] 杨新洪.关于文化软实力量化指标评价问题研究[J].统计研究,2008(09)：44-48.

[56] 汪云兴,何渊源.深圳科技创新：经验、短板与路径选择[J].开放导报,2021(05)：86-94.

[57] 习近平.坚持、完善和发展中国特色社会主义国家制度与法律制度[J].求知,2020(01)：4-6.

[58] 李均,吴秋怡.深圳特区高等教育史略—40年的嬗变与求索[J].高教探索,2021(07)：109-115.

[59] 杨建.以文化创新发展促进城市话语体系建构[J].特区实践与理论,2019(01)：110-117.

[60] 庄德林,陈信康.国际大都市软实力评价研究[J].城市发展研究,2009(10)：36-41.

[61] 李瑞琦.文化治理能力现代化的深圳样本[J].思想政治工作研究,2015(12)：40-42.

[62] 毛琦.北京城市文化资源的数字化虚拟传播——以胡同与四合院文化传播为例[J].现代传播(中国传媒大学学报),2013(05)：149-150.

[63] 余晓曼.城市文化软实力的内涵及构成要素[J].当代传播,2011(02)：83-85.

[64] 闫平.试论公共文化服务体系建设[J].理论学刊,2007(12)：112-116.

[65] 范周.《关于加快构建现代公共文化服务体系的意见》的解读[J].人文天下,2015(01)：19-24.

[66] 胡鹏.基于PEST-SWOT分析的北京现代公共文化服务体系研究[J].全球科技经济瞭望,2018(08)：46-52.

[67] 夏国锋,吴理财.公共文化服务体系建设的发展历程、基本逻辑与经验启示——深圳样本的表达[J].理论与改革,2012(03)：115-119.

[68] 俞祖成,黄佳陈.城市社区治理的困境:居民权利与义务的失衡——基于上海社区田野调查的思考[J].上海大学学报(社会科学版),2021(05)：56-67.

[69] 陈莲婷.浅谈完善公共文化管理服务体系的问题与对策——以深圳市为例[J].农村经济与科技,2020(24):241-242.

[70] 陈宗章,王建润.历史文化遗产与城市文化软实力的提升——以江苏省常熟市为例[J].苏州大学学报(哲学社会科学版),2011(04):173-177.

[71] 庄仕文.论城市文化软实力及其提升路径——以济南为例[J].大连干部学刊,2017(11):61-64.

[72] 宋道雷.从城市生产到文化治理:中国城市文化建设实践的历史、现实和机制研究[J].山东大学学报(哲学社会科学版),2021(06):34-42.

[73] 王前.理解"文化治理":理论渊源与概念流变[J].云南行政学院学报,2015(06):20-25.

[74] 周晓丽,毛寿龙.我国公共文化服务的模式及路径选择[J].江苏社会科学,2008(1):90-95.

[75] 周晓丽.论美国社区文化活动及其经验借鉴[J].商丘师范学院学报,2013(08):81-85.

[76] 刘佳晨.数字政府引领三位一体的数字深圳[J].中国领导科学,2021(01):100-105.

[77] 林茂.文化自觉 文化自信 文化自强——对增强中国文化软实力的思考[J].中共山西省直机关党校学报,2013(03):70-71.

[78] 刘志华,刘慧.文化软实力研究:国外经验及借鉴[J].济南大学学报(社会科学版),2008(04):15-19.

[79] 刘文俭,马秀贞.城市文化解析[J].中共杭州市委党校学报,2005(02):8-13.

[80] 熊涛涛.从用户体验角度看城市文化场馆数字化展示平台构建——以深圳为例[J].大众文艺,2017(16):146-148.

[81] 杨宏伟,等.西柏坡红色文化在打造河北文化强省中的优势和作用[J].党史博采(理论),2014(05):44-45.

[82] 冯曦.数字技术语境下的城市声音景观传播形态探索[J].大众文艺,2017(24):138-139.

[83] 孟瑞霞.论人民城市建设的时间正义[J].伦理学研究,2021(03):119-125.

[84] 胡锦涛.高举中国特色社会主义伟大旗帜为夺取全面建设小康社会新胜利而奋斗——在中国共产党第十七次全国代表大会上的报告[J].求是,2007(21):3-22.

[85] 吴忠.提升城市文化软实力的意义与路径选择[J].学术界,2011(05):28-36.

[86] 苗伟.文化时间与文化空间:文化环境的本体论维度[J].思想战线,2010(01):101-106.

[87] 陈汉忠.提升武汉城市文化软实力对策研究[J].长江论坛,2019(06):23-27.

[88] 彭莹.论城市文化软实力与城市价值提升的关系[J].内蒙古财经大学学报,2016(05):56-59.

[89] 施亚岚,等.中国海丝旅游城市文化软实力建设研究:比较的视角[J].华侨大学学报(哲社版),2018(02):72-82.

[90] 朱琴.城市公共空间艺术活化与文化软实力提升研究[J].美与时代(城市版),2017(10):65-66.

[91] 刘芬,夏先重.以文物资源提升城市文化软实力——以武汉竹韵堂竹雕博物馆为例[J].文化学刊,2017(11):94-96.

[92] 吴宁.列斐伏尔的城市空间社会学理论及其中国意义[J].社会,2008(02):112-127+222.

[93] 王承旭.城市文化的空间解读[J].规划师,2006(04):69-72.

[94] 潘泽泉,刘丽娟.空间生产与重构:城市现代性与中国城市转型发展[J].学术研究,2019
(02):46-53+177.

[95] 曾国军,等.从在地化、去地化到再地化:中国城镇化进程中的人地关系转型[J].地理科学
进展,2021(01):28-39.

[96] 王子琪,付昭伟.弹性、活性、粘性:再论城市文化空间的治理[J].中国行政管理,2020
(08):146-148.

[97] 曾芸.新科技视角下的非物质文化遗产保护与利用研究[J].福建论坛(人文社科版),2018
(06):56-61.

[98] 郑震.空间:一个社会学的概念[J].社会学研究,2010(05):167-191+245.

[99] 庄友刚.资本的空间逻辑及其意识形态神话[J].社会科学辑刊,2012(01):26-31.

[100] 傅才武.文化空间营造:突破城市主题文化与多元文化生态环境的"悖论"[J].山东社会科
学,2021(02):66-75.

[101] 刘亚秋.记忆研究的"社会-文化"范式——对"哈布瓦赫—阿斯曼"研究传统的解读[J].社
会,2018(01):104-133.

[102] 秦红岭.城市公共空间的伦理意蕴[J].现代城市研究,2008(4):13-19.

[103] 江凌.情感结构视域下文化共情的生成因素与共情能力提升策略[J].中原文化研究,2022
(04):57-63.

[104] 邓依晴,程广云.从文化符号看人类命运共同体构建逻辑[J].贵州社会科学,2021(08):
60-66.

[105] 陶建杰.上海文化软实力的实证评价及国际比较[J].新闻记者,2011(06):66-70.

[106] 敦莉莉.中原城市文化软实力综合评价及比较分析[J].焦作大学学报,2020(03):44-48.

[107] 马立军.城市文化软实力的影响机制与多角度评价——基于江苏省13个地级市的研究
[J].北方经贸,2021(12):107-111.

[108] 赵紫燕.杭州、上海、厦门位居前三——对19个副省级及以上城市文化软实力的测评研究
[J].国家治理,2017(45):27-41.

[109] 徐望.国家文化软实力指标体系框架建构[J].统计与决策,2018(13):35-38.

[110] 高维和,史珏琳.全球城市文化资源配置力评价指标体系研究及五大城市实证评析[J].上
海经济研究,2015(05):53-61.

[111] 傅才武,王异凡.场景视阈下城市夜间文旅消费空间研究——基于长沙超级文和友文化场
景的透视[J].武汉大学学报(哲社版),2021(06):58-70.

[112] 陈波.基于场景理论的城市街区公共文化空间维度分析[J].江汉论坛,2019(12):128-
134.

[113] 师丽梅,等.城市图书馆公共文化空间建设与服务新走向——以深圳地区公共图书馆为例
[J].图书馆,2017(05):97-101+105.

[114] 廖晓明,周芯如.文化引领城市公共空间治理研究[J].长白学刊,2022(02):148-156.

[115] 杨雪冬,陈晓彤.国家治理现代化的空间逻辑[J].中国人民大学学报,2022(05):24-35.

[116] 江凌.公共图书馆的文化治理性欲治理能力提升策略[J].治理现代化研究,2022(02):

60－68.

[117] 常江，王雅韵.审美茧房：数字时代的大众品位与社会区隔[J].现代传播（中国传媒大学学报），2023(01)：102－109.

[118] 张允，张梦心.数字时代博物馆叙事逻辑的重构：基于场景理论的视角[J].现代传播（中国传媒大学学报），2020(09)：99－103.

[119] 徐春光.公共文化服务的软治理要义与发展逻辑[J].学习与实践，2016(08)：63－68.

[120] 解胜利，吴理财.公共图书馆的文化治理学——对一个省级图书馆的文化政治分析[J].湖北社会科学，2014(9)：70－76.

[121] 耿达，傅才武.塑造"公共文化"：近代图书馆建设与城市发展——以武汉为中心（1927—1937年）[J].图书情报知识，2016(3)：39－46.

[122] 张收棉.论公共图书馆的文化治理功能[J].图书馆杂志，2017(06)：9－13.

[123] 韩永进.关于中国图书馆史研究的几点思考[J].中国图书馆学报，2015(04)：4－13.

[124] 江凌.保护传承城市历史建筑文脉的"多中心"治理策略[J].社会科学论坛，2019(05)：192－205.

[125] 张萱.场景融合·社群激活·实验场——城市传播视域下实体书店作为知识生产空间的价值研究[J].东岳论丛，2021(04)：131－138.

[126] 李彪.实体书店多维空间创新实践——以方所成都店为例[J].装饰，2018(09)：95－97.

[127] 王炎龙，吕海.基于空间生产视角的实体书店转型探究[J].中国出版，2016(08)：23－27.

[128] 江凌，强陆婷.上海实体书店文化空间与城市文化的共生发展[J].出版发行研究，2021(03)：69－76.

[129] 高竞艳.城市文化体验建构下的实体书店[J].出版广角，2020(04)43－45.

[130] 臧金英.实体书店发力线上知识服务的商业模式探析[J].科技与出版，2021(08)：112－117.

[131] 叶勤.试论公共图书馆与实体书店融合发展中的战略营销管理[J].新世纪图书馆，2021(03)：18－21.

[132] 张雪.私域流量营销：后疫情时代实体书店直播转型再思考[J].出版科学，2020(05)：82－90.

[133] 杨舢，陈弘正."空间生产"话语在英美与中国的传播历程及其在中国城市规划与地理学领域的误读[J].国际城市规划，2021(03)：29.

[134] 黎明."互联网＋"时代实体书店的多维空间生产[J].现代出版，2017(05)：15－19.

[135] 胡俊.认知、共情和审美意象——论镜像神经元对审美意象生成的作用[J].上海大学学报（社会科学版），2021(05)：131－140.

[136] 吴军，夏建中，[美]特里·克拉克.场景理论与城市发展——芝加哥学派城市研究新理论范式[J].中国名城，2013(12)：8－14.

[137] 刘聪慧，等.共情的相关理论评述及动态模型探新[J].心理科学进展，2009(05)：964－972.

[138] 谢晓如，封丹，朱竑.对文化微空间的感知与认同研究——以广州太古汇方所文化书店为例[J].地理学报，2014(02)：184－198.

［139］梁燕城. 寻索后现代城市的灵性与正义［J］. 上海师范大学学报（哲社版），2011（01）：23 - 33.

［140］［美］阿诺德·柏林特. 远方的城市：关于都市美学的思考［J］. 上海师范大学学报（哲社版），2010（02）：5 - 11.

（二）英文期刊论文

［1］KLAREVAS LOUIS. Greeks Bearing Consensus：Suggestions for Increasing Greece's Soft Power in the West［J］. Mediterranean Quarterly（Duke University Press），2005，Vol.16，No.3，pp. 142 - 159.

［2］GIULIO M. GALLAROTTI. Soft power：what it is，why it's important，and the conditions for its effective use［J］. Journal of Political Power，2011，Vol.4，No.1，pp.25 - 47.

［3］NYE JOSEPH S. Soft power：the evolution of a concept［J］. Journal of Political Power，2021，Vol.14，No.1，pp.196 - 208.

［4］BAE YOOIL，YONG WOOK LEE. Socialized soft power：recasting analytical path and public diplomacy［J］. Journal of International Relations and Development，2020，Vol. 23，No. 4，pp. 871 - 898.

［5］YOOIL BAE，YONG WOOK LEE. Socialized soft power：recasting analytical path and public diplomacy［J］. Journal of International Relations and Development，2019，Vol.23（prepublish），pp.1 - 28.

［6］NYE J S JR. Soft power，Foreign policy［J］. Twentieth Anniversary，1990（Autumn），Vol. 80，pp.153 - 171.

［7］GEUN LEE. A Theory of Soft Power and Korea's Soft Power Strategy［J］. The Korean Journal of Defense Analysis，2009，Vol.21，No.2，pp. 205 - 218.

［8］NYE J S JR. Soft power and American foreign policy［J］. Political science quarterly，2004，Vol.119，No.2，pp. 255 - 270.

［9］TELLA O. A declining or stable image？An assessment of the United States' soft power in Africa［J］. South African Journal of International Affairs，2016，Vol.23，No.2，pp.151 - 166.

［10］ILCHENKO M. Working with the past，re - discovering cities of Central and Eastern Europe：cultural urbanism and new representations of modernist urban areas［J］. Eurasian Geography and Economics，2020，Vol. 61，No.6，pp.763 - 793.

［11］LAK A，GHEITASI M. Urban regeneration through heritage tourism：cultural policies and strategic management［J］. Journal of tourism and cultural change，2020，Vol.18，No.4，pp. 386 - 403.

［12］JAMIESON K. Tracing festival imaginaries：between affective urban idioms and administrative assemblages［J］. International journal of cultural studies，2013，Vol.17，No. 3，pp.293 - 303.

［13］GLADSTEIN，G. A. The historical roots of contemporary empathy research［J］. Journal of the History of the Behavioral Sciences，1984，Vol. 20，No.1，p.39.

三、报纸文献

[1] 习近平春节前夕在北京看望慰问基层干部群众[N].人民日报,2019 - 02 - 02(001).

[2] 中共中央关于党的百年奋斗重大成就和历史经验的决议[N].人民日报,2021 - 11 - 17 (001).

[3] 牢记嘱托,勇担新时代文艺工作者使命(一)[N].中国美术报,2021 - 12 - 20(004).

[4] 谢坚钢,李琪.以人民为中心推进城市建设[N].郑州日报,2020 - 06 - 19(008).

[5] 姜绍华.提升新时代城市文化软实力[N].经济日报,2018 - 06 - 27(013).

[6] 萧盈盈,宋文君.文化特性:城市竞争力的基石[N].中国社会科学报,2016 - 02 - 04(008).

[7] 顾杰.软实力,上海"圈层突破"的关键一着[N].解放日报,2021 - 06 - 29(003).

[8] 王珍.城市发展思路的一次重要跃升[N].解放日报,2021 - 06 - 24(002).

[9] "勒紧裤带也要搞文化建设",深圳从"文化沙漠"变身"文化绿洲"[N].南方日报,2020 - 06 - 29.

[10] "深圳文化创新发展 2020"结硕果[N].深圳特区报,2020 - 07 - 23(A01).

[11] 陈燕青.深圳创新表现非常突出[N].深圳商报,2021 - 08 - 09(A03).

[12] 张景华.公共文化服务体系的"北京样本"[N].光明日报,2015 - 07 - 27(4).

[13] 深圳"图书馆之城"2020 年度事业发展报告[N].深圳特区报,2020 - 06 - 02(A12).

[14] 艺衡.一座城市文化基因的生成与绽放[EB/OL].深圳特区报,2019 - 11 - 01(A15).

[15] 刘天纵.全国首家"5G 智慧博物馆"亮相[N].湖北日报,2019 - 05 - 17(01).

四、网络文献

[1] 习近平.高举中国特色社会主义伟大旗帜 为全面建设社会主义现代化国家而团结奋斗——在中国共产党第二十次全国代表大会上的讲话[EB/OL].[2022 - 10 - 25].https://www.163.com/money/article/HKID3MC900258105.html.

[2] 习近平在哲学社会科学工作座谈会上的讲话[EB/OL].[2016 - 05 - 19].http://www.npopss - cn.gov.cn/n1/2016/0519/c219468 - 28361739 - 7.html.

[3] 中共中央关于制定国民经济和社会发展第十四个五年规划和二〇三五年远景目标的建议[EB/OL][2020 - 11 - 03].https://news.cctv.com/2020/11/03/ARTIRoFCqOSQAK1XfsFKE8Y6201103.shtml.

[4] Vuving, Alexander. How Soft Power Works(September 1,2009).http://dx.doi.org/10.2139/ssrn.1466220.

[5] 上海市政协调研报告.建设国际文化大都市,助力增强城市软实力[EB/OL].[2023 - 02 - 07].https://www.163.com/dy/article/HT05677F05507R46.html.

[6] 中央城市工作会议在北京举行[EB/OL].[2015 - 12 - 22].http://www.xinhuanet.com//politics/2015 - 12/22/c_1117545528.htm.

[7] 王京生.文化是流动的[EB/OL].[2014 - 08 - 13].http://opinion.haiwainet.cn/n/2014/0813/c232627 - 20961098.html.

[8] 中国共产党上海市第十一届委员会第九次全体会议举行[EB/OL].[2020 - 06 - 24].http://cpc.people.com.cn/n1/2020/0624/c64094 - 31758231.html.

[9] 王伟中. 牢记嘱托,勇担使命,奋力建设好中国特色社会主义先行示范区——在中国共产党深圳市第七次代表大会上的报告[EB/OL].[2021 - 04 - 27]. https://m.sohu.com/a/465984954_121106875/.

[10] 深圳市统计局. 深圳市 2020 年国民经济和社会发展统计公报[EB/OL].[2020 - 04 - 23]. http://www.sz.gov.cn/cn/xxgk/zfxxgj/tjsj/tjgb/content/post_7801447.html.

[11] 北京大学中国软实力课题组. 软实力在中国的实践之四——文化软实力[EB/OL]. http://theory.people.com.cn/GB/166866/166896/10030398.html.

[12] 江泽民. 全面建设小康社会,开创中国特色社会主义事业新局面——在中国共产党第十六次全国代表大会上的报告[EB/OL].[2002 - 11 - 17]. http://news. xinhuanet.com/newscenter/2002 - 11/17/content_632254.htm.

[13] 深圳市统计局. 2020 年深圳经济运行情况[EB/OL].[2021 - 02 - 02].http://tjj.sz.gov.cn/zwgk/zfxxgkml/tjsj/tjfx/content/post_8533118.html.

[14] 广东 5 大都市圈,广州圈带动粤北,深圳影响粤东,珠中江辐射粤西[EB/OL].[2021 - 12 - 25].https://new.qq.com/omn/20211225/20211225A02A8500.html.

[15] 深圳全面发展数字产业、数字市场和数字政府 构建城市数字生态系统[EB/OL].[2020 - 07 - 22]. http://echinagov.com/news/284480.htm.

[16] 任泽平. 中国城市人才吸引力排名(2021)[EB/OL].[2021 - 11 - 12]. https://www.yicai.com/news/101227934.html.

[17] 北京人才发展战略研究院. 全球城市人才黏性指数报告(2021)[EB/OL].[2021 - 10 - 21]. https://www.sohu.com/a/496456040_121106842.

[18] 深圳市教育发展"十四五"规划[EB/OL].[2022 - 01 - 27]. http://szeb.sz.gov.cn/attachment/0/945/945306/9544199.pdf.

[19] 深圳将推进校长教师轮岗机制! 深圳史上最大规模建校首战成绩:130 所学校"上新",新增 12 万座学位.[EB/OL].[2021 - 12 - 31].https://www.sohu.com/a/513620376_675420.

[20] 深圳:一座城市文化基因的生成与绽放[EB/OL].[2020 - 9 - 15]. http://gd.people.com.cn/n2/2020/0915/c123932 - 34294069.html.

[21] AI 科技评论. "中国人脸识别第一案"落判,技术应用权界在哪? [EB/OL].[2020 - 11 - 22]. https://new.qq.com/omn/20201122/20201122A05V9J00.html.

[22] 网红书店倒闭潮下,谈谈日本茑屋书店的生意经[EB/OL].[2022 - 07 - 21].https://new.qq.com/rain/a/20220721A05HY900.

[23] Tohu Ahurea Mō Aotearoa. Cultural Indicators for New Zealand[EB/OL].[2006 - 07 - 01]. http://www.stats. Govt. Nz/browse_f or_stats/people_and_communities/maori /cultural - indicators - 06.aspx.

[24] 机器人送书、数字人当向导……上海首个"智慧图书馆"即将亮相! [EB/OL].[2022 - 09 - 27]. https://www.sohu.com/a/588461052_120823584.

[25] 上海广播电视台纪录片中心百集城市更新微纪录片《申生不息》正式发布[EB/OL].[2023 - 03 - 18]. https://new.qq.com/rain/a/20230318A060GN00.

[26] 文化和旅游部,国家发展改革委,财政部. 关于推动公共文化服务高质量发展的意见[EB/

OL].［2021－03－23］. http://www.gov.cn/zhengce/zhengceku/2021－03/23/content_5595153.htm.

［27］文化和旅游部. 关于印发《"十四五"文化和旅游发展规划》的通知［EB/OL］.［2021－06－03］. http://www.gov.cn/zhengce/zhengceku/2021－06/03/content_5615106.htm.

［28］春暖花开读新书:光阴中的上海外文书店［EB/OL］.［2020－04－21］.https://mp.weixin.qq.com/s/IWImQYcghFL4WOeMISed3Q.

［29］重磅! 西西弗第一本定制书《月亮和六便士》独家上市［EB/OL］.［2018－01－25］.https://mp.weixin.qq.com/s/Lxy1Ozdu5yp0T－jVYSheeg.

［30］揭秘万圣书园的经营之道,如何从书店到精神地标?［EB/OL］.［2020－09－26］.https://mp.weixin.qq.com/s/BtaLhfUPZPwJo0ejadd78Q.

［31］100 位科学家的中国梦［EB/OL］.［2020－09－14］.https://kpcswa.org.cn/web/reading/091443452020.html.

［32］千彩书坊:怀旧风中探寻张爱玲［EB/OL］.［2012－11－11］.https://www.douban.com/note/246542658/.

［33］中国最美书店——成都钟书阁![EB/OL］.［2017－06－10］.https://www.sohu.com/a/147643012_810044.

［34］德芭与彩虹书店"复活"! 定位自然博物主题,落户汉口西北湖［EB/OL］.［2020－06－15］. https://baijiahao.baidu.com/s? id=1669568822051019007&wfr=spider&for=pc.

［35］陈逸舟."和",而不同——衡山・和集的过去、现在和未来［EB/OL］.［2019－09－26］. http://www.360doc.com/content/19/0926/20/741756_863388917.shtml.

［36］60 天"快闪书店"思南书局开业了,60 位作家轮流驻店［EB/OL］.［2017－11－06］.https://www.thepaper.cn/newsDetail_forward_1851457.

［37］在书店里面买房子,大隐书局苏州开启云栖时光![EB/OL］.［2020－07－25］.https://mp.weixin.qq.com/s/Kay6JubMxII0－d9rmf66ag.

［38］沉浸式体验书店创收,"魔法商学院"寒假招生中![EB/OL］.［2022－01－13］.https://mp.weixin.qq.com/s/DRPSjX9rldBBUY5kARPbFQ.

索　引

后 记

星转斗移,花谢花开。从新冠疫情前到疫情后,历经三年多时间的初稿撰写、修改、优化、完善和五六次再修改、再完善,本书终于要付梓出版了,心里舒了长长的一口气。本书是在2021年度深圳市哲学社会科学规划重点课题"新时代深圳文化软实力跃升研究"(编号:SZ2021A005)结项报告的基础上修订完善而成。该课题结项报告被匿名评委专家一致评为"优秀"等级。在课题研究过程中,有研究生参与了部分初稿撰写。其中,廖振敏、陈钰雯参与了第2~3章的部分初稿撰写,张铭潇参与了第4章的部分初稿撰写,成思熠、覃祥嵩参与了第5章的部分初稿撰写,王禹鑫、赵柏屹参与了第6~7章的部分初稿撰写,黄文可、俞艾利、强陆婷、袁化云、陈久依参与了第8、9、10、11、12章的部分初稿撰写。该课题结项成果得益于师生共同努力的结果。此后,经过反复查重、斟酌、删改、补充、优化、完善,完成了此书的编辑出版工作。

本书研究视角较新颖,主要体现在:一是基于"人民城市"和"人民性"视角探讨城市文化软实力的概念、内涵、特质和功能;二是基于"本来—外来—未来"三维框架分析新时代深圳文化软实力的基本方位和逻辑构成;三是构建城市文化软实力指标体系,基于实证测度和比较分析的视角,探讨深圳与长三角、京津冀、大湾区其他主要城市文化软实力的优势和短板问题;四是基于文化转向和空间转向的视角,以城市阅读空间为例,分析城市图书馆、实体书店等空间的文化软实力问题。

本书研究内容有亮点,主要体现在:运用层次分析法和因子分析法,构建城市文化软实力评价指标模型,并搜集官方数据资料,对北京、上海、天津、杭州、南京、合肥、广州、深圳、香港、澳门等城市文化软实力指标进行测度;基于城市文化软实力指标测度,系统分析了新时代深圳城市文化软实力的主要优势——历史优势、现实优势、比较优势、发展优势;从城市的人民性,城市文明程度,城市文化的温度,多元包容开放城市文化品格,城市有吸引力的人才政策,城市时尚创意元素的集聚度和创意设计美感,城市高效的(数字)政府治理,城市政府、企业和居民的诚信体系,城市良好的营商环境和法治环境,城市丰富多彩的高质量文化活动,城市数字化转型与居民的数字化生活,以及城市居民对城市文化的认知、参与和认同度等方面,分析新时代深圳文化软实力建设的短板问题和提升路径;在人文社会科学的文化转向和空间转向背景下,分析新时代城市文化软实力的空间转向、空间逻辑、空间测度和空间效应等问题;深入分析城市公共图书馆的文化治理性、文化治理的作用机制、文化治理能力提升策略;以城市实体书店为中心,分析城市阅读空间的多元场景构造以及知识生产逻辑、知识生产功能和表征;探讨城市文化空间的场景共情及其共情能力,以及情感维度的文化空间软实力;从空间正义视角,以实体书店为中心,分析城市商业文化空间在资本逻辑和文化逻辑博弈下的商业空间正义及其实现问题。

全书内容丰赡,逻辑结构清晰;运用资料比较扎实,论证有理有据,做到了点面结合、定量与定性相结合、理论与实际相结合,具有明显的理论价值和实践指向。该书的出版,可以为城市管理、城市规划、文化和旅游部门工作人员,文化、旅游和相关企业管理者与经营者,城市文化与文化软实力研究者、高校文化产业管理及相关专业师生等人群提供阅读参考,相信对他们的决策、管理和日常研究、学习与实践工作,当有裨益。

江 凌

2024 年 6 月 1 日